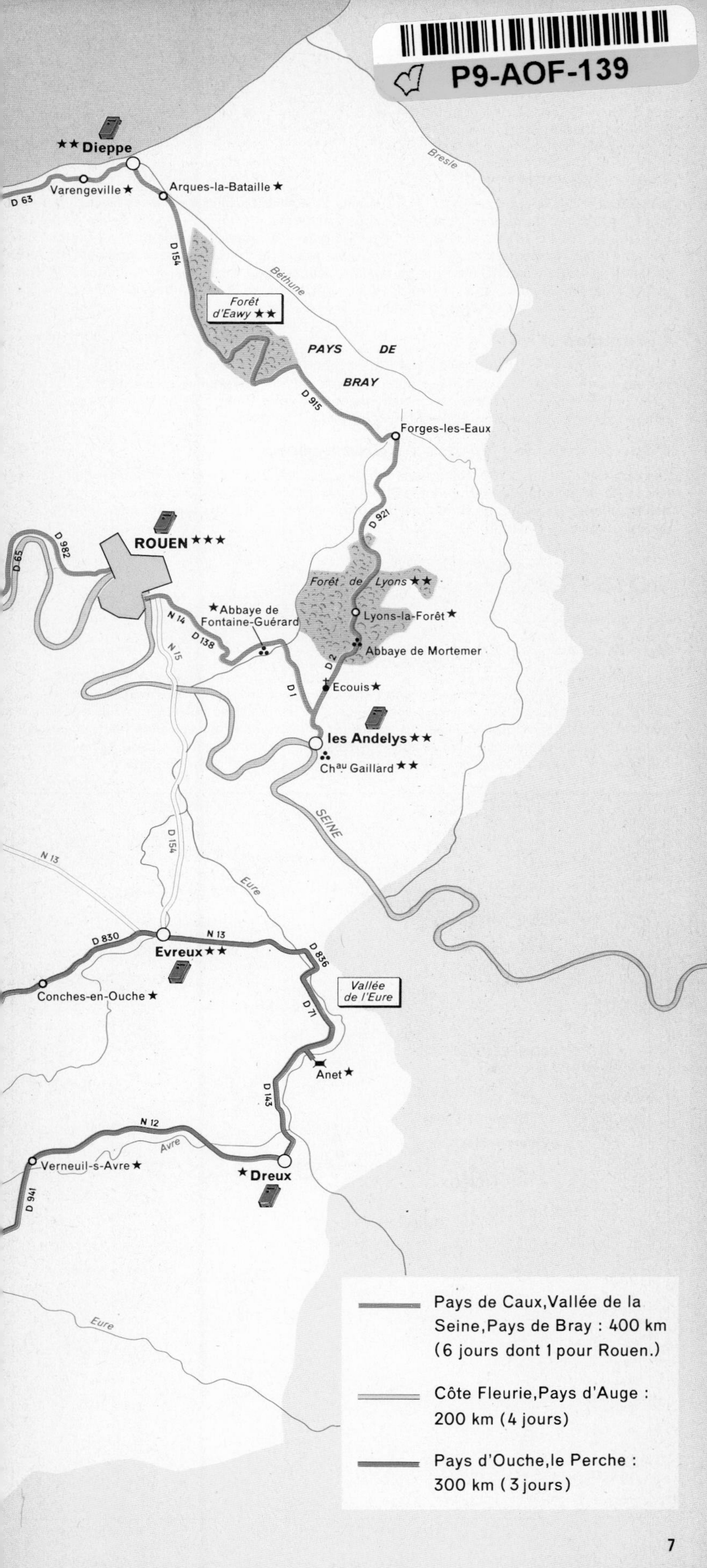

★★ Dieppe
Varengeville ★
D 63
Arques-la-Bataille ★
Bresle
D 154
Béthune
Forêt d'Eawy ★★
PAYS DE BRAY
D 915
Forges-les-Eaux
D 921
ROUEN ★★★
D 982
D 65
Forêt de Lyons ★★
Lyons-la-Forêt ★
★Abbaye de Fontaine-Guérard
Abbaye de Mortemer
N 14
D 138
N 15
D 2
D 1
Ecouis ★
les Andelys ★★
Chau Gaillard ★★
SEINE
N 13
D 154
Eure
D 830
N 13
Evreux ★★
D 836
Vallée de l'Eure
Conches-en-Ouche ★
D 71
Anet ★
D 143
N 12
Avre
Verneuil-s-Avre ★
★ Dreux
D 941
Eure
Pays de Caux, Vallée de la Seine, Pays de Bray : 400 km (6 jours dont 1 pour Rouen.)
Côte Fleurie, Pays d'Auge : 200 km (4 jours)
Pays d'Ouche, le Perche : 300 km (3 jours)

LIEUX DE SÉJOUR

Sur la carte ci-dessous ont été sélectionnées quelques localités particulièrement adaptées à la villégiature en raison de leurs possibilités d'hébergement et de l'agrément de leur site. Pour plus de détails, vous consulterez :

Pour l'hébergement

Le **guide Michelin France** des hôtels et restaurants et le **guide Camping Caravaning France** ; chaque année, ils présentent un choix d'hôtels, de restaurants, de terrains, établi après visites et enquêtes sur place. Hôtels et terrains de camping sont classés suivant la nature et le confort de leurs aménagements. Ceux d'entre eux qui sortent de l'ordinaire par l'agrément de leur situation et de leur cadre, par leur tranquillité, leur accueil, sont mis en évidence. Dans le guide Michelin France, vous trouverez également l'adresse et le numéro de téléphone du bureau de tourisme ou syndicat d'initiative.

Chambres d'hôte

Un des charmes de la Normandie tient à ses nombreuses fermes et manoirs que l'on peut découvrir au détour du chemin, toujours dans un site tranquille et séduisant. Certains réservent quelques chambres, avec petit déjeuner, voire dîner aux hôtes de passage, qui bénéficient ainsi, à un prix raisonnable, d'un cadre privilégié.

Pour le site, les sports et distractions

Les **cartes Michelin** à 1/200 000 *(assemblage p. 3)*. Un simple coup d'œil permet d'apprécier le site de la localité. Elles donnent, outre les caractéristiques des routes, les emplacements des baignades en rivière ou en étang, des piscines, des golfs, des hippodromes, des terrains de vol à voile, des aérodromes.

LOISIRS

Pour les adresses et autres précisions, voir les Renseignements pratiques en fin de guide.

Sur la côte

Les estivants devront, pour profiter au mieux de leur séjour, s'intéresser aux aspects de la vie maritime. Il importe tout d'abord de se familiariser avec le rythme des marées, division du temps presque aussi importante que celle qu'impose la course du soleil. Deux fois en 24 h, la mer s'avance vers la côte : c'est le flux ou le flot. Ayant atteint la « laisse de haute mer », elle reste quelques heures étale puis se retire — c'est le reflux ou jusant — jusqu'à la « laisse de basse mer » ; après un nouvel étale, elle reprend sa montée et ainsi de suite.

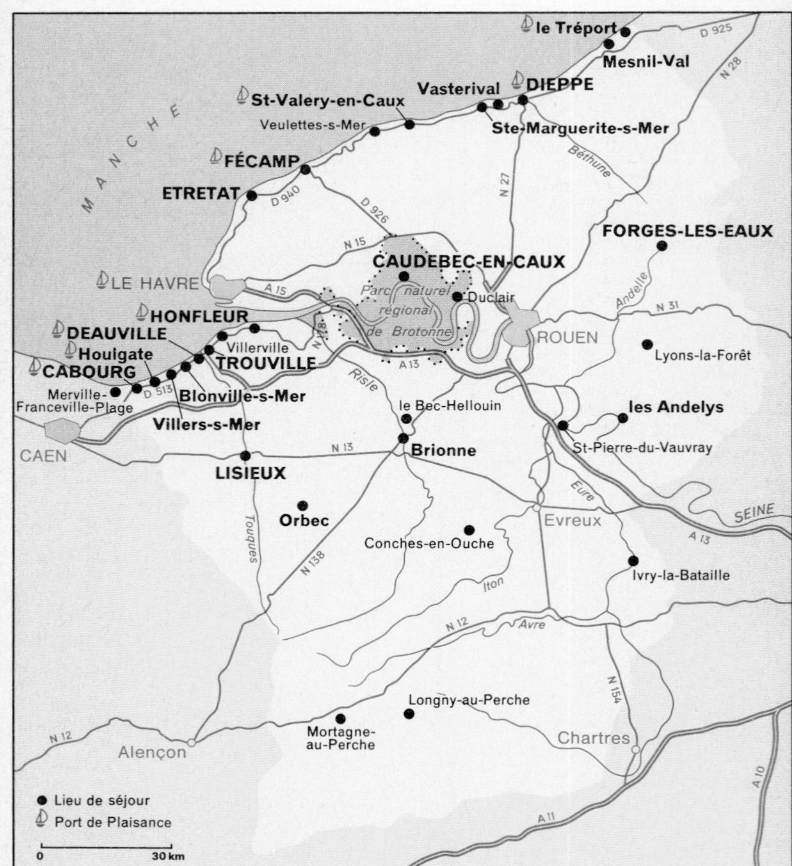

La marée haute attire les baigneurs qui n'ont pas à parcourir de longues étendues de sable avant de trouver l'eau et perdre pied, c'est l'heure de la baignade et des jeux nautiques et aussi le moment où le parcours d'une route côtière ou la visite d'un port offrent les aperçues les plus favorables.
La marée basse est attendue impatiemment par les pêcheurs de crabes, crevettes, moules, coques, etc. qui explorent les rochers luisants de varech et les fonds sableux que découvre la mer.
Par gros temps la mer exerce un attrait particulier. Voir et entendre la mer déchaînée, dont les lames viennent s'écraser dans un bruit assourdissant contre les digues ou les rochers pour jaillir vers le ciel en paquets d'embruns constitue un spectacle grandiose. Gare à ceux qui s'approchent de trop près !

Voile et planche à voile

Nombreux sont les clubs nautiques ayant une école de voile dispensant des cours à tous les niveaux. Dans les grandes stations, des régates sont organisées chaque année.

Char à voile

Curieux engin de cet hybride du kart (à trois roues) et du voilier qui, même par la seule force du vent, peut atteindre plus de 100 km/h. A côté des chars à voile apparaissent les speed-sail, planches à voile sur roulettes. A Dieppe les pelouses du boulevard de Verdun attirent les amateurs.

Navigation de plaisance

Les côtes de la Manche sont favorables à la navigation de plaisance à voile ou à moteur. Les principaux ports de plaisance figurent sur la carte des lieux de séjour *(p. 8)* ; ils ont été sélectionnés pour le nombre important de places qu'ils offrent et les services dispensés : carburant, eau douce et électricité à quai, sanitaires et douches, manutention par grue ou élévateur, réparation, gardiennage.

La pêche d'amateur

Du Tréport à l'embouchure de l'Orne, l'étendue des côtes semble promettre un champ d'activités sans limites à l'amateur de pêche en eau salée, sport qu'il pourra pratiquer à pied, en bateau ou en plongée. Il peut employer une ligne à un ou deux hameçons ; au-delà de ce nombre, la déclaration doit en être faite à l'Inscription Maritime. Une autorisation est nécessaire pour l'emploi d'un filet.
On peut pêcher à la ligne flottante d'un rocher, d'un quai, du rivage en utilisant une ligne lestée d'un plomb. La basse mer est propice à la pêche à la crevette au moyen d'un haveneau, filet à main, à long manche. La pelle ou le râteau en main, on peut s'attaquer aux palourdes, coques, couteaux enfouis dans le sable. Dans les rochers, on recherchera moules, étrilles (sortes de crabes rouges), bigorneaux, ormeaux.

La plongée sous-marine

La côte du Pays de Caux se prête à la pratique de ce sport.

A l'intérieur

Le paysage rural normand est un lieu de séjour idéal pour les amoureux de la nature qui pourront y méditer dans le calme ; pour les naturalistes qui y trouveront une flore et une faune abondantes ; pour les promeneurs solitaires à qui les forêts révéleront de splendides hêtraies, un détour du chemin, un manoir ou une ferme cossue.

La pêche en eau douce

Au promeneur désireux de taquiner la truite, le brochet, etc., la Normandie propose un riche réseau de rivières, cours d'eau, lacs et plans d'eau.

Randonnées équestres

Dans une région où l'élevage du cheval fait partie des traditions et des ressources économiques, les nombreux centres équestres proposent des séjours, des randonnées à travers la campagne ou la forêt et sur les grèves.

Randonnées pédestres

De nombreux sentiers de Grande Randonnée, jalonnés de traits rouges et blancs horizontaux, permettent de parcourir la région.
Les principaux sentiers sont :
Le **GR 2** vallée de la Seine.
Le **GR 22** Paris Mont-St-Michel, qui traverse le Sud-Ouest de la région jusqu'à Mamers.
Le **GR 222** qui fait découvrir vallées et forêts de l'Eure.
Le **GR 26** qui part du département des Yvelines, serpente à travers l'Eure et le Calvados avant d'atteindre la côte de Nacre (Deauville).

En Seine-Maritime :

Le **GR 2** qui longe la rive droite de la Seine et traverse les forêts de la Londe et de Roumare.
Le **GR 23** qui longe la rive gauche de la Seine et traverse la forêt de Brotonne.
Le **GR 21** qui remonte la vallée de la Lézarde et rejoint la côte à Étretat.
Le **GR 211** qui part de la Seine et rejoint le littoral en traversant le forêt de Maulévrier.
Le **GR 25** boucle autour de Rouen.
Le **GR 225** traverse le Vexin, la forêt de Lyons, le pays de Bray et rejoint la côte près de Dieppe.
Des topo-guides donnent le tracé détaillé de tous ces sentiers et procurent d'indispensables conseils aux randonneurs.

Cyclotourisme

La région se prête admirablement à des promenades à bicyclette. Les vallées de l'Eure, les méandres de la Seine, les forêts de Brotonne ou de Lyons, le littoral cauchois sont autant de parcours rivalisant d'intérêt touristique. Location possible de vélos dans de nombreuses villes ou villages.

Canoë-kayak

Rivières, lacs et plans d'eau combleront les plus sportifs.

LE PARC NATUREL RÉGIONAL DE BROTONNE

Les Parcs naturels régionaux diffèrent des Parcs nationaux par leur conception et leur destination. Ce sont des zones habitées, choisies pour être l'objet d'aménagements et de terrains d'activités propres à développer l'économie (création de coopératives, promotion de l'artisanat), à protéger le patrimoine naturel et culturel (musées, architecture..), à initier les gens à la nature.

Le Parc naturel régional est géré par un organisme (syndicat mixte, association...) comprenant des élus locaux, des propriétaires, des représentants d'associations, etc. Une charte établie avec l'accord des habitants définit ses limites et son programme.

Créé en 1974 le **Parc naturel régional de Brotonne** se compose de 40 communes des départements de l'Eure et de la Seine-Maritime, et s'étend sur 40 000 hectares autour de la forêt de Brotonne. Le Parc s'efforce de mettre en valeur et de sauvegarder l'ensemble de ses richesses naturelles ou architecturales.

Afin de faire découvrir les richesses des paysages, le Parc a balisé un certain nombre d'itinéraires :

– une route des chaumières de la Mailleraye-sur-Seine jusqu'au Marais Vernier ;

– une route des fruits, très agréable au printemps quand les vergers sont en fleurs ; les fruits sont vendus le long de la route de Jumièges à Duclair.

S'inscrivant dans le Parc naturel régional de Brotonne, l'**écomusée de la Basse-Seine**, par l'intermédiaire de petits musées, fait revivre des traditions oubliées ou des métiers disparus. Ainsi on peut visiter :

– à Bourneville (Eure) : la Maison des Métiers et le musée des Métiers *(p. 132) ;*

– à la Haye-de-Routot (Eure) : le four à pain et l'atelier du sabotier *(p. 51) ;*

– à Hauville (Eure) : le moulin de pierre *(p. 132) ;*

– à Ste-Opportune-la-Mare (Eure) : la maison de la pomme et la forge *(p. 99) ;*

– Au château d'Ételan (Seine-Maritime), des manifestations culturelles sont organisées à certaines époques de l'année *(p. 130).*

Les activités de plein-air ne sont pas laissées pour compte et la base de plein-air et de loisirs de Jumièges-le-Mesnil propose de nombreuses activités (tennis, natation, planche à voile, etc.)

La réserve des Mannevilles *(p. 100)* est un lieu privilégié pour la conservation de la flore et de la faune.

Plus de 350 km de sentiers fléchés, offrent de multiples possibilités aux randonneurs. Les sentiers de Grande Randonnée GR 2, 211 A, 23 traversent le parc par endroits. Des randonnées équestres sont également possibles sur des sentiers aménagés.

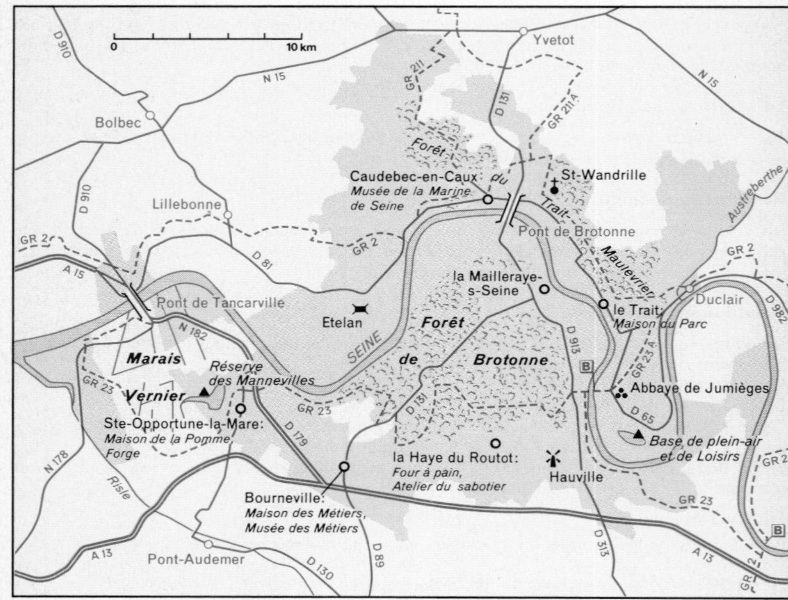

Chaque année, le guide Michelin Camping Caravaning France vous propose un choix révisé de terrains et une documentation à jour sur leur situation, leurs aménagements, leurs ressources, et leur agrément.

Introduction au voyage

La région Normandie Vallée de la Seine offre au visiteur le parcours sinueux du fleuve, les forêts de l'Eure et de la Seine-Maritime, les manoirs du Pays d'Auge, les hautes falaises du Pays de Caux, les tapis colorés du Pays de Bray, sans oublier les verts pâturages où paissent les célèbres vaches normandes.
A ces richesses naturelles s'ajoute l'attrait des villes d'art, d'abbayes renommées, de châteaux chargés d'histoire mais aussi de stations balnéaires réputées.

Afin de donner à nos lecteurs l'information la plus récente possible, les* Conditions de Visite *des curiosités décrites dans ce guide ont été groupées en fin de volume.

Les curiosités soumises à des conditions de visite y sont énumérées soit sous le nom de la localité soit sous leur nom propre si elles sont isolées.

Dans la partie descriptive du guide, p. 33 à 141, le signe ⓥ, placé en regard de la curiosité, les signale au visiteur.

PHYSIONOMIE DU PAYS

La Normandie ne présente pas en elle-même d'unité géographique. Cette ancienne province s'étend à cheval sur deux grandes régions dont les sols sont de nature variée et d'âge décroissant d'Ouest en Est. Aux grès, aux granits et aux schistes primaires du Massif armoricain succèdent les terrains secondaires et tertiaires (argiles, calcaires et craies) qui appartiennent, par leur formation géologique, au Bassin Parisien.
Aussi la Normandie offre-t-elle deux visages tout à fait distincts : celui que revêt, du côté de la Bretagne, le socle déprimé de roches anciennes *(voir le guide Vert Michelin Normandie Cotentin Iles anglo-normandes)*, et celui que présente le Nord-Ouest du Bassin Parisien et qui correspond à la région traitée dans ce guide, s'inscrivant en grande partie en Haute-Normandie.

LA FORMATION DU SOL

Ère primaire. – Début, il y a environ 600 millions d'années. Les eaux recouvrent la France ; puis se produit un bouleversement formidable de l'écorce terrestre, le plissement hercynien, dont la forme en V apparaît en tireté sur la carte, qui fait surgir un certain nombre de hautes montagnes parmi lesquelles le Massif armoricain. Ces montagnes formées de roches cristallines imperméables (granit, gneiss, micaschistes, mêlées de roches éruptives, tel le porphyre) se présentent sous forme de deux chaînes allongées d'Ouest en Est et séparées par un sillon central.

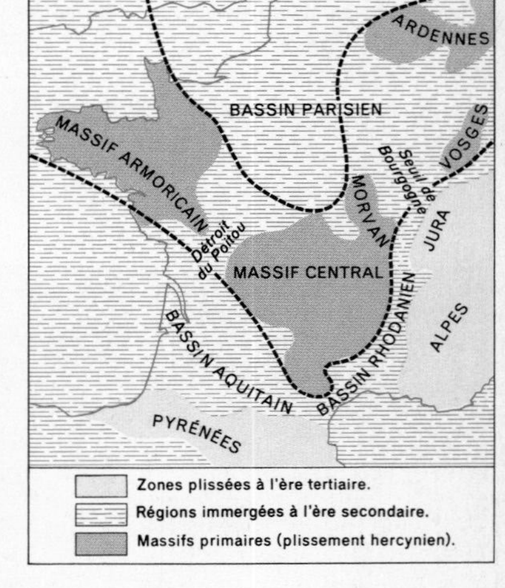

Ère secondaire. – Début, il y a environ 200 millions d'années. Dès le début de cette ère, le relief hercynien a été aplani par l'érosion, formant la pénéplaine armoricaine. L'érosion, destruction continue du sol par l'alternance des pluies, du soleil, de la gelée et par l'action des eaux courantes, vint à bout des roches aussi dures que le granit ou le grès. C'est au cours de cette période que se constitue le bâti crayeux de la Normandie sédimentaire.

Ère tertiaire. – Début, il y a environ 60 millions d'années. Le Massif armoricain ne fut que faiblement relevé. A cette époque, par deux fois, mers et lacs occupent le Bassin Parisien, y déposant des sédiments et des sables.

Ère quaternaire. – Début, il y a environ 2 millions d'années. C'est l'ère actuelle au cours de laquelle s'est développpée l'humanité. L'époque des grandes glaciations fut celle du creusement des vallées et, pour la Normandie, celle du dépôt de limons superficiels qui, en maints endroits, vinrent accroître les possibilités agricoles du plateau crayeux. Cette période vit aussi se produire de grandes oscillations de la ligne du rivage.

La Normandie sédimentaire. – Le socle ancien supporte une puissante table de craie de plusieurs centaines de mètres d'épaisseur, formée lors des grandes invasions marines de l'ère secondaire et masquée superficiellement par une pellicule d'argile à silex, résultant de la décomposition de la roche sous un climat plus chaud et plus humide que le nôtre. A l'ère tertiaire la structure du plateau crayeux est affectée par de vastes ondulations et par une série de fractures de même orientation qui sont à l'origine du relief actuel dans le Perche.
Le plateau, d'une altitude moyenne de 126 m, se gauchit en une vaste gouttière, parcourue par le grand collecteur de la Seine, dont deux bombements, le dôme du Pays de Bray au Nord-Est, et les collines du Perche Normand au Sud-Ouest, formeraient les supports. L'érosion s'étant attaquée aux parties suélevées, une « boutonnière » échancra le Pays de Bray *(p. 47)*. Les vallées entaillées dans la craie, qui descendent de ces importants châteaux d'eau, ont toutes un air de famille avec leurs versants au profil convexe et leur large fond alluvial. Elles ont été creusées à l'époque des grandes glaciations, en même temps que se déposaient les limons superficiels qui, s'ajoutant aux placages d'argile à silex, ont donné naissance à la variété actuelle des terroirs agricoles.
Les terrains crétacés de la fin du secondaire ne viennent cependant pas au contact du Massif armoricain. Presque en vue des moutonnements boisés du Bocage, ils laissent la place aux terrains jurassiques sous-jacents plus anciens. Dans cette zone de transition, les mouvements du socle ancien tout proche sont venus se répercuter avec plus de violence, formant des cloisons naturelles : aussi y a-t-il place ici pour toute une marqueterie de petits « pays ».

LES PAYSAGES

Campagne et bocage. – Deux types de paysage se partagent la province, sans correspondance stricte avec les affleurements géologiques. Prise dans son sens le plus étroit, la campagne désigne des plaines de culture sèches et découvertes, où les céréales occupent la majeure partie des labours. La population se concentre en de gros villages, aux solides maisons de pierre. Le progrès des herbages vient atténuer l'originalité de ces terroirs.
Le bocage est le paysage type du Massif armoricain ; il déborde largement, à l'Est, la limite des terrains anciens, pour s'étendre au Maine, au Perche et au Pays d'Auge. Un quadrillage de haies, dressées sur des levées, cerne prés ou champs et cloisonne à l'infini le pays qui, de loin, semble boisé. Les habitants des innombrables hameaux, disséminés au hasard des chemins creux, ont longemps vécu repliés sur eux-mêmes ; l'évolution en faveur de l'élevage a trouvé un écho favorable dans la tradition des « Bocains ».

Pays de campagne. – La **plaine du Neubourg** et la **campagne d'Évreux-St-André** monotones et plates, où les arbres sont rares, pratiquent la grande culture.
La seconde, un peu moins riche, conserve encore de grands troupeaux de moutons.
Le **Pays de Caux**, vaste plateau crayeux, est limité du côté de la mer par ses célèbres falaises festonnées de « valleuses » *(voir p. 54)* et au Sud par la vallée de la Seine. Le limon qui le recouvre lui donne sa fertilité. C'est un pays producteur de blé et de cultures industrielles comme celles du lin et de la betterave à sucre.
Le paysage qu'il offre n'est cependant pas dénudé ; grâce aux argiles à silex qui retiennent l'humidité, quelques boqueteaux s'élèvent sur le plateau et sur le versant des vallées qui l'entaillent.
Le **Vexin normand**, autre plateau calcaire est limité par les vallées de l'Epte et de l'Andelle. Le limon particulièrement épais qui le recouvre favorise les grandes exploitations rurales, « véritables usines de culture intensive », vouées essentiellement au blé et à la betterave.

Pays de transition. – Le **Roumois** et le **Lieuvin**, que sépare la vallée de la Risle, forment transition entre le Pays de Caux et le Pays d'Auge. Les cultures de l'assolement classique y prospèrent, mais les haies et les herbages plantés de pommiers leur donnent, vers l'Ouest, l'aspect de bocage.
Le **Pays d'Ouche** offre des horizons plus sombres que ceux du Roumois et du Lieuvin. Son sol, dépourvu de limon, se couvre de forêts et de maigres cultures. On y rencontre cependant quelques haies et quelques herbages.
Le **Perche Normand**, pays de collines très accidenté, fait transition entre le Bassin Parisien et le Massif armoricain : il s'adonne à l'élevage aristocratique du cheval.

Pays de bocage. – Dans sa partie normande, le **Pays de Bray** échancre l'Est du Pays de Caux. Il est constitué par une vaste dépression argileuse, appelée « boutonnière » *(voir p. 47)*, limitée par deux côtes crayeuses.
On y pratique l'élevage. Ses produits laitiers et les pommes de ses vergers alimentent la région parisienne.
Le **Pays d'Auge**, qui s'étend sur la Haute et la Basse-Normandie occupe une place à part. La table de craie étant ici profondément entaillée par le réseau des vallées, de nombreux terrains imperméables (argiles) viennent au jour.
L'humidité régnante favorise les herbages, les haies et les vergers à cidre se multiplient. Au fond des chemins creux se cachent, éparpillées, les fermes dont certaines ont conservé leurs colombages.
C'est en quelque sorte un bocage de luxe, la Normandie « herbagère, éclatante et mouillée », de la poétesse normande Lucie Delarue-Mardrus *(voir p. 27)*.

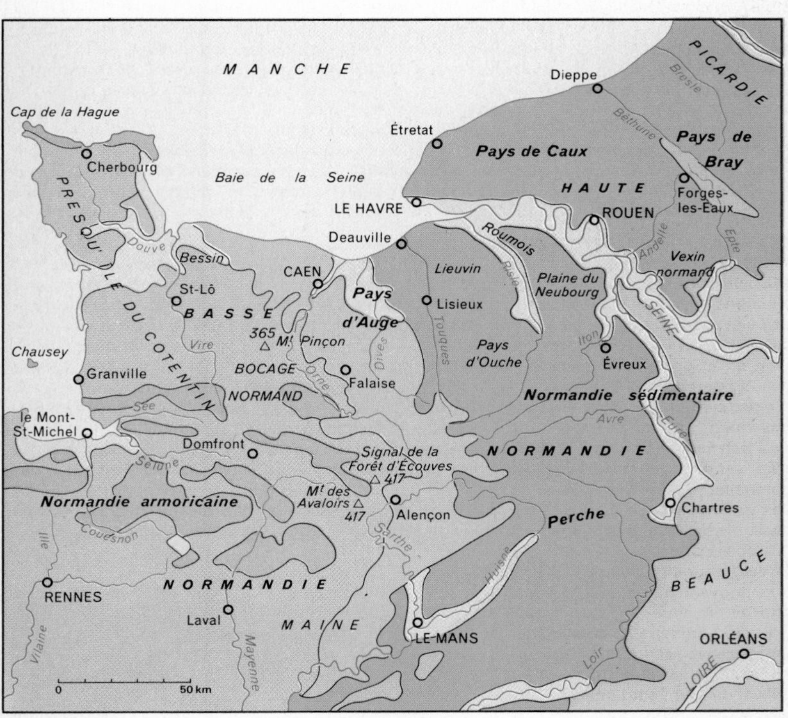

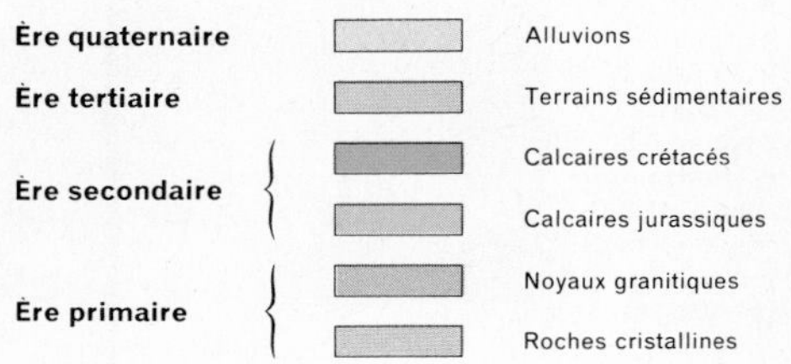

LE LITTORAL

La variété des pays normands se retrouve dans les aspects que présente le littoral de la Bresle à l'Orne.
Le Pays de Caux *(voir p. 54)* se termine par de hautes falaises taillées dans la craie, qui valent à ce secteur le nom de Côte d'Albâtre. Des criques tapissées de galets l'échancrent. La mer qui bat le pied des falaises leur arrache des pans de roche et les fait ainsi reculer, entraînant la formation assez rapide de vallées suspendues.
Les plages de la Côte Fleurie *(p. 61)* offrent leurs étendues de sable fin sur un estran (c'est l'espace limité par le niveau des plus hautes mers et celui des plus basses mers) qui peut atteindre 1 000 m. Ce secteur jouit en outre d'un ensoleillement remarquable.
Le tracé actuel de la côte résulte de la dernière offensive de la mer après les grandes oscillations de l'époque quaternaire. A partir de la ligne de rivage alors atteinte, la mer a mené son lent travail de régularisation, arrachant des matériaux aux secteurs rocheux faisant saillie et les déposant dans les secteurs mieux abrités. C'est ainsi que les baies et les ports cauchois sont envahis par les galets, que l'estuaire de la Seine s'encombre de vases, qui ont ruiné plus d'un port (à l'époque gallo-romaine Lillebonne était port de mer), et que le niveau des plages s'élève en plusieurs points du Calvados.

Les phares. – Les phares constituent d'admirables observatoires pour ceux qui ne craignent pas leurs escaliers tournants. Ces repères si précieux, de jour comme de nuit, pour le navigateur, sont aménagés dans de hautes tours qui dominent la mer. La machinerie, que le gardien peut faire visiter, est intéressante. Le Normand **Augustin Fresnel** (1788-1827) substitua, en 1823, au réflecteur parabolique en usage, un système de lentilles à échelons : ce fut l'origine d'immenses progrès dans la portée des appareils. La nature des sources lumineuses a changé, leur puissance s'est développée, mais le dispositif de Fresnel reste appliqué. La nuit, sur les côtes difficiles d'accès, plusieurs phares sont parfois visibles en même temps ; chacun d'eux est, suivant le cas : fixe, tournant, à éclipses...
En outre près des ports, dans les chenaux, sur les récifs, des bouées et des balises permettent au navigateur de déterminer sa position ; sur la côte, d'autres repères, les amers (clochers, moulins, croix, parfois peints en blanc et noir) jouent le même rôle.

UNE TERRE D'ÉLEVAGE

Les bovins. – Avec 6 millions de têtes au total, dont 1 million de vaches laitières en Normandie, la race normande contribue pour plus du quart à la production de viande de boucherie, de lait, de fromage et de beurre du pays : c'est la première grande « race mixte » française.
L'amélioration de la race repose sur la connaissance des origines confiée à l'UPRA Normande, association des éleveurs chargée d'orienter la sélection de la race, et sur le choix des reproducteurs dont se charge l'AGN (amélioration génétique normande).
Des recherches visant à améliorer la production sont effectuées selon des méthodes scientifiques par le Contrôle laitier : le lait de chaque vache est pesé, les matières grasses et la matière protéique (substance noble du fromage) rationnellement analysées. Une bonne vache laitière donne, par jour, de 20 à 30 litres de lait, riche en crème.
La race bovine normande est caractérisée par sa robe à trois couleurs : blanc, blond et brun foncé en taches ou rayures appelées « bringeures ». La tête est blanche avec des taches autour des yeux. Les veaux de boucherie (veaux blancs) sont abattus vers trois mois lorsqu'ils pèsent en moyenne 130 kg. L'engraissement des taurillons est très poussé.

Les chevaux. – Les étalons pur-sang, trotteurs français, selle français et anglo-arabes, cobs et percherons sont stationnés dans les haras nationaux de St-Lô, du Pin *(voir le guide Vert Michelin Normandie Cotentin Iles anglo-normandes)* et dans les haras privés. Descendant d'étalons orientaux et de juments anglaises, le **pur-sang** est élevé en Normandie (près de 60 % de l'élevage national) depuis le début du 18e s. Amélioré et sélectionné en vue des courses, ce cheval est remarquable par sa finesse, son élégance, sa rapidité. La vente des poulains d'un an et demi, les « yearlings », a lieu chaque année, fin août à Deauville ; elle attire le milieu international des propriétaires d'écuries de course à l'affût d'un animal au pedigree prometteur. La vente des poulinières et des jeunes poulains, les « foals », s'effectue fin novembre.
Le **« trotteur »** français est, depuis 1937, un type de race pure ; il a son livre généalogique. Ce demi-sang provient du croisement de juments normandes avec des pur-sang ou des demi-sang du Norfolk.
Les trotteurs et pur-sang non engagés dans les courses font parfois d'excellents chevaux de sport : le « selle français », jadis appelé anglo-normand, est le cheval des sports équestres et des chasses à courre.
Le **cob**, magnifique cheval de traction pouvant traîner 1 000 kg de charge à vive allure, faisait naguère l'orgueil des attelages.
Le **percheron**, robe pommelée grise ou noire et large croupe, est un cheval de trait, lourd, mais harmonieux, réputé surtout pour sa force. Son origine remonterait aux Croisades et il aurait du sang de chevaux arabes. Le grand ancêtre de la race, au début du 19e s., fut l'étalon « Jean le Blanc ». Depuis, la sélection est restée sévère et la Société Hippique Percheronne tient un livre généalogique délimitant les régions du Perche, de Mayenne et du Pays d'Auge riches en reproducteurs de classe.

Cheval percheron.

QUELQUES FAITS HISTORIQUES

Avant J.-C. Populations celtiques. La Seine, « route de l'étain » *(p. 127).*

Époque romaine

58-51 Conquête romaine. Des villes voient le jour : Rotomagus (Rouen), Caracotinum (Harfleur), Noviomagus (Lisieux), Juliobana (Lillebonne), Mediolanum (Évreux).

Après J.-C.

1er s. Essor des cités (Rouen, Évreux, etc.)
2e s. Christianisation du pays.
260 Saint Nicaise fonde l'évêché de Rouen.
284 Incursion nordique.
364 Incursion nordique.

Domination franque

497 Clovis occupe Rouen et Évreux.
La Neustrie ou Royaume de l'Ouest échoit à Clotaire, fils de Clovis.
6e s. Fondation des premiers monastères *(p. 127 : les châteaux de Dieu).*
7e s. Essor monastique : St-Wandrille, Jumièges.

Invasions normandes

Les Northmen, venus par la mer de Scandinavie, étaient d'origine danoise ou norvégienne. Les Vikings, à bord de leurs drakkars qui pouvaient contenir 40 à 70 hommes, allaient chercher fortune au-delà des mers. Ils harcèlent l'Europe occidentale, touchent l'Afrique, pénètrent même en Méditerranée.
800 Incursion normande sur les côtes de la Manche.
820 Les Normands ravagent la vallée de la Seine *(p. 127).*
875 Nouvelles persécutions dans l'Ouest.
885 Siège de Paris par les Normands.
911 Traité de St-Clair-sur-Epte : Rollon chef des Normands, devient le premier duc de Normandie *(p. 17).*

Le duché indépendant

10e-11e s. Affermissement du pouvoir des ducs. Restauration des abbayes. Création de nouveaux monastères.
1027 Naissance à Falaise *(voir le guide Vert Michelin Normandie Cotentin Iles anglo-normandes)* de Guillaume, le futur Conquérant.
1066 Conquête de l'Angleterre *(p. 17).*
Le duc de Normandie, devenu roi d'Angleterre, est pour le roi de France un vassal menaçant.
1087 Mort de Guillaume le Conquérant.

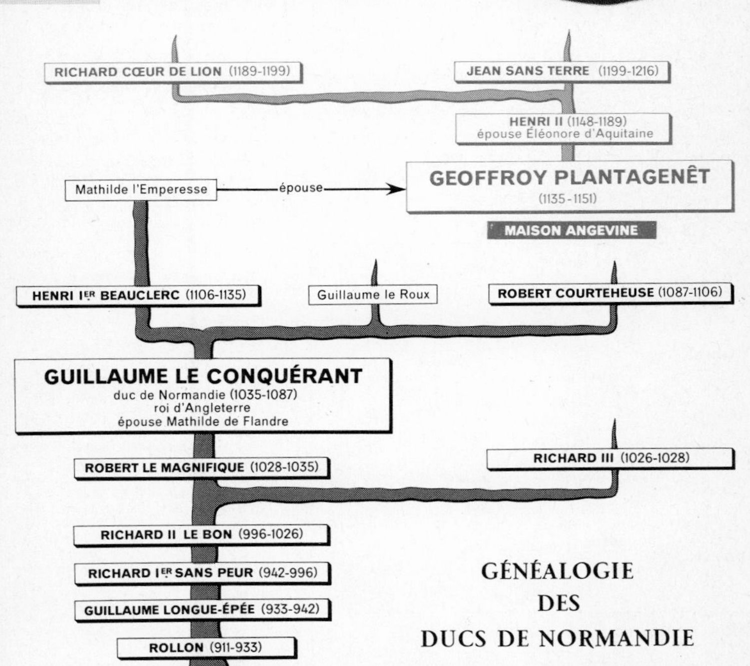

GÉNÉALOGIE DES DUCS DE NORMANDIE

1087-1135 Les héritiers de Guillaume sont divisés. Henri Ier Beauclerc restaure l'autorité ducale.
1152 Henri II Plantagenêt, épouse Éléonore d'Aquitaine à Lisieux.
1154-1189 Henri II roi d'Angleterre.
1195 Richard Cœur de Lion fait construire Château Gaillard.
1202 Jean sans Terre condamné à la perte de ses biens français.
1204 La Normandie est réunie à la Couronne.

Le Duché français

1315 La Charte aux Normands restera jusqu'à la Révolution le symbole de l'individualité du pays.
1346 Débarquement d'Édouard III d'Angleterre.
1364-1384 Cocherel marque le début des campagnes victorieuses de Du Guesclin.
1417 Henri V envahit la Normandie. Siège de Rouen *(p. 111 : les Goddons)*.
1431 Procès et supplice de Jeanne d'Arc à Rouen *(p. 111)*.
1469 L'anneau ducal brisé : Charles de France, dernier duc de Normandie, est dépossédé de son duché.

La province normande

1514 L'Échiquier de Rouen devient le Parlement de Normandie.
1517 Fondation du Havre *(p. 81)*.
1542 Création de la généralité de Rouen.
1589 Henri de Navarre est vainqueur à Arques *(p. 37)* puis l'année suivante à Ivry-la-Bataille *(p. 92)*.
1771-1775 Suppression du Parlement de Rouen.

La Normandie contemporaine

1795-1800 Chouannerie normande.
1843 Chemin de fer Paris-Rouen.
1845 Télégraphe électrique Paris-Rouen.
1870-1871 Guerre franco-allemande. Occupation de la Haute-Normandie et du Mans.
1928 La Basse-Seine devient le fleuve du pétrole *(p. 128)*.
Juin 1940 Rupture du front de la Bresle. Les cités de Haute-Normandie sont ravagées par le feu.
Août 1942 Coup de main britannique sur Dieppe.
Juin 1944 Débarquement allié. Bombardements massifs.
1954 René Coty, né au Havre, est élu président de la République.
1974 Création du Parc naturel régional de Brotonne.
1977 Achèvement de l'autoroute de Normandie.
1978 Rénovation, à Rouen, de la place du Vieux-Marché *(p. 118)*.
1983-1984 Mise en service de la centrale nucléaire de Paluel.

LES NORMANDS DANS LE MONDE (9e-17e s.)

Plusieurs genres d'expéditions relèvent de « l'épopée normande » : il s'agit d'abord des reconnaissances guerrières menées par les Vikings sur toutes les routes de l'Atlantique Nord et de la Méditerranée, puis de la fondation d'états nouveaux comme la Normandie, lorsque les « Northmen » surent s'enraciner. Mais la carte ci-dessous fait une place à part aux réalisations des Normands de Normandie : fondations de royaumes, aux 11e et 12e s., puis, après la guerre de Cent Ans, découvertes (ou redécouvertes) de terres nouvelles s'accompagnant d'essais de colonisation plus ou moins fortunés.

Les royaumes normands

(1) **1066** Conquête de l'Angleterre par Guillaume de Normandie.

(2) **1042-1194** Les descendants de Tancrède de Hauteville fondent le royaume de Sicile.

(3) **1099** A la faveur de la Première Croisade, Bohémond, fils de Robert Guiscard, se taille une principauté autour d'Antioche. Ses descendants s'y maintiendront jusqu'en 1287.

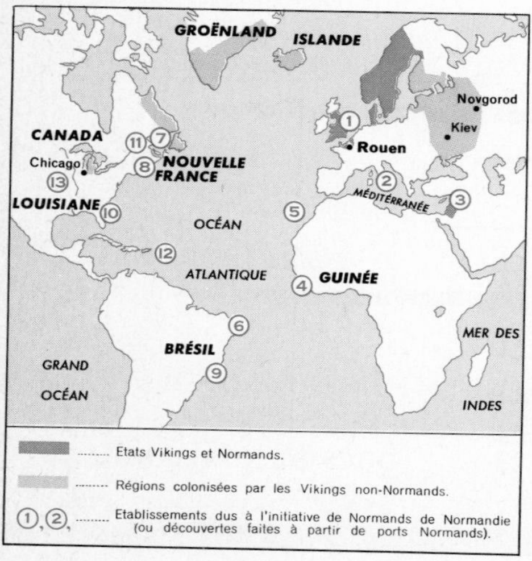

...... Etats Vikings et Normands.

...... Régions colonisées par les Vikings non-Normands.

(1), (2), ... Etablissements dus à l'initiative de Normands de Normandie (ou découvertes faites à partir de ports Normands).

Les découvertes normandes

(4) **1364** Les Dieppois débarquent sur les côtes de Guinée (au Sierra Leone actuel) et y fondent « Petit Dieppe ».

(5) **1402** Le Cauchois Jean de Béthencourt, parti chercher aventure, devient « roi des Canaries », mais doit céder bientôt l'archipel au roi de Castille.

(6) **1503** A bord de l'« Espoir », Paulmier de Gonneville, gentilhomme honfleurais, aborde au Brésil.

(7) **1506** Jean Denis, marin de Honfleur, explore l'embouchure du Saint-Laurent, préparant la voie au Malouin Jacques Cartier.

(8) **1524** Parti de Dieppe, sur la caravelle « la Dauphine », le Florentin francisé Verrazano, pilote principal de François Ier, reconnaît la « Nouvelle-France » et découvre le site de New York qu'il baptise « terre d'Angoulême ».

(9) **1555** L'amiral de Villegaignon établit une colonie de huguenots havrais dans une île de la baie de Rio de Janeiro, mais ceux-ci sont expulsés par les Portugais.

(10) **1563** Amenés par René de la Laudonnière, des colons protestants havrais et dieppois s'établissent en Floride et fondent le fort de la Caroline, mais sont massacrés par les Espagnols.

(11) **1608** Samuel de Champlain, armateur de Dieppe, parti de Honfleur, fonde Québec.

(12) **1635** Pierre Belain d'Esnambuc prend possession de la Martinique au nom du roi de France. La colonisation de la Guadeloupe intervient peu après.

(13) **1682** Le Rouennais Cavelier de La Salle, après avoir reconnu le site de Chicago et descendu le Mississippi, prend possession de la Louisiane.

La formation du duché de Normandie. – C'est à **St-Clair-sur-Epte** que Charles le Simple – ce surnom qui signifie sincère et honnête n'a rien de péjoratif – rencontre, en l'an 911, **Rollon** le chef des Normands. Les Normands campent sur la rive droite de l'Epte, les Français sur la rive gauche. Dudon de St-Quentin, le premier historien de Normandie, rapporta que, pour sceller l'accord créant le duché de Normandie, le Viking met ses mains entre celles du roi de France. Ce « tope-là » de marchands valait alors un solennel échange de sceaux et de signatures, car il n'y eut jamais de traité écrit. L'Epte forme la frontière au Nord de la Seine, l'Avre au Sud. La frontière normande fut l'enjeu de luttes séculaires entre les rois de France et les ducs de Normandie, devenus rois d'Angleterre à la fin du 11e s.

Le Duc de Normandie crie son Nom
De gueule a deux Leopardz dor Armez et Lampassez dazur
porte la seconde banniere

La conquête de l'Angleterre. – En 1066, Dives-sur-Mer, alors port important, se prépare à l'une des plus étonnantes expéditions du Moyen Age : la conquête de l'Angleterre, chef-d'œuvre de diplomatie.

Guillaume le diplomate. – Lorsque **Guillaume de Normandie** apprend l'avènement de **Harold** au trône d'Angleterre, en janvier 1066, il lui envoie une ambassade pour lui rappeler ses promesses. Harold se montre fort insolent. Le duc en appelle alors au jugement de Rome. Le Pape ordonne à Guillaume de châtier l'Angleterre et lui envoie un étendard bénit et des reliques de saint Pierre. Harold est excommunié. Consultés, les barons, réunis à Lillebonne en assemblée extraordinaire, se rallient au duc. Alors Guillaume s'assure de la neutralité de la France et envisage avec la Norvège la création d'un « second front ». La flotte est équipée. Les trésors de Rouen et de Caen permettent de payer la solde des troupes.
A Pâques, une comète, « dont la chevelure illumine presque la moitié du firmament », sème l'effroi en Angleterre. L'astrologue ducal y voit pour le futur roi un présage.

Guillaume le conquérant. – Le duc Guillaume réside au château de Bonneville, au-dessus de Touques. En moins de sept mois, il a réalisé tous ses plans politiques et militaires.
Le gros de la flotte est concentré à Dives. Le 12 septembre, sous la protection de l'étendard du Pape, environ 50 000 cavaliers et soldats embarquent, sur 696 nefs suivies de bateaux et esquifs qui portent l'effectif à 3 000 bâtiments. La flotte cingle vers St-Valéry-sur-Somme où l'attendent des renforts. Entre-temps, Harold anéantit, à York, les troupes norvégiennes débarquées sur la côte Nord-Est de l'Angleterre ; mais l'effet de diversion a joué.
Enfin, le 27 septembre, en plein équinoxe, c'est le grand départ. Le 28, à marée basse, les Normands prennent pied dans le Sussex, à Pevensey. Le duc débarque le dernier, mais il trébuche et tombe de tout son long. Les Normands superstitieux s'alarment. Guillaume se met à rire et, suivant la chronique, s'écrie avec à propos : « Seigneurs, par la splendeur de Dieu, cette terre je l'ai des deux mains saisie. Elle est toute à nous, tant qu'il y en aura ».
Les Normands occupent Hastings, Harold accourt et se retranche sur une colline. Le 14 octobre, Guillaume donne l'assaut. Dans la soirée, grâce à une ruse de guerre, la victoire est acquise aux Normands. Harold est mort au combat. Guillaume fonde sur les lieux l'abbaye de la Bataille. Tous ces faits sont brodés sur la célèbre tapisserie de Bayeux.

Guillaume duc et roi. – Après sa victoire, Guillaume occupe Douvres puis s'arrête à Canterbury. Inquiets des menaces de guerre civile, les riches marchands de Londres lui demandent la confirmation de leurs privilèges en échange de leur appui. A leur tour, les évêques, puis l'armée, font leur soumission. Avec l'assentiment des Normands, le duc de Normandie accepte la couronne royale qu'on lui offre. Le sacre a lieu le 25 décembre, à Westminster. Le nouveau roi jure de maintenir les lois et usages du pays. Ses compagnons sont pourvus de terres et de places. Le Conquérant se réserve 1 422 manoirs, les forteresses et les forêts. L'année suivante, le roi revient faire ses Pâques en Normandie. C'est une apothéose.

Tapisserie de la reine Mathilde. – La traversée de la Manche par l'armée normande.

L'ART

ABC D'ARCHITECTURE

A l'intention des lecteurs peu familiarisés avec la terminologie employée en architecture, nous donnons ci-après quelques indications générales sur l'architecture religieuse et militaire, suivies d'une liste alphabétique des termes d'art employés pour la description des monuments dans ce guide.

Architecture religieuse

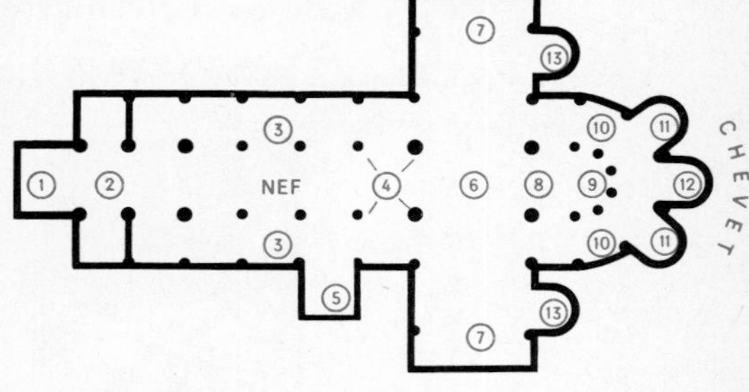

illustration I ►

Plan-type d'une église : il est en forme de croix latine, les deux bras de la croix formant le transept.
① Porche – ② Narthex ③ Collatéraux ou bas-côtés (parfois doubles) – ④ Travée (division transversale de la nef comprise entre deux piliers) ⑤ Chapelle latérale (souvent postérieure à l'ensemble de l'édifice) – ⑥ Croisée du transept – ⑦ Croisillons ou bras du transept, saillants ou non, comportant souvent un portail latéral – ⑧ Chœur, presque toujours « orienté » c'est-à-dire tourné vers l'Est ; très vaste et réservé aux moines dans les églises abbatiales – ⑨ Rond-point du chœur ⑩ Déambulatoire : prolongement des bas-côtés autour du chœur permettant de défiler devant les reliques dans les églises de pèlerinage – ⑪ Chapelles rayonnantes ou absidioles – ⑫ Chapelle absidale ou axiale. Dans les églises non dédiées à la Vierge, cette chapelle, dans l'axe du monument, lui est souvent consacrée ⑬ Chapelle orientée.

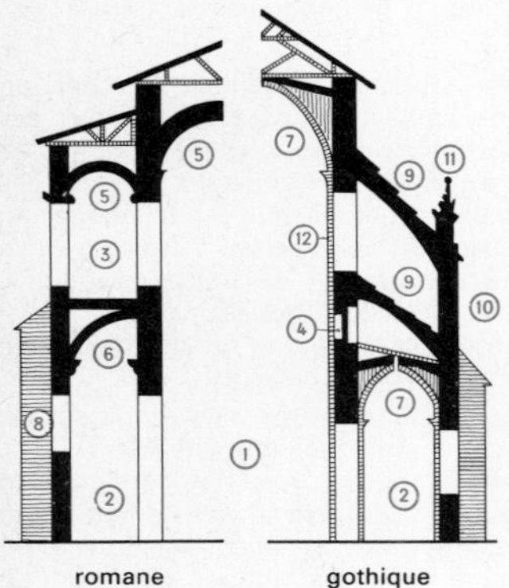

◄ illustration II

Coupe d'une église : ① Nef – ② Bas-côté – ③ Tribune – ④ Triforium – ⑤ Voûte en berceau – ⑥ Voûte en demi-berceau – ⑦ Voûte d'ogive – ⑧ Contrefort étayant la base du mur – ⑨ Arc-boutant – ⑩ Culée d'arc-boutant – ⑪ Pinacle équilibrant la culée – ⑫ Fenêtre haute.

illustration III ►

Cathédrale gothique : ① Portail – ② Galerie – ③ Grande rose – ④ Tour-clocher quelquefois terminée par une flèche – ⑤ Gargouille servant à l'écoulement des eaux de pluie – ⑥ Contrefort – ⑦ Culée d'arc-boutant ⑧ Volée d'arc-boutant – ⑨ Arc-boutant à double volée – ⑩ Pinacle – ⑪ Chapelle latérale – ⑫ Chapelle rayonnante – ⑬ Fenêtre haute – ⑭ Portail latéral – ⑮ Gâble – ⑯ Clocheton – ⑰ Flèche (ici, placée sur la croisée du transept).

◄ illustration IV

Voûte d'arêtes :
① Grande arcade
② Arête – ③ Doubleau.

illustration V ►

Voûte en cul de four : elle termine les absides des nefs voûtées en berceau.

illustration VI

Voûte à clef pendante :
① Ogive – ② Lierne
③ Tierceron – ④ Clef pendante
⑤ Cul de lampe.

illustration VII

Voûte sur croisée d'ogives
① Arc diagonal – ② Doubleau
③ Formeret – ④ Arc-boutant
⑤ Clef de voûte.

▼ illustration VIII

Portail : ① Archivolte ; elle peut être en plein cintre, en arc brisé, en anse de panier, en accolade, quelquefois ornée d'un gâble – ② Voussures (en cordons, moulurées, sculptées ou ornées de statues) formant l'archivolte ③ Tympan – ④ Linteau – ⑤ Piédroit ou jambage – ⑥ Ébrasements, quelquefois ornés de statues – ⑦ Trumeau (auquel est généralement adossé une statue) – ⑧ Pentures.

illustration IX ►

Arcs et piliers : ① Nervures ② Tailloir ou abaque – ③ Chapiteau – ④ Fût ou colonne – ⑤ Base – ⑥ Colonne engagée – ⑦ Dosseret – ⑧ Linteau – ⑨ Arc de décharge – ⑩ Frise.

Architecture militaire

illustration X

Enceinte fortifiée : ① Hourd (galerie en bois) – ② Mâchicoulis (créneaux en encorbellement) – ③ Bretèche ④ Donjon – ⑤ Chemin de ronde couvert – ⑥ Courtine – ⑦ Enceinte extérieure – ⑧ Poterne.

illustration XI

Tours et courtines : ① Hourd ② Créneau – ③ Merlon ④ Meurtrière ou archère ⑤ Courtine – ⑥ Pont dit « dormant » (fixe) par opposition au pont-levis (mobile).

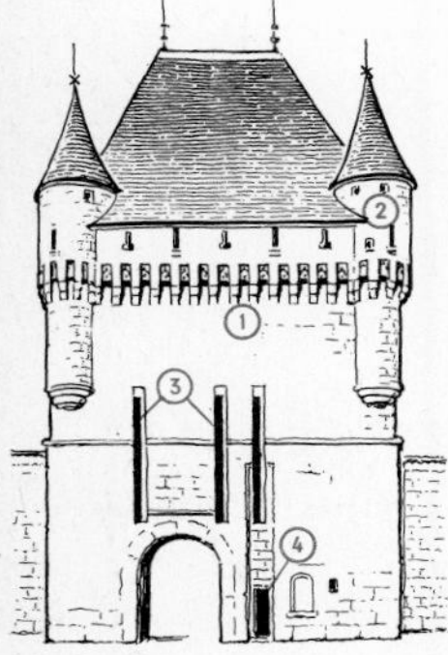

◄ illustration XII

Porte fortifiée : ① Mâchicoulis ② Échauguette (pour le guet) – ③ Logement des bras du pont-levis – ④ Poterne : petite porte dérobée, facile à défendre en cas de siège.

illustration XIII ►

Fortifications classiques :
1 Entrée – 2 Pont-levis
3 Glacis – 4 Demi-lune
5 Fossé – 6 Bastion – 7 Tourelle de guet – 8 Ville – 9 Place d'Armes.

TERMES D'ART EMPLOYÉS DANS CE GUIDE

Absidiole : illustration I.
Anse de panier : arc aplati, très utilisé à la fin du Moyen Age et à la Renaissance.
Appareil : agencement des pierres d'une construction.
Arcature : suite de petites arcades couvertes d'un arc.
Arc de décharge : illustration IX.
Archivolte : illustration VIII.

Baldaquin : ouvrage couronnant un autel et soutenu par des colonnes ; voir Ciborium.
Bas-côté : illustration I.
Bas-relief : sculpture en faible saillie sur un fond.
Berceau (voûte en) : illustration II.
Buffet d'orgues : illustration XIX.

Caisson : compartiment creux ménagé comme motif de décoration (plafond ou voûte).
Cariatide : statue féminine servant de support.
Chapelle absidale ou axiale : dans l'axe de l'église ; illustration I.
Chapiteau : illustration IX.
Châsse : coffre contenant les reliques d'un saint.
Chemin de ronde : illustration X.
Chevet : illustration I.
Ciborium : ouvrage couronnant un autel ; voir Baldaquin.
Claveau : l'une des pierres formant un arc ou une voûte.
Clef de voûte : illustration VII.
Clocheton : illustration III.
Clôture : dans une église, enceinte fermant le chœur.
Collatéral : illustration I.
Colombage : charpente de mur apparente.
Contrefort : illustration II.
Coupole : illustrations XIV et XV.
Croisée d'ogives : illustration VII.
Croisillon : illustration I.
Crypte : église souterraine.
Cul-de-four : illustration V.

Déambulatoire : illustration I.
Douve : fossé, généralement rempli d'eau, protégeant un château fort.

Maison à colombage
1 Sablière 2 Echarpe
3 Pigeart

Encorbellement : construction en porte à faux.

Flamboyant : style décoratif de la fin de l'époque gothique (15e s.), ainsi nommé pour ses découpures en forme de flammèches aux remplages des baies.
Flèche : illustration III.
Formeret : illustration VII.
Fresque : peinture murale appliquée sur l'enduit frais.
Frettes : lignes brisées dont l'assemblage dessine une suite de créneaux ou de rectangles.

Gâble : illustration III.
Gargouille illustration III.
Géminé : groupé par deux (arcs géminés, colonnes géminées).
Gloire : auréole entourant un personnage : en amande, elle est appelée aussi mandorle (de l'italien « mandorla » amande).

Haut-relief : sculpture au relief très saillant, sans toutefois se détacher du fond (intermédiaire entre le bas-relief et la ronde-bosse).
Historié (chapiteau) : décoré de scènes à personnages.
Hourd : illustration X.

Jouée : illustration XVII.
Jubé : illustration XVIII.

Lancette : arc en tiers-point surhaussé de forme allongée.
Lierne : illustration VI.
Linteau : illustration VIII.

Mâchicoulis : illustration X.
Meneau : croisillon de pierre divisant une baie.
Meurtrière : illustration XI.
Miséricorde : illustration XVII.
Modillon : petite console soutenant une corniche.

Ogive : arc diagonal soutenant une voûte : illustrations VI et VII.

Pare-close : illustration XVII.
Péristyle : colonnes disposées autour ou en façade d'un édifice.
Pietà : mot italien désignant le groupe de la Vierge tenant sur ses genoux le Christ mort ; on dit aussi Vierge de Pitié.
Pignon : partie supérieure, en forme de triangle, du mur qui soutient les deux pentes du toit.
Pilastre : pilier plat engagé dans un mur.
Pinacle : illustrations II et III.

◄ illustration XIV
Coupole sur trompes : ① Coupole octogonale – ② Trompe – ③ Arcade du carré du transept.

illustration XV ►
Coupole sur pendentifs : ① Coupole circulaire – ② Pendentif – ③ Arcade du carré du transept.

illustration XVI ►
Poutre de gloire, ou tref : elle tend l'arc triomphal à l'entrée du chœur. Elle porte le Christ en croix, la Vierge, saint Jean et, parfois, d'autres personnages du calvaire.

illustration XVII
Stalle : ① Dossier haut – ② Pare-close – ③ Jouée – ④ Miséricorde.

illustration XVIII
Jubé : remplaçant la poutre de gloire dans les églises importantes, il servait à la lecture de l'épître et de l'Évangile. La plupart ont disparu à partir du 17e s. : ils cachaient l'autel.

illustration XIX
Autel avec retable. – ① Retable – ② Prédelle – ③ Couronne – ④ Table d'autel – ⑤ Devant d'autel.

illustration XX
Orgues. – ① Grand buffet – ② Petit buffet – ③ Cariatide – ④ Tribune.

Plein cintre : en demi-circonférence, en demi-cercle.
En poivrière : à toiture conique.
Poterne : illustrations X et XII.
Poutre de gloire : illustration XVI.

Remplage : réseau léger de pierre découpée garnissant tout ou partie d'une baie, une rose ou le partie haute d'une fenêtre.
Retable : illustration XIX.
Rose : illustration III.

Sépulcre : groupe sculpté ou peint représentant la mise au tombeau du Christ.
Stalle : illustration XVII.

Tierceron : illustration VI.
Tiers-point (arc en) : arc brisé dans lequel s'inscrit un triangle équilatéral.
Toit en bâtière : toit à deux versants et à pignons découverts.
Transept : illustration I.
Travée : illustration I.
Tribune : illustration II.
Triforium : illustration II.
Triptyque : ouvrage de peinture ou de sculpture composé de trois panneaux articulés pouvant se refermer.
Trumeau : illustration VIII.

Verrière : baie garnie de vitraux ou grand vitrail.
Voussures : illustration VIII.
Voûte d'arêtes : illustration IV.

L'ART EN NORMANDIE

Les matériaux normands. – La pierre issue du sol s'harmonise avec le paysage. Rouen et les villes de la Seine normande sont construites avec la pierre provenant des falaises crayeuses qui bordent le fleuve. Dans le pays de Caux, les galets sont noyés dans un mortier. L'argile, abondante et économique, a servi pour le torchis ou le pisé des chaumières que le colombage retient dans sa résille, et la fabrication des briques, dont l'appareil plein de fantaisie produit de si jolis effets.

Colombage.

L'art roman (11e s.-début du 12e s.)

Les bénédictins et l'art roman. – Au 11e s., tout de suite après les Invasions, les bénédictins se remettent à l'œuvre : ils défrichent le sol, construisent bâtiments et églises. Les moines-architectes utilisent la voûte en berceau – celle des ponts et des arcs de triomphe romains – ou la coupole d'origine orientale mais conservent les robustes procédés de construction des Carolingiens. Ils créent ainsi un style nouveau, d'une admirable diversité dans sa simplicité, auquel le grand archéologue normand du 19e s., Arcisse de Caumont, a donné le nom de « roman » et dont il a, le premier, exposé (1840) la théorie.

L'École normande et ses abbatiales. – Soutenus par les ducs, les bénédictins ont joué un rôle capital en Normandie. Les premiers édifices religieux importants de Normandie sont les églises des riches abbayes. Si les bâtiments monastiques primitifs ont disparu ou ont été modifiés, en particulier à la suite de la réforme mauriste *(voir p. 24)*, d'amirables églises abbatiales témoignent encore de la « floraison bénédictine » : ruines imposantes de Jumièges, sanctuaire de St-Martin-de-Boscherville.

L'école normande, caractérisée par la pureté des lignes, la hardiesse des proportions, la sobriété du décor, la beauté de l'appareil, ouvre la voie au style gothique.

Les abbatiales se signalent par deux tours vigoureuses encadrant la façade dont la forme rappelle celle d'un H et par une tour-lanterne, de plan carré, élevée à la croisée du transept. Nues ou ornées d'arcatures aux étages inférieurs, les tours s'allègent et s'ajourent de baies à mesure qu'elles s'élèvent (au 13e s., beaucoup ont été surmontées de flèches cantonnées de clochetons). Les clochers romans signalent encore de charmantes églises rurales : ils sont couverts d'un toit en bâtière ou coiffés d'une courte pyramide à quatre pans, en charpente ou en pierre, embryon de la flèche gothique.

Ce qui frappe en pénétrant dans les abbatiales normandes, c'est la clarté régnante et l'ampleur des dimensions. La nef est large ; elle présente, en élévation, deux étages d'ouverture au-dessus des grandes arcades en plein cintre : l'ensemble apparaît d'une hardiesse surprenante pour un édifice roman car, délibérément, les moines de Normandie ont repoussé la lourde voûte en berceau et adopté souvent une toiture de charpente pour la nef et les tribunes, une voûte d'arêtes dans les bas-côtés. Les vastes tribunes qui ouvrent sur la nef de larges baies sont, au 1er étage, la réplique des bas-côtés. Enfin, au niveau des fenêtres hautes, une galerie de circulation est ménagée dans les murs épais. Une coupole, couvrant la croisée du transept, supporte la magnifique tour-lanterne qui diffuse à flots la lumière du jour par ses hautes fenêtres.

La décoration normande. – A l'exemple des églises romanes, ces abbatiales étaient enluminées, à grande échelle, comme les manuscrits ; les thèmes restaient ceux de l'iconographie byzantine. Le décor sculpté de l'école normande est essentiellement géométrique : il met en relief différents motifs, dont les principaux sont les frettes. Les motifs décoratifs, agrémentés parfois de quelques moulures, têtes plates d'hommes ou d'animaux, soulignent les voussures, les archivoltes, les corniches et les moulures.

L'art gothique (12e s.-15e s.)

Jusqu'au 16e s., le style conçu en Ile-de-France, à partir de la croisée d'ogives (importée du royaume anglo-normand), s'appelle « travail à la française » ou « mode française ». Les Italiens de la Renaissance, réfractaires à cet art parisien, lui donnent le nom de « gothique » fort péjoratif dans leur esprit. Le nom, dépourvu de son contenu méprisant, s'est maintenu.

Les cathédrales. – Le gothique est, par excellence, l'art des cathédrales, symbole de l'élan religieux de la population et de la prospérité grandissante des villes.

Sous la direction éclairée des évêques et des maîtres d'œuvre, toutes les corporations contribuent à l'embellissement de la cathédrale : verriers, peintres, huchiers (sculpteurs sur bois), sculpteurs s'affairent. Les portails deviennent de véritables livres d'images.

Le gothique en Normandie. – A son tour, le style français rayonne en Normandie, dès la fin du 12e s. : tour St-Romain de la cathédrale de Rouen et cathédrale de Lisieux. Cette conquête pacifique précède la mainmise de Philippe Auguste sur la province.

Caudebec-en-Caux. – Église Notre-Dame.

Le flamboyant. – Dès le 14e s., l'ère des grandes cathédrales est terminée. La guerre de Cent Ans stoppe l'essor architectural : on ajoute, on fignole : quand la tourmente est passée, le goût de la virtuosité subsiste : le gothique flamboyant est né. Dans ce nouveau style, le remplage des baies et des roses peut être comparé à des flammes ondoyantes : c'est l'origine du terme « flamboyant ».

Le flamboyant a permis d'exécuter de petits chefs-d'œuvre comme l'église St-Maclou à Rouen, des morceaux de bravoure comme la tour de Beurre à Rouen, les clochers de Notre-Dame à Caudebec-en-Caux et de la Madeleine à Verneuil-sur-Avre, de ravissantes décorations : cloîtres, chapelles, clôtures. Une école locale de statuaire se crée à Verneuil. Un thème souvent repris est celui de la Mise au tombeau. L'architecture civile prend de l'importance : le magnifique Palais de Justice de Rouen orné de gâbles, pinacles et balustrades illustre bien le passage du flamboyant à la Renaissance.

L'architecture féodale. – En Normandie médiévale, le « permis de construire » un château féodal est accordé aux barons par le duc suzerain qui, aussi prudent que puissant, se réserve le droit d'y mettre une garnison et interdit les guerres privées. Les ducs encouragent la construction de châteaux forts aux frontières du duché, Richard Cœur de Lion verrouille la Seine avec la place la plus formidable de l'époque, Château Gaillard. Les forteresses se dressent sur une position dominante, permettant de surveiller l'horizon et de défier l'escalade. Primitivement, le sombre donjon est la seule partie habitée ; mais, à partir du 14e s., on construit sur la cour, à l'intérieur du corset de fortications, un corps de logis plus hospitalier. Certains manoirs du Perche, et surtout le château de Dieppe, montrent cette évolution.

Le souci du confort et du décor se manifeste aussi dans l'architecture civile. Riches marchands et grands bourgeois se font construire de hautes maisons à colombage, en encorbellement sur un rez-de-chaussée de pierre, que protègent des toits largement débordants, composant des ensembles pittoresques. Les poteaux d'angle, les corbeaux, les consoles, les poutres sont sculptés ; les sujets sont souvent pleins de verve et de fantaisie.

L'art de la Renaissance (16e s.)

Archevêque et mécène de Rouen, Georges Ier d'Amboise *(voir p. 79)* est l'introducteur en Normandie des « usages et modes d'Italie ».

Pour son château de Gaillon, il fait plaquer, par des artistes italiens, une décoration tout italienne sur une structure féodale. Les nouveaux motifs : arabesques, rinceaux, médaillons, coquilles, vases, etc., s'intègrent à l'art flamboyant.

Les œuvres religieuses marquantes de cette période sont le portail central de la cathédrale de Rouen et l'église de Gisors.

Châteaux, manoirs, hôtels, maisons. – Le style Renaissance déploie toute sa grâce dans l'architecture privée. On habille d'abord au goût du jour les constructions antérieures ou l'on y ajoute un corps de logis délicatement décoré ; plus d'enceinte fortifiée, mais de grands parcs et des jardins.

Par l'intermédiaire des humanistes, l'emprise classique se précise, on cherche la justesse des proportions et la superposition des trois ordres antiques. Insensiblement, le souci de la symétrie et de la correction dessèche l'architecture ; la pompe l'emporte sur la fantaisie.

Gaillon. – Le château.

En Normandie, la sève gothique survit, sous des aspects charmants, dans de petits manoirs et d'innombrables « châteaux d'herbage », qui arborent un air féodal avec fossés, tourelles et crénelage, adoptant soit la construction à colombage, soit un petit appareil de pierres et de briques de couleur.
Les villes normandes abritent de nombreux hôtels Renaissance, vastes demeures seigneuriales construites en pierre. La façade est toujours sobre, il faut pénétrer dans la cour pour admirer l'ordonnance de l'architecture et la richesse de la décoration (hôtel de Bourgtheroulde à Rouen).
Le décor des demeures bourgeoises s'enrichit au 16e s. et devient moins primesautier ; mais les principes de construction des maisons à pans de bois ne sont pas modifiés. Beaucoup de ces vieilles demeures ont disparu au cours de la dernière guerre ; mais Bernay, Honfleur, Pont-Audemer, Verneuil-sur Avre, Rouen, en conservent de fort jolies qui ont été magnifiquement restaurées.

L'art classique (17e s.-18e s.)

Au cours de cette période, l'art français, issu d'un conception d'ensemble et non plus de techniques particulières, va imposer au monde son « rationalisme ».

Style Louis XIII et style dit « jésuite ». – Après les guerres civiles, le règne de Henri IV marque un renouveau artistique. On adopte un mode de construction économique en faisant une place importante à la brique : c'est une floraison de jolis châteaux aux simples façades roses et blanches, coiffés de hauts toits d'ardoise gris-bleu.
Les premières décennies du 17e s. coïncident avec la réaction catholique de la Contre-Réforme. Les jésuites construisent de nombreux collèges et chapelles : ce sont des édifices corrects et froids, dont la façade se caractérise par la superposition des colonnes, un fronton et des consoles renversées ou ailerons raccordant l'avant-corps central au corps latéraux. Le style dit « jésuite » assura la transition entre l'art de la Renaissance et l'art baroque.

Le Grand Siècle en Normandie. – Avec ses façades régulières, l'art classique a besoin d'espace pour que l'œil saisisse l'unité de ses ensembles. C'est le cas des châteaux de Cany, Beaumesnil, du Champ de Bataille, etc.
Les abbayes bénédictines qui ont adopté la **réforme de St-Maur** retrouvent leur rayonnement. Au début du 18e s., les bâtiments monastiques de l'abbaye du Bec-Hellouin sont refaits par un frère architecte et sculpteur, **Guillaume de la Tremblaye** *(voir p. 42)*. Le plan traditionnel est conservé, mais l'architecture et la décoration sont empreintes de noblesse et d'austère gravité.
Enfin, de magnifiques palais épiscopaux, des hôtels de ville aux longues façades, de vastes hôtels particuliers donnent aux villes une physionomie nouvelle.

Céramique et faïence. – Au milieu du 16e s., Masséot Abaquesne fabrique à Rouen des pavés décoratifs très appréciés et, à la même époque, les ateliers du Pré-d'Auge et de Manerbe (près de Lisieux) fabriquent, en plus, de la « vaisselle de terre plus belle qu'ailleurs ». En 1644, la **faïence de Rouen** *(p. 119)* entre dans l'histoire avec son décor bleu sur blanc ou blanc sur bleu. A la fin du siècle, la production s'intensifie et, pour remplacer la vaisselle plate sacrifiée et fondue au profit du Trésor, toute la Cour, écrit Saint-Simon, « se met en huit jours en faïence ». Dans le style dit « rayonnant », le décor rappelle le travail des ferronniers et brodeurs si réputés de la ville.
Puis le désir de renouvellement détermine la vogue des « chinoiseries ».
Au milieu du 18e s. apparaît le style rocaille caractérisé par le décor « au carquois » et surtout le fameux « Rouen à la corne » où fleurs, oiseaux, insectes s'échappent d'une corne d'abondance.
Le traité de commerce de 1786, autorisant l'entrée en France des faïences anglaises, provoque la ruine de cette industrie.

Les meubles normands. – Buffet normand, horloge normande, armoire normande... Qui ne connaît, au moins de réputation, ces trois éléments majeurs du mobilier traditionnel de la province ? Leur taille généralement imposante, leur solidité, leur élégance, continuent de leur valoir les suffrages des gens de goût, amateurs d'une rusticité de bon aloi.
En Normandie, l'armoire fait son apparition dès le 13e s., remplaçant peu à peu le coffre à habits moyenâgeux ; le buffet existe déjà au début du 17e s., au 18e s. se répand l'usage de l'horloge. C'est l'âge d'or du mobilier normand : buffet, ou vaisselier, aux proportions harmonieuses, délicatement ouvragé ; haute horloge à balancier, au cadran de bronze doré délicatement ciselé, de cuivre, d'étain ou d'émail, parfois rétrécie en son milieu (dans le pays de Caen) et alors appelée « demoiselle » ; majestueuse armoire en chêne massif, ornée de jolies ferrures de cuivre ou autre métal découpé et de médaillons, à la corniche sculptée de colombes, de nids, d'épis de blé, de fleurs ou de fruits, de carquois de Cupidon, qui constituait souvent la « corbeille » de noce de la jeune mariée, contenant son trousseau.

Armoire normande (détail).

L'art moderne

Au 19e s., la peinture passe au premier plan de l'art français : ce siècle marque la victoire du paysage sur la peinture d'histoire ou la scène de genre et la Normandie, terre bénie des Muses, va devenir le rendez-vous des peintres et le berceau de l'Impressionnisme.

En plein air. – Lorsque les Romantiques découvrent la Normandie, Eugène Isabey, paysagiste amoureux de la mer, travaille sur la côte encore déserte ; l'Anglais Bonington traduit dans ses aquarelles la fraîcheur humide des plages.
Dans la seconde moitié du 19e s., l'activité artistique se concentre autour de la Côte de Grâce, avec **Eugène Boudin.** Ce peintre de Honfleur, sacré « roi des ciels », encourage un jeune Havrais de 15 ans, **Claude Monet**, à délaisser la caricature pour les joies de la peinture et incite ses camarades parisiens à prendre pension, aux beaux jours, à la « ferme de St-Siméon » chez « la mère Toutain ».

Trouville, marée haute par Eugène Boudin.

L'Impressionnisme. – Cependant, les plus jeunes vont dépasser leurs aînés dans leur recherche de la luminosité picturale. Ils veulent tenter de traduire la vibration de la lumière des brumes, le frémissement des reflets et des nuances, la profondeur du ciel et l'adoucissement, la décoloration même des teintes sous l'éclat du soleil. Ces peintres, Monet, Sisley, Bazille et leurs amis parisiens, Renoir, Pissarro, Cézanne, Guillaumin notamment, vont former l'école impressionniste.
De 1862 à 1869, les impressionnistes demeurent fidèles à la côte normande et à l'estuaire de la Seine. Après la guerre franco-allemande, ils n'y reviennent plus qu'occasionnellement. Toutefois, c'est sur les confins de la Normandie, à Giverny *(p. 80)*, que Claude Monet s'installe en 1881. Il y mourra, en 1926, en pleine gloire.
L'Impressionnisme donne naissance à une nouvelle école, le **Pointillisme** qui divise les teintes en petites touches de couleur pure pour donner une plus grande impression de luminosité en application du principe de la division de la lumière blanche en sept couleurs fondamentales, Seurat et Signac, les pionniers de cette méthode, vont aussi en Normandie étudier des paysages.
Né de l'Impressionnisme et du néo-impressionnisme, le **Fauvisme** marquera un peu plus tard le début du 20e siècle : ce mouvement accorde la primauté à la couleur sous sa forme la plus éclatante et sera brillamment illustré *(voir ci-dessous)*.
Ainsi, durant plus d'un demi-siècle, la Côte de Grâce, le Pays de Caux, Deauville, Trouville et Rouen auront inspiré de nombreuses toiles *(1)*.

Une pléiade de peintres. – De nombreux peintres ont été séduits par la Normandie. On peut citer en particulier : Valloton et Gernez, qui finit ses jours à Honfleur ; Marquet, qui fit d'abord partie de l'atelier de Gustave Moreau à Paris ; Friesz, artiste attaché à Honfleur qu'il peignit sous des aspects divers ; Van Dongen, peintre des élégances et des mondanités, hôte assidu de Deauville.
Si Marquet, Friesz et Van Dongen furent assez fortement influencés par le fauvisme, Raoul Dufy, havrais d'origine, se dégagea rapidement des règles traditionnelles, en associant le trait et le dessin à la richesse du coloris, dans l'expression du mouvement.

L'architecture contemporaine. – L'ampleur des destructions causées par la Seconde Guerre mondiale, de même que les impératifs actuels de l'urbanisme, ont conduit à remodeler, entièrement ou partiellement, bon nombre de localités normandes, grandes et petites.
Parmi les artisans de ce renouveau se détache le nom d'**Auguste Perret** (1874-1954), un des maîtres du béton armé et architecte du quartier moderne et de l'église St-Joseph du Havre *(p. 82 et 83)*.
Mais des réalisations plus récentes ont aussi vu le jour : les exemples les plus spectaculaires en sont le pont de Brotonne *(p. 51)*, la place du Vieux-Marché à Rouen *(p. 118)*, l'espace Oscar Niemeyer au Havre *(p. 82)*.

(1) Des collections importantes, rassemblant des œuvres de peintres normands contemporains et des grands précurseurs de l'impressionnisme, sont exposées au Havre, dans le cadre moderne et transparent du musée des Beaux-Arts André Malraux (p. 83), favorable aux effets de lumière.

LE MONACHISME

La Normandie, comme la Champagne et la Bourgogne, fut un des hauts lieux du monachisme médiéval.
Les abbayes ne sont pas sans susciter étonnement, mystère, interrogation quant à la vie qui se déroule entre leurs murs.

Le moine. – Dès les premiers temps du christianisme, des hommes ou des femmes vivant en solitaires ou en communautés, se retirèrent du monde afin de chercher Dieu. Dans les Saintes Écritures, il y a des moments où Jésus quittait foules et disciples pour s'isoler dans la montagne de Judée ou sur les collines de la Galilée, pour retrouver Dieu son père. Le moine suit ces exemples, l'abbaye constitue son désert et là, menant une vie de silence et de paix, il entreprend de dialoguer avec le Créateur.

La journée du moine. – Trois activités la composent : l'office divin, la lecture divine et le travail manuel.

L'office divin. – Également appelée Opus Dei, cette activité consiste à être à l'écoute de Dieu, à chanter sa gloire et sa bonté. Le moine, en compagnie de ses frères, loue et prie le Seigneur à différentes heures de la journée, matines le matin, messe, laudes au lever du soleil, vêpres à son coucher, etc.
Si cette activité est essentielle, la lecture d'un chapitre de la Règle de saint Benoît dans la salle du chapitre est un autre moment important de la journée monastique.

La lecture divine. – L'office divin célébré par l'ensemble de la communauté est suivi de cette activité où le moine, seul dans sa cellule, se retrouve face à face avec Dieu lisant ou relisant la Bible, la méditant.

Le travail manuel. – Esprit et mains sont complémentaires dans la vie monastique. Le travail de l'esprit se fait par la lecture divine. Le travail manuel doit permettre au moine d'atteindre un certain équilibre et de « gagner son pain à la sueur de son front » : il fait son pain, tisse ses vêtements et cultive son jardin.

Composition d'une abbaye médiévale. – Les bâtiments conventuels s'ordonnaient autour du noyau central, le cloître.

Le cloître. – Quatre galeries le délimitaient. Au centre, le préau servait de jardin d'agrément. Dans certains monastères, on y cultivait des plantes médicinales. Habituellement dans la galerie Sud, une petite fontaine faisait saillie devant l'entrée du réfectoire, c'était le lavabo. Les moines s'y lavaient les mains avant de passer à table.
La galerie Ouest longeait le cellier et s'ouvrait dans l'église par une porte dite des convers (chargés des tâches domestiques).
La galerie Nord communiquait avec l'église par la porte dite des moines ; sur cette galerie s'ouvrait la salle capitulaire.

La salle capitulaire. – Salle de réunions des moines, lieu de prières avant les travaux journaliers, ils y écoutaient aussi la lecture du chapitre.
Dans cette salle avait lieu également, tous les jours, le chapitre des « coulpes ». Les moines s'accusaient devant la communauté de leurs manquements à la règle et recevaient la pénitence infligée par l'abbé.

Le réfectoire. – D'une décoration parfois austère, le réfectoire possédait souvent une acoustique étonnante. Le lecteur, de sa chaire surélevée, lisait pendant le repas quelques pages de la Bible.

Les dortoirs. – Il fallait distinguer celui des moines, à l'Est et celui des convers, à l'Ouest. Dans l'ordre cistercien le repos est de 7 heures : les moines se couchent tout habillés dans un dortoir commun. Mauristes, augustins et prémontés logeront dans des cellules individuelles qui deviendront de véritables chambres.

L'abbatiale. – Les moines y passaient une grande partie de leur journée que ce soit pour la messe conventuelle ou l'office des heures diurnes et nocturnes. L'église abbatiale était souvent caractérisée par une très longue nef. Dans les églises cisterciennes un jubé coupait la nef en deux ; vers l'autel se trouvait le chœur des moines, de l'autre côté, le chœur des convers.

Les annexes. – Elles incluaient les porteries, véritables porches avec passage pour voitures et piétons, et les granges.
Les porteries principales comportaient un étage habitable et frappaient souvent par leur aspect monumental. C'est là que se faisaient souvent les distributions d'aumône et que se réglaient divers conflits et délits dans la grande salle appelée salle de justice.

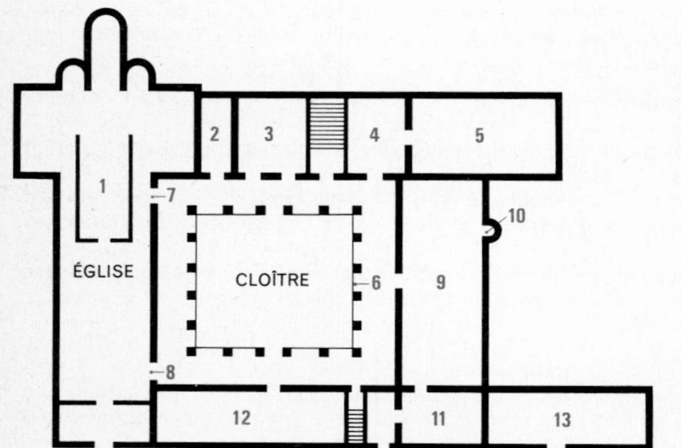

1 Chœur des moines
2 Sacristie
3 Salle capitulaire
4 Chauffoir
5 Salle de travail des moines
6 Lavabo
7 Porte des moines
8 Porte des convers
9 Réfectoire
10 Saillie de la chaire du lecteur
11 Cuisine
12 Salle des convers ou grand cellier
13 Hôtellerie

LA VIE LITTÉRAIRE ET MUSICALE

LA LITTÉRATURE

La littérature, comme l'architecture, est une « fleur monastique ». Rien d'étonnant donc à ce que dès le 13e s. la Normandie, riche en abbayes, soit une terre d'élection pour la littérature. Auprès des moines et des clercs qui connaissent l'histoire et les traditions légendaires, des voyageurs et des pèlerins qui apportent des nouvelles, les poètes trouvent inspiration pour ces épopées baignées de merveilleux chrétien que sont les chansons de geste. Ainsi, sans doute, est née « la Chanson de Roland ».

17e s. – Né à Rouen, **Corneille** (1606-1684) reste le grand classique. Dans les débats de conscience qu'il porte à la scène, poète de la volonté, il fait prévaloir la souveraineté de la raison, sans méconnaître les élans du cœur. Mais toujours son goût de la grandeur et de la vérité humaine s'allie au sens, bien normand de la mesure.

18e s. – Également Rouennais, **Fontenelle** (1657-1757), par sa nature positive, incarne le tempérament normand. Esprit sec, mais fin et lucide, il préfère la philosophie à la littérature.
Né au Havre, **Bernardin de Saint-Pierre** (1737-1814), poussé par ses rêves, fit de nombreux voyages (Malte, la Russie, la Pologne, etc.). Il séjourna longtemps à l'île de France (aujourd'hui île Maurice) et à son retour à Paris se fit le disciple de Jean-Jacques Rousseau. Ses Études de la nature (1784) et Paul et Virginie (1787) lui valurent la célébrité.

19e s. – Né au Havre, **Casimir Delavigne** (1793-1843), poète et auteur dramatique, ouvre son théâtre au goût romantique et au costume historique. On lui doit notamment Les Vêpres siciliennes (1819).
Armand Carrel (1800-1936), né à Rouen, fut officier de carrière jusqu'à l'expédition d'Espagne en 1823. En 1830 avec Thiers et l'historien Miguet, il fonda le journal le National favorable aux Bourbons. Puis il se sépara de Thiers ; passé dans l'opposition républicaine, il s'en prit violemment au régime de Louis-Philippe, la monarchie de Juillet (1830-1848). Il fut tué lors d'un duel à la suite d'une polémique de presse. Ses œuvres politiques et littéraires furent publiées de 1854 à 1858.
Comme en peinture *(p. 25)*, la révolution littéraire sera, au 19e s., de peindre avec réalisme la province et ses mœurs. Romantique assagi, **Gustave Flaubert** (1821-1880), autre rouennais, conçoit l'art comme un moyen de connaissance. Malgré la richesse et la dualité de sa nature normande, il se définit comme « épris de gueulade, de lyrisme » et pourtant acharné à « creuser » à « fouiller le vrai tant qu'il peut ». Avec Madame Bovary, qui reste l'un des chefs-d'œuvre du roman moderne : Emma et M. Homais *(p. 122)* sont immortels.
Né à Honfleur, **Alphonse Allais** (1854-1905) fit ses débuts au cabaret du Chat Noir à Paris. Son œuvre se distingue par un sens très développé de l'humour. On lui doit notamment Vive la vie (1892), On n'est pas des bœufs (1836).
Soumis à la rude discipline du style par Flaubert, cet « irréprochable maître », **Guy de Maupassant** (1850-1893) est un observateur non moins minutieux dont la popularité, à l'étranger, ne se dément pas. Dans les Contes de la Bécasse (1883) composés de quelque trois cents nouvelles, il évoque la Normandie et ses différentes classes sociales, animé parfois d'un verve âpre et sarcastique.

20e s. – **Lucie Delarue-Mardrus** (1880-1945), fidèle à Honfleur jusqu'à sa mort, a bien chanté sa province (« Ah ! je ne guérirai jamais de mon pays ! »). Poétesse à l'âme romantique, elle écrivit aussi des romans dont Marie, fille mère (1908).
Né à Mortagne-au-Perche *(p. 101)*, **Alain** (1868-1951) de son vrai nom Émile Chartier, se fait remarquer par ses propos publiés dans la Dépêche de Rouen. Professeur de philosophie, essayiste il s'éleva contre toutes les formes de tyrannie. Ses Propos sur le bonheur (1928), sur l'éducation (1932) restent des œuvres marquantes.
L'Elbeuvien **André Maurois** (1865-1967) se distingua dans plusieurs genres : souvenirs de guerre (les Silences du colonel Bramble, 1918), romans (Climats, 1928), biographies (la Vie de Disraeli, 1927 ; Lélia ou la Vie de George Sand, 1952), études historiques (Histoire d'Angleterre, 1937).
Jean de la Varende (1887-1959), normand du Pays d'Ouche, évoque dans ses romans la Normandie d'autrefois et de toujours. Dans son ouvrage Par Monts et Merveilles de Normandie, il décrit avec beaucoup d'intérêt ce qu'il a vu et admiré dans la région.
Armand Salacrou, né à Rouen en 1899, considère l'œuvre dramatique comme « une méditation sur la condition humaine » ; son théâtre est l'illustration de tous les genres, citons Un homme comme les autres (1926), Boulevard Durand (1961).

LA MUSIQUE

François Adrien-Boieldieu (1775-1834). – Né à Rouen. Il compose les opéras et opéras-comiques ; Le Calife de Bagdad (1800) lui vaut une réputation européenne. De 1803 à 1810, il est appelé par le tsar Alexandre Ier comme directeur de la musique de l'opéra impérial de Saint-Pétersbourg. En 1825, son opéra La Dame blanche consacre son talent.

Camille Saint-Saëns (1835-1921). – Né à Paris de père normand. Pianiste virtuose, doué d'une très grande précocité, il compose des symphonies, des opéras, des œuvres religieuses, des concertos, etc. Citons parmi ses œuvres les plus connues : la Danse macabre (1875), Samson et Dalila (1877), le Carnaval des Animaux (1866).

Arthur Honegger (1892-1955). – Né au Havre, d'origine suisse. A ses débuts, il compose des mélodies sur des poèmes de Cocteau, Apollinaire et Paul Fort, puis des poèmes symphoniques Pacific 231 (1923), un oratorio Le Roi David (1924). Jeanne au Bûcher (1935) et la Danse des morts (1938) comportent des textes de Paul Claudel.

Erik Satie (1866-1925). – Né à Honfleur. Il débute comme pianiste dans des cabarets montmartrois (le Chat noir, le Clou) où il rencontre Debussy. Sarcasme et ironie se dissimulent sous des œuvres comme En habit de cheval pour quatre mains, Morceaux en forme de poire, Airs à faire fuir. Sa pièce maîtresse est un drame symphonique, Socrate (1918), pour voix et petit orchestre sur des textes de Platon. Satie a marqué son temps et a exercé une influence indéniable sur Ravel, Debussy, Stravinski.

LE COLOMBIER

Figure familière de la campagne normande et notamment du Pays de Caux, le colombier remonte à l'époque romaine. Aucune loi ne le réglementait alors. Ce n'est qu'au Moyen Age qu'une législation vit le jour.
En Normandie, la possession d'un colombier était l'apanage exclusif d'un propriétaire de fief, le nombre de pigeons n'était pas limité et les chasser était interdit. La Révolution abolit le droit de colombier.

Description. – Il peut être carré, polygonal ou circulaire, ce dernier type est le plus courant. La porte, généralement rectangulaire, se situe au ras du sol ; elle est parfois arrondie vers le haut, dans la plupart des cas elle est surmontée des armoiries du propriétaire. A mi-hauteur, un cordon de pierre en saillie, le larmier, ceinture l'édifice, il est destiné à arrêter l'ascension des rongeurs. Des ouvertures percées tout autour de l'ouvrage permettent le passage des pigeons. En haut la corniche assure la transition avec le toit. Le toit conique sur les colombiers circulaires, à pans sur les colombiers carrés ou polygonaux, est souvent revêtu d'ardoises. Au sommet, l'épi de faîtage en plomb représente fréquemment un pigeon, parfois une girouette.
A l'intérieur, les murs sont recouverts d'alvéoles ou boulins. Chaque couple de pigeons possède son boulin dont le nombre varie selon la richesse du propriétaire. Une échelle tournante permet d'accéder aux boulins. L'échelle ou les échelles tournantes sont fixées à des bras, eux-mêmes rattachés à une poutre verticale centrale qui pivote sur une pierre dure ou foire.
Le colombier, réservé entièrement aux pigeons est appelé colombier à pied ; le colombier dont la partie supérieure est réservée aux pigeons et la partie inférieure aménagée en poulailler, bergerie, etc... est appelé colombier bi-fonctionnel ou d'étage, dans ce cas les deux parties sont séparées par un plancher, l'accès à la partie supérieure se fait au moyen d'une échelle mobile, par une porte située à l'extérieur au niveau du larmier.

Colombier en pays de Caux.

Types de colombiers. – Dans les colombiers dits classiques on distingue : le colombier en pierre de taille (peu fréquent) ; le colombier en silex noir et pierre blanche, le contraste lui donne un certain cachet (Nord et Nord-Est du Havre) ; le colombier en brique, silex noir et pierre de taille, la brique qui fait son apparition au 17e s. tend à remplacer le silex noir ; le colombier en brique et pierre, type fréquent. Dans les colombiers dits secondaires : le colombier en silex clair, la couleur de ce silex rappelle la pierre de taille ; le colombier en silex et pierre ; le colombier en silex, brique et pierre.

TRADITIONS

Pour les dates des fêtes et autres manifestations, voir le chapitre « Renseignements pratiques » en fin de guide.

Les confréries de Charité. – Dans les églises rurales normandes, on remarque souvent, dressées dans le chœur, des files de torchères délicatement ouvragées. Il s'agit d'un attribut des Charités. Ces confréries ont pour mission essentielle d'assurer aux morts une sépulture chrétienne. Leur origine remonte au 12e s., quand les épidémies de peste ravageaient les campagnes et entraînaient la mort de nombreux habitants. Dans les processions, les charitons ou frères de charité, précédés de sonneurs qui agitent leurs tintenelles (clochettes) suivant un rythme immuable, s'avancent, portant le chaperon (écharpe de velours brodé d'or ou d'argent), avec leurs bannières et leurs torchères.
Chaque confrérie de Charité est organisée sur le plan hiérarchique ; à sa tête se trouve un maître ou prévost assisté d'un échevin. Chaque confrérie possède son saint patron, ses emblèmes, croix, bannières et bâtons de charité.

Le feu de St-Clair. – Tous les ans a lieu à la Haye-de-Routot *(p. 51)* le feu de St-Clair en l'honneur du saint patron de la paroisse. Un immense bûcher de 15 m de hauteur est embrasé dans la nuit du 16 juillet. Quelques semaines auparavant les frères de la Charité abattent un peuplier, le débitent le jour de la Fête Dieu et le mettent à sécher. Une fois sec, le bois est coupé en bûches. Le matin du 16 juillet, les bûches sont entassées les unes sur les autres autour d'un mât de sapin, le tout est coiffé d'une croix. Un office religieux précède l'embrasement. Vers 23 h le bûcher est bénit avant d'être enflammé. Les brandons ramassés par les habitants serviront à protéger leurs maisons de la foudre. Fête foraine, défilés et grand bal, animent également cette journée.

GASTRONOMIE

La variété et la qualité des produits de la plantureuse Normandie se devaient de donner naissance à une cuisine savoureuse, caractérisée par le rôle éminent dévolu à la crème.

Crème et sauce normande. – La crème habille toute la cuisine normande : couleur d'ivoire, cet uniforme velouté et moelleux sied aussi bien aux œufs et aux poissons qu'aux volailles, aux viandes blanches, avec légumes et même au gibier.

Les fromages. – Si la crème est vedette, les fromages sont rois. Le pont-l'évêque « règne » depuis le 13e s. ; le livarot est cité dans des textes de la même époque ; le camembert, de renommée universelle, apparut sur les tables au début du 19e s *(voir p. 140)*.
Pour être crémeux et tendre, un pont-l'évêque doit être fabriqué dans une ferme du Pays d'Auge car il faut utiliser le lait encore tiède et crémeux. Le livarot, dont la puissance alarme à tort l'odorat des non initiés, se fait avec du lait « reposé », les cinq lanières de roseau qui l'entourent le font surnommer « colonel ». Si la fabrication du camembert a colonisé la France entière, seul le camembert normand atteint au prestige véritable. Le camembert est le seul des fromages normands ne possédant pas l'appellation contrôlée, c'est-à-dire qu'il peut être fabriqué dans d'autres régions.
Enfin les fromages frais du Pays de Bray : « suisses », demi-sel, double-crème, jouissent d'une réputation plus récente mais solidement établie. Le neufchâtel, sous la forme de briquette, de carré, de bonde, de double bonde et de cœur est également un fromage fermier apprécié. Il peut être consommé jeune (12 jours), demi-affiné (3 semaines), affiné (1 à 3 mois).

Fabrication du camembert. – Elle comporte neuf opérations.

Standardisation. – La matière première est un lait contenant 30 % de matière grasse, obtenu par le mélange de lait entier riche en matière grasse et de lait écrémé.

Empressurage. – Des bacs de 100 litres contenant de la présure reçoivent le lait qui doit coaguler. Cette opération qui dure environ 1 h 30 est délicate et fait intervenir des facteurs importants : température du lait (30 à 32°) et acidité (24 à 28°). La vitesse d'acidification elle-même dépend des conditions atmosphériques et des animaux producteurs.

Moulage. – Cette opération nécessite une température de 20 à 30°. Cinq louches spéciales de 40 cl sont versées dans chaque moule. La moyenne est de 1 500 litres de lait en 8 h.

Rabattage. – Dans le moule, le lait coagulé a tendance à se tasser vers le centre, le bord restant plus élevé. L'opération de rabattage se répète trois fois afin d'égaliser la surface.

Retournement. – On retourne le fromage après qu'il soit bien tassé et qu'il occupe le 1/3 du moule. Cette opération se déroule entre 18 h 30 et 21 h 30.

Ces cinq premières opérations occupent la première journée de fabrication.

Démoulage. – La pâte molle obtenue est enlevée des moules et placée sur des planches, lesquelles mises sur des chariots sont envoyées au séchoir pour achever l'égouttage à une température de 18 à 20°.

Salage. – On commence par saler une face et le tour du fromage. Cette opération a pour but d'obtenir le goût si caractéristique du camembert en y faisant développer un ferment le « penicillium candidum ». La température est de 14 à 15°. Vers 18 h 30 on retourne les fromages et le lendemain matin on procède au salage de l'autre face, on arrive ainsi à la troisième journée de fabrication.

Hâloir. – Les fromages, le quatrième jour, sont posés sur des clayons (petits treillages ou grilles en bois) et transportés dans des hâloirs (séchoirs), un système de ventilation permet d'obtenir une température de 10 à 14°. A partir du cinquième jour la moisissure commence à apparaître. Au quatorzième jour de la fabrication (10 jours de hâloir), une partie des fromages est réservée à l'affinage, l'autre à la vente du fromage frais ou « moussé », pour ce type de fromage un nouveau séchage de 1 ou 2 jours en plein courant d'air est nécessaire à la sortie du hâloir. Pour l'affinage, les fromages reposent sur des planches dans des caves où règne une température de 10° et où le degré d'humidité de l'atmosphère est constant. Un retournement a lieu tous les jours.
Les fromages sont expédiés : soit 1/3 affinés dès le 20e jour (type le plus courant), soit 1/2 affinés dès le 25e jour, soit totalement affinés vers le 30e jour.

Emballage. – Triés par qualité et bien secs, les fromages sont alors emballés pour être expédiés.

Les spécialités gastronomiques. – En Normandie il est de tradition de manger un canard au sang à Rouen, des tripes à la mode de Caen, une omelette au Mont-St-Michel, sans oublier la sole dieppoise, le caneton de Duclair, le poulet vallée d'Auge et son escorte de petits oignons, l'andouille de Vire, le boudin noir de Mortagne-au-Perche et le boudin blanc de l'Avranchin.
L'amateur de « fruits de mer » a le choix entre les crevettes et les coques de Honfleur, les moules de Villerville et d'Isigny, les huîtres de Courseulles et de St-Vaast, les homards de la Hague et de Barfleur.
La pâtisserie au beurre (galettes, brioches, sablés...) fait l'objet de maintes spécialités locales. Dans le chapitre des douceurs, citons pour terminer les sucres de pomme de Rouen et les « chiques » ou berlingots de Caen.

Cidre, calvados et pommeau. – Le cidre véritable, le « bon bère », est de pur jus de pomme. La bouteille débouchée, le « bère » doit rester « muet » ; dans le verre, il pétille mais mousse à peine. Pour les besoins journaliers, le Normand se contente de « boisson » plus au moins coupée d'eau à la production.
Le cidre de la vallée d'Auge *(voir p. 38)* est célèbre, mais il en est d'excellents ailleurs.
Le calvados est à la pomme ce que le cognac est au raisin. Plus que tout autre alcool, cette eau-de-vie de cidre a besoin de vieillir : 12 ou 15 ans, tels est l'âge d'or. Au milieu des plantureux repas, le Normand souffle un instant et avale un petit verre de calvados : c'est le fameux « trou normand » ; à la fin du repas, il « coiffe » et « recoiffe » son café d'eau-de-vie. De nos jours, dans les restaurants, un sorbet à la pomme arrosé de calvados tend à remplacer le traditionnel « trou normand ».
Le pommeau se boit frais en apéritif. Il se compose de deux tiers de jus de pomme et d'un tiers de calvados.

Normandie
Vallée de la Seine

Légende

Curiosités

★★★ **Vaut le voyage**
★★ **Mérite un détour**
★ **Intéressant**

Itinéraire décrit, point de départ de la visite

sur la route	en ville

Château - Ruines	Édifice religieux : catholique - protestant
Calvaire - Fontaine	Bâtiment (avec entrée principale)
Panorama - Vue	Remparts - Tour
Phare - Moulin	Porte de ville
Barrage - Usine	Statue - Petit bâtiment
Fort - Carrière	Jardin, parc, bois
Curiosités diverses	B Lettre identifiant une curiosité

Autres symboles

Autoroute (ou assimilée)	Bâtiment public
Échangeur complet, partiel, numéro	Hôpital - Marché couvert
Grand axe de circulation	Gendarmerie - Caserne
Voie à chaussées séparées	Cimetière
Voie en escalier - Sentier	Synagogue
Voie piétonne - impraticable	Hippodrome - Golf
1429 Col - Altitude	Piscine de plein air, couverte
Gare - Gare routière	Patinoire - Table d'orientation
Transport maritime : Voitures et passagers Passagers seulement	Port de plaisance
Aéroport	Tour, pylône de télécommunications
③ Numéro de sortie de ville, identique sur les plans et les cartes MICHELIN	Stade - Château d'eau
	B Bac - Pont mobile
	Bureau principal de poste restante
	Information touristique
	Parc de stationnement

Dans les guides MICHELIN, sur les plans de villes et les cartes, le Nord est toujours en haut. Les voies commerçantes sont imprimées en couleur dans les listes de rues.

Les plans de villes indiquent essentiellement les rues principales et les accès aux curiosités, les schémas mettent en évidence les grandes routes et l'itinéraire de visite.

Abréviations

A	Chambre d'Agriculture	J	Palais de Justice	POL.	Police
C	Chambre de Commerce	M	Musée	T	Théâtre
H	Hôtel de ville	P	Préfecture, Sous-préfecture	U	Université

Ⓥ Signe concernant les conditions de visite : voir nos explications en fin de volume.

Les noms des rues sont soit écrits sur le plan soit répertoriés en liste et identifiés par un numéro.

L'AIGLE

10 182 h. (les Aiglons)

Carte Michelin n° 60 pli 5 ou 231 pli 45 – Plan dans le guide Michelin France.

Aux confins du Pays d'Ouche et du Perche, l'Aigle est un des principaux centres de la haute vallée de la Risle, région où les tréfileries, spécialisées dans la fabrication des épingles, aiguilles, agrafes, etc. maintiennent vivante une tradition métallurgique des plus anciennes.

CURIOSITÉS

Église St-Martin. – L'édifice, bien que manquant d'unité, est attachant. Une tour carrée, très ouvragée, de la fin du 15e s., contraste avec la tour du 12e s., plus petite, bâtie en grison *(voir p. 109)* et surmontée d'un flèche plus récente.
De belles statues, œuvres de sculpteurs contemporains, ont été placées dans les niches encadrant les fenêtres de la nef Sud ajoutée au 16e s.
A l'intérieur, on remarque deux verrières du 16e s. (à droite du chœur et à la 1re fenêtre du bas-côté gauche) que complète un bel ensemble de vitraux modernes. Les voûtes du bas-côté Renaissance présentent de gracieuses clés pendantes.
Le maître-autel, placé en 1656, est surmonté d'un beau retable en bois sculpté, composé de quatre colonnes à vis coiffées de chapiteaux corinthiens et décorées de feuilles de vigne, de grappes de raisin et de génies. Au centre, une toile attribuée à Lebrun représente la Descente de croix.

Château. – Il abrite les services municipaux. Il fut construit en 1690 sur l'emplacement d'une forteresse du 11e s., par Fulbert de Beina, seigneur de l'Aigle et vassal des ducs de Normandie, qui aurait découvert sur les lieux un nid d'aigles, d'où le nom de la ville. Les plans sont dus à Mansart.

Ⓥ **Musée Marcel Angot.** – Un escalier à double révolution conduit au 1er étage. On traverse la salle du conseil municipal avant de pénétrer dans une pièce qui contient des instruments de musique divers : instruments à cordes, à vent, et un « serpent » utilisé dans les musiques militaires ; des instruments exotiques complètent la collection, don d'un ancien chef de musique de la ville.

Ⓥ **Musée « Juin 44 : bataille de Normandie ».** – Dans ce musée de cires, installé dans les communs du château (17e s.), sont représentés des personnages célèbres (de Gaulle, Leclerc, Churchill, Roosevelt, Staline, etc.) dont les voix sont reproduites au moyen d'enregistrements.
Une carte en relief permet de suivre le déroulement de la bataille de Normandie. Des dioramas en retracent les phases marquantes.

EXCURSIONS

St-Sulpice-sur-Risle. – 1 287 h. *3 km au Nord-Est par la D 930.*
Ⓥ L'**église** attenante à un ancien prieuré du 13e s., reconstruit en partie au 16e s., abrite entre autres œuvres d'art, une tapisserie du 16e s., une toile du 17e s., représentant sainte Cécile, une statue de sainte Anne. Remarquer deux vitraux datant des 13e et 14e s.

Aube. – 1 841 h. *7 km au Sud-Ouest. Quitter l'Aigle par la N 26.*
C'est au **château des Nouettes**, à l'entrée de la ville, transformé aujourd'hui en institut médico-pédagogique, que séjournait la comtesse de Ségur.
Ⓥ Dans la ville est installé le **musée Ségur-Rostopchine** *(3 rue de l'Église)* qui renferme des souvenirs de la comtesse née Rostopchine et de sa famille (lettres, portraits). Les personnages des œuvres de l'écrivain sont évoqués par la présentation de poupées et objets divers (livres, meubles).

★ AMFREVILLE (Écluses d')

Carte Michelin n° 55 pli 7 ou 231 pli 23.

Au débouché de la vallée de l'Andelle, dominée par l'abrupt de la côte des Deux Amants *(p. 61)*, ce puissant ouvrage de génie civil constitue, avec le barrage de Poses, la pièce maîtresse de l'équipement fluvial de la Basse-Seine : c'est ici la séparation entre la section du fleuve canalisée en aval de Paris et la section à écoulement jusqu'à la Manche, soumise à l'action de la marée.

VISITE *environ 1/2 h*

La grande écluse est longue de 220 m, large de 17 m et peut accueillir 15 bateaux de 38 m de long ; la moyenne écluse peut en recevoir 6 de même longueur. Leur fonctionnement est assuré par une cabine centrale de commande équipée d'un circuit central de télévision. La netteté coutumière du cadre de vie des mariniers transparaît encore aux abords de l'ouvrage.
S'engager sur la passerelle qui domine les écluses d'Amfreville, puis le barrage de Poses et permet de gagner la rive gauche, d'où l'on peut admirer le bouillonnement de la chute.

ANDELLE (Vallée de l')

Carte Michelin n° 55 plis 7, 8 ou 231 plis 11, 12, 23, 24.

L'Andelle, jolie rivière aux eaux rapides, naît dans la dépression du Pays de Bray. L'industrialisation de sa vallée, marquée vers l'aval, lui laisse cependant un caractère agreste, encore plus sensible sur les bords de ses affluents, le Héron et le Crevon.

DE FORGES-LES-EAUX AUX ÉCLUSES D'AMFREVILLE

55 km – environ 2 h

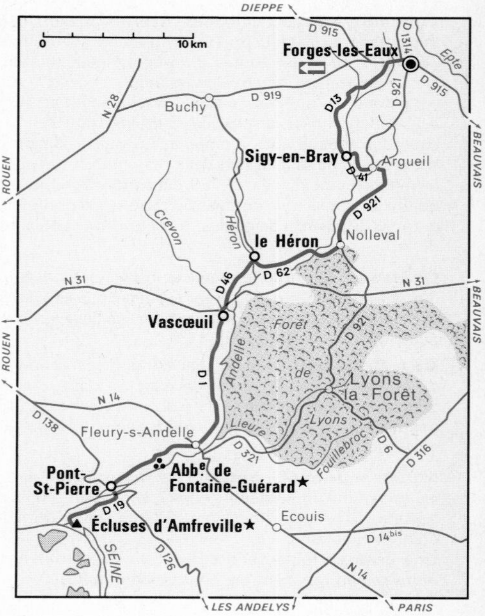

Forges-les-Eaux. – *Page 79.*

Quitter Forges au Sud-Ouest par la D 919 et la D 13.

Sigy-en-Bray. – 553 h. Blotti au bord de l'Andelle, le bourg possède un intéressant témoin de l'architecture du Moyen Age. De l'ancienne abbaye de Sigy, fondée au 11e s. par Hugues Ier, subsiste l'**église abbatiale,** qui a conservé un chœur du 12e s. terminé par une abside à sept pans, un portail du 13e s. et, dans la nef, des voûtes restaurées au 18e s. ; le clocher du 15e s. domine le cimetière contenant un calvaire en grès (fin 15e s.).

Prendre la D 41 à l'Est vers Argueil, puis la D 921 au Sud.

Le Héron. – 242 h. Le site est rendu agréable par les ombrages du parc de l'ancien château.

Vascœuil. – *Page 136.*

Au-delà de Vascœuil, la vallée prend un aspect industriel, mais de belles résidences entourées de jardins sauvegardent l'agrément du paysage.

★ **Abbaye de Fontaine-Guérard.** – *Page 78.*

La route longe ensuite les ruines surprenantes d'une filature élevée au début du siècle dans le style « troubadour » (imitation superficielle du Moyen Age et du gothique).

Pont-St-Pierre. – 1 059 h. Le bourg, qui s'allonge au travers de la vallée de l'Andelle, tire son agrément de la proximité de son château, environné d'un parc arrosé par la rivière. Une percée permet de voir cet édifice (12e-18e s) de la rue principale.
Datant des 11e et 12e s., l'église est décorée de **boiseries★** habilement complétées par des stalles datant de Henri II et un retable du 17e s., provenant de l'abbaye voisine de Fontaine-Guérard. On admire aussi dans le chœur, à droite, une Vierge du 14e s. à la robe incrustée de cabochons. Dans le porche, à droite en entrant : grand Christ en croix entre la Vierge et saint Jean (15e s).

Tourner dans la première route à droite après la gare de Romilly et suivre la D 19 qui coupe la D 20 ; longer l'usine Sabla et tourner à gauche en bordure de Seine.

★ **Écluses d'Amfreville.** – *Page 33.*

★★ Les ANDELYS

8 214 h. (les Andelisiens)

Carte Michelin n° 55 pli 17 ou 231 pli 24 – Schéma p. 129 – Lieu de séjour.

Dominés par les ruines imposantes du château Gaillard, les Andelys offrent l'un des plus beaux sites de la vallée de la Seine.
A l'origine les Andelys se composaient de deux agglomérations distinctes, le Petit Andely à l'Ouest et le Grand Andely à l'Est. C'est à l'emplacement de cette dernière, que Clotilde, femme de Clovis, fonda au 6e s., un monastère. Le nom de sainte Clotilde reste lié à la ville ; dans la rue qui porte son nom (B **29**), se trouve une fontaine où la sainte aurait changé l'eau en vin pour la donner aux ouvriers qui construisaient la chapelle du monastère.

UN PEU D'HISTOIRE

La fille du roi d'Angleterre. – Afin de barrer au roi de France la route de Rouen par la vallée de la Seine, **Richard Cœur de Lion,** duc de Normandie et roi d'Angleterre, décide, en 1196, de construire une solide forteresse sur la falaise qui domine le fleuve près d'Andely. Les travaux sont vivement menés. L'année suivante, château Gaillard est debout et Richard peut s'écrier : « Qu'elle est belle, ma fille d'un an ! ».
Malgré son audace, **Philippe Auguste** n'ose d'abord s'attaquer à la forteresse, tant celle-ci lui paraît redoutable. La mort de Richard Cœur de Lion, à qui succède l'hésitant Jean sans Terre, le décide à tenter sa chance. Cherchant à obtenir la reddition de la place par la famine, il l'isole, fin 1203, par un double fossé, renforcé par des tours de bois. Mais apprenant, en février 1204, que les assiégés ont encore des vivres pour un an, il décide de donner l'assaut. Le seul accès possible est un isthme étroit qui relie le promontoire sur lequel est bâtie la forteresse aux collines où le roi de France a établi son camp. C'est là que portera l'attaque.

L'assaut du roi de France. – Un premier obstacle se présente : le châtelet, redoute triangulaire qui garde le point vulnérable. Sous la protection de claies, un chemin est établi jusqu'au fossé profond de 15 m. De la terre et des arbres y sont précipités pour le combler et, quand les échelles permettent d'y descendre, l'assaut est donné. Une sape provoque l'effondrement partiel de la tour d'angle et ouvre une brèche dans le châtelet dont les défenseurs se retirent dans le fort principal. Le 6 mars, quelques assaillants pénètrent par les latrines dans l'enceinte du château : ils abaissent le pont-levis qui relie basse cour et châtelet. Le gros des Français s'y engouffre. Sous les coups répétés des machines, la dernière enceinte se lézarde, une brèche y est pratiquée et les attaquants s'en emparent, forçant la garnison à se rendre, avant même qu'elle ait eu le temps de se réfugier dans le donjon. Trois mois plus tard, Rouen tombait aux mains du roi de France.

★★ CHÂTEAU GAILLARD (A) *visite : 3/4 h*

⊙ *Suivre la signalisation à partir de la rue Louis-Pasteur* (B **19**).

Laisser la voiture au parking, d'où l'on a une **vue** remarquable sur le château, la Seine et les Andelys.
Un autre parking, situé plus bas, permet de faire moins de chemin à pied.
Ce château fort comportait deux parties : le fort principal, se dressant à pic sur la Seine, et l'ouvrage avancé du châtelet *(voir p. 34)*.

Le châtelet. – Un fossé le séparait du fort principal. Des cinq tours qui défendaient le châtelet, il ne reste que la plus haute, celle qu'attaquèrent les soldats de Philippe Auguste. Un sentier étroit le contourne, dominant le fossé très profond aux parois à pic.

Le fort principal. – Gagner l'esplanade dite basse cour, située entre le châtelet et le fort principal, puis longer le mur d'enceinte à gauche. On passe devant les soubassements du donjon : il a été habilement tiré parti de la forme naturelle du roc. Poursuivre jusqu'à l'extrémité des murailles où l'on a un joli point de vue à pic.
Revenir sur ses pas en longeant le fond du fossé. On passe devant les casemates creusées à droite dans le roc et destinées à abriter les réserves de vivres de la garnison.
Pénétrer dans l'enceinte du fort par la passerelle qui a remplacé le pont-levis de l'entrée principale.
On peut alors admirer le donjon de 8 m de diamètre intérieur avec des murailles de 5 m d'épaisseur. Jadis, il comptait trois étages reliés entre eux par des escaliers de bois mobiles. A droite, attenant au donjon, on distingue les ruines du logis du gouverneur.
En ressortant de l'enceinte, il est possible de prolonger la promenade jusqu'au bord de l'escarpement rocheux d'où l'on jouit d'une vue très étendue sur la vallée de la Seine.

Regagner la ville par la descente en sens unique jusqu'à la rue Richard-Cœur-de-Lion.

AUTRES CURIOSITÉS

★ **Église Notre-Dame** (B). – La façade présente deux tours flanquées d'une tourelle d'escalier carrée. Le côté droit de l'édifice, du 16e s., est un bel exemple du style flamboyant. Le flanc gauche des 16e et 17e s. contraste par son ordonnance Renaissance : arcs en plein cintre, pilastres ioniques, toits à balustrade, cariatides, statues à l'antique.
La nef du 13e s. est de proportions harmonieuses. Le triforium, finement orné, a été refait au 16e s. et les fenêtres hautes agrandies. Dans le croisillon gauche et une chapelle voisine on remarque deux belles peintures de Quentin Varin qui fut sans doute le maître de Nicolas Poussin. Le **buffet d'orgues★** est une belle œuvre de style Renaissance. Beaux **vitraux★** du 16e s. au bas-côté droit et aux fenêtres hautes de la nef. Sous la tour, Mise au tombeau, groupe de pierre du 16e s., et Christ au tombeau du 14e s.

⊙ **Église St-Sauveur.** – En forme de croix grecque, cette église est une œuvre gothique, de la fin du 12e s., pour le chœur, et du début du 13e s., pour la nef. Elle est précédée d'un porche en bois dont le soubassement en pierre est du début du 15e s.
A l'intérieur, orgue datant de 1674.

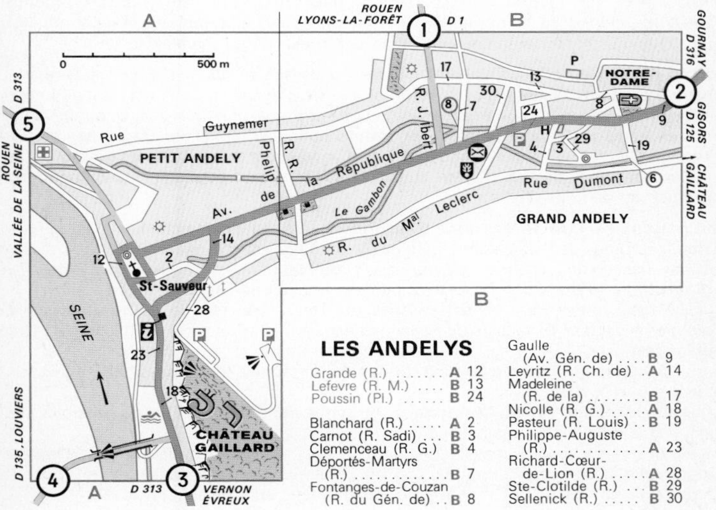

★ ANET (Château d')

Carte Michelin n° 55 Sud-Est du pli 17 ou 231 pli 36.

De tous les châteaux que fit surgir la Renaissance française, Anet eut la réputation d'être le mieux orné. Le dessin ci-dessous montre les amputations que cette demeure eût à subir, du fait, surtout, de la « bande noire » (spéculateurs de biens nationaux).
Les propriétaires qui se sont succédé depuis 1840 se sont employés à rendre leur éclat aux constructions sauvegardées.

UN PEU D'HISTOIRE

Une reine sans couronne. – Peu après son arrivée à la Cour, **Diane de Poitiers**, veuve de Louis de Brézé, Grand Sénéchal de Normandie et châtelain d'Anet, s'attache Henri, second fils de François Ier, de 20 ans plus jeune qu'elle. Belle, imposante, ayant le goût des arts, intelligente et froide, Diane l'a conquis sans peine car la femme de Henri, « Une Médicis », n'est que la fille de banquiers florentins. Diane avait 32 ans quand elle a plu au dauphin, elle le fascine tout autant quand il devient Henri II ; elle ne l'a pas encore déçu, en 1559, âgée de 60 ans, quand il est tué en tournoi par Montgomery.
Toujours aussi séduisante, elle a régné douze ans sur le souverain, la Cour, les artistes et les finances royales et elle a fait reconstruire Anet, le témoin de sa puissance et de son goût. Mieux encore, c'est elle qui a élevé les enfants du roi et de la reine. En 1559, Catherine de Médicis lui reprend Chenonceau mais lui laisse Anet. C'est là que Diane de Poitiers se retire et meurt, en 1566, ayant achevé d'embellir son château, la première œuvre du style Henri II.

Anet. – Le château au 16e s.

Il ne subsiste aujourd'hui, de l'époque de Diane de Poitiers, que les constructions dessinées en noir.

VISITE *environ 1/2 h*

Les travaux ont commencé vers 1548. **Philibert Delorme** en est l'architecte. Jusque-là, et c'est le style François Ier, les artistes ont construit suivant les traditions de l'architecture française et décoré à l'italienne. A Anet, l'apport italien pénètre dans la conception architecturale par l'emploi des pilastres et colonnes.
Dans la cour d'honneur, l'avant-corps du logis central (transporté dans la cour de l'école des Beaux-Arts à Paris), superposant les trois ordres antiques, est très en avance sur son époque.
Les plus grands artistes du temps ont travaillé à embellir Anet : les sculpteurs Jean Goujon, Germain Pilon, Benvenuto Cellini, l'émailleur Limosin, les tapissiers de Fontainebleau, etc. Contrairement à la légende, aucune effigie de la déesse Diane, très souvent représentée à Anet, n'est un portrait de la duchesse.
Au 17e s., des transformations sont faites par le duc de Vendôme, petit-fils de Henri IV et de Gabrielle d'Estrées. Le duc fait disparaître la galerie-promenoir des jardins. Il ajoute un avant-corps et un escalier d'honneur à l'aile gauche de la cour d'honneur, la seule subsistant aujourd'hui, et fait fermer la cour de Diane, à l'Ouest, par un hémicycle.

Portail d'entrée. – Dû à Philibert Delorme. Au-dessus de l'arche centrale, le tympan est constitué par un moulage du bas-relief en bronze de Benvenuto Cellini, qui est au Louvre : Diane couchée. Dans le couronnement de la porte se trouve une horloge que domine un cerf tenu aux abois par quatre chiens. Ces statues sont des moulages. Jadis, ces animaux donnaient l'heure : les chiens en aboyant, le cerf en frappant du pied. Sur les ailes en terrasse flanquant la porte, des cheminées surmontées par des sarcophages témoignent de la constance du deuil de Diane.

Aile gauche de l'ancienne cour d'honneur. – La visite commence au 1er étage par la chambre de Diane de Poitiers dont un lit de parade Renaissance, décoré des trois croissants de Diane, fait le principal ornement. Les vitraux comprennent des fragments des « grisailles » d'origine, dont la discrétion décorative rappelle le deuil de Diane.
La salle des Gardes, aux belles boiseries du 16e s., est tendue de quatre **tapisseries** confectionnées dans les ateliers de Fontainebleau vers 1648 : scènes de l'histoire de Diane chasseresse.
Le grand **escalier d'honneur**, adjonction du duc de Vendôme, au 17e s., offre une vue sur la pièce d'eau et le parc.
Du vestibule, contemporain de l'escalier, on passe dans le salon Rouge (meubles de la Renaissance italienne et française).
La salle des Faïences, qui a gardé une partie de son carrelage primitif, introduit à la salle à manger dont la cheminée monumentale est soutenue par deux cariatides de Puget (au centre, médaillon de Jean Goujon représentant Diane enlaçant le cerf royal).

Chapelle. – De 1548. En forme de croix grecque, elle est l'œuvre de Philibert Delorme. Un dôme coiffé d'un lanternon couvre la nef circulaire ; c'est l'un des premiers construits en France. Le savant dessin losangé des caissons produit une surprenante illusion d'optique, l'ensemble de la coupole semblant aspiré vers le haut. Au sol, le dessin du carrelage rappelle ces subtilités géométriques.
De la tribune, communiquant avec ses appartements de l'aile droite, aujourd'hui détruite, Diane de Poitiers pouvait assister à la messe.
Les niches abritent les statues des 12 Apôtres par Germain Pilon (moulages). Les bas-reliefs des écoinçons et des voûtes, représentant des angelots portant les attributs de la Passion et des Renommées annonçant la Résurrection du Christ, passent pour être de Jean Goujon.

ⓥ**Chapelle funéraire de Diane de Poitiers.** – *Entrée place du Château, à gauche lorsqu'on regarde le portail principal.*
La chapelle, construite sur les plans de Claude de Foucques, architecte des princes de Lorraine, fut commencée juste avant la mort de Diane, en 1566, et terminée en 1577. La **statue★** en marbre blanc, qui représente Diane agenouillée sur un haut sarcophage de marbre noir, est attribuée à Pierre Bontemps, ainsi que le retable de l'autel.
Depuis la violation de cette sépulture, en 1795, les restes de Diane reposent contre le chevet de l'église paroissiale d'Anet, entre deux contreforts.

★ ARQUES-LA-BATAILLE

2 742 h. (les Arquois)

Carte Michelin n° 52 pli 4 ou 231 pli 11 – 8,5 km au Sud-Est de Dieppe.

Située au confluent de la Varenne et de la Béthune, Arques conserve le souvenir d'une bataille célèbre.

La bataille d'Arques. – **Henri IV**, roi encore sans royaume, dispose de la forteresse d'Arques « capable d'endurer le canon ». Il place à l'intérieur des remparts toutes les pièces d'artillerie qu'il peut réunir et se retranche, avec 7 000 hommes, à hauteur du confluent de l'Eaulne et de la Béthune, pour attendre les 30 000 Ligueurs du duc de Mayenne, frère de Henri le Balafré, duc de Guise.
La rencontre a lieu le 21 septembre 1589. Le brouillard, fréquent dans la région, retarde l'entrée en action de l'artillerie. Les troupes de Henri sont en fort mauvaise posture, mais à la première éclaircie, les canons tonnent et, selon Sully, « creusent quatre belles rues » dans les rangs des Ligueurs. Mayenne, qui avait promis de ramener le Béarnais « lié et garrotté », bat en retraite.
Un monument, élevé au pied de la forêt d'Arques *(p. 38)*, commémore ce fait d'armes.

★ CHÂTEAU *visite : 1/2 h*

Partir de la place Desceliers, où se dresse la mairie, et par la 2e rue à droite, en forte montée, gagner l'entrée du château. Route très étroite et sinueuse.

Le château est une intéressante ruine féodale construite sur un promontoire rocheux dont le point le plus élevé est occupé par le donjon (12e s.). Sa construction eut lieu de 1038 à 1043. Le château subit en 1053 l'assaut de Guillaume le Bâtard. Henri Ier Beauclerc le reconstruit en 1123. Au 14e s., il est renforcé par l'adjonction de nouvelles tours, et au début du 16e s. aménagé pour recevoir des pièces d'artillerie. En 1584, il est repris aux Ligueurs qui s'en étaient rendu maîtres.
On pénètre dans le château par une triple porte. Au revers de la dernière, un bas-relief sculpté montre Henri IV à la bataille d'Arques. Au fond de la cour à droite, se dresse le puissant donjon carré épaulé par de solides contreforts. Les étages étaient bien séparés afin d'empêcher toute prise des assaillants.
Pour faire le tour de l'enceinte, suivre l'ancien chemin de ronde aménagé sur le talus du fossé. Ce chemin offre de belles vues sur la vallée d'Arques.

AUTRE CURIOSITÉ

Église N.-D.-de-l'Assomption. – Cet édifice, qui fut construit à partir de 1515, n'a reçu son clocher qu'au 17e s.
Après avoir admiré la façade avec ses deux tourelles et son arc-boutant ajouré, contourner l'édifice par la droite et remarquer la galerie qui entoure la nef.
La nef a été couverte, au 16e s., d'un berceau en bois avec pendentifs. Le chœur et le transept forment un bel ensemble flamboyant. Un beau jubé Renaissance les sépare de la nef. Les vitraux de l'abside (16e s.), restaurés, ont été reposés. Dans la chapelle à droite du chœur, on voit à droite en entrant, un petit buste de Henri IV et l'inscription commémorative de la bataille ; les boiseries sont du 16e s. La chapelle à droite du transept abrite une Pietà du 15e s.
La chapelle de la Vierge, à gauche du chœur, est ornée de boiseries exécutées au 17e s. et signées à droite : « Raudin, ton amy ». Au centre de l'ouvrage sont placés des blasons de donateurs.

Afin de donner à nos lecteurs l'information la plus récente possible, les* Conditions de Visite *des curiosités décrites dans ce guide ont été groupées en fin de volume.

Les curiosités soumises à des conditions de visite y sont énumérées soit sous le nom de la localité soit sous leur nom propre si elles sont isolées.

Dans la partie descriptive du guide, p. 33 à 141, le signe ⓥ placé en regard de la curiosité les signale au visiteur.

ARQUES (Forêt d')

Carte Michelin n° 52 pli 4 ou 231 pli 11.

Cette forêt de hêtres couronne un éperon cerné par l'Eaulne et la Béthune, qui se rejoignent à ses pieds pour former la rivière d'Arques. C'est la futaie normande la plus proche de la mer.

CIRCUIT AU DÉPART D'ARQUES-LA-BATAILLE

30 km – environ 1 h

Les routes forestières empruntées sont parfois étroites et doivent être abordées avec prudence.

★ **Arques-la-Bataille.** – *Page 37.*

Quitter Arques à l'Est par la D 56.

St-Nicolas-d'Aliermont. – 4 053 h. Comme les autres communes qui s'étirent le long de la D 56 sur le plateau étroit d'Aliermont, cette localité est un exemple de « village-rue », forme que les spécialistes d'histoire mettent en rapport avec une colonisation (12e et 13e s.) développée suivant les voies de communication. St-Nicolas est un centre industriel spécialisé dans les fabrications électroniques et de précision, telles que réveils, horloges électriques, compteurs et appareils de téléphone.

A la sortie de St-Nicolas, prendre à gauche la D 149.

Envermeu. – 1 629 h. L'**église**, de style gothique enrichi de motifs Renaissance, inachevée, a gardé un **chœur★** remarquable aux clés de voûtes pendantes ; l'abside, avec ses fines nervures, est une réussite de légèreté et d'élégance. Les colonnes torses sont également d'un excellent travail. Belle chaire en bois sculpté surmontée d'un dais.

D'Envermeu, la D 920, à l'Ouest, puis la D 54, conduisent à Martin-Église.

Martin-Église. – 1 185 h. Près de la forêt, ce village est renommé pour ses truites.

Prendre la D 1 vers Arques.

Aussitôt après une belle maison à pans de bois (hôtel) et un pont sur l'Eaulne, prendre à gauche une route étroite, 600 m plus ploin, avant une maison, tourner à droite dans la route forestière du Bivouac en restant très proche de la lisière ; de belles échappées se révèlent sur la vallée d'Arques.

Monument commémoratif de la bataille d'Arques. – *1/4 h à pied AR.* Laisser la voiture dans un virage à gauche très prononcé, sur un terre-plein herbeux à droite. Là se détache un sentier conduisant à l'obélisque érigé sous la Restauration pour rappeler le succès remporté ici par Henri IV. De l'autre côté de la vallée apparaît Arques-la-Bataille, dominée par son château.

La route entre ensuite en pleine forêt.

Après le Rond Henri IV, au terme d'une ligne droite, tourner à droite dans la route forestière Sully.

La route traverse une autre partie de la forêt où de belles séries de hêtres s'offrent à la vue et où des aires de pique-nique ont été aménagées, puis une jolie descente sinueuse aboutit à un carrefour.

La D 56 à droite ramène à Arques.

★ AUGE (Pays d')

Carte Michelin n° 54 plis 17, 18 ou 231 plis 19, 20, 31, 32.

Le Pays d'Auge constitue pour les plages de la Côte Fleurie *(p. 61)* un magnifique arrière-pays. Pour beaucoup, avec ses herbages, ses chaumières et ses manoirs, la renommée de ses produits, il est le symbole de la plantureuse Normandie.

RICHESSE DU PAYS D'AUGE

Le Pays d'Auge présente un aspect bocager original, noyant sous sa verdoyante uniformité les différences de relief provoquées par le soulèvement vers l'Ouest du soubassement crayeux qui s'achève par un abrupt d'une centaine de mètres – la « côte d'Auge » des géographes – dominant la vallée de la Dives et la campagne de Caen *(carte p. 13)*. Sa gloire réside dans son cidre *(voir p. 29)*, son « calvados » et ses prestigieux fromages : camembert, pont-l'évêque, livarot.

Fermes et manoirs. – Les fermes du Pays d'Auge sont isolées dans leur « clos » comme celles du Pays de Caux dans leur cour-masure *(voir p. 54)*. Les bâtiments à colombage, disséminés autour de la maison d'habitation, abritent le tour, le pressoir, le grenier à pommes et les étables. L'indispensable laiterie occupe une place de choix.

Un des grands charmes du pays réside dans la diversité de ses innombrables manoirs, plus ou moins rustiques, plus ou moins harmonieux, mais toujours parfaitement adaptés au paysage.

Un circuit à partir de Crèvecœur-en-Auge *(p. 59)* permet d'en découvrir quelques-uns des plus pittoresques.

LA « CÔTE D'AUGE »

1 De Lisieux à Cabourg *26 km – environ 1 h – schéma p. 40*

★★ **Lisieux.** – *Page 94.*

Quitter Lisieux par ⑥, N 13. A la Boissière, prendre la D 59 à droite.

Ancienne abbaye du Val Richer. – Abbaye cistercienne détruite pendant la Révolution, à l'exception du bâtiment des hôtes (17e s.). Le ministre Guizot, député de Lisieux depuis 1830, l'acquit en 1836 et – bien que méridional – s'attacha au pays, au point d'écrire : « Nous autres, Normands... ». Il s'y retira après la révolution de 1848 et y mourut en 1874. Les frères Schlumberger *(voir p. 59)* y ont résidé et mis au point leurs inventions.
Peu après, sur la gauche, apparaît le château de Roque-Baignard dans un cadre agréable.

Prendre la D 101 à gauche et poursuivre tout droit sur la D 117. Au carrefour avec la D 16, tourner à gauche, puis prendre à droite la D 85.

★ **Clermont-en-Auge.** – *Suivre la signalisation « Chapelle de Clermont Panorama ».*
Laisser la voiture à l'amorce du chemin bordé de hêtres, menant à l'**église** *(1/4 h AR).* Du chevet de celle-ci, le **panorama★** s'étend sur les vallées de la Dives et de la Vie. Au loin, la campagne de Caen, bornée par la ligne sombre des hauteurs du Bocage.
A l'intérieur de l'église, on remarque de nombreuses statues. Dans le chœur, statues du 16e s., en pierre polychrome représentant saint Marcouf et saint Thibeault. De chaque côté de l'autel, saint Jean le Baptiste et saint Michel.
On appréciera particulièrement, dans la descente de Clermont-en-Auge à Beuvron-en-Auge, les échappées sur la vallée de Dives, s'étendant jusqu'à la campagne de Caen.

★ **Beuvron-en-Auge.** – 276 h. Ce ravissant village conserve autour de sa place centrale, de très belles maisons à pans de bois. Les anciennes halles, transformées en commerces, apportent une note pittoresque supplémentaire. Très joli manoir aux sujets sculptés, à la sortie Sud du village.

Manoir de Beuvron-en-Auge.

Prendre la D 49 en direction de Putot-en-Auge. La route traverse la N 175, passe sous l'autoroute. Bifurquer à droite vers Cricqueville.

Cricqueville-en-Auge. – 102 h. Le **château,** achevé en 1584, forme avec ses trois pavillons aux combles immenses une composition encore médiévale d'aspect. Son appareil en damier de pierre et brique lui donne son cachet normand.

Dans la descente de Sarlabot à Dives, un beau panorama s'étend sur la côte du Calvados de part et d'autre de l'embouchure de l'Orne.

★ **Dives-sur-Mer.** – *Page 64.*

★★ **Cabourg.** – *Page 51.*

LA NORMANDIE TRADITIONNELLE

2 De Villers-sur-Mer à Lisieux

36 km – environ 1 h 1/4 – schéma p. 40

Cette route offre des vues étendues sur la basse vallée de la Touques.

★★ **Villers-sur-Mer.** – *Page 61.*

Quitter Villers au Sud-Est par la D 118.

Beaumont-en-Auge. – 397 h. Ce petit bourg, remarquablement situé sur un éperon dominant la vallée de la Touques, est la patrie du grand mathématicien et physicien **Pierre Simon Laplace** (1749-1827) dont on peut voir la statue et la maison natale sur la place de Verdun.

Prendre la D 58 au Sud, puis à gauche la N 175 jusqu'au croisement avec la D 280. Prendre à droite ; la route passe sous l'autoroute.

St-Hymer. – 502 h. Ce village est agréablement situé dans un vallon. L'**église** du 14e s. avec quelques vestiges romans, appartenait au prieuré qui fut un des derniers centres d'activité janséniste au 18e s. Son clocher est une réplique de celui de Port-Royal-des-Champs, célèbre abbaye située au Sud-Ouest de Paris *(voir le guide Vert Michelin Environs de Paris).*

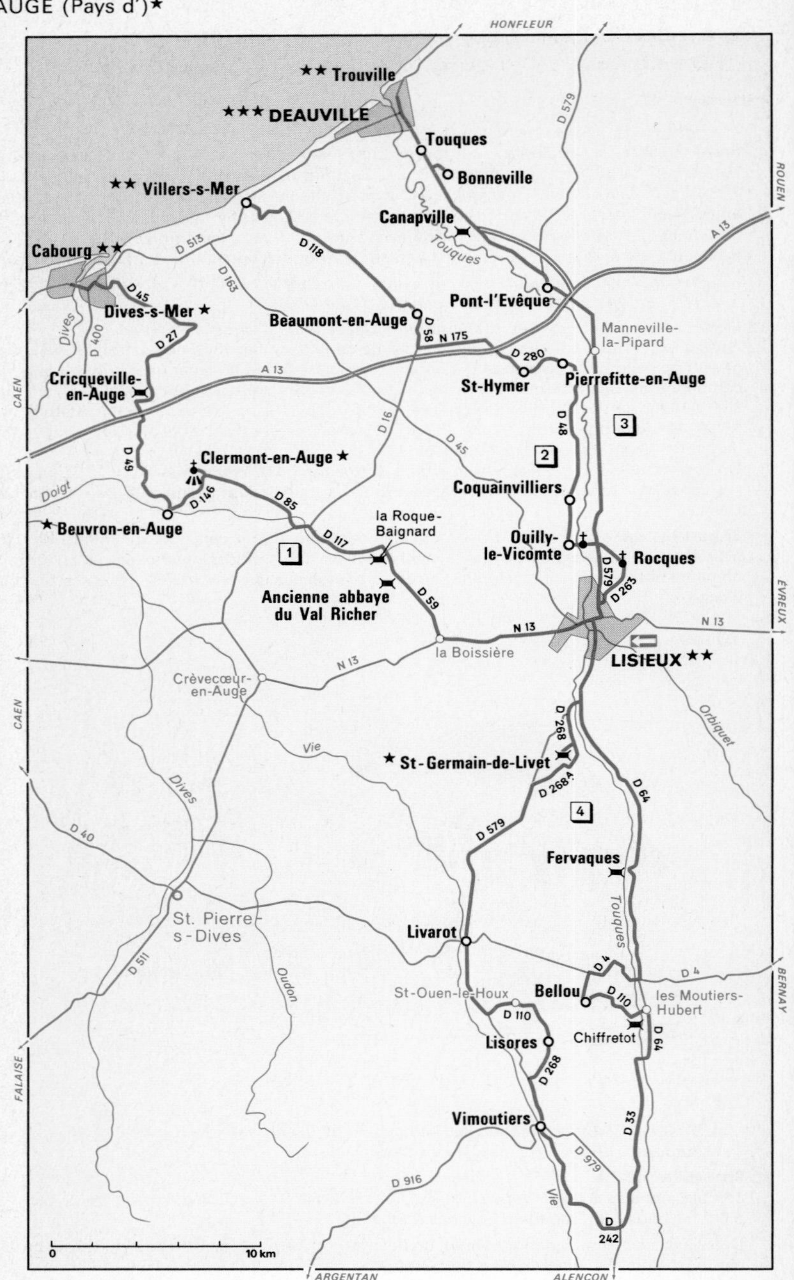

A l'intérieur, remarquer un bel ensemble de boiseries des 17e et 18e s., des vitraux du 14e s. et des toiles de Jean Restout.

De St-Hymer à Ouilly-le-Vicomte, la route, parfois sinueuse, est particulièrement pittoresque au printemps : elle se déroule alors souvent entre de hautes haies en fleurs bordant de nombreux vergers où abondent les pommiers. De jolies fermes à colombage se disséminent dans le paysage.

Pierrefitte-en-Auge. – 136 h. Dans l'**église** du 13e s., les voûtes lambrissées de la nef sont ornées de peintures en camaïeu bleu et violet représentant des paysages. Belle poutre de gloire du 16e s.

Coquainvilliers. – 669 h. Ce petit village situé au cœur du Pays d'Auge, possède la **distillerie du Moulin de la Foulonnerie** où l'on explique la fabrication du célèbre calvados. On voit les alambics, les chais où le précieux alcool vieillit dans des fûts de chêne et un audio-visuel sur la distillation du cidre qui conduira au « calva ». Dégustation en fin de visite.

Ouilly-le-Vicomte. – 907 h. L'**église,** située sur la route reliant les deux rives de la Touques, est une des plus anciennes de Normandie (vestiges des 10e et 11e s.). Elle possède un autel Renaissance en bois sculpté, un lutrin de même époque, des vitraux modernes de Grüber et une Crucifixion (3 statues) du 17e s.

Gagner Lisieux par les D 159 et D 579.

★★ **Lisieux.** – *Page 94.*

VALLÉE DE LA TOUQUES

3 De Lisieux à Trouville *28 km – environ 1 h – schéma p. 40*

Les D 579 et N 177 connaissent une circulation intense en saison. La D 579 offre de nombreuses échappées sur la vallée de la Touques et le riche versant Est où alternent les vergers et les herbages.

Par leur consonance, la plupart des noms des villes ou bourgs traversés rappellent un peuplement remontant aux invasions normandes.

★★ **Lisieux.** – *Page 94.*

Quitter Lisieux par ①, D 579, puis prendre la D 263 à droite.

Rocques. – 209 h. L'**église** campagnarde au milieu de son vieux cimetière est précédée de deux porches en bois juxtaposés. Le chœur et la tour datent du 13ᵉ s. A l'intérieur, tableau et torchères de la confrérie de Charité locale ; statues en bois polychromes.

Rejoindre la D 579 par la D 262.

A la sortie de Manneville-la-Pipard, du haut de la côte, belle échappée.

Pont-l'Évêque. – *Page 109.*

Ⓥ **Canapville.** – 188 h. Le **manoir des Évêques de Lisieux** (13-15ᵉ s.) construit en pans de bois est un des plus charmants du Pays d'Auge. Il comprend le grand manoir : corps de logis principal qui regroupe autour de la tourelle d'escalier trois belles cheminées monumentales en pierre et le petit manoir dont le poteau d'entrée est sculpté d'une tête d'évêque.

Ⓥ **Bonneville-sur-Touques.** – 342 h. Le **château** du duc Guillaume, dont il ne subsiste que l'enceinte fortifiée et les douves, occupe un très beau site. Du haut de la tour Jean-sans-Terre, se découvre un beau **panorama,** au Nord sur la mer et Deauville, au Sud sur la vallée de Touques et la campagne. Sous cette tour, un souterrain reliait le château au port de Touques. L'origine du château remonte au 11ᵉ s., sa position lui permettait de surveiller les activités du port. Entre 1203 et 1449, il appartint tour à tour aux Anglais et aux Français. En 1451, il devint définitivement français.

Touques. – 2 237 h. A l'embouchure de la rivière qui lui a donné son nom, ancien port de Guillaume le Conquérant, le village a gardé de vieilles maisons le long du ruisseau des Ouies, l'église St-Thomas du 12ᵉ s. (elle doit son nom du passage de saint Thomas Becket) et
Ⓥ **l'église** St-Pierre (11ᵉ s.), désaffectée, dans laquelle sont présentées des expositions.

La N 177 mène ensuite à Deauville puis à Trouville.

★★★ **Deauville.** – *Page 60.*

★★ **Trouville.** – *Page 134.*

HAUTE VALLÉE DE LA TOUQUES

4 Circuit de 75 km au départ de Lisieux *description p. 96*

BAILLEUL (Château de)

Carte Michelin n° 52 pli 12 ou 231 plis 8, 9 – 10 km au Sud-Est de Fécamp.

Ⓥ Cet élégant château a été construit au milieu du 16ᵉ s. par Bertrand de Bailleul. Il se présente sous la forme d'un corps de bâtiment carré flanqué de quatre pavillons. Les figures qui dominent les pavillons représentent les quatre vertus cardinales : la Justice, la Prudence, la Force et la Tempérance. La façade principale est rythmée par les trois ordres grecs : l'ordre dorique au rez-de-chaussée, l'ordre ionique au 1ᵉʳ étage, l'ordre corinthien au 2ᵉ étage. Les façades latérales, presque aveugles conservent un aspect médiéval.

Intérieur. – L'imposante cuisine renferme une belle collection de cuivres (sauteuses, casseroles, daubières). Dans la salle attenante, intéressants flacons à sel et à parfum du 19ᵉ s. en cristal de Bohême. A l'étage le grand salon est décoré de tapisseries de Bruxelles du 17ᵉ s. représentant les Arts et de deux cheminées en bois frappées de la salamandre, emblème de François Iᵉʳ. Une balustrade en bois fait le tour de la pièce. On visite également la chambre où séjourna Marie Stuart lors de son retour d'Écosse en 1561 (les Bailleul ou Balliol, descendants d'un compagnon de Guillaume le Conquérant, accédèrent au trône d'Écosse en 1292), et l'oratoire où un haut-relief en bois sculpté (fin 15ᵉ s.) représente l'Adoration des Mages.

Extérieur. – La visite se termine par la chapelle et le parc planté d'arbres séculaires.

BARENTIN

12 776 h. (les Barentinois)

Carte Michelin n° 55 pli 6 ou 231 pli 22 – 17 km au Nord-Ouest de Rouen.

Cette localité industrielle, spécialisée dans le textile (coton) et les appareils électriques *(voir p. 12),* se signale par son viaduc de brique, long de 505 m, sur lequel la voie ferrée de la ligne Paris-Le Havre enjambe la vallée de l'Austreberthe. A l'entrée de la ville, en venant de Rouen, près d'un immense centre commercial se dresse, inattendue, la statue de la Liberté. Faite de polystyrène, haute de 13,50 m, pesant 3 tonnes, elle fut la vedette du film « Le Cerveau » et termine là sa carrière, symbolisant la liberté du commerce.
La ville est dotée d'un grand nombre d'œuvres de sculpteurs contemporains dont l'« Homme qui marche » de Rodin, « Le Taureau » de Janniot, quelques statues dues à Bourdelle et une fresque monumentale de Gromaire représentant la Paix sous le Ciel de France.
Sur la place de la Libération, jolie fontaine du 17ᵉ s. de Nicolas Coustou.

Ⓥ **Église.** – Édifiée au 19ᵉ s., elle renferme nombre de vitraux modernes, d'un dessin harmonieux, relatant la vie de saint Martin, saint Hélier et sainte Austreberthe.

Ⓥ **Musée d'histoire locale.** – Il a été aménagé à l'intérieur de l'hôtel de ville, dans la salle d'Honneur, et présente des objets et documents relatifs à l'histoire locale de la région.

★★ Le BEC-HELLOUIN

476 h. (les Bexiens)

Carte Michelin n° 54 pli 19 ou 231 pli 21 – Lieu de séjour.

L'abbaye du Bec-Hellouin témoigne encore, malgré ses mutilations, de l'importance qu'elle eut au Moyen Age comme foyer de culture et centre religieux.

UN PEU D'HISTOIRE

Le chevalier anachorète. – En 1034, l'élégant chevalier **Herluin**, abandonnant son destrier pour un baudet, laisse pousser sa barbe comme un pénitent et demande à son maître, le comte de Brionne, l'autorisation de se consacrer à Dieu. Gagnés par cet exemple et une semblable vocation, neuf candidats anachorètes prennent la même initiative. En 1041, le monastère du « Bec » compte trente-deux moines.

« L'illustre Lanfranc ». – En 1042, un étranger se présente : clerc italien du nom de Lanfranc, venu pour enseigner à Avranches, il en est reparti, lassé de son succès, attiré par la réputation de pauvreté du monastère de Herluin. Pendant trois ans, Lanfranc reste un moine obscur mais, en 1045, Herluin lui demande de reprendre son enseignement.

Le conseiller fidèle. – Lorsque le jeune duc Guillaume assiège Brionne *(voir p. 65)*, il apprécie particulièrement les entretiens de Lanfranc qui devient son conseiller le plus écouté. Lanfranc est envoyé à Rome pour obtenir la levée de l'interdit qui pèse sur la Normandie depuis le mariage de Guillaume et de Mathilde *(voir le guide Vert Michelin Normandie Cotentin Iles anglo-normandes, à Caen)*. Il réussit pleinement dans cette délicate mission. Vers 1060, Herluin réinstalle sa communauté un peu en amont du vallon. Quelques années plus tard, le duc demande à Lanfranc de devenir le bâtisseur et le premier abbé de l'abbaye aux Hommes à Caen, abbaye dont il a promis d'être le fondateur.
Le pape Alexandre II, qui avait été l'élève de Lanfranc au « Bec », choisit son ancien maître pour le siège archiépiscopal de Canterbury. Quand le Conquérant regagne la Normandie, Lanfranc, primat d'Angleterre, devient le véritable régent des Iles Britanniques. A sa mort, Anselme, abbé du Bec, grand philosophe et théologien venu d'Aoste, lui succède (1093) et l'abbaye devient l'un des foyers intellectuels de l'Occident.

Les mauristes au travail. – Au 17e s., le « Bec », qui est la douzième abbaye à accepter la réforme de St-Maur, retrouve un lustre nouveau. En 1669 y fait profession le frère Guillaume de la Tremblaye (1644-1715), le grand maître d'œuvre de la congrégation, l'un des meilleurs sculpteurs et architectes de son époque (on lui doit les bâtiments conventuels de l'abbaye aux hommes à Caen). Les religieux sont chassés à la Révolution.
Sous l'Empire, l'église abbatiale, dont le chœur long de 42 m était un des plus vastes de la chrétienté, est abattue. Les bâtiments dévastés sont transformés en dépôt de remonte.
En 1948, ces locaux sont rendus à leur destination première par l'Administration des Beaux-Arts, et le 29 septembre de cette même année, les bénédictins « olivétains » (congrégation fondée en 1319 par Bernard Tolomei et dont la maison-mère se trouve au Monte Oliveto en Toscane au Sud-Est de Sienne) y célèbrent une messe solennelle : la tradition séculaire est renouée.

★★ L'ABBAYE *visite : 1/2 h*

Nouvelle abbatiale. – Elle est aménagée dans l'ancien réfectoire mauriste, salle voûtée aux proportions majestueuses. Remarquer à l'entrée la statue de la Vierge du 14e s. et celles (15e s.) de saint Augustin, saint Grégoire et saint Jérôme, Pères de l'Église. L'autel, en marbre des Alpes, a été offert en 1959, par la région d'Aoste, patrie de saint Anselme. Devant le maître-autel se trouve le sarcophage (11e s.) (1) contenant le corps de Herluin, fondateur de l'abbaye.
En sortant, à gauche, on se trouve en présence d'un corps de bâtiment en retour d'angle dont l'ordonnance classique, calmement rythmée, œuvre caractéristique du style mauriste *(voir p. 24)*, est rehaussée par le cadre de verdure environnant.

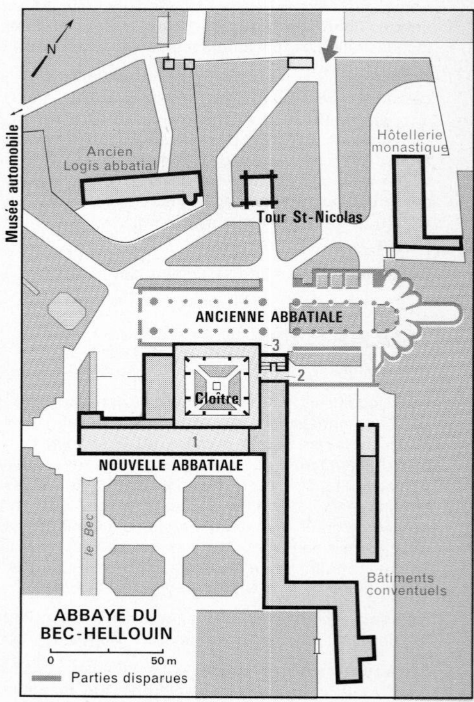

ABBAYE DU BEC-HELLOUIN

Ancienne abbatiale. – Elle fut démolie au 19e s. ; seuls les socles des piliers et les vestiges du bras Sud du transept permettent d'en imaginer l'ampleur et la disposition.

Cloître. – Par le monumental escalier d'honneur (2) (18e s., rampe moderne), on accède au cloître. Celui-ci, construit entre 1640 et 1660, est l'un des premiers cloîtres classiques de France avec terrasses à l'italienne ; il est inspiré du cloître du Mont-Cassin (Italie), œuvre de Bramante. A l'angle Nord-Est, belle porte gothique du 14e s., (3) au tympan orné d'une Vierge en majesté.

Tour St-Nicolas. – Du 15e s., elle reste le vestige le plus important de l'ancienne église abbatiale, dont elle était d'ailleurs isolée. La flèche a disparu. Une plaque rappelle les rapports étroits qui unissaient l'Église d'Angleterre à l'abbaye aux 11e et 12e s.

Du sommet de la tour (201 marches par un escalier à vis), **vue★** agréable sur le vallon du Bec et sur le « logis abbatial ». Le portail, flanqué de deux tours carrées, commandait l'entrée de l'abbaye.

AUTRE CURIOSITÉ

Musée automobile. – Dans un hall est installé un musée présentant une collection de 50 voitures de 1920 à nos jours (prestige, sport, course), toutes en état de marche, dont 6 Bugatti.

LE NEUBOURG ET LE ROUMOIS

La plaine du **Neubourg**, au Sud de la Seine, et le plateau du **Roumois** qui la prolonge au Nord *(voir carte p. 13)* sont également caractérisés par un sous-sol crayeux recouvert de limon, convenant aux cultures céréalières. L'amateur de pittoresque est attiré par les décoratives petites églises rurales, émergeant des ombrages touffus de leur cimetière (l'if considéré à l'époque du Moyen Age comme un agent d'assainissement atmosphérique y tient toujours une place de choix), et par la noblesse de certains châteaux.

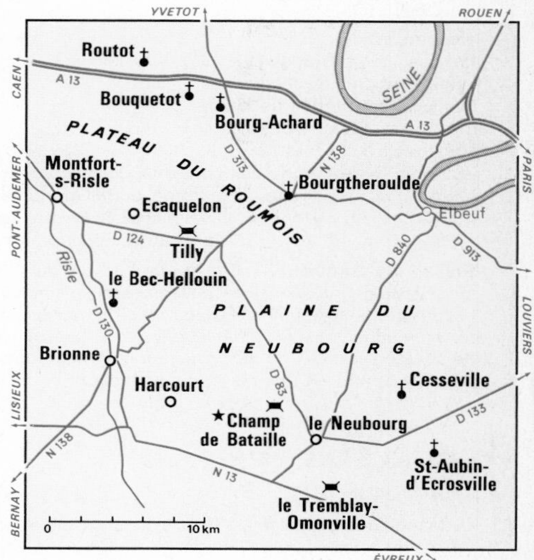

Bouquetot. – 645 h. L'**église** des 11e et 12e s., renferme de belles statues en pierre et en bois et trois tableaux restaurés du 18e s. A côté de l'église, une grille protège une aubépine géante, vieille de 700 ans. Très beaux ifs dans le cimetière.

Bourg-Achard. – 2 022 h. L'église a conservé, dans le chœur et dans le croisillon gauche, de beaux vitraux du 16e s. et surtout un ensemble de boiseries des 15e et 16e s., comportant, outre les stalles, un siège de célébrant sculpté avec une fantaisie délicieuse et, dans le croisillon droit, quatre panneaux de bois sculpté représentant des scènes de la vie de saint Eustache et de saint Placide. L'autel central, restauré, s'harmonise avec l'ensemble de ce décor. A l'entrée du chœur, Vierge à l'oiseau et pierre polychrome du 15e s.

Bourgtheroulde. – 2 555 h. Remarquer dans l'église les vitraux Renaissance du chœur.

Brionne. – *Page 49.*

Cesseville. – 252 h. L'église présente une façade du 16e s.

★ **Champ de Bataille (Château du).** – *Page 57.*

Ecaquelon. – 357 h. Joli village, en bordure de la forêt de Montfort. Dans l'**église** belles boiseries du 16e s.

Harcourt. – *Page 81.*

Infreville. – A l'intérieur de l'église, grand retable de style rocaille.

Montfort-sur-Risle. – *Page 110.*

Le Neubourg. – 3 669 h. Capitale de la plaine du même nom, renfermant une église du 16e s.

Routot. – 1 079 h. L'église possède un clocher roman aux arcatures entrecroisées.

St-Aubin d'Ecrosville. – 508 h. Voir la façade Ouest de l'église.

Tilly (Château de). – Il fut construit vers 1500 par Guillaume le Roux, seigneur de Bourgtheroulde, qui fit élever à Rouen l'hôtel de ce nom. Appareillé en losange de pierres et briques vernissées, il a gardé son mur d'enceinte cantonné de tourelles pointues.

Le Tremblay-Omonville. – 199 h. Le château, caractérisé par un curieux avant-corps (milieu du 18e s.), est doté de terrasses et d'imposants communs.

BELLÊME

1 849 h. (les Bellêmois)

Carte Michelin n° 60 Nord des plis 14, 15 ou 231 Sud du pli 45 – Schéma p. 106.

Bellême, qui disputa longtemps à Mortagne le titre de capitale du Perche normand, groupe ses maisons au-dessus des rives de la Même, affluent de l'Huisne, au sommet d'un petit éperon de 225 m qui domine sa célèbre forêt et un joli paysage percheron.

Ce petit bourg eut, à l'époque féodale, une histoire particulièrement mouvementée. En 1229, la forteresse tenue par Mauclerc, comte de Bretagne, fut prise d'assaut par Blanche de Castille en personne, accompagnée du futur Saint Louis.

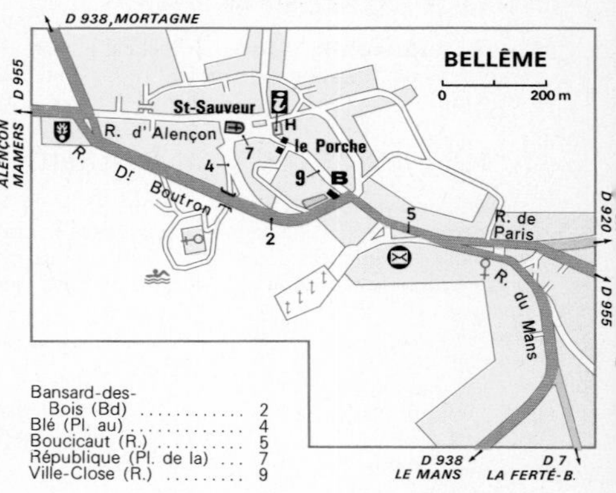

Bansard-des-Bois (Bd)	2
Blé (Pl. au)	4
Boucicaut (R.)	5
République (Pl. de la)	7
Ville-Close (R.)	9

La ville close. – Flanqué de deux tours reconstruites, le **porche** est, avec quelques tours encastrées aujourd'hui dans des maisons, le seul vestige des remparts du 15e s., eux-mêmes édifiés sur l'ancienne forteresse du 11e s. En le franchissant, remarquer le passage de la herse, toujours visible. A proximité, plaque commémorative sur la prise de la ville par Blanche de Castille.

La rue Ville-Close (**9**), à l'emplacement de l'ancienne citadelle, est bordée de belles maisons classiques qui, construites aux 17e et 18e s. par les notables du Perche, ont conservé, pour la plupart, leur décoration extérieure : balcons harmonieux, balustrades en fer forgé, portail monumental. Remarquer au n° 24 la maison du gouverneur et, surtout, au n° 26, l'**hôtel de Bansard des Bois** (**B**), dont l'élégante façade est visible des abords de la pièce d'eau qui occupe les douves de l'ancien château.

Église St-Sauveur. – Construite à la fin du 17e s., elle est de pur style classique. L'intérieur, qui présente une nef lambrissée, est richement décoré ; remarquer en particulier l'imposant maître-autel à baldaquin (1712) en pierre et en marbre, les boiseries du chœur qui proviennent de l'ancienne abbaye de Valdieu et les vitraux du chœur, composés chacun de six scènes de la vie de Jésus. La cuve des fonts baptismaux, décorée de guirlandes, s'appuie contre un retable à trois panneaux.

★ BELLÊME (Forêt de)

Carte Michelin n° 60 plis 4, 5, 14, 15 ou 231 plis 44, 45.

Cette forêt domaniale de 2 400 ha est une des plus belles du Perche. Elle doit sa réputation à ses majestueuses futaies de chênes ainsi qu'à la variété et à la beauté de ses sites.

CIRCUIT AU DÉPART DE BELLÊME *27 km – environ 1 h 1/2*

Bellême. – *Page 44.*

Quitter Bellême au Nord-Ouest par la D 938.

La route, avant de pénétrer en forêt, offre une très jolie vue sur la petite ville. Puis elle traverse de remarquables futaies et atteint l'étang de la Herse.

Étang de la Herse. – *Un sentier en fait le tour – 1/4 h à pied.* Ses eaux calmes reflètent le joli cadre de verdure qui l'entoure. Ce lieu plein de fraîcheur est apprécié des touristes.

De l'autre côté de la route, face à la maison forestière de l'Hermousset, se trouve une fontaine romaine, près de laquelle deux blocs de pierre portent des inscriptions latines.

Faire demi-tour et prendre à droite au carrefour Colbert.

La route forestière, revêtue, fait découvrir de jolies perspectives. Au carrefour de la vallée du Creux, prendre à gauche. La route serpente dans l'admirable forêt et gagne la lisière.

Prendre immédiatement à droite pour entrer en forêt.

Avant d'atteindre le carrefour de Montimer, on traverse un fourré. Dans ce secteur, l'Office National des Forêts a procédé à la régénération de vieux peuplements.

Prendre à gauche sur 400 m le chemin en descente.

Chêne de l'École. – Son fût de 22 m, pour une hauteur totale de 40 m et... un âge de 300 ans, est parfaitement droit.

Rejoindre le carrefour de Montimer et gagner la Perrière.

La Perrière. – 422 h. Son nom vient du latin petraria, carrière de pierre. Le village est en effet construit sur un promontoire calcaire, recouvert de sable. On trouve par endroits des blocs de grès ferrugineux de couleur rouge sombre, les « grisons ». De nombreuses maisons sont construites avec ces pierres. Du sentier qui contourne le cimetière, près de l'église, remarquable **panorama**★ sur la campagne percheronne. Remarquer, à l'Ouest, la forêt de Perseigne et, au loin, la forêt d'Écouves.

En suivant le « sentier de la découverte » *(plan-dépliant chez les commerçants),* on pourra apprécier les ruelles et les logis anciens (15e-16e-17e s.) du bourg. Au départ de la Perrière, des itinéraires auto-cyclo et des circuits pédestres balisés sont organisés.

Regagner la route forestière qui traverse d'Ouest en Est la forêt. Elle franchit la ravissante vallée du Creux. Au carrefour du Rendez-vous, prendre la D 310 à droite.

St-Martin-du-Vieux-Bellême. – 584 h. Pittoresque village aux maisons groupées autour d'une église des 14e-15e s.

On rejoint la D 955 qui, prise à gauche, ramène à Bellême.

BERNAY

10 952 h. (les Bernayens)

Carte Michelin n° 55 pli 19 ou 231 pli 33.

Bernay s'est développée autour de l'abbaye fondée au 11e s. par Judith de Bretagne, femme du duc Richard II. Au 12e s., un trouvère, Alexandre de Bernay, s'inspirant de textes de l'Antiquité, composa le Roman d'Alexandre, en vers de douze syllabes appelés depuis alexandrins.
Nichée dans la vallée de la Charentonne, la ville offre un ensemble d'anciennes demeures à pans de bois remises en valeur.

CURIOSITÉS

★ **Boulevard des Monts** (A). – Cette belle allée à flanc de coteau offre de jolies vues sur la ville et la vallée de la Charentonne.

Hôtel de ville (BH). – C'est l'ancienne abbaye de Bernay. Les bâtiments du 17e s. ont la noble ordonnance des conceptions architecturales des mauristes *(voir p. 21)*.

Ancienne église abbatiale (B). – Cette église a été commencée en 1013 par Guillaume de Volpiano *(p. 76)*, appelé de Fécamp par Judith de Bretagne, femme du duc de Normandie Richard II. A cette époque le rôle d'un tel établissement était autant politique et économique que religieux et intellectuel. Au 15e s. l'abside semi-circulaire fut remplacée par une abside polygonale. La nef s'élève sur de grandes arcades à chapiteaux corinthiens, la tribune se compose de baies géminées. Le bas-côté Nord, reconstruit au 15e s., est voûté d'ogives, alors que le bas-côté Sud possède des coupoles surbaissées, créées au 17e s.

Musée municipal (BM). – Ce musée est installé dans l'ancien logis abbatial de la fin du 16e s., construction en damier de pierres et de briques. On peut y voir une belle collection de peintures, faïences (Rouen, Nevers, Moustiers) et des meubles normands anciens (armoires et bahuts).

Vieilles demeures (A). – Quelques rues sont bordées de maisons typiques du vieux Bernay.

Rue Gaston-Follope. – Des antiquaires y ont pignon sur rue. Au n° 15 on y trouve un **musée normand** (AM[1]) consacré aux arts et traditions populaires (objets de la vie domestique, outils agricoles, amusantes carafes représentant Thiers, Victor Hugo, Gambetta, etc.).

Rue Thiers et rue Général-de-Gaulle. – Artères commerçantes très animées.

Rue Gabriel-Vallée. – On y accède par le passage du Grand-Bourg s'ouvrant rue Général-de-Gaulle. Au n° 17, maison à colombage et en encorbellement.

Église Ste-Croix (B). – Commencée au 14e s. et fortement restaurée, elle renferme de belles œuvres d'art provenant, en partie, du Bec-Hellouin. Au revers du portail d'entrée, bas-relief en bois doré (16e s.) : le Portement de croix. Pierres tombales d'abbés près de la tribune d'orgues et dans le croisillon droit du chœur ; à l'entrée de la sacristie, remarquable **pierre tombale** de Guillaume d'Auvillars, abbé du Bec (1418). 16 grandes statues d'apôtres et d'évangélistes (fin 14e s.) sont adossées aux piliers de la nef et du chœur, orné des statues en terre cuite de saint Benoît et saint Maur (17e s.). Sur le maître-autel, groupe de la Nativité (1683) d'après l'œuvre en marbre (1662) des frères Anguier, pour le Val-de-Grâce à Paris. En face de l'église, belle **halle** ancienne.

Basilique N.-D.-de-la-Couture. – *Accès par la rue Kléber-Mercier au Sud* (A). Cette église du 15e s., érigée en basilique en 1950, est couverte de voûtes en bois ; la statue de N.-D-de-la-Couture (16e s.), objet de la dévotion des pèlerins *(voir p. 143)*, est placée sur un autel moderne, dans le transept gauche. L'église a conservé de beaux vitraux, habilement restaurés, représentant l'Ascension, l'Arbre de Jessé, la Résurrection, etc.

BERNAY

Alexandre (R.) .... B 3
Gaulle (R. Gén. de) ...... A 24
Leclerc (R. Gén.) ...... B 28
Thiers (R.) .... AB
Union (R. de l') .... B 45

Charentonne (R. de la) .... B 5
Delamotte (R.) .... B 8
Follope (R. G.) .... A 20
Gambetta (R.) .... B 23
Héon (Pl. G.) .... B 26
Kléber-Mercier (R.) ..... A 27
Lemoing (R. M.) .... A 30

Le-Prévost-de-Beaumont (R.) .... B 33
Liberge-de-Granchain (Av.) .... A 35
Morsan (R. de) .... A 38
Parissot (R. A.) .... B 40
République (Pl. de la) .. B 44
Victoire (R. de la) ...... B 48

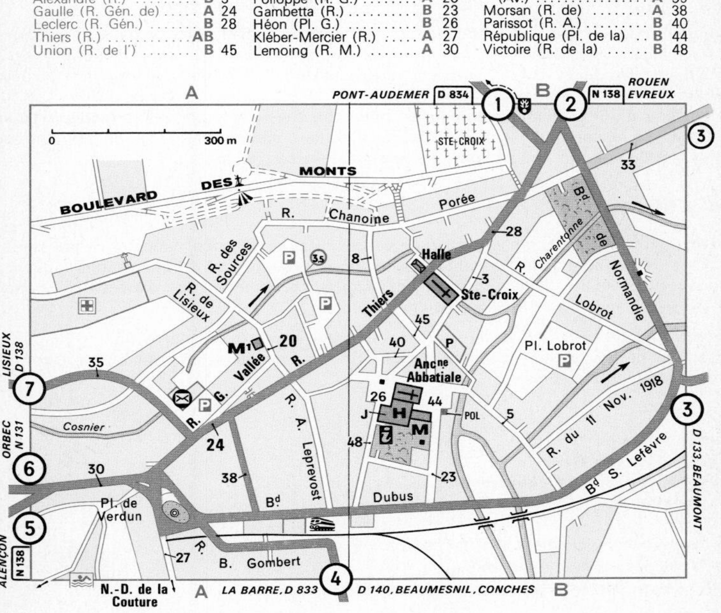

Beaumesnil. – Le château.

EXCURSION

★ **Beaumesnil.** – 256 h. *13 km par ④, D 140.* Décrit par La Varende dans « Nez de Cuir », sous le nom de Mesnil Royal, le **château★** est un chef-d'œuvre du style Louis XIII, édifié en pierre et brique et richement décoré dans le genre baroque. Les eaux des bassins reflètent son imposante façade.
On y trouve en outre un **musée de la reliure** exposant une importante collection de livres reliés.

BEUZEVILLE
2 536 h. (les Beuzevillois)

Carte Michelin n° 55 pli 4 ou 231 pli 20.

Beuzeuville est un gros bourg-marché situé à l'Est de la pittoresque petite vallée de la Morelle.

Église. – 13e-16e s. Cet édifice possède un important ensemble de 19 vitraux, réalisé de 1955 à 1961 par le maître-verrier normand Décorchemont (1880-1971) qui y a mis en application sa technique toute particulière, donnant à la pâte de verre l'apparence du cristal.
L'œuvre, d'une grande spiritualité, illustre notamment les thèmes de la Trinité (chœur), des Litanies et du Cantique des Cantiques (chapelle de la Vierge), de la Sainte Famille et des Sacrements (chapelle St-Joseph), ainsi que plusieurs saints (bas-côtés).

★ BIZY (Château de)

Carte Michelin n° 55 pli 18 ou 231 pli 36 – 4 km à l'Ouest de Vernon.

Bâti à partir de 1740 par Coutant d'Ivry pour le maréchal de Belle-Isle, petit-fils de Fouquet, il fut remanié, à l'exception des écuries, par ses occupants successifs, le duc de Penthièvre, le roi Louis-Philippe et surtout le baron de Schickler. Il appartient aujourd'hui au duc d'Albuféra et à la marquise de Grammont.
Ce château, d'une ordonnance toute classique, offre une belle façade à colonnades et oculi, côté parc. La façade Sud, plus sévère, forme, avec les communs et les écuries (abritant une collection de voitures anciennes), une harmonieuse cour d'honneur.

VISITE *environ 1/2 h*

Intérieur. – Les salons rehaussés par de belles boiseries Régence, décorées de tapisseries du 18e s., renferment un intéressant mobilier conservé depuis le 1er Empire et des souvenirs évoquant Bonaparte et les ancêtres des actuels propriétaires, les maréchaux Suchet, Masséna ou Davout. Bel escalier de chêne sculpté.

Parc. – Dessiné au 18e s. par Garnier d'Isle, le parc a été replanté par le roi Louis-Philippe. Il est agrémenté de bassins et de statues du 18e s., parmi lesquelles les célèbres Chevaux marins, joliment restaurés.

BLAINVILLE

797 h. (les Blainvillais)

Carte Michelin n° 55 pli 7 ou 231 pli 23 – 20 km au Nord-Est de Rouen.

Ce petit village situé dans la vallée du Crevon, est la patrie du peintre **Marcel Duchamp** (1887-1968), précurseur de l'école de peinture de New York (*voir le guide Vert Michelin New York).*

Église. – Fondée en 1488 par Jean d'Estouteville, la collégiale, bel édifice au parement en damier de grès et de silex, devient église paroissiale au 19e s. A l'intérieur de l'église de style flamboyant, la chapelle du croisillon gauche abrite un groupe du 15e s. « Éducation de la Vierge » et la pierre tombale (14e s.) de messire Mouton de Blainville. Le chœur est orné de stalles du 15e s. aux curieuses miséricordes. Au-dessus, un groupe sculpté représente la Compassion du Père (le Christ mort est figuré entre les bras du Père Éternel). Dans la sacristie se trouve une statue monumentale de saint Michel terrassant le dragon, en bois polychrome de la fin du 15e s.

Château. – La mise au jour depuis 1968 des ruines d'un château médiéval a permis de dégager un escalier enfoui dans une motte datant du 11e s., une centaine de mètres de courtine haute de 5 à 8 m, les fossés et deux tours aux étages bas bien conservés, appartenant à des constructions des 14e et 15e s.

BOURY-EN-VEXIN (Château de)

Carte Michelin n° 55 Nord-Est du pli 18 ou 237 pli 3 – 6 km au Sud de Gisors.

Ce château, qui se situe dans un petit village de l'Oise, a été bâti au 17e s. sur des plans et des dessins de Jules Hardouin-Mansart. Il constitue un harmonieux exemple d'architecture classique.
Le corps de logis comprend deux niveaux éclairés par de hautes fenêtres, flanqué de deux ailes en retour d'équerre. Les fenêtres du rez-de-chaussée, en plein cintre, sont surmontées de macarons représentant Jupiter et les quatre saisons.
La façade est rythmée de pilastres jumelés à chapiteaux ioniques.

VISITE *environ 1/2 h*

La galerie d'entrée, fermée au 18e s., renferme des porcelaines de Navarre du 18e s. La chapelle, rajoutée en 1718, est décorée de vitraux aux armes des Haubourg, premiers marquis de Boury. A côté, remarquer dans la sacristie des peintures sur cartons du 17e s. représentant des scènes de la vie du Christ. La visite se poursuit par le salon Louis XV, la grande salle, le salon bleu (au-dessus de chaque porte, bas-relief montrant les plaisirs de la campagne : la chasse, la pêche, la moisson, les vendanges, la musique et les jeux), la salle à manger (pastels de Coypel représentant le Marquis et la Marquise de Boury) et la cuisine (à l'origine il existait trois cheminées : une pour chauffer, une pour griller, une pour rôtir ; cuivres du 18e s., verrerie bleue de Caen du 18e s.)

BRAY (Pays de)

Carte Michelin n° 52 plis 15, 16 ou 231 plis 12, 24 et 237 pli 3.

Nid de verdure au milieu des vastes étendues découvertes du plateau de Caux, le Pays de Bray tire son originalité d'un accident de relief particulier : la « boutonnière ». Évidée ici dans la craie, elle est responsable d'un paysage dont la netteté de traits est inconnue ailleurs en Normandie.

La « boutonnière » du pays de Bray. – Les mouvements de l'écorce terrestre qui, à l'époque tertiaire, provoquèrent la surrection des Alpes, eurent des répercussions jusqu'à la région du Bassin Parisien actuel et en modifièrent la calme structure. Les secousses affectant

LA « BOUTONNIÈRE » DU PAYS DE BRAY A HAUTEUR DE FORGES-LES-EAUX

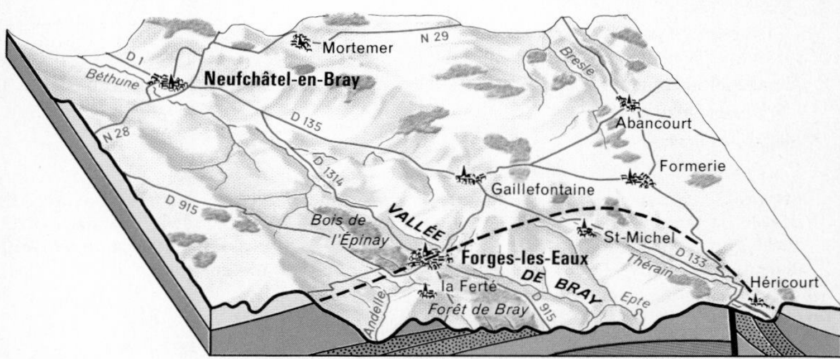

– – – – allure probable du "dôme" du Bray

Craie blanche : elle forme le rebord supérieur de l'abrupt, souvent couronné de bois.

Craie marneuse : elle donne aux flancs de la dépression leur aspect dénudé. Lorsqu'elle n'est pas à nu, elle porte de riches labours. Au contact entre craie blanche et craie marneuse, s'épanchent de grosses sources près desquelles sont groupés des villages.

Argiles et sables : retenant l'eau, ces terrains sont le domaine des herbages.

Sables et grès ferrugineux : très épais ils forment parfois des placages infertiles laissés à la forêt (forêt de Bray, bois de l'Epinay). C'est de ces couches que sourdent les eaux ferrugineuses qui ont fait la renommée de Forges.

Marnes, grès et argiles : ces terrains jurassiques comportent des bancs calcaires perméables, trop peu épais pour changer profondément la physionomie herbagère du pays.

le socle ancien vinrent rider les couches superficielles déposées à l'ère secondaire. De larges et profondes ondulations, orientées Sud-Est-Nord-Ouest, se formèrent. L'une d'elles se boursoufla au point de constituer un puissant dôme dont l'abrupt Nord-Est devait racheter une dénivellation de près de 1 000 m.

L'érosion, travaillant sans cesse à user ce dôme, devait l'entailler si profondément que toute une gamme de terrains jurassiques sous-jacents apparut. La « boutonnière » ainsi formée *(schéma p. 47)* permet d'expliquer les variations de paysage résultant de la nature différente des terrains.

Le rebord Sud-Ouest, nettement marqué, est fortement échancré par les trouées de l'Andelle et de l'Epte, qui s'échappent de la dépression.

La concentration des sources de ces rivières autour de Forges-les-Eaux témoigne de l'importance de l'ancien dôme du Bray comme château d'eau : à Forges, l'Epte et l'Andelle ne sont séparées que par la largeur de l'agglomération tandis que, plus à l'Est, les sources de la Béthune et du Thérain, coulant suivant le même alignement, mais en sens opposé, sont distantes de 5 km.

Les richesses du pays de Bray. – Le Bray est une des régions les plus étroitement spécialisées dans le ravitaillement de l'agglomération parisienne. L'élevage est orienté presque exclusivement vers l'industrie laitière dont les principaux centres laitiers se trouvent à Ferrières, Gournay, Neufchâtel, Serqueux et Aumale. La réputation du fromage de Neufchâtel n'est plus à faire. Ce fromage fermier se présente sous la forme de briquette, carré, bonde, double bonde et cœur.

Le développement de la production des pommes de table, la création de cidreries industrielles sont encore révélateurs de la proximité d'un grand marché urbain. Enfin, la structure géologique de la région a retenu l'attention des prospecteurs de terrains pétrolifères.

CIRCUIT AU DÉPART DE FORGES-LES-EAUX

52 km – environ 1 h 1/2

Forges-les-Eaux. – *Page 79.*

Quitter Forges par la D 921 au Sud.

La Ferté. – 319 h. Le village est juché sur un gradin, en avant du rebord principal de la « boutonnière » du Pays de Bray *(schéma p. 47)* que l'Andelle et ses affluents ont découpé en buttes au profil net et régulier.

En montant à pied à l'église, on jouira d'une vue étendue sur la dépression du Pays de Bray, aux bords nettement marqués. Place de la mairie, on remarquera la gracieuse **maison de Henry IV**, construction du 16e s., transférée de la région dieppoise et réédifiée, en 1968, sur l'à-pic du gradin.

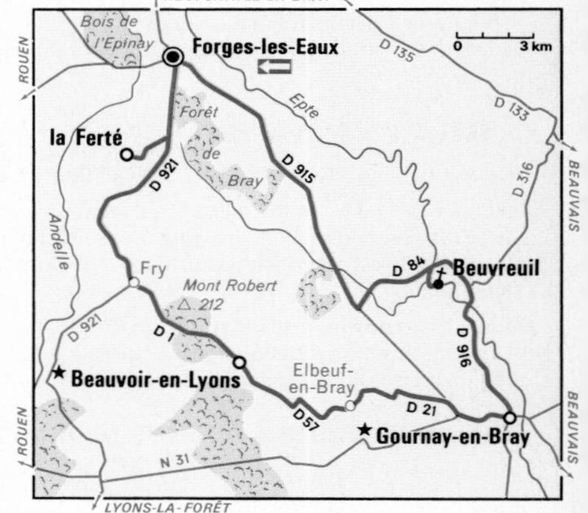

A Fry, prendre à gauche avant l'église, la D 1.

La route se rapproche de l'abrupt Sud-Ouest du Pays de Bray, aux lourdes buttes dénudées, couronnées d'une calotte de hêtres (mont Robert).

★ **Beauvoir-en-Lyons.** – 464 h. Laisser la voiture après la mairie et prendre la rue à gauche vers l'église. Du chevet de celle-ci, la **vue★** s'étend sur la verdoyante dépression de la vallée de Bray dont les bords rectilignes fuient vers le Sud-Est. Par temps clair, on peut apercevoir la cathédrale de Beauvais.

Reprendre la voiture et continuer à suivre la D 1.

A un carrefour, tourner à gauche dans la D 57 en descente qui offre des vues dégagées sur le Bray.

Suivre ensuite la D 21.

★ **Gournay-en-Bray.** – *Page 80.*

Prendre la D 916 au Nord.

Ⓥ **Beuvreuil.** – La petite **église** rustique du 11e s. est précédée d'un porche en bois du 16e s., décoré de briques émaillées ; à l'intérieur, fonts baptismaux du 11e s., bénitier du 15e s., statues gothiques, lutrin du 16e s., retable des 15e et 16e s. Près de la chapelle on remarque le manoir fortifié des 14e et 15e s. dont les huguenots firent le siège.

Rentrer à Forges par la D 84 et la D 915, à droite.

CIRCUIT AU DÉPART DE NEUFCHÂTEL-EN-BRAY

49 km – environ 1 h 1/2

Neufchâtel-en-Bray. – *Page 103*

Quitter Neufchâtel-en-Bray au Nord par la D 1314.

La route gravit le rebord Nord-Est de la boutonnière, dans un curieux paysage dénudé, offrant des vues de plus en plus étendues sur la vallée de la Béthune. Puis la D 56, prise à gauche, traverse, dans toute sa longueur, l'agréable forêt du Hellet.

De Croixdalle, la D 77, à gauche, descend dans la vallée de la Béthune, pour escalader ensuite, après Osmoy-St-Valéry, le versant Sud-Ouest de la vallée dont il s'échappe par un véritable col.

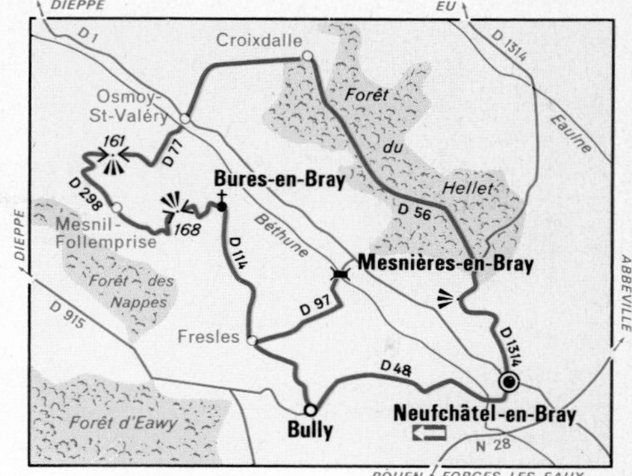

En avant apparaît la forêt des Nappes.
On quitte le vallon de Mesnil-Follemprise par un second petit col ; de nouveau, la vue se développe sur le talus crayeux couvert de cultures. Le clocher de Bures-en-Bray apparaît ainsi que la forêt du Hellet et le château de Mesnières.

Bures-en-Bray. – 301 h. L'**église**, dont les parties les plus anciennes remontent au 12e s., possède une façade moderne, en brique, précédée d'un porche, et une audacieuse flèche torse en charpente. A l'intérieur, dans le croisillon gauche, on voit une Mise au tombeau, un retable en pierre polychrome du 16e s., et une Vierge à l'Enfant du 14e s.

En montant après l'église prendre la 1re route à gauche près du café-tabac.

La D 114 suit une terrasse qui, marquant le niveau des sources, constitue le site d'élection des villages alignés au pied de l'abrupt Sud-Ouest.

A Fresles, prendre à gauche la D 97.

Avant de franchir la Béthune la route offre une jolie vue sur le château de Mesnières.

Mesnières-en-Bray. – *Page 100.*

Faire demi-tour puis reprendre à Fresles la D 114 à gauche.

Bully. – 633 h. L'**église** a gardé son chœur gothique du 13e s., d'un beau style. A l'intérieur, remarquer les clés de voûte de la nef et des bas-côtés (16e s.), les vitraux du 15e s., une Pietà en pierre polychrome et des statues du 17e s.

La D 48 ramène à Neufchâtel-en-Bray.

BRETEUIL

3 415 h. (les Bretaliens)

Carte Michelin n° 55 pli 16 ou 231 pli 34 – 14 km au Sud de Conches-en-Ouche.

Adossé à la zone forestière du Pays d'Ouche, ce bourg est entouré par un bras forcé de l'Iton, formant un étang bordé par un jardin public à l'emplacement de l'ancien château fort.

Église. – L'édifice, dans ses parties les plus anciennes, date du 11e s. Son appareillage en grison *(p. 109)* lui donne un cachet rustique. En 1081, la belle Adèle, fille de Guillaume le Conquérant, y épousa Étienne comte de Blois.
Le clocher est une grosse tour carrée surmontant la croisée du transept.
L'intérieur de l'église frappe par l'ordonnance des grandes arcades de la nef, reposant sur 12 massifs piliers de grison. Les piliers qu'ils supportent remontent au règne de Guillaume le Conquérant. Les cinq arcades de l'abside s'appuient sur des colonnes aux chapiteaux à feuillages. La balustrade des orgues est joliment décorée de motifs empruntés à la Renaissance italienne et de douze statuettes d'anges mucisiens.

BRIONNE

5 038 h. (les Brionnais)

Carte Michelin n° 54 pli 19 ou 231 pli 33 – Schéma p. 43 – Lieu de séjour.

Ancienne place forte commandant la vallée de la Risle, Brionne a été très liée à l'épanouissement de la vie monacale, au 11e s., dans le vallon voisin du Bec. C'est en y assiégeant Guy de Bourgogne, de 1047 à 1050, que le duc Guillaume prit contact avec le foyer de culture de Bec-Hellouin qui devait prendre tant d'importance dans l'organisation religieuse de l'Angleterre *(voir p. 42)*.
Centre industriel et commercial, Brionne est devenu également un centre touristique grâce à son vieux donjon et un centre de séjour grâce à sa base de loisirs en bordure de la Risle.

CURIOSITÉS

Donjon. – *1/4 h à pied AR.* Laisser la voiture place du Chevalier-Herluin ou sur la place de l'église. Prendre la rue des Canadiens et, 50 m à droite, la « Sente du Vieux Château » en forte montée vers les ruines de l'un des rares et meilleurs types de donjon normand carré (11e s.).
De puissants contreforts venaient épauler ses quatre étages. Du pied de cette tour (table d'orientation), vue agréable sur la ville et la vallée de la Risle.

Église St-Martin. – Nef du 15e s. et chœur à voûte gothique lambrissée du 14e s. L'autel de marbre et son retable (17e s.) proviennent de l'abbaye du Bec-Hellouin.

Jardin de Shaftesbury. – Promenade le long de la Risle dans un petit jardin portant le nom de la ville anglaise jumelée.

Maison de Normandie. – Extérieurement elle se présente comme une typique maison normande : damier de pierre et de brique au rez-de-chaussée, colombage à l'étage.
L'intérieur est consacré à l'artisanat normand : exposition et vente d'objets divers (en cuir, en verre, porcelaine, produits du terroir, etc.).

BRIONNE

Canadiens (R. des)
Chevalier-Herluin (Pl. du) .. 3
Croix-Béranger
(Pl. de la) 5
Foch (R. Mar.)
Fremont-des-
Essarts (Pl.) 6
Gaulle (R. du Gén.) 8
Leclerc (Av. du Mar.)
Lemarois (R.) 12
Lorraine (Pl. de)
Marie (Bd Eugène)
Martyr (R. des) 13
République (Bd de la) 15
St-Denis (R.)
Soie (R. de la)
Vieux-Château
(Sente du) 18

Les voies de traversée et d'accès sont renforcés sur nos plans de ville.

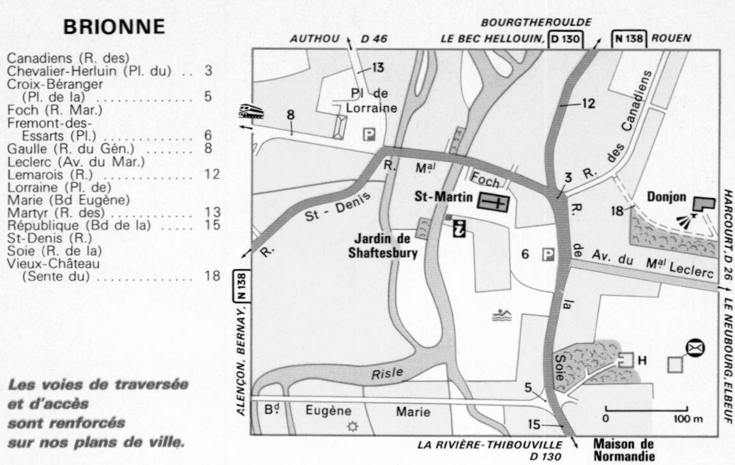

EXCURSIONS

★★ **Le Bec-Hellouin.** – *6 km au Nord par la N 138 et la D 39 à gauche. Description p. 42.*

Harcourt. – *7 km au Sud-Est par les D 26 et D 137. Description p. 81.*

Circuit dans le Lieuvin. – *28 km – environ 1 h.*

Le Lieuvin est un plateau couvert d'argile à silex et de limons ; c'est aussi une région céréalière et herbagère. Avec le Roumois, séparé par la vallée de la Risle, il forme transition entre le Pays de Caux et le Pays d'Auge.

Quitter Brionne au Nord par la D 46. A Authun, tourner à gauche dans la D 38.

La route remonte le frais vallon de Livet.

Livet-sur-Authou. – De charmantes maisons à colombage noires et blanches marquent l'entrée de la localité. Le château avec son parc et l'église de l'autre côté de la route composent un tableau pittoresque.

St-Benoît-des-Ombres. – 114 h. Après la mairie-miniature, remarquer, à droite, protégée par un rideau de verdure, la chapelle dont une grande statue, en bois, de saint Benoît surmonte le porche en bois du 15e s. L'intérieur révèle une belle voûte et des fonts baptismaux du 16e s.

Prendre à droite vers St-Georges-du-Vièvre.

Au terme d'une descente apparaissent, en avant, dans l'axe d'une percée, les toitures du château de Launay. La route remonte sous une véritable voûte de hêtres.

⊙ **Château de Launay.** – *S'engager à pied dans l'avenue qui se détache à droite.* De la grille d'honneur, on peut admirer cette construction d'époque Régence, aux ailes prolongées par des dépendances du 16e s. aux beaux colombages.
S'avancer jusqu'au remarquable **pigeonnier★** dont les consoles sont sculptées de monstres et de personnages grotesques.
Dans le parc, jardins à la française et magnifique hêtre pleureur.

Revenir par les D 137 et D 130.

La route offre une jolie vue sur la vallée de la Risle.

BROGLIE

1 126 h. (les Brogliens)

Carte Michelin n° 55 plis 18, 19 ou 231 pli 33.

Le petit bourg de Chambrais, baigné par la Charentonne, devint, au 18e s., le fief de l'illustre famille piémontaise de Broglie dont il prit alors le nom (prononcer Bro-y') ; les vastes ⊙ bâtiments du **château**, ancienne forteresse médiévale reconstruite au 18e s., occupe une position dominante.

Église. – La partie centrale de la façade et la base du clocher sont en grison *(voir p. 109)*, le reste, en grès du pays. La façade est percée d'une puissante porte en plein cintre. A l'intérieur, les lourds piliers également en grison du côté gauche et le chœur sont romans ; le reste de l'édifice date des 15e et 16e s. ; remarquer dans le bas-côté droit les statues du 15e et surtout du 16e s.

BROTONNE (Forêt de)

Carte Michelin n° 55 pli 5 ou 231 pli 21.

Cet important massif (7 400 ha), enfermé dans une boucle de la Seine, contribue à donner à la rive gauche du fleuve son caractère agreste. Les percées de ses routes forestières permettent de beaux aperçus sur le moutonnement de ses futaies de feuillus (hêtres et chênes) ou sur ses pinèdes (pins sylvestres).
La création en 1974 du **Parc naturel régional de Brotonne** et la construction du pont de Brotonne *(voir p. 51)* l'ont tiré de sa solitude.
Dans le cadre de l'**écomusée de la Basse-Seine**, qui tend à faire revivre de vieux métiers, la forêt de Brotonne possède en sa lisière Sud un village où les traditions sont encore vivaces, la Haye-de-Routot *(voir p. 51)*.
En lisière de la forêt, la « route des Chaumières » (D 65) qui suit la rive gauche de la Seine permet de voir de jolies chaumières au milieu de cours plantées de pommiers.

DE ROUTOT À CAUDEBEC-EN-CAUX *33 km – environ 1 h*

Routot. – *Page 43.*

A la sortie de Routot, prendre à droite la D 686 vers la Haye-de-Routot.

La Haye-de-Routot. – 197 h. Le cimetière entourant la petite église est ombragé de deux **ifs★** millénaires colossaux de 16 m et 14 m de circonférence abritant, l'un une chapelle, l'autre un oratoire. Le « feu de St-Clair » attire aux abords du village, dans la nuit du 16 au 17 juillet, un grand concours de population *(voir p. 28).*

Dans une construction du 18e s., le **four à pain** fait revivre la fabrication du pain à l'ancienne. On y cuit encore le pain au feu de bois ; des outils de boulanger sont exposés.

La **maison du sabotier** présente les outils et les techniques autrefois utilisés. Importante collection de sabots.

La Haye-de-Routot. – Feu de Saint-Clair.

Suivre la D 40 sur 4,5 km puis prendre à gauche la route forestière de la Mare de la Chèvre.

Cette route, très agréable, qui grimpe sur le plateau avant de descendre vers la Seine, traverse quelques-unes des plus belles zones boisées de feuillus de la forêt. A 3 km après avoir traversé la D 131, en haut de la descente, vers la gauche, belle **vue** sur la Seine et sa vallée, jusqu'au pont de Tancarville.

5 km plus loin, au village du Quesney, prendre à droite la route de la Mailleraye, puis encore à droite, la route forestière de la chapelle St-Maur.

On traverse la forêt dans une de ses parties les plus denses.

Rond-de-Nagu. – Vaste clairière en étoile à cinq branches.

Par la D 131, prise à gauche, gagner le Rond-Victor et St-Nicolas-de-Bliquetuit.

De St-Nicolas-de-Bliquetuit à la Seine, on peut apprécier de beaux jardins clos et de pittoresques maisons à colombage.

★ **Pont de Brotonne.** – Mis en service en 1977, il enjambe la Seine en amont de Caudebec-en-Caux *(p. 52).* Pont routier à péage, il est caractérisé par une longueur de 1 280 m, un tablier suspendu à 50 m au-dessus des eaux et des pylônes hauts de 125 m.

★ **Caudebec-en-Caux.** – *Page 52.*

★★ CABOURG 3 249 h. (les Cabourgeais)

Carte Michelin n° 54 plis 16, 17 ou 231 pli 19 – Schéma p. 40 – Lieu de séjour.

L'importante station balnéaire de Cabourg, créée de toutes pièces sous le Second Empire, conserve toujours la faveur d'une élégante clientèle ; un vaste plan d'eau a été aménagé pour le yachting, à l'embouchure de la Dives.

Un hôte célèbre. – **Marcel Proust** se rendit pour la première fois à Cabourg en 1881. Il avait alors 10 ans. Souffrant d'asthme, le climat maritime lui faisait le plus grand bien. Attiré par le charme des lieux, il fit de fréquents séjours dans la ville et élit domicile au Grand Hôtel. Cabourg fut pour lui l'occasion de retrouver l'univers de son enfance. Les lettres françaises lui doivent « A l'ombre des jeunes filles en fleurs », peinture de la vie de plage au début du siècle et des mœurs de Cabourg (Balbec) à la Belle Époque.

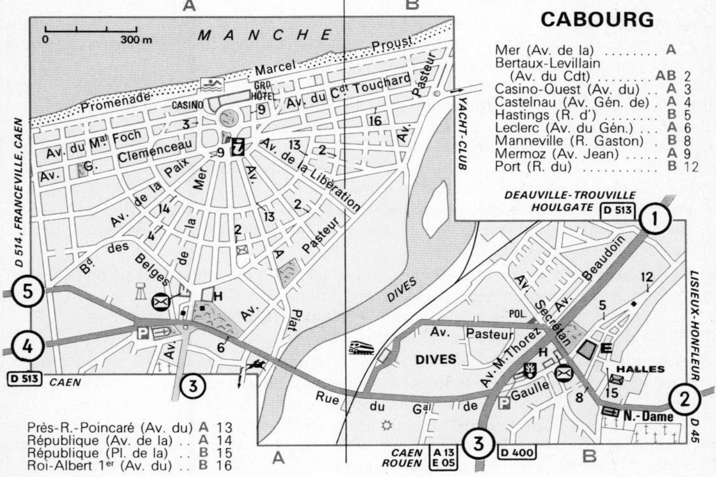

LA STATION

Le plan de la ville présente une régularité géométrique. Face à la mer, le Casino et le Grand Hôtel (A) forment le pôle d'où rayonnent des rues en éventail raccordées par des artères semi-circulaires. De belles villas aux jardins ombragés et souvent fleuris donnent un grand charme à ces avenues.
En terrasse, au-dessus de l'immense plage de sable fin, la promenade Marcel-Proust incite à la flânerie. La vue s'étend de Riva-Bella à Houlgate avec Trouville à l'arrière-plan et le cap de la Hève à l'horizon.

EXCURSIONS

Merville-Franceville Plage. – 1 309 h. Lieu de séjour. *6 km. Quitter Cabourg par ⑤, D 514.*
La batterie de Merville se composait de quatre abris bétonnés, chacun pourvu d'une pièce de 150 mm, d'une portée de 20 km. Un **musée** a été aménagé dans un des abris. Ce puissant point de défense a été vaincu par la 6e Division aéroportée britannique.

Ranville. – 1 690 h. *8 km au Sud de Merville-Franceville Plage par la D 223.*
Ce village, le premier libéré du territoire français, fut pris d'assaut, le 6 juin, à 2 h 30, par les parachutistes du 13e Bataillon du Lancashire de la 6e Division aéroportée britannique. Cimetière commémoratif.

★ CAUDEBEC-EN-CAUX

2 477 h. (les Caudebecquais)

Carte Michelin n° 55 pli 9 ou 231 pli 21 – Schéma p. 131 – Lieu de séjour.

Caudebec, qui joua longtemps le rôle de capitale du Pays de Caux, est construite en amphithéâtre au bord de la Seine, au débouché du vallon de Ste-Gertrude.
Le pont de Brotonne permet de passer sur l'autre rive et d'accéder directement à la forêt de Brotonne, cernée par une boucle du fleuve.
Les quartiers anciens de Caudebec ont été, en juin 1940, ravagés par un incendie qui épargna heureusement, dans son ensemble, l'église Notre-Dame. A gauche, en regardant la façade, subsistent trois vieilles maisons rappelant le caractère de la ville avant la guerre.

UN PEU D'HISTOIRE

Le nom de Caudebec se trouve mentionné pour la première fois au 11e s. sur une charte consentie aux moines de l'abbaye de St-Wandrille. Au 12e s. la ville s'entoure de fortifications afin de pouvoir résister aux Anglais ; ceux-ci s'en rendent maîtres en 1419. Charles VII vient visiter la ville libérée en 1449. Pendant les guerres de Religion Caudebec connaît bien des malheurs. La ville se soumet à Henri IV en 1592, et devient un centre florissant grâce à la confection de gants et de chapeaux. La révocation de l'édit de Nantes en 1685 met fin à cette période de prospérité.

★ÉGLISE NOTRE-DAME *visite : 1/2 h*

Laisser la voiture sur la place du Marché, sauf le samedi matin, jour où un marché se tient ici depuis 1390.
Ce bel édifice flamboyant, que Henri IV appelait « la plus belle chapelle du royaume », a été construit de 1425 à 1539, en partie par Guillaume Le Tellier. Le portail fut achevé au début du 17e s.

Extérieur. – Accolé au flanc Sud se dresse le clocher dont la hauteur totale est de 53 m. Carré à la base, il est surmonté d'une balustrade délicatement ajourée, sur laquelle repose une pyramide octogonale, coiffée d'une flèche de pierre en forme de tiare, restaurée au 19e s. à la suite des dommages causés par les intempéries et la foudre.
La façade Ouest s'ouvre par trois beaux portails flamboyants. Une remarquable rosace, entourée de statuettes, les surmonte.

Intérieur. – Le vaisseau, de proportions harmonieuses, est dépourvu de transept. Le triforium et les fenestrages sont les parties les plus typiquement flamboyantes.
Les **fonts baptismaux**, du 17e s., situés dans la chapelle St-Jean-Baptiste à gauche, sont ornés de panneaux sculptés d'une grande finesse de travail. Le couvercle de la cuve représente des scènes de l'Ancien Testament et de l'Évangile.
Les grandes orgues du début du 16e s. sont dignes d'intérêt ; leurs 3 325 tuyaux en étain martelé ont une sonorité particulière, dont la qualité est reconnue des mélomanes. Ils prennent place dans un beau buffet en chêne sculpté.
Remontant l'allée centrale, remarquer les beaux vitraux du 16e s., notamment ceux représentant saint Pierre près du Christ en croix, au-dessus du maître-autel à gauche, et, à droite, le Couronnement de la Vierge et saint Paul.
Dans les chapelles des bas-côtés, de jolies statues anciennes, dégagées de leur badigeon, ont retrouvé leur finesse et leurs couleurs d'origine. Ces chapelles, au nombre de 19, étaient autrefois affectées à diverses confréries.

Chapelle du Sépulcre. – *A droite de la chapelle axiale.* Elle a inspiré Fragonard qui en peignit une esquisse. Sous le baldaquin très ouvragé (16e s.) repose le Christ gisant, avec de grandes statues de pierre qui lui font face : le tout provient de l'abbaye de Jumièges.
Belle Pietà du 15e s., entre les deux fenêtres.

Chapelle de la Vierge (chapelle axiale). – De forme hexagonale, cette chapelle est célèbre par sa **clé de voûte★**, monolithe de 7 tonnes soutenu uniquement par des arcs et formant un pendentif d'une retombée de 4,30 m. Cette prouesse est due à Guillaume Le Tellier, inhumé dans cette chapelle, dont la pierre tumulaire, gravée par son fils et placée sous le vitrail de droite, rappelle ici même les travaux. Le vitrail de droite est divisé en 16 panneaux, 12 retracent la vie de Saint Nicolas, celui du haut le martyr de Sainte Catherine.

CAUDEBEC-EN-CAUX

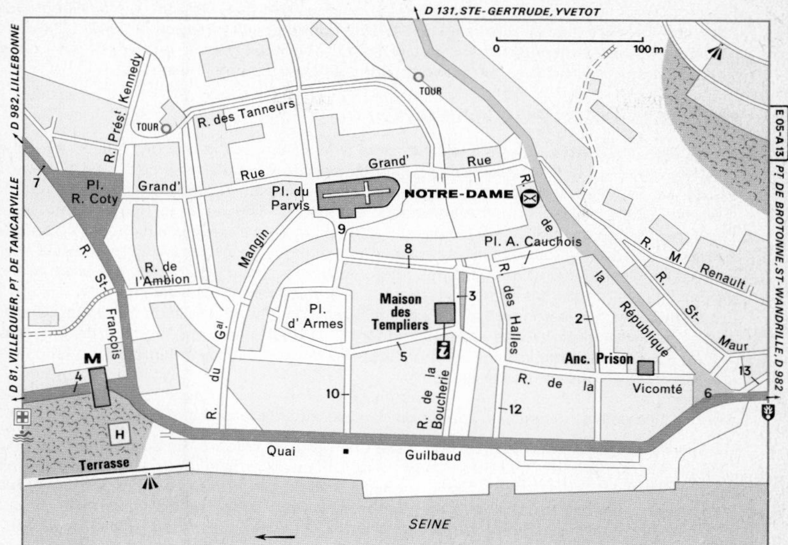

AUTRES CURIOSITÉS

ⓥ**Maison des Templiers.** – Ce très précieux spécimen de l'architecture civile du 13e s. a gardé intacts ses deux murs-pignons. Les Amis du Vieux Caudebec y ont reconstitué le musée (Biochet-Brechot) de la ville : histoire locale, gravures.

Ancienne prison. – Encastrée dans le rempart du 15e s.

Terrasse de l'hôtel de ville. – Elle offre une agréable perspective sur la Seine animée par les allées et venues des bateaux.

ⓥ**Musée de la Marine de Seine** (M). – Il est consacré exclusivement à l'histoire de la navigation sur la Seine : les ports, les échanges commerciaux, la construction navale, la pêche, les traversées.
La présentation de bateaux en bois sert d'introduction à la visite, on remarque notamment une gribane, le Joble, bateau de transport datant de 1886.

EXCURSIONS

Circuit de 8 km. – *Environ 1/2 h – schéma p. 131. Quitter Caudebec par la rue St-Clair et, appuyant sur la droite, suivre le chemin de Rétival.*
La route court au-dessus d'un petit escarpement, en offrant de jolies échappées sur la courbe du fleuve.

Au terme d'une descente très rapide, prendre à gauche la D 37.

La route remonte un charmant **vallon★** où sont disséminées des fermes au toit de chaume, parfois transformées en habitations de plaisance.

Avant Rançon, tourner à droite dans le D 33, pour gagner St-Wandrille.

★**St-Wandrille.** – *Page 124.*

Par la D 22 puis la D 982, revenir à Caudebec.

Circuit de 21 km. – *Environ 3/4 h – schéma p. 131. Quitter Caudebec au Nord par la route d'Yvetot et prendre à gauche la D 40.*

Ste-Gertrude. – La petite église se dresse dans un cadre pittoresque. Consacrée en 1519, elle présente les caractéristiques du style flamboyant. A l'intérieur, remarquer, à droite du maître-autel, un tabernacle de pierre, pièce rare du 15e s., ainsi que d'intéressantes statues, dont un Christ en pierre.

Continuer à suivre la D 40 ; prendre ensuite la D 30 à gauche, puis la D 440 vers Anquetierville jusqu'au carrefour de la D 982. Prendre celui-ci à gauche, puis à l'entrée de St-Arnoult, la D 440 à droite qui rejoint la D 281. Tourner et prendre à gauche la route qui, par une descente rapide, mène à Villequier.

★**Villequier.** – *Page 194.*

Regagner Caudebec par la D 81 (parcours décrit en sens inverse p. 130).

★ CAUX (Pays de)

Carte Michelin n° 52 plis 2 à 5 et 11 à 15 ou 231 plis 7 à 10.

Ce massif plateau de craie blanche, recouvert d'un manteau imperméable d'argile à silex et de limon, monotone mais prospère, porte de grandes cultures. Délimité par la Manche, la Basse-Seine et la vallée de la Bresle, il est surtout connu pour son imposant front de mer. Au pied de ses falaises crayeuses, dont un ciel léger et vaporeux atténue la brutalité des lignes, se retrouvent chaque année les estivants épris de beautés naturelles.

UN PEU DE GÉOGRAPHIE

La « Côte d'Albâtre ». – La falaise de craie telle qu'on peut la voir des grèves, avec ses couches alternées de silex foncé et de marnes jaunâtres, recule sans cesse, en butte aux actions conjuguées des flots et des agents atmosphériques. Des témoins comme l'aiguille d'Étretat, quelques bancs sous-marins signalent jusqu'à 2 km au large, une ancienne ligne de rivage. Au cap de la Hève, où la côte est particulièrement exposée, le recul peut atteindre 2 m par an. La mer arrache à la falaise normande 3 millions de m^3 par an. La marne et la craie se dissolvent rapidement, donnant une teinte laiteuse aux eaux bordières. Les silex, roulés par les vagues, sont transformés en galets que le flot brasse inlassablement.
Les **« valleuses »**, qui festonnent la crête des falaises, sont des vallées sèches qui, gagnées de vitesse par le recul de la côte, sont maintenant plus ou moins complètement tronquées et restent en quelque sorte « suspendues ». Seuls les cours d'eau abondants ont pu raccorder leur vallée à la ligne de rivage actuelle.
Des ports ont profité de la légère échancrure ainsi créée pour se développer tandis que les stations balnéaires tiraient parti des moindres possibilités d'accès à la grève.

La ferme cauchoise. – Vue de loin, c'est une oasis de verdure. En approchant, on peut détailler sa structure : des talus, les « levées », de 1,50 m à 2 m de hauteur garnis d'une double rangée d'arbres, les « boqueteaux » (chênes, hêtres ou ormes), protègent du vent la **cour-masure**, vaste prairie de 2 à 3 ha plantée de pommiers où se disséminent la maison d'habitation et les bâtiments d'exploitation aux murs de colombage ; en hiver, on y rassemble le bétail autour de la mare. Une porte, souvent monumentale, y donne accès. Chaque ferme possède sa mare et sa citerne ; cependant le développement des travaux d'adduction a fait apparaître le château d'eau dans le paysage.
Les pratiques de l'élevage cauchois sont originales. Au printemps, les animaux sont mis au « tière » (piquet) à même les carrés de fourrage artificiel. Chaque bête – vache ou cheval – y marque rapidement son rayon d'action sous forme d'un cercle parfaitement géométrique. Le lait – principale source de revenus pour le paysan cauchois – est envoyé aux agglomérations urbaines de la Basse-Seine, ou remis aux beurreries et fromageries des vallées.

★ LA CÔTE D'ALBÂTRE

1 De Dieppe à Étretat *104 km – environ 5 h – schéma p. 54 et 55*

La route dessert, au prix de multiples sinuosités, tout un chapelet de plages étalées à l'embouchure des petits fleuves côtiers ou terrées dans une valleuse. De belles échappées sur la mer et les falaises, des vues agréables sur le site de certaines stations donnent à cet itinéraire son cachet touristique.
Les îlots de verdure composés par les fermes et les villages rompent la monotonie du vaste plateau cauchois.

★★ **Dieppe.** – *Page 62.*

Quitter Dieppe par ⑥, D 75.

Pourville-sur-Mer. – Cette station balnéaire, située à l'embouchure de la Scie près d'une falaise découpée, s'est relevée des ruines provoquées par le raid amphibie allié du 19 août 1942 *(voir p. 62)*. Un régiment canadien, le « South Saskatchewan », et les « Cameron Highlanders » – débarqués au son de la cornemuse – causèrent de sérieux dommages à l'ennemi avant de rembarquer, grâce au dévouement de la marine et au sacrifice de leur arrière-garde, au début de l'après-midi.

★ **Varengeville-sur-Mer.** – *Page 135.*

Ste-Marguerite-sur Mer. – 465 h. (les Ste-Margueritais). Lieu de séjour. L'église (12e s.) de ce village a été très remaniée au 16e s. L'édifice ne comporte pas de transept. A l'intérieur subsistent, au côté gauche de la nef, quatre **arcades**★ du sanctuaire primitif. Les arcades du côté droit datent de 1528. Remarquer la 2e colonne, à droite, colonne torse semée de coquilles. Le maître-autel, de 1160, est un des rares spécimens de cette époque qui soient parvenus jusqu'à nous. Il est muni sur le devant et à chaque extrémité de colonnettes à chapiteaux romans.

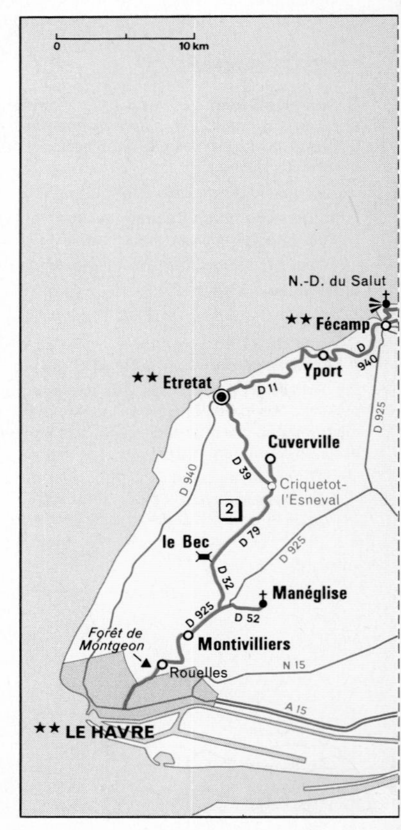

A St-Aubin prendre la D 237 à gauche.

Bourg-Dun. – 419 h. L'**église** Notre-Dame est un vaste édifice assez composite, remarquable par sa **tour★** (s'avancer le long du côté droit, dans le cimetière, pour mieux la découvrir), dont la puissante base carrée fut bâtie au 13e s. La flèche en fer de hache date du règne de Louis XIII.
Entrer par la porte Renaissance qui donne accès au bas-côté droit. Du jubé, ne subsistent que les bases supportant les statues de saint Antoine et de saint Sébastien. Dans le croisillon droit couvert de voûtes flamboyantes, remarquer un enfeu et une piscine Renaissance. Le chœur ouvre largement à droite, par trois arcades, sur un bas-côté fort beau, ajouté au 14e s. Dans le bas-côté gauche, fonts baptismaux Renaissance.

Revenir à St-Aubin.

Veules-les-Roses. – 686 h. (les Veulais). La station balnéaire de Veules-les-Roses est abritée dans le vallon de la Veule qui présente, en amont de la localité, à hauteur de cressonnières, des aspects particulièrement séduisants. L'**église** St-Martin, des 16e et 17e s., est surmontée d'une tour-lanterne du 13e s. A l'intérieur, la nef et les bas-côtés sont couverts de charpente de bois ; on remarque dans la nef cinq colonnes torses de grès sculpté (16e s.). L'église abrite de nombreuses statues et statuettes anciennes, ainsi que deux tableaux de qualité.

Prendre à gauche la D 37.

Église de Blosseville. – Cet édifice, surmonté d'un clocher du 12e s., abrite, au centre de la verrière du chœur et dans le bas-côté gauche, de beaux vitraux Renaissance et des statues anciennes.

St-Valery-en-Caux. – *Page 124.*

⊙ **Centrale nucléaire de Paluel.** – La centrale se compose de 4 tranches autonomes ayant chacune une puissance de 1 300 MW. De l'uranium enrichi est utilisé comme combustible, le refroidissement étant assuré par l'eau de mer pompée du rivage. L'énergie thermique libérée par le combustible y est transformée en énergie mécanique puis électrique. Le centre de documentation et d'information présente une exposition sur les différentes sortes d'énergie, le choix du nucléaire, l'histoire de l'énergie en bande dessinée, l'histoire et le fonctionnement de la centrale.

Veulettes-sur-Mer. – 404 h. (les Veulettais). Lieu de séjour. La station balnéaire de Veulettes échelonne ses villas dans un vallon spacieux et verdoyant. Son église, bâtie du 11e au 13e s., bien située à mi-pente dans la verdure, est surmontée d'une tour-lanterne.
Le plus beau **panorama★★** du parcours se révèle entre Senneville *(traversée étroite)* et Fécamp, près de la **chapelle N.-D.-du-Salut** (pèlerinage des marins) : belvédère avec table d'orientation.
La route perd rapidement de la hauteur. Les falaises, à l'Ouest de Fécamp, apparaissent jusqu'à la porte d'Étretat. Après un lacet à gauche, on découvre Fécamp et son port.

★★ **Fécamp.** – *Page 76.*

Yport. – 1 122 h. (les Yportais). Station balnéaire blottie dans un vallon.

★★ **Étretat.** – *Page 70.*

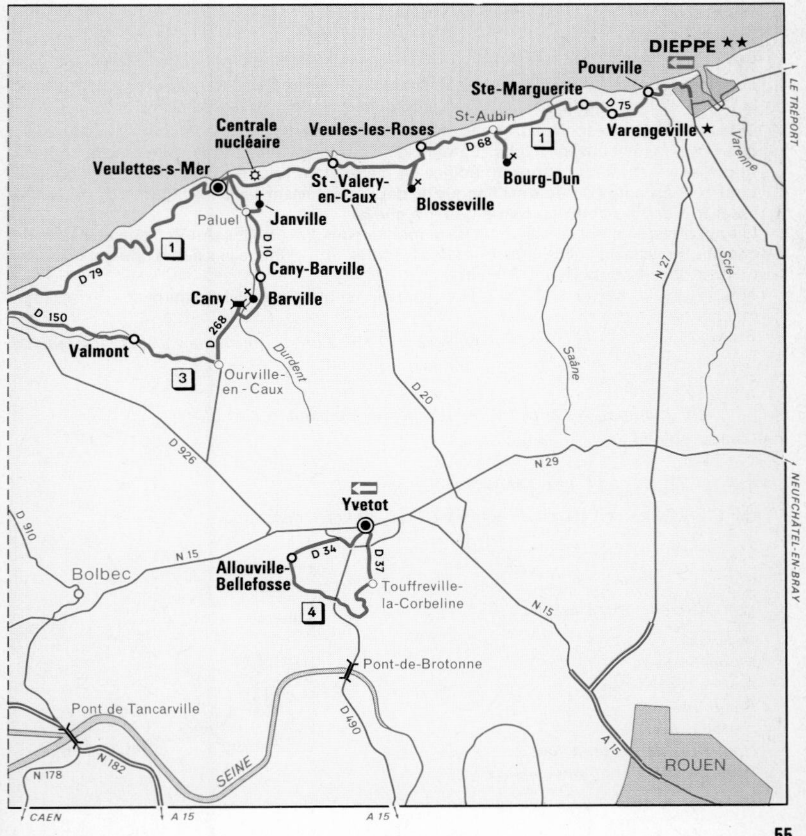

VALLÉE DE LA LÉZARDE

2 D'Étretat au Havre *33 km – environ 1 h – schéma p. 54*

★★ **Étretat.** – *Page 70.*

Quitter Étretat par ③, D 39.

Après Étretat, la route, par un vallon, s'enfonce à l'intérieur du plateau.

A Criquetot-l'Esneval prendre à gauche la D 239.

Cuverville. – 187 h. **André Gide** (1859-1951) est enterré dans le petit cimetière entourant l'église sous une simple dalle de béton située au chevet de l'église.

La route redescend ensuite par l'agréable vallée de la Lézarde.

Ⓥ **Château du Bec.** – Bâti du 12e au 16e s., il est particulièrement mis en valeur par son cadre de verdure et d'eaux dormantes.

A Épouville prendre à gauche la D 925, puis la D 52 à droite.

Manéglise. – 912 h. La petite **église**, au portail décoré de motifs géométriques, est une des plus gracieuses productions de l'art roman en Normandie. Malgré ses dimensions menues, sa nef, du 12e s., est flanquée de collatéraux.

Montivilliers. – *Page 101.*

La route s'échappe de la vallée de la Lézarde par le vallon du ruisseau de Rouelles, faubourg du Havre possédant un agréable parc de loisirs dans lequel se trouve un joli colombier fait de silex.
La route longe ensuite la forêt de Montgeon puis le tunnel Jenner mène dans le centre de la ville.

★★ **Le Havre.** – *Page 81.*

VALLÉE DE LA DURDENT

3 De Veulettes-sur-Mer à Fécamp

36 km – environ 3 h – schéma p. 54 et 55

La Durdent, qui débouche paresseusement à Veulettes-sur-Mer, s'est creusé une vallée largement dessinée, tranchée de verdure au milieu des espaces découverts du plateau cauchois.

Veulettes-sur-Mer. – *Page 55.*

Quitter Veulettes par la D 10 au Sud. A Paluel prendre la D 68 à gauche.

Chapelle de Janville. – Après un virage très serré à droite, continuer à suivre la D 68. En haut de la côte, tourner à gauche pour atteindre la chapelle N.-D.-de-Janville, sur le rebord du plateau. L'intérieur de ce sanctuaire présente une belle grille de chœur sculptée.

Revenir à Paluel.

Ⓥ **Cany-Barville.** – 3 267 h. Sur la rive gauche, l'**église** reconstruite au 16e s. dans son caractère ogival primitif, a gardé son clocher du 13e s.
Remarquer, en entrant, deux **panneaux sculptés**★ du 16e s. : la Vierge aux Sept glaives et saint Martin.

Barville. – La petite église occupe un **site**★ délicieux entre deux bras de la Durdent.

Le parcours de la D 268 est particulièrement attrayant entre Cany-Barville et sa jonction avec la D 131 et l'on peut jouir d'une vue rapprochée sur le château de Cany.

Ⓥ **Château de Cany.** – Il est précédé d'une grande cour bordée de deux dépendances symétriques que prolongent deux pavillons. Entouré de douves qu'alimente la Durdent, le château se présente comme un imposant édifice en pierre et en brique, édifié à la fin de l'époque Louis XIII. Le corps de logis est flanqué de deux ailes faisant saillie, la façade s'ouvre par un escalier à double volée en forme de fer à cheval.
Les appartements ont conservé un beau mobilier des 17e et 18e s. Au 2e étage une suite de chambres révèle de belles tapisseries des Flandres. Au 1er étage le salon d'apparat ou salon vert est décoré de boiseries Régence.
Au sous-sol les anciens offices et la cuisine rassemblent ustensiles, fourneaux, vaisselle et mannequins.

Prendre la D 50 jusqu'à Ourville, puis la D 150 à droite qui suit la vallée du ruisseau de Valmont.

Valmont. – *Page 135.*

Rejoindre et suivre la D 150 pour regagner Fécamp.

★★ **Fécamp.** – *Page 76.*

★ LE PLATEAU CAUCHOIS

4 Circuit au départ d'Yvetot *22 km – description p. 141*

★ CHAMP DE BATAILLE (Château du)

Carte Michelin n° 55 pli 20 ou 231 pli 24 – 4 km au Nord-Ouest du Neubourg.

Cette belle demeure du 17e s., située au milieu des bois, est composée de constructions jumelles, en brique et pierre, aux longues lignes basses, disposées parallèlement de part et d'autre d'une vaste cour d'honneur reliée par des portiques. Elle fut construite par Alexandre de Créquy, héritier de la famille de Vieuxpont.

⊙ VISITE *environ 1 h*

Sur l'avant-cour, immense esplanade précédant l'entrée du château ou boulingrin, se pratiquaient des jeux de boules sur gazon.

Cour d'honneur. – Cette cour quadrangulaire, flanquée de deux bâtiments symétriques, possède un portail monumental couronné de quatre déesses représentant l'eau, l'air, la terre et le feu.

Intérieur. – *Entrée par la cour d'honneur, à gauche.* Les murs de l'entrée sont revêtus de faux marbre afin de rappeller le vrai marbre du sol. L'escalier d'honneur est décoré d'une rampe en fer forgé portant les initiales des Créquy, fondateurs du château. On visite notamment le vestibule des quatre saisons (remarquer au-dessus des portes, les bas-reliefs montrant les saisons), le grand salon (tapisserie des Gobelins du 18e s.), la salle à manger (boiseries du 19e s., œuvres d'un artiste local), la chambre d'hôte (réservée aux personnalités qui séjournaient au château ; le lit est l'œuvre d'un menuisier d'art du 18e s.), la salle des archives (documents sur l'histoire du château), la chapelle (le personnel se tenait au rez-de-chaussée, le maître assistait à la messe depuis la mezzanine).

Communs. – La grande salle voûtée, ancienne écurie, renferme une collection d'animaux naturalisés.

Parc. – On y voit la glaciaire (sorte d'échauguette où on entreposait la glace prélevée l'hiver dans les étangs), la colline aux rhododendrons sauvages, le vieux chêne, le hêtre pourpre et les jardins.

Pour organiser vous-même vos itinéraires :

- ***Tout d'abord consultez la carte des p. 6 et 7. Elle indique les parcours décrits, les régions touristiques, les principales villes et curiosités.***
- ***Reportez-vous ensuite aux descriptions, à partir de la p. 33.
Au départ des principaux centres,
des buts de promenades sont proposés sous le titre Excursion.***
- ***En outre les cartes Michelin n° 52, 54, 55, 60, 231, 232, 237 signalent les routes pittoresques, les sites et les monuments intéressants, les points de vue, les rivières, les forêts.***

CHARENTONNE (Vallée de la)

Cartes Michelin n° 55 plis 14, 15 et 60 pli 4 ou 231 plis 32, 33.

Cette jolie rivière rapide et poissonneuse, affluent de la Risle, serpente dans les herbages humides d'une vallée aux aspects parfois solitaires.

DE SERQUIGNY À ST-ÉVROULT-N.-D.-DU-BOIS

65 km – environ 2 h

Serquigny. – 2 320 h. L'église, dont la façade Ouest présente un appareil en damier de silex noir et de pierre blanche, a conservé un portail roman. A l'intérieur, on remarque, à gauche, une chapelle Renaissance éclairée par des vitraux de la même époque. Quatre gros piliers cylindriques soutiennent la tour du clocher. Petite chaire à prêcher faite de panneaux sculptés. Vitraux modernes dans la chapelle de droite et dans la chapelle du chœur. Statues de bois anciennes dans la nef.

La D 133 longe la Charentonne. Prendre la D 133 au Sud-Est.

A partir de Serquigny jusqu'à Anceins, la route longe souvent la Charentonne. Les châteaux entrevus à travers la verdure, les clochers aigus des petites églises rurales attirent l'attention.

⊙ **Fontaine-l'Abbé.** – 510 h. Joli village normand. Dans l'**église**, à côté du château Louis XIII, belles torchères de Charité.

Menneval. – 1 329 h. Le village s'étale dans un des replis les plus séduisants de la vallée. Sa petite église rurale, à la façade refaite en 1971, est charmante. La confrérie de Charité locale est la plus ancienne (1060) de la région.

Bernay. – *Page 45.*

Quitter Bernay au Sud par la D 33.

Le parcours se déroule le long du fleuve.

Broglie. – *Page 50.*

A Mélicourt prendre à droite la D 819.

St-Denis-d'Augerons. – 109 h. Du monument aux Morts de la commune à proximité d'une belle hêtraie se découvre, en contrebas, un paysage agreste plein de charme où les deux églises de St-Denis-d'Augerons et de St-Aquilin viennent s'incorporer parfaitement.

Revenir à Mélicourt puis suivre au Sud les D 33, D 252 et D 31 à partir de la Ferté-Frênel.

St-Évroult-N.-D.-du-Bois. – *Page 122.*

★ CLÈRES
1 302 h. (les Clérois)

Carte Michelin n° 52 pli 14 ou 231 pli 23.

Le parc zoologique, établi depuis 1920 autour du château de Clères, édifice du 14e s. fortement remanié au 19e s., figure parmi les attractions de qualité en Normandie.
L'ancien château-fort occupait l'emplacement du château actuel et ses alentours. Édifié au 11e s., il n'en reste que quelques ruines. Le château de style néo-gothique, situé au milieu du parc, se compose de deux corps de bâtiments en grès, ornés de motifs en brique et en silex.
Sur la place du village, les halles en bois recouvertes d'ardoises ont fière allure.

★ **Parc zoologique.** – Un cadre naturel exceptionnel favorise la présentation des animaux. Rivières, pelouses, bosquets, arbres sont habités par oiseaux et mammifères.
Du jardin, où l'on rencontre flamants roses, canards et oies exotiques, on passe dans le parc proprement dit, où circulent en semi-liberté antilopes, kangourous, gibbons, cervidés, grues, paons. Le lac est habité par plus de 300 couples de palmipèdes, de 120 espèces différentes. En contre-haut, des parquets et volières sont réservés aux faisans, pigeons-colombes, perruches, perroquets, etc. (environ 2 500 oiseaux, de 450 espèces différentes). Dans l'ancien salon du château, une galerie héberge des oiseaux exotiques rares.

Musée de l'automobile et militaire. – Outre de belles voitures anciennes de diverses marques, dont une Panhard-Levassor de 1894, une Georges Richard 1901, une Grégoire de 1913 au curieux pare-brise « monocle » fixé sur l'axe du volant et une voiture de pompiers à vapeur, de 1876, ce musée présente des vélocipèdes antérieurs à 1900, des motocyclettes et à l'étage des engins et véhicules militaires de la dernière guerre : camions, jeeps, automitrailleuses, véhicules chenillés, avions. Un diorama retrace la bataille de Normandie.

EXCURSION

Parc du Bocasse. – *2 km à l'Ouest par la D 6.*
C'est essentiellement un parc d'attractions pour enfants où de nombreux jeux et manèges ont été regroupés. Des aires de pique-nique ont été aménagées.

★ CONCHES-EN-OUCHE
3 856 h. (les Conchois)

Carte Michelin n° 55 pli 16 ou 231 pli 34 – Lieu de séjour.

Adossé à la zone forestière qui forme la lisière Nord du Pays d'Ouche, le bourg de Conches est remarquablement situé sur un éperon cerné par le cours du Rouloir.

UN PEU D'HISTOIRE

De retour d'une campagne contre les Maures d'Espagne, aux côtés de Don Sanche d'Aragon (1034), Roger de Tosny, seigneur du lieu, rapporta d'un pèlerinage à Conques, en Aquitaine, des reliques de sainte Foy. Il est permis de penser qu'il donna à la cité naissante le nom du célèbre sanctuaire. Roger dédia à la jeune martyre une église, à laquelle succéda, à partir de la fin du 15e s., l'édifice que le touriste a aujourd'hui sous les yeux.

CURIOSITÉS

★ **Église Ste-Foy.** – La tour méridionale est surmontée d'une haute flèche en bois et plomb – sensiblement inclinée – réplique de celle qui s'éffondra sous un ouragan en 1842 ; les beaux vantaux sculptés des portes de la façade datent du début du 16e s. Nombreuses gargouilles.
L'intérieur conserve de belles statues dans le bas-côté droit, à la hauteur du grand orgue, statue de saint Roch (17e s.) ; à l'entrée de la chapelle St-Michel, statue de sainte Suzanne (13e s.) ; dans le bas-côté gauche, Pietà polychrome (16e s.), à l'entrée de la chapelle de la Vierge, statue de saint Pierre coiffé d'une tiare (16e s.) ; au chevet un Christ ressuscité, en pierre (16e s.).

★ **Vitraux.** – L'homogénéité de cet ensemble de la Renaissance (première moitié du 16e s.) n'a pas été altérée par les restaurations consécutives à la chute de la flèche.
Les verrières du bas-côté gauche illustrent la vie de la Vierge. A la 2e fenêtre, le superbe vitrail (1510), dû à Arnoult de Nimègue et figurant la Vierge entre saint Adrien (à gauche) et saint Romain (à droite) est, comme son vis-à-vis, qui évoque la vie de saint Jean-Baptiste, de facture plus archaïque que ceux qui le suivent ; ils appartenaient probablement à l'église primitive.
Les sept verrières du chœur, hautes de 10,50 m, sont divisées en deux parties par une traverse trilobée. Au niveau supérieur figurent des scènes de la vie du Christ, au niveau inférieur, des épisodes de la vie et du martyre de sainte Foy, ainsi que les portraits des donateurs. Ce magnifique ensemble, inspiré des maîtres de la gravure allemande tels que Dürer, Aldegrever, etc., serait dû à un disciple d'Engrand le Prince, de Beauvais, Romain Buron. Les vitraux du bas-côté droit, œuvre d'ateliers de l'Ile-de-France ou de Fontainebleau, retracent des scènes bibliques et évangéliques préfigurant l'Eucharistie ou ayant trait à son institution.
Remarquer le Pressoir mystique de la 5e fenêtre.

En sortant de l'église, remarquer, en face, des maisons anciennes des 15e et 16e s. à pans de bois.

Jardin de l'hôtel de ville. – Au-delà de la porte gothique de l'hôtel de ville – entrée de l'ancienne enceinte du château –, on atteint un jardin, le square Jean-de-la-Varende, où se dresse le donjon ruiné, entouré de tours du 12e s.
De la terrasse de l'hôtel de ville, au milieu de laquelle se dresse un sanglier en pierre, belle vue sur la vallée du Rouloir et sur l'élégante abside flamboyante de l'église Ste-Foy. Un peu plus bas, d'une terrasse ornée d'une balustrade à décor flamboyant, vue similaire.

EXCURSIONS

Vallée du Rouloir. – *Circuit de 10 km. Routes étroites. Quitter Conches par la route d'Evreux, D 830.* A 3 km, tourner à gauche dans un chemin revêtu, sous bois, en descente très rapide. Après la Croisille, tourner à gauche dans la 1er route goudronnée (D 167). 1 km plus loin, à un croisement, tourner à gauche dans un chemin en descente qui rejoint le fond de la vallée du Rouloir à l'église de St-Élier, dans un joli site. En suivant la rivière, regagner Conches dont le site apparaît sous un aspect flatteur.

Breteuil. – *14 km au Sud par la D 840. Description p. 49.*

CRÈVECŒUR-EN-AUGE

515 h. (les Crèvecœurois)

Carte Michelin n° 54 pli 17 ou 231 pli 31 – Schéma p. 40.

Situé dans la vallée d'Auge, Crèvecœur est un bourg accueillant. A 500 m au Nord de la localité et à droite de la N 13, apparaît le manoir.

★ MANOIR DE CRÈVECŒUR *visite : 3/4 h*

Entourés d'arbres et de douves en eau, les bâtiments à colombage du manoir, fortifié au 11ᵉ s. et transformé au 15ᵉ s., ont été restaurés en 1972 et composent un tableau particulièrement pittoresque.

La porterie (15ᵉ-16ᵉ s.) possède un rez-de-chaussée, fait de briques et de pierres disposées en damier. L'étage est fait de colombage. De chaque côté, les tourelles coiffées de toits en poivrière, viennent du château de Beuvilliers près de Lisieux. La ferme (15ᵉ s.), la grange (16ᵉ s.), le château (15ᵉ s.) abritent le **musée Schlumberger** de la recherche pétrolière, du nom de deux ingénieurs alsaciens qui, en 1927, inventèrent le procédé de la prospection électrique, aujourd'hui mondialement utilisé : matériel de forage, maquettes animées, camions-laboratoires, etc.

Le colombier est original par sa forme carrée. Un essentage de tuiles terminé en encorbellement, le surmonte. Au sommet deux lucarnes permettent aux pigeons de s'envoler. La boiserie intérieure est percée de 1 500 boulins (alvéoles à pigeons).

La chapelle (12ᵉ s.) possède une belle voûte lambrissée en forme de carène renversée.

L'architecture normande y est évoquée par des dessins et maquettes ainsi que par une présentation audio-visuelle.

Crèvecœur-en-Auge. – Le colombier.

EXCURSION

★ **Manoirs du Pays d'Auge.** – *Circuit de 30 km. Quitter Crèvecœur au Sud par la D 16. Puis prendre la D 101 A à gauche.*

Manoir du Mont de la Vigne. – Une allée ombragée en montée conduit au domaine. Bâti sur l'emplacement d'une ancienne forteresse du 14ᵉ s., le manoir, précédé d'un reste d'enceinte, se compose d'une cour centrale autour de laquelle s'ordonnent les communs, la chapelle et le logis principal. L'ensemble s'étale dans un cadre agréable et reposant. La visite de l'extérieur permet de découvrir chaque bâtiment et les vestiges de la forteresse.

A Monteille prendre la D 101 A à droite et à Lecaude la D 269.

Château de Grandchamp. – Cette construction entourée de douves en eau, associe un long corps de logis (17ᵉ s.) en pierre et en brique à un portillon à colombage (15ᵉ-16ᵉ s.) flanqué en arrière de deux tourelles d'angle à quatre étages. Ces tourelles sont coiffées de dômes en ardoise à lanternons.

Le corps de logis est marqué par un avant-corps surélevé terminé par un fronton ; un attique constitue l'étage supérieur.

La D 269 mène à St-Julien-le-Faucon, d'où l'on prend la D 47.

Manoir de Coupesarte. – Cette belle demeure bordée d'eau sur trois côtés, constitue le logis principal d'un corps de ferme. La construction remonte à la fin du 15ᵉ s. ou au début du 16ᵉ s. Du champ à gauche après la petite écluse, on a une bonne vue de la façade à colombage terminée par deux tourelles d'angle qui font penser à des échauguettes.

Les communs, également à colombage, contribuent à donner à l'ensemble une note originale.

Revenir à St-Julien-le-Faucon. Prendre la D 511 à gauche. Au Godet tourner à droite, la D 154 puis la D 16 ramènent à Crèvecœur-en-Auge.

★★★ DEAUVILLE 4 769 h. (les Deauvillais)

Carte Michelin n° 54 pli 17 ou 231 pli 19 – Schémas p. 40 et 130 – Lieu de séjour.

Deauville jouit d'une réputaion mondiale. Son luxe éclatant, son casino, sa « marina », son centre de thalasso-esthétique (AZ), sa piscine d'eau de mer, ses distractions de choix : courses, régates, rallyes, galas, tournois de golf et de tennis en font une des stations les plus appréciées de la clientèle internationale.

LA STATION

La grande saison de Deauville commence en juillet et se clôt par le Grand Prix de Deauville *(voir p. 143)*. Les courses ont lieu alternativement sur l'hippodrome de la Touques (plat) et sur celui de Clairefontaine (plat et obstacles). C'est à Deauville que se tient le marché internationnal du yearling, où brillent les plus beaux produits de l'élevage normand. Hors saison, la station accueille de nombreux congrès.

L'animation des **« planches »** (AY) est l'aspect le plus caractéristique de la vie de plage à Deauville. D'élégantes constructions : les bains Pompéiens, le bar du Soleil, où vedettes et célébrités aiment à se montrer, forment le fond d'un tableau où les couleurs des tentes jettent les notes les plus vives.

Le long du front de mer, le boulevard Eugène-Cornuché permet au promeneur de s'assurer que le nom de « plage fleurie » décerné à Deauville n'est pas usurpé.

Le port des yachts, sur la Touques, et le Yacht-Club offrent un gracieux spectacle. Enfin, dans le prolongement des quais, le port témoigne du caractère dynamique de la saison.

Port-Deauville (AY). – Contenu à l'Est par la digue brise-lame allant de la plage à l'embouchure de la Touques, et à l'Ouest par la jetée annonçant l'entrée babord du chenal, cet ensemble se compose d'un bassin à marée, d'un bassin à flot et d'un bassin en lais de mer de 5 ha environ accessibles par une écluse à sas et offrant le double avantage d'un mouillage en eau profonde et d'une grande capacité d'accueil – les 4 000 mètres de quais flottants autorisant plus de 800 mouillages. Au milieu de l'eau, les parties bâties englobent les typiques « marinas » aux toits d'ardoise, la capitainerie et « l'antenne » du Deauville-Yacht-Club (quai des Marchands, au niveau de l'écluse), et les espaces réservés aux centres commerciaux et à l'hôtellerie.

Le profond chenal d'accès au port assure le passage des bateaux à 80 % du temps.

⊙ PROMENADES AÉRIENNES

Le survol en avion, ou en hélicoptère, de la côte et des principales stations peut être organisé à partir de Deauville-St-Gatien.

ENVIRONS DE DEAUVILLE-TROUVILLE

Trouville est décrite p. 134. Les kilométrages sont comptés à partir du pont sur la Touques (Pont des Belges) qui relie les deux stations.

L'infini des horizons marins se marie ici avec le morcellement pittoresque d'un arrière-pays tout en recoins de verdure. La côte entre Honfleur et Cabourg, devenue en saison l'une des plus fréquentées de France, n'en a pas pour autant perdu de sa séduction.

★ **Le Mont Canisy.** – *Circuit de 15 km – environ 3/4 h. Quitter Deauville par ③, D 513.*

L'église de Bénerville apparaît en hauteur à un carrefour.

Prendre à gauche avant l'église ; 200 m plus loin, à hauteur de la mairie, tourner à gauche. Au sommet de la montée, prendre à droite vers le mont Canisy. Laisser la voiture avant une barrière.

Un sentier conduit aux blockhaus d'où la **vue** s'étend du cap de la Hève à l'estuaire de l'Orne.

Reprendre la voiture et emprunter la route à droite.

Après la traversée de la moderne cité de Canisy, la route dévale bientôt rapidement, procurant des vues sur la vallée de la Touques.

Au carrefour St-Arnoult, prendre à gauche la D 278 vers Deauville.

★★ **La Corniche Normande : de Deauville-Trouville à Honfleur.** – *21 km – environ 1 h. Quitter Deauville-Trouville par ①, D 513.*

Au milieu d'une végétation magnifique, ce trajet réserve, à travers les haies et les vergers, des échappées sur l'estuaire de la Seine. De belles propriétés s'égrènent tout au long du parcours. Peu avant Villerville, belle échappée sur l'estuaire de la Seine et ses installations pétrolières. Au fond à gauche, le Havre reconnaissable à sa centrale thermique et au clocher de l'église St-Joseph.

★ **Villerville.** – 733 h. (les Villervillais). Lieu de séjour. Cette station balnéaire, très vivante, a conservé un caractère rural grâce à son environnement de prairies et de bois. L'église se signale par son clocher roman.

Des groupes de rochers prolongent la plage, et notamment le banc du Ratier, visible à marée basse. De la terrasse qui domine la plage, vue sur le Havre et le cap de la Hève.

La route présente des passages étroits et des virages masqués.

Cricquebœuf. – 172 h. L'**église** (12e s.), aux vieux murs drapés de lierre, a été abondamment popularisée par l'affiche et l'image.

A Pennedepie, prendre la D 62, puis à 2,5 km, la D 279 à droite.

Barneville. – 125 h. L'église, enfouie dans la verdure, s'adosse au magnifique parc d'un **château** du 18e s.

Faire demi-tour. A 4 km prendre à gauche après un château pour gagner Honfleur par la côte de Grâce.

★★ **Côte de Grâce.** – *Page 91.*

★★ **Honfleur.** – *Page 88.*

DEAUVILLE

Fracasse (R. A.) . . . . . . **AZ**
Gambetta (R.) . . . . **BY** 9
Le Hoc (R. D.) . . . . **BZ** 24
Morny (Pl. de) . . . . **BZ** 28
République (Av. de la) **ABZ**
Blanc (R. E.) . . . . **AZ** 4
Colas (R. E.) . . . . **AZ** 5
Fossorier (R. R.) . . . . . **AZ** 8
Gaulle (Av. Gén. de) . **AZ** 10
Gontaut-Biron (R.) . **AYZ** 13
Hoche (R.) . . . . **AZ** 20
Laplace (R.) . . . . **AZ** 23
Le Marois (R.) . . . . . . **AZ** 25
Marine (Q. de la) . . . . **BY** 26

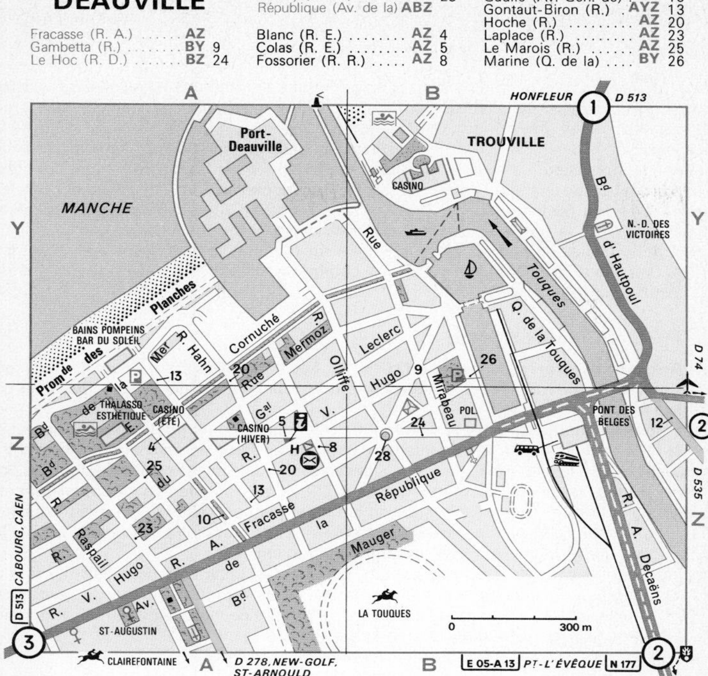

★★ **La Côte Fleurie : de Trouville-Deauville à Caboug.** – *19 km – environ 1/2 h. Quitter Deauville par ③, D 513.*

Bénerville-sur-Mer. – 527 h. Ses villas sont disséminées sur la falaise. Longue plage de sable fin.

Blonville-sur-Mer. – 889 h. Cette station étale sa longue plage de sable fin sur les pentes du mont Canisy. Parc de loisirs proche de la mer.
La chapelle N.-D.-de-l'Assomption renferme des fresques modernes dues à Jean-Denis Maillart. Comme à St-Savin *(voir le guide Vert Michelin Poitou Vendée Charentes)*, les peintures ont été dessinées directement sur l'enduit frais des murs. Les scènes sont empruntées notamment à l'Ancien et au Nouveau Testament.

★★ **Villers-sur-Mer.** – 1 853 h. (les Villersois). Lieu de séjour. Villers, élégante station balnéaire offrant un casino et un très bon équipement sportif, tire sa réputation de son immense plage et de l'agrément de son arrière-pays, accidenté et boisé. La plage s'étend sur 5 km, de Blonville, à la falaise des Vaches Noires *(voir p. 91)*. Elle est bordée, à l'aplomb de la localité, par une digue-promenade atteignant presque 2 km.
Le **musée paléontologique** *(accès par le syndicat d'initiative)* expose des fossiles et des oiseaux naturalisés de la région ainsi qu'un fauteuil en pierre et coquillages de Ferdinand Postel (artiste, photographe, qui vécut à Villers de 1880 à 1917, date de sa mort ; collectionneur de fossiles, il fit de nombreuses photos-montages tirées par la suite en cartes postales).
Avant d'arriver à Houlgate, à droite dans la descente, dans un virage en épingle à cheveux, une table d'orientation offre un vaste **panorama** sur l'embouchure de la Dives à celle de l'Orne.

★★ **Houlgate.** – *Page 91.*

La route longe la côte et, avant Dives-sur-Mer, passe devant le monument commémorant le départ du duc Guillaume pour la conquête de l'Angleterre.

★ **Dives-sur-Mer.** – *Page 64.*

★★ **Cabourg.** – *Page 51.*

★★ DEUX AMANTS (Côte des)

Carte Michelin n° 55 pli 7 ou 231 pli 23 – Schéma p. 129.

De cet éperon dominant le confluent de la Seine et de l'Andelle se découvre une vue admirable sur la vallée de la Seine.

La légende. – Marie de France, la première en date des femmes de lettres, a conté, au 12e s., la touchante légende de Caliste et de Raoul. Le roi des Pitrois ne voulait pas se séparer de sa fille, Caliste ; il avait décidé de ne l'accorder en mariage qu'au prétendant qui serait assez robuste pour la monter dans ses bras, en courant, sans arrêt ni repos, jusqu'au sommet de la côte abrupte qui dresse, en face de Pitres, ses pentes dénudées. Raoul, le fils d'un comte, tente l'épreuve ; mais épuisé, il expire au terme de sa course et Caliste tombe morte à ses côtés. Les deux jeunes gens furent inhumés sur place et la côte tragique prit le nom des « Deux amants ».

★★ **Points de vue.** – A Amfreville-sous-les-Monts, s'engager dans la D 20 qui s'élève rapidement sur le versant escarpé. Dans un virage *(banc du T.C.F. - parc de stationnement 50 m plus loin)* se découvre une **vue magnifique** sur la vallée de la Seine.

Panorama des Deux Amants. – La courbe de la Seine, les écluses et le barrage d'Amfreville sont les éléments les plus notables de ce paysage.

★★ DIEPPE 35 360 h. (les Dieppois)

Carte Michelin n° 52 pli 4 ou 231 pli 11 – Schéma p. 55 – Lieu de séjour.

Dieppe, la plage la plus proche de Paris, est la doyenne des stations balnéaires françaises. Son port, où voisinent installations modernes en plein rendement et vieux quartiers de pêcheurs, est un des plus curieux de Normandie.
Le boulevard du Maréchal-Foch, aménagé en promenade maritime, longe la plage de galets dont l'animation s'accroît à mesure que l'on se rapproche de la falaise de l'Ouest dominée par la silhouette du château. Entre cette voie et le boulevard de Verdun se situent les pelouses et les équipements sportifs. Près du Casino subsiste une des 6 portes de l'enceinte fortifiée du 15e s. ; la porte du port d'Ouest, dite encore « les Tourelles ».
Au pied de la falaise de l'Ouest, dans le square du Canada, se dresse une stèle dont les facettes rappellent les 350 ans d'histoire commune unissant Dieppe et le Canada, notamment le raid du 19 août 1942.

UN PEU D'HISTOIRE

Jean Ango et la guerre de course (16e s.). – Les Portugais s'étant avisés de traiter en pirate tout navire s'aventurant sur les côtes d'Afrique, François Ier autorise les représailles en vertu de « lettres de marque ».
Dieppe, dont les capitaines se sont déjà rendus célèbres par leurs fabuleuses expéditions, prend la tête du mouvement et l'armateur Jean Ango en fait « un arsenal de course d'où sortent des flottes à faire trembler les rois ». Conseiller maritime de François Ier, Ango compte parmi ses pilotes : les frères Parmentier qui, en 1529, au passage de l'Équateur, imaginent, les premiers, la bouffonnerie du baptême de la Ligne que l'on célèbre encore sur tous les bateaux du monde ; le Florentin **Verrazano** qui, en avril 1524, découvre, le premier, le site de New York auquel il donne le nom de « terre d'Angoulême ».
En quelques années, la flotte d'Ango capture plus de 300 bâtiments portugais. Le roi du Portugal, craignant la ruine de son commerce maritime, intrigue – guerre de course ne signifie pas belligérance – pour obtenir le rachat de la lettre de marque du terrible armateur. Après bien des négociations, Ango est forcé de s'en dessaisir (1531).
Jean Ango se fait construire à Dieppe un splendide palais de bois. Moins fastueuse, mais de goût aussi sûr, est sa résidence campagnarde de Varengeville *(p. 136)*. En 1535, il reçoit le roi qui le nomme gouverneur de Dieppe. Mort en 1551, il est enseveli dans la chapelle qu'il avait fait construire dans l'église St-Jacques.

Le raid des Canadiens (1942). – Le 19 août, Dieppe est l'objectif principal de l'opération « Jubilee », première reconnaissance en force effectuée par les Alliés sur le continent depuis juin 1940. 7 000 hommes, en majorité Canadiens, sont débarqués à l'aube en huit points de la côte, entre Berneval et Ste-Marguerite. Mais seule une batterie proche du phare d'Ailly *(p. 136)* peut être réduite et les chars « Churchill », évoluant péniblement sur la plage de Dieppe, soumis à un tir d'artillerie intense, doivent se sacrifier pour protéger le rembarquement.
De ce raid coûteux, les Alliés tirent des enseignements utiles : les défenses allemandes sont particulièrement soignées au voisinage des ports ; de plus, la faiblesse des pertes navales constitue un indice favorable pour des opérations amphibies de grande envergure. De leur côté, les Allemands concluent que tout débarquement allié visera en premier lieu les ports.

LE PORT

L'ensemble portuaire de Dieppe est intéressant par la variété de ses aspects.

Avant-port (**port de voyageurs**) (BY). – C'est la partie la plus curieuse du port de Dieppe. De hautes bâtisses font cercle autour du bassin où accostent les trois car-ferries de la ligne de Newhaven. L'animation qui règne sous les Arcades et au voisinage de la Poissonnerie rehausse le caractère « vieux port » de cet ensemble.
Dieppe était en 1986 le 6e port français de voyageurs, grâce aux car-ferries de la ligne Dieppe-Newhaven.

Port de pêche (BZ). – La flottille de pêche est bien adaptée aux espèces fines (turbots, barbues, bars, soles) de plus en plus recherchées. L'activité du marché aux poissons, aux premières heures de la matinée, retiendra les amateurs de couleur locale. Les pêcheurs dieppois, établis pour la plupart dans le vieux quartier du Pollet (rive droite), ont débarqué quelque 16 000 t de poisson en 1986 et 1 150 t de coquilles St-Jacques.
Avec ces tonnages, Dieppe s'est classé au 5e rang des ports de pêche français.

Port de commerce (BZ). – Les trafics fruitiers occupent une place importante dans les activités du port. En 1986, Dieppe a été le 3e port fruitier français grâce aux agrumes et primeurs importés du Cameroun et aux bananes provenant essentiellement du Maroc. Son trafic total, 2 168 000 t en 1986, le place au 12e rang des ports français.

CURIOSITÉS

Outre les façades de la Bourse et de la Poissonnerie ainsi que la Grande-Rue, piétonne, le centre le plus animé de Dieppe est la place du Puits-Salé, au carrefour de six rues, dominée par le fronton du café des Tribunaux, ancien « cabaret de l'Orloge ».

★ **Église St-Jacques** (BY). – Construite à partir de 1250, elle a été profondément remaniée au cours des siècles : elle présente un portail central du 14e s. surmonté d'une belle rosace, une tour de façade du 15e s. (restaurée), un chevet et des chapelles rayonnantes du 16e s. ; le croisillon Sud est un bon exemple de style gothique primitif.

Intérieur. – La nef, de belles proportions, est du 13e s. ; elle est ornée d'un triforium du 14e s. La décoration des fenêtres hautes est postérieure d'un siècle.
Remarquer, près de la tour desservie par un escalier décoré de graffiti, la première chapelle du bas-côté droit, dite du St-Sépulcre : elle date du 15e s. et elle est clôturée par une jolie balustrade de pierre.

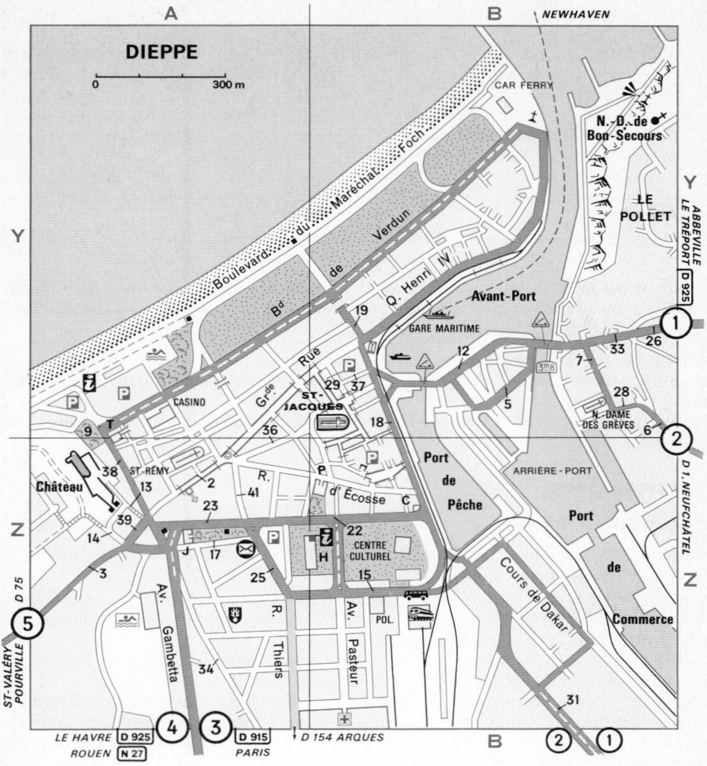

DIEPPE

Barre (R. de la) ...... **AZ** 2
Grande-Rue .... **ABY**
St-Jacques (R.) ..... **AYZ** 36

Barre
(R. du Fg de la) ..... **AZ** 3
Belleteste (R. Jean) .. **BY** 5
Bonne-Nouvelle (R.) . **BY** 6
Brunel (R. J.) .... **BY** 7
Canada (Sq. du) ..... **AY** 9
Carénage (Q. du) .... **BY** 12
Chastes (R. de) ..... **AZ** 13
Citadelle (Ch. de la) . **AZ** 14
Clemenceau (Bd G.) . **BZ** 15
Desmarets (R.) ...... **AZ** 17
Duquesne (Quai) ... **BYZ** 18
Duquesne (R.) ...... **BY** 19
Gaulle (Av. Gén. de) **ABZ** 22
Groulard (R. C.) ..... **AZ** 23
Joffre (Bd Mar.) ..... **AZ** 25
Leclerc (Av. Gén.) ... **BY** 26
Levasseur (R.) .... **BY** 28
Nationale (Pl.) ...... **BY** 29
Pénétrante (La) ...... **BZ** 31
Pollet (Gde-R. du) ... **BY** 33
République (R. de la) **AZ** 34
St-Jean (R.) .... **BY** 37
Sygogne (R. de) ..... **AZ** 38
Toustain (R.) .... **AZ** 39
Victor-Hugo (R.) .... **AZ** 41

Les autres chapelles ont été offertes par les armateurs dieppois.

Le transept, partie la plus ancienne de l'église, supporte le dôme central, reconstruit au 18e s.

Le chœur possède de belles voûtes en étoile et un triforium ajouré du 16e s. Au-dessus du maître-autel, belle statue de saint Jacques, en bois, du 17e s.

La chapelle du Sacré-Cœur, à droite, à hauteur du maître-autel, a conservé ses voûtes de style flamboyant. La chapelle axiale est célèbre par ses consoles, représentant les principales scènes de la vie de la Vierge ; les statues ont malheureusement été enlevées ou mutilées. Au-dessus de la porte de la chapelle du Trésor, actuellement sacristie, à gauche, remarquer la frise provenant du palais d'Ango (détruit par un bombardement naval anglais, en1694). Un défilé d'Indiens du Brésil évoque à la frise supérieure les voyages des Dieppois.

Château (AZ). – 15e s. Le château de Dieppe, appareillé en silex et grès alternés, prend appui sur une grosse tour cylindrique, vestige des fortifications qui défendaient la ville au 14e s. Des courtines, élevées au 17e s., le relient à la tour St-Rémy, de plan carré. Ancienne demeure des gouverneurs de la ville, il abrite actuellement le musée municipal.

Musée. – Il présente, au rez-de-chaussée, des modèles de navires des 18e et 19e s., des cartes et instruments de navigation des 16e et 17e s. ; au sous-sol, des collections d'archéologie locale ; au 1er étage, une importante série de poteries péruviennes précolombiennes et plusieurs salles consacrées à la peinture hollandaise comme à celle, française, du 19e.

Il présente aussi une incomparable collection d'**ivoires dieppois★**, dont le travail minutieux ne le cède en rien à l'art extrême-oriental, qu'il s'agisse, au rez-de-chaussée, de certains modèles de navires et instruments de navigation cités plus haut, ou, au 1er étage, des

Dieppe. – Ivoire dieppois.

objets à caractère religieux (crucifix, chapelets, fermoirs de missels, statuettes, etc.) ou profane (ustensiles de toilette, de couture, éventails, tabatières, pendules, sculptures et maquettes diverses).
Une petite reconstitution d'atelier montre l'outillage dont disposaient les ivoiriers locaux : ceux-ci – on en dénombrait 350 au 17e s. – s'étaient établis à Dieppe pour profiter des arrivages directs de l'ivoire d'éléphant importé d'Afrique ou d'Asie.
Une salle est dédié au musicien Camille Saint-Saëns : dessins, portraits, habit d'académicien, objets offerts à la suite de concerts, souvenirs de voyages (statuettes égyptiennes, ombrelles), etc.
Une salle du musée est réservée à la présentation d'estampes de Georges Braque. En redescendant, on traverse une salle réservée à des expositions temporaires.

Boulevard de la Mer (AY). – *Accès en voiture en suivant la signalisation « Château-musée Panorama » par ⑤, ou à pied par le chemin de la Citadelle.* A son extrémité Est, la **vue★** est magnifique sur la ville et la plage.

Chapelle N.-D.-de-Bon-Secours (BY). – *Quitter Dieppe par ①, D 925. A mi-côte, prendre à gauche la route de Puys jusqu'à la falaise. Tourner ensuite à gauche et longer la falaise.*
Se placer au pied du calvaire ou au-delà du mât de signaux. De là, la **vue★** s'étend sur la ville et le port.

EXCURSIONS

★ **Varengeville-sur-Mer.** – *8 km. Quitter Dieppe par ⑤, D 75. Description p. 136.*

Ⓥ **Musée de la Guerre et du Raid du 19 août 1942.** – *Environ 2 km. Quitter Dieppe par ⑤, D 75 en direction de Pourville.*
Près du golf, à droite de la route, ce musée rappelle les opérations menées par les Canadiens sur le sol dieppois *(voir p. 99)*, le 19 août 1942. L'emplacement choisi est celui du radar Freya, l'un des principaux objectifs du Raid.
Il a pris pour thème essentiel le Raid du 19 août 1942, mais traite aussi de la guerre de 1939-1945 (véhicules exposés datés de 1942, mais aussi de 1944).
Dans un blockhaus, sur deux niveaux, dix salles présentent des maquettes de l'opération, un ensemble de dessins, documents photographiques, uniformes, équipements, armements et une série de 50 véhicules. Parmi les pièces les plus représentatives, figurent : un V 1, un char Patton et des chars allemands – Goliath, Panzer IV.

Château de Miromesnil. – *12 km – environ 1 h. Quitter Dieppe par ④, D 925.*
Une route bordée de hêtres magnifiques conduit à Offranville.

Offranville. – 3 134 h. Ce village possède une église du 16e s. flanquée d'un if millénaire de plus de 7 m de circonférence.

Prendre à gauche la route de St-Aubin-sur-Scie, et suivre la signalisation.

A la lisière du parc du château de Miromesnil se dresse le monument élevé à Guy de Maupassant.

Château de Miromesnil. – *Page 101.*

★ DIVES-SUR-MER

5 732 h. (les Divois)

Carte Michelin n° 54 plis 16, 17 ou 231 pli 19 – Schéma p. 40.

Face à Cabourg, Dives s'étend sur la rive droite de la rivière du même nom, à l'embouchure de laquelle un petit port de pêche et de plaisance a été aménagé. Au Moyen Age, il y avait là un port très important aujourd'hui ensablé.
Si Cabourg fait penser à villégiature, Dives est plus synonyme d'histoire. C'est en effet de Dives-sur-Mer que Guillaume le Bâtard s'embarqua pour la conquête de l'Angleterre *(voir p. 17)*.

Dives-sur-Mer. – La charpente des halles.

CURIOSITÉS *plan p. 51*

★**Halles** (B). – 15e et 16e s. Leur magnifique charpente en chêne est parfaitement conservée et s'harmonise parfaitement avec la toiture en tuile. Des enseignes en fer forgé caractérisent divers commerçants.
Au fond de la place de la République, on peut voir les bâtiments (16e s.) du manoir de Bois-Hibou.

Église Notre-Dame de Dives (B). – Cette massive construction, sanctuaire de pèlerinage jusqu'aux guerres de Religion, date des 14e et 15e s., sauf la croisée du transept, vestige d'un premier sanctuaire édifié au 11e s. A l'intérieur, l'élégance de la nef (15e s.) contraste avec les piliers massifs et les arcades sévères de la croisée du transept, romane. Les croisillons, le chœur et la belle chapelle de la Vierge ont été construits au 14e s., dans le style rayonnant. Remarquer, au revers de la façade, la liste (gravée en 1862) des compagnons d'armes de Guillaume, dans son expédition en Angleterre.

Village Guillaume le Conquérant (B E). – Agréable quartier d'artisanat aménagé dans l'enceinte de l'ancienne hostellerie du même nom (16e s.) qui reçut comme visiteurs de marque Mme de Sévigné, Alexandre Dumas, Thiers, Poincaré, etc. Autour de la cour de l'ancienne auberge se rassemblent les boutiques aux façades décorées d'enseignes diverses.

★ DREUX

33 760 h. (les Drouais)

Carte Michelin n° 60 pli 7 ou 231 plis 47, 48 – Schéma p. 73.

Dreux, bâtie aux confins de l'Ile-de-France et de la Normandie, est un marché régional vivant surtout d'industries diversifiées.
Le nom de Dreux reste lié à **Jean Rotrou** (1609-1650), poète et aussi lieutenant du bailliage de sa ville natale. Il mourut victime de son dévouement en regagnant la ville ravagée par la peste. Sur la place portant son nom (AY), une statue rappelle son souvenir.
Autour du beffroi, le quartier piétonnier invite à la flânerie. La Grande-Rue, artère principale, déborde d'animation, notamment les jours de marché. A l'angle de la rue Illiers, on remarque deux pittoresques maisons à pans de bois reliées entre elles par des poutres.

UN PEU D'HISTOIRE

Une ville-frontière. – Dreux prend toute son importance quand les Normands s'installent au-delà de l'Avre et que sa forteresse garde désormais la frontière de la France, face à un voisin très belliqueux.
Le château, bâti sur la colline qu'occupe la chapelle St-Louis, subit de nombreux sièges. En 1593, la ville, qui a pris parti pour la Ligue et refuse de se livrer depuis trois ans, est en partie incendiée par Henri IV. Sur son ordre, la forteresse est démantelée.

Une nécropole royale. – En 1556, le Parlement de Paris avait décidé que le comté de Dreux ne pourrait plus appartenir qu'à la famille royale de France qui l'avait souvent remis en gage à de grandes familles du royaume.
En 1775, Louis XVI cède, ainsi, Dreux à son cousin le duc de Penthièvre, fils du comte de Toulouse. Huit ans plus tard, sur l'insistance du roi, le duc doit se défaire de son magnifique domaine de Rambouillet. Il fait transférer alors dans la collégiale jouxtant le château de Dreux les sépultures de sa famille groupées jusque-là dans l'église paroissiale de Rambouillet (détruite depuis).
La fille du duc apporte en mariage le comté à Louis-Philippe d'Orléans dit Philippe-Égalité. C'est à cette suzeraineté princière que Dreux, simple nécropole familiale avant la Révolution, doit, depuis, l'honneur de conserver les restes des Orléans.

CURIOSITÉS

★**Beffroi** (AY B). – Il faut voir sa façade la plus ouvragée fermant l'ancienne Grande-Rue (rue Maurice-Viollette). 25 années (1512-1537) suffirent à élever cet élégant hôtel de ville. Le rez-de-chaussée et le 1er étage présentent une ornementation flamboyante, le 2e étage dénote déjà la maîtrise d'un jeune architecte drouais de la Renaissance, au temps de François Ier, Clément Métézeau (1479-1555) : fenêtres encadrées de pilastres et surmontées d'une frise, tourelles à lanternon.

ⓥ**Intérieur.** – *Entrée rue des Changes.* La salle du 1er étage, voûtée d'ogives, servait de tribunal de bailliage. Elle est garnie d'une belle cheminée monumentale portant les salamandres, emblèmes de François Ier. On y voit des tableaux anciens évoquant la ville, et une originale collection de tableaux exécutés vers 1893 par un coiffeur de Dreux, composés uniquement de cheveux collés. La salle du 2e étage, ancienne réserve de farine, se caractérise par ses voûtes d'ogives et une cheminée monumentale. En son milieu l'oculus permettait de faire passer la cloche du beffroi. La porte en chêne sculpté mérite un coup d'œil. Les combles abritent sous une immense charpente en châtaignier la grosse cloche de la ville. Cette cloche date du 4 août 1809 et porte l'écusson de la ville. Autrefois quatre sourds la faisaient sonner.

ⓥ**Chapelle royale St-Louis** (AY). – Avant la Révolution s'élevait près de cet emplacement la collégiale St-Étienne. En 1783, on y avait rassemblé les restes des familles de Toulouse Penthièvre.
En 1816, la duchesse douairière d'Orléans, veuve de Philippe-Égalité, fit élever au prix d'importants terrassements — il fallut centrer l'église sur l'emplacement de la fosse commune où les restes des princes avaient été jetés sous la Révolution — une chapelle de style néo-classique en forme de croix grecque, éclairée uniquement par la coupole. Louis-Philippe devenu roi des Français agrandit ce premier monument et en modifie la physionomie extérieure en accumulant les clochetons et pinacles « gothiques ».
Dans son ensemble, l'œuvre honore le 19e s. par la qualité de son architecture et la contribution d'artistes de valeur.

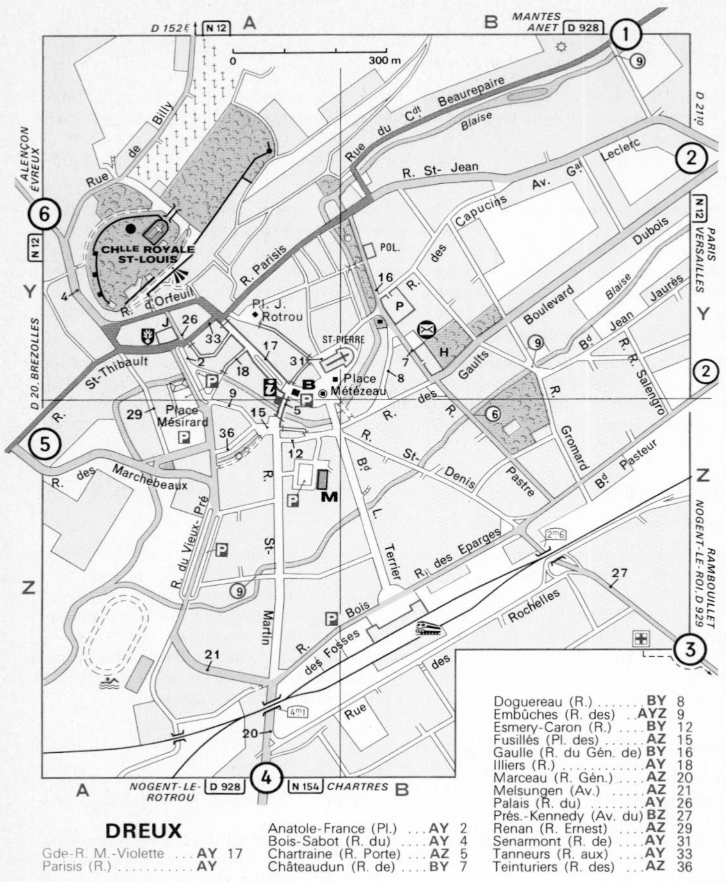

Dans la chapelle haute, mieux éclairée depuis le percement, sous Louis-Philippe, de fenêtres latérales, remarquer les vitraux consacrés à des patrons de la France et de la famille royale : dans la série de gauche figurent saint Philippe, sainte Amélie, saint Ferdinand (les têtes sont des portraits). Les vitraux de l'abside ont trait à la vie de saint Louis.
On descend ensuite dans la nécropole proprement dite. A ce niveau se trouvent les tombeaux des princes d'Orléans dont les gisants constituent un véritable musée de la statuaire du 19e s. On admire entre autres les œuvres de Mercié, Pradier, Dubois, Chapu, Millet, Lenoir, etc. Citons parmi les personnages célèbres enterrés ici : le roi Louis-Philippe et la reine Marie-Amélie, le duc d'Orléans, le duc d'Aumale et le duc de Nemours, le prince de Joinville, le duc et la duchesse d'Alençon. La sculpture du marbre donne lieu à d'étonnants exploits marqués de la minutie la plus extrême.
La sépulture du duc d'Orléans, prince Royal, et de son épouse, princesse de Mecklembourg-Schwerin, perpétue, par l'architecture, la séparation des confessions catholique et protestante, mais rétablit l'unité du couple par la tendresse des attitudes.
Au niveau inférieur, cinq **vitraux★** exécutés à la manufacture de Sèvres, comme les autres verrières, sont en réalité des glaces d'une seule pièce peintes à l'émail. Leur éclairage, naturel ou artificiel, donne lieu à d'impressionnants effets de lumière.
La crypte inférieure, sous la rotonde de la chapelle haute, montre douze sépulcres préparés pour la famille du comte de Paris (un est occupé depuis 1983 par le prince François d'Orléans, mort pour la France au cours de la guerre d'Algérie). Dans une crypte voisine repose le prince Thibault d'Orléans décédé en 1983.
Le parc, très calme, conserve quelques vestiges de fortifications et offre des **vues** dégagées sur la ville.

⊙**Musée d'Art et d'Histoire Marcel-Dessal** (AZ M). – Ouvert dans une ancienne chapelle aménagée. Au rez-de-chaussée on admire les vestiges de la collégiale St-Étienne qui occupait avant la Révolution le site de la Chapelle royale : quatre chapiteaux romans historiés, fragments de vitraux.
Les salles de peinture renferment des œuvres de Claude Monet, Vlaminck, Montézin, Valtat. On remarque aussi un buste de Jean Rotrou, terre cuite de Caffiéri. Dans la salle d'archéologie de nombreuses pièces de mobilier funéraire d'époque mérovingienne sont présentées.
Au 1er étage, une collection de documents, affiches, dessins, gravures, plans évoquent le passé de Dreux et de la région du Moyen Age à nos jours.

Aimer la nature,
c'est respecter la pureté des sources
la propreté des rivières,
des forêts, des montagnes...
c'est laisser les emplacements nets de toute trace de passage.

DUCLAIR

3 487 h. (les Duclairois)

Carte Michelin n° 54 pli 10 ou 231 pli 22 – Schéma p. 131 – Lieu de séjour.

Duclair s'est développée sur la rive concave d'un méandre de la Basse-Seine, au débouché de la vallée de l'Austreberthe.
On pourra faire halte sous les tilleuls du quai de la Libération et guetter le passage divertissant d'un gros cargo glissant sur un fond de décor champêtre hors de proportion avec sa masse ou bien suivre les allées et venues du bac.

Église St-Denis. – Restaurée au siècle dernier, elle a conservé son clocher du 12e s., surmonté d'une flèche du 16e s.
Remarquer, dès l'entrée, la belle voûte à croisée d'ogives qu'offre la base du clocher et la demi-colonne de marbre rose coiffée d'un chapiteau à feuilles d'acanthe : elle provient d'un temple gallo-romain (il en existe six autres dans l'église).
Contre les piliers de la travée sous le clocher, délimitée par des arcs doubleaux en plein cintre, deux panneaux de pierre de la fin du 14e s. ont conservé quelques petites statuettes de pierre. Dans le bas-côté gauche, statue de pierre (14e s.) figurant un apôtre et provenant de l'abbaye de Jumièges. Dans le bas de la nef, statues en bois du 14e s. : Sainte Trinité, Vierge de l'Assomption et Saint Jean. En bois également, sur le mur du clocher, calvaire avec un Christ en croix, une Vierge de douleur et un Saint Jean (15e s.).
Nombreux vitraux, la plupart du 16e s. (dont une décapitation de saint Denis dans un décor Renaissance). La verrière au fond du chœur et le vitrail de la Pentecôte (1968) sont de Max Ingrand, qui a participé en outre à l'œuvre générale de restauration.

★★ EAWY (Forêt d')

Carte Michelin n° 52 plis 14, 15 ou 231 plis 11, 23.

Ce massif boisé de 6 600 ha, dont le nom (prononcer : E-a-vi), de même origine germanique qu'Eu, signifie « prairie humide », recouvre la croupe accidentée délimitée par les vallées de la Varenne et de la Béthune.
C'est, avec la forêt de Lyons, la plus belle futaie de hêtres de Normandie, dont une magnifique percée rectiligne, la route ou plutôt l'allée des Limousins, et de profonds vallons ombreux accroissent encore l'intérêt touristique.

DE DIEPPE À NEUFCHÂTEL-EN-BRAY *67 km – environ 2 h*

★★ **Dieppe.** – *Page 62.*

Quitter Dieppe par ④, D 915.

La route court sur le plateau entre la Varenne et la Scie.

Prendre à gauche la D 107.

Après le Bois-Robert, la route en descente offre de jolies vues sur la croupe boisée bien dessinée séparant la vallée de la Varenne d'un vallon affluent.

Tourner à droite dans la D 149.

Cette route et la D 154 qui la prolonge, remontent la calme vallée de la Varenne parsemée de manoirs de brique et serrée de plus en plus près, sur la gauche, par les futaies de la forêt d'Eawy.

A Rosay, prendre à gauche la D 97.

Son parcours lui donne justement le nom « route des longs Vallons ».

Au carrefour de l'Épinette, tourner à droite dans la D 12.

Après un beau parcours, sinueux sous bois, la route se dirige directement vers St-Saëns, sur lequel se découvrent de jolies vues.

St-Saëns. – 2 342 h. Petit bourg en bordure de la forêt et de la Varenne. Église imitant le style roman.

A la sortie de St-Saëns, prendre à gauche la D 929.

La route s'élève du flanc d'un vallon, sur l'autre versant apparaissent les dernières frondaisons de la forêt d'Eawy.

Immédiatement après le carrefour des Hayons, tourner à droite dans la D 136.

Ce grand lacet s'abaisse vers la dépression du Pays de Bray *(p. 47)* sur laquelle il offre des vues étendues.

La N 28 mène à Neufchâtel-en-Bray.

Neufchâtel-en-Bray. – *Page 103.*

★ ÉCOUIS

738 h. (les Escoviens)

Carte Michelin n° 55 Sud-Est du pli 7 ou 231 pli 24 – Schéma p. 34.

Ce village du Vexin Normand se groupe autour des deux clochers de son ancienne collégiale Notre-Dame. L'édifice fut bâti entre 1310 et 1313 par Enguerrand de Marigny, surintendant des Finances de Philippe le Bel. Victime des ligues féodales suscitées par la politique financière du roi, il devait finir tragiquement en 1315, au gibet de Montfaucon. Plus durablement que les initiatives qui le conduisirent à sa perte, les remarquables œuvres d'art qu'abrite cette église témoignent de l'encouragement que ce légiste audacieux donna aux ateliers de statuaire locaux.

Collégiale Notre-Dame. – *Visite : 1/2 h.* Cette sobre construction, dont la voûte lambrissée a été remplacée, à la fin du 18e s., par une voûte en brique et pierre, et dont l'immense chœur, terminé par une abside à trois pans, est flanqué de deux chapelles voûtées en berceaux de bois en arc brisé, abrite un beau mobilier et de remarquables **statues★** du 14e au 17e s.

1) Chapelle de l'Immaculée-Conception (16e s.), aux jolies voûtes à clés pendantes.
2) Christ en croix (début du 15e s.).
3) Saint Nicaise (14e s.).
4) Sainte Anne et la Vierge (14e s.).
5) Notre-Dame d'Écouis (14e s.).
6) Statue de sainte Marguerite (14e s.).
7) Statue funéraire de Jean de Marigny, frère d'Enguerrand, mort archevêque de Rouen en 1351.
8) Chapelle Saint-Jean – la voûte de charpente permet d'imaginer l'état ancien de la voûte de la grande nef. Statue d'Alips de Mons, femme d'Enguerrand de Marigny. Vitrail représentant la Crucifixion avec saint Jean et saint Marc au pied de la croix.
9) Stalles du 14e s. Boiseries et portes du 16e s.
10) Porte monumentale de l'ancien jubé.
11) Christ étendu sur son linceul (16e s.).
12) Chapelle latérale Nord : saint Martin ; saint François ; saint Laurent (14e s.) ; sainte Cécile.
13) « Madone du Roi » (14e s.).
14) Sainte Agnès (14e s.).
15) Sainte Véronique (14e s.).
16) Ecce Homo en bois (15e s.).
17) Groupe de l'Annonciation (15e s.). Au support de la statue de la Vierge, délicieux groupe d'angelots lisant les prophéties se rapportant au mystère de l'Incarnation. Les mains et le visage de la Vierge, ainsi que le visage de l'Ange Gabriel, sont en marbre incrusté dans la pierre.
18) Saint Jean-Baptiste (14e s.).
19) Buffet d'orgues (17e s.).

Dans une **salle** du 1er étage, on peut voir un beau chapier et des objets d'art, dont le calice de Jean de Marigny (14e s.).

Les églises ne se visitent pas pendant les offices.

ELBEUF

17 362 h. (les Elbeuviens)

Carte Michelin n° 54 pli 20 ou 231 Sud-Est du pli 22 – Schémas p. 43, 129 et 131.

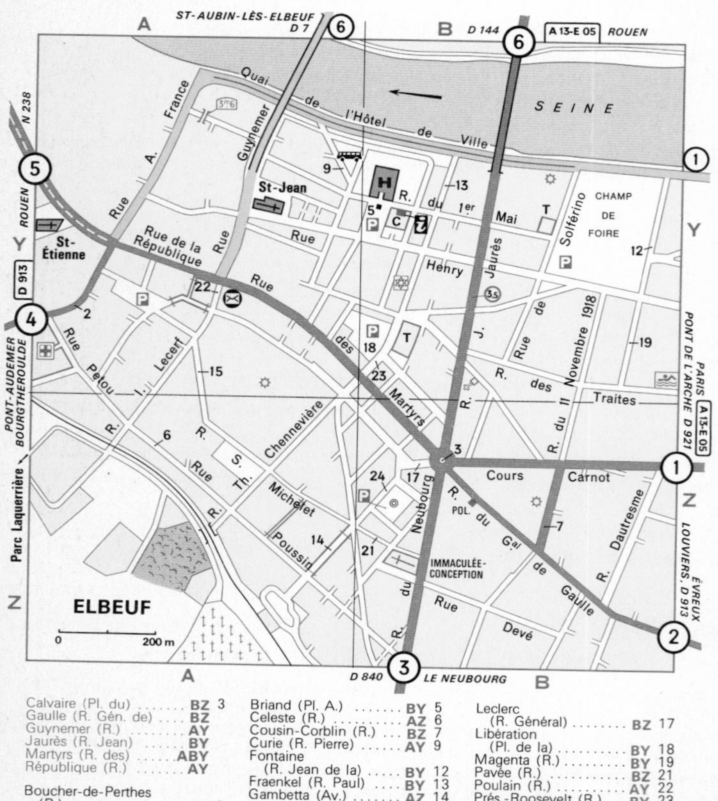

Calvaire (Pl. du) .... BZ 3
Gaulle (R. Gén. de) .... BZ
Guynemer (R.) .... AY
Jaurès (R. Jean) ...... BY
Martyrs (R. des) ..... ABY
République (R.) .... AY

Boucher-de-Perthes (R.) .... AY 2
Briand (Pl. A.) .... BY 5
Celeste (R.) .... AZ 6
Cousin-Corblin (R.) .... BZ 7
Curie (R. Pierre) ...... AY 9
Fontaine (R. Jean de la) ..... BY 12
Fraenkel (R. Paul) .... BY 13
Gambetta (Av.) .... AZ 14
Houzeau (R.) .... AY 15
Leclerc (R. Général) .... BZ 17
Libération (Pl. de la) .... BY 18
Magenta (R.) .... BY 19
Pavée (R.) .... BZ 21
Poulain (R.) .... AY 22
Prés.-Roosevelt (R.) ... BY 23
St-Jacques (R.) .... BZ 24

Elbeuf, bien située au creux d'un méandre de la Seine, forme avec les communes voisines de St-Pierre, Caudebec, St-Aubin et Cléon une agglomération de 60 000 habitants. Ce fut autrefois l'un des grands centres de l'industrie drapière française. La fabrication des draps, qui s'y développa à partir du 15e s., y atteignit son apogée à la fin du 16e s. Vers 1830, l'introduction de « nouveautés » (jusqu'alors les draps étaient unis) assure le succès de cette fabrication qui se mécanisa après 1870.
Depuis lors, tandis que régressait l'industrie textile, se sont développées les industries chimiques, électriques, mécaniques, métallurgiques et automobiles. Une usine Renault, spécialisée dans la fabrication des moteurs et des boîtes de vitesses, est installée à Cléon.

CURIOSITÉS

Église St-Étienne (AY). – Cet édifice, de style flamboyant, a conservé des vitraux du 16e s. Dans l'abside, remarquer, à droite, à la fenêtre supérieure, le vitrail de la Crucifixion ; dans l'absidiole du bas-côté gauche, d'autres vitraux retracent des scènes de la vie de la Vierge.
Près de la chapelle de la Vierge, dans le bas-côté gauche, beau vitrail de l'Arbre de Jessé.
Dans une chapelle du bas-côté droit, vitrail de saint Roch ; un des panneaux montre les drapiers en costume de travail.
La sculpture sur bois est représentée par une poutre de gloire de style Louis XV, un Christ gisant du 13e s. (bas du bas-côté gauche) et, de part et d'autre du chœur, les statues de saint Étienne et de saint Jean.

Église St-Jean (AY). – Elle est d'ordonnance gothique, mais à l'intérieur, uniformément repeint, l'ornementation et le mobilier sont classiques. Remarquer les vitraux du 16e s. aux 1re, 3e, 4e et 5e fenêtres du bas-côté gauche ainsi qu'à la 1re du bas-côté droit ; ce sont les plus anciens (1500) et les mieux conservés. Deux des vitraux du bas-côté droit sont de la même époque, mais restaurés.
Des vitraux modernes s'allient bien aux verrières anciennes.

Musée d'Histoire naturelle (BY H). – Ce musée a mis en valeur, dans 9 salles de plain-pied, d'importantes collections zoologiques (animaux naturalisés, squelettes, coquillages), minéralogiques, archéologiques (remarquables sépultures gallo-romaines). Une salle est consacrée à l'histoire locale : familles, iconographie, tableaux et sculptures ayant pour sujet l'agglomération elbeuvienne.

Parc Laquerrière (AZ). – *Accès par la rue Isidore-Lecerf et la sente des Échelettes.* Ce parc boisé qui domine la ville, appartint au duc d'Elbeuf jusqu'à la Révolution. Il porte le nom de son propriétaire en 1901, et maintenant appartient à la commune. Quatre sentiers pédestres parcourent cette réserve de verdure et d'oxygène.

EPTE (Vallée de l')

Carte Michelin n° 55 plis 8 et 18 ou 237 plis 3, 4.

Affluent de la rive droite de la Seine, l'Epte prend sa source dans le Pays de Bray, au Nord de Forges-les-Eaux, et traverse ensuite les plateaux du Vexin.
Cette paisible rivière, appréciée des peintres, a joué un rôle important dans l'histoire de Normandie *(p. 17)*.

DE GISORS A VERNON *41 km – environ 2 h*

La route suit la rive droite de l'Epte, souvent très ombragée et contrastant avec l'aspect plus dénudé des versants taillés dans le soubassement crayeux des plateaux du Vexin.

★ **Gisors.** – *Page 79.*

Quitter Gisors à l'Ouest par la D 10.

Neaufles-St-Martin. – 806 h. Le village est dominé par les restes d'un donjon, dressé sur une « motte » parfaitement conservée.

Au carrefour avec la D 181, prendre à gauche.

Dangu. – 515 h. L'**église** gothique est intéressante surtout pour son chœur décoré de boiseries du 18e s. et de panneaux peints. La chapelle Montmorency, dite encore des Apôtres, du 16e s., possède, au-dessus de l'autel, un vitrail en grisaille représentant saint Denis et saint Laurent avec, à genoux, Guillaume de Montmorency, cinquième fils du connétable Anne de Montmorency. Près de la chaire, tapisserie de Beauvais, du 18e s., représentant le Crucifiement. Au fond de l'église, une belle boiserie représente l'Annonciation.

La D 146 descend la vallée.

Château-sur-Epte. – Laisser la voiture devant la porte fortifiée (13e s.) de la ferme. Les ruines du donjon, qui fut important, se dressent sur une « motte » entourée d'un fossé. C'est le seul reste, avec la majeure partie des remparts, de la forteresse construite par Guillaume le Roux, second fils du Conquérant, pour protéger la frontière normande contre les attaques éventuelles du roi de France.

Aveny. – Pont du 15e s.
De la D 170 un sentier ombragé mène à une **allée couverte**, monument mégalithique comme on en rencontre en Bretagne, constitué de pierres dressées recouvertes de dalles *(1/2 h AR)*.

Reprendre la D 146. A Bray-et-Lu tourner à droite.

Château de Baudemont. – Des ruines du château du 11e s., bâti sur une motte, jolie **vue** sur la vallée.

★ **Giverny.** – *Page 80.*

★ **Vernon.** – *Page 139.*

★★ ÉTRETAT

1 577 h. (les Étretais)

Carte Michelin n° 52 plis 7, 8 ou 231 pli 8 – Schéma p. 54 – Lieu de séjour.

Étretat, station élégante, tire sa réputation de l'originalité de son cadre. Le paysage grandiose des falaises est inoubliable quelle que soit la saison.
Nul étonnement de savoir qu'Étretat inspira bon nombre d'écrivains, de peintres et de cinéastes. Maupassant y consacra quelques lignes dans ses romans Une Vie et Miss Harriett ; et Maurice Leblanc, par l'intermédiaire d'Arsène Lupin, décrivit l'Aiguille Creuse.
Jadis Étretat était l'aboutissement d'une voie romaine partant de Lillebonne.

Le site. – Bordée d'une digue-promenade, la plage de galets est encadrée par les célèbres falaises : à droite, la falaise d'Amont avec sa petite chapelle et son monument Nungesser et Coli ; à gauche, la falaise d'Aval avec son arche monumentale, la porte d'Aval. L'Aiguille, haute de 70 m, se dresse au large, solitaire. Les pittoresques caloges, ces vieilles embarcations hors d'usage, recouvertes d'un toit de chaume, qui abritaient sur la plage l'attirail des pêcheurs, ont disparu à l'exception de trois d'entre elles, reconstituées.

CURIOSITÉS

★★★ **Falaise d'Aval** (A). – *1 h à pied AR.* A l'extrémité Ouest de la digue-promenade, prendre l'escalier qui conduit au sentier escaladant la falaise. Longer le bord de la falaise jusqu'à la crête de la Porte d'Aval, arcade rocheuse remarquablement découpée. La vue est magnifique, à gauche sur l'arche massive de la Manneporte, en face sur l'Aiguille et de l'autre côté sur la falaise d'Amont. Les variations de couleur suivant l'heure et l'éclairage sont un véritable enchantement.
Contourner l'anse jusqu'à la Manneporte : vue en direction du cap d'Antifer.
Pousser jusqu'au promontoire qui domine la seconde arche ; de là, la vue porte au Sud sur le port pétrolier du Havre-Antifer.

★★ **Falaise d'Amont** (B). – *1 h à pied AR.* Emprunter l'escalier (180 marches, mains courantes) situé à l'extrémité de la digue-promenade. Taillé dans la falaise crayeuse il permet, prolongé par un sentier, d'atteindre le sommet de la falaise.
De la chapelle des marins dédiée à **N.-D.-de-la-Garde**, la **vue** est magnifique sur Étretat et son site. La longue plage de galets s'étend en dessous, fermée par la falaise d'Aval et l'Aiguille.
Derrière la chapelle, une immense flèche est pointée vers le ciel. Ce monument, érigé à la gloire de Nungesser et Coli, rappelle le départ de « l'Oiseau Blanc » qui tenta la première traversée sans escale de l'Atlantique (8 mai 1927) et disparut corps et biens. C'est ici que l'appareil fut aperçu pour la dernière fois. En montant les quelques marches situées derrière la flèche, on se retrouve sur le socle de l'ancien monument ayant la forme de l'avion. On découvre alors son nom en grandes lettres blanches, son nez, ses ailes dont les extrémités sont ornées de cocardes tricolores et sa queue.

Accès en voiture. – *Prendre la D 11 « Fécamp par la côte ». Juste avant le panneau marquant la fin de l'agglomération, tourner à angle aigu à gauche dans une route étroite en forte montée. Au terme de cette route, laisser la voiture près du monument.*

Étretat. – Les falaises.

Musée Nungesser et Coli. – Face au monument, il renferme des souvenirs des deux aviateurs, « ceux qui les premiers ont osé ».

Halles (B). – Cette reconstitution de halles anciennes en bois abritant des boutiques, donne son cachet à la place du Maréchal Foch.
A proximité, le **boulevard Président René Coty** qui conduit à la mer, est bordé d'élégants bâtiments à pans de bois.

Église Notre-Dame (B). – C'était autrefois une dépendance de l'abbaye de Fécamp. Elle s'ouvre par un portail roman dont le tympan date du siècle dernier. Une corniche à modillons sculptés fait le tour de l'église.
A l'intérieur, les six premières travées (11e s.) sont bien caractéristiques du style roman avec leur décoration géométrique et leurs chapiteaux à godrons. Le reste de l'édifice est du 12e s.
Avancer jusqu'à la croisée du transept pour admirer la tour-lanterne édifiée au cours du 13e s.

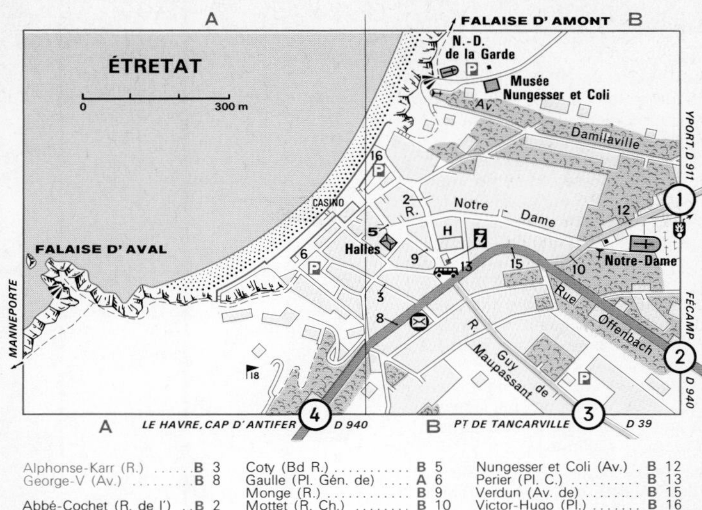

EXCURSION

Terminal du Havre-Antifer. – *15 km au Sud. Quitter Étretat par ④, D 940, et prendre à droite la D 111 en direction de la Poterie cap d'Antifer.*

Ⓥ **Phare du cap d'Antifer.** – Du sommet du phare, élevé sur une falaise haute de 102 m, vue étendue sur la côte, vers le cap de la Hève et le terminal pétrolier du Havre-Antifer. Le site est grandiose.

Faire demi-tour. A la Poterie, reprendre à droite la D 111.

Bruneval. – Près de l'étroite plage, resserrée au débouché d'une valleuse tapissée de bruyères, atterrirent, dans la nuit du 27 au 28 février 1942, des parachutistes anglais chargés de détruire un poste de radar ennemi situé sur la hauteur. Cette mission fut réussie grâce aux renseignements précis fournis par l'observation aérienne et la Résistance française ; le rembarquement put s'effectuer presque sans perte (monument commémoratif en contre-haut, à gauche).

Entre Bruneval et St-Jouin, la route sinueuse décrit un parcours pittoresque où la végétation se pare de différentes couleurs.

Une longue descente mène au terminal pétrolier.

Terminal du Havre-Antifer. – Près de la plage de St-Jouin, le port du Havre-Antifer créé pour accueillir les pétroliers de très gros tonnage dépassant la capacité du port du Havre *(voir p. 130)*, fonctionne depuis 1976. Il comporte un port de service de 8 ha, abritant des remorqueurs, et un terre-plein de 35 ha qu'occupent 4 réservoirs d'une contenance unitaire de 150 000 m³ ; cet ensemble est protégé au Nord par une digue de 3 500 m. Deux appontements, reliés par oléoducs aux centres de stockage, se prêtent à l'accostage et au déchargement des pétroliers de 555 000 tonnes. Le pétrole est acheminé jusqu'au Havre au moyen d'un oléoduc de 26,5 km – assurant la permanence du ravitaillement des raffineries de la vallée de la Seine.
En remontant vers St-Jouin, en prenant une petite route à droite, on arrive à un belvédère (restaurant), d'où l'on a une belle **vue** plongeante sur les installations portuaires et sur la plage.

★ EU

8 712 h. (les Eudois)

Carte Michelin n° 52 pli 5 ou 231 pli 12.

A proximité de la mer et de la forêt se situe la petite ville riche de souvenirs historiques – ancienne « terre de princes » étagée au pied de sa belle collégiale.

★ ÉGLISE NOTRE-DAME ET ST-LAURENT *visite : 1/2 h*

Cette collégiale est dédiée à la Vierge et à saint Laurent O'Toole, primat d'Irlande, mort à Eu au 12ᵉ s. C'est un bel édifice gothique (12ᵉ et 13ᵉ s.) dont l'abside a été refaite au 15ᵉ s.
Viollet-le-Duc a procédé à une restauration générale au 19ᵉ s.
Extérieurement, on remarque le chevet et les bas-côtés, aux nombreux contreforts surmontés de clochetons et de pinacles.
L'**intérieur** se signale par l'ampleur et l'harmonie des proportions. La 2ᵉ chapelle du déambulatoire, à droite (chapelle du Saint-Sépulcre), abrite, sous un dais flamboyant, une Mise au tombeau du 15ᵉ s. En face, magnifique tête de Christ de douleur (15ᵉ s.). Dans la chapelle absidiale se trouve la statue de Notre-Dame d'Eu attribuée à l'un des frères Anguier *(voir p. 72 : chapelle du Collège)*. La chapelle du croisillon gauche présente une belle statue de la Vierge (16ᵉ s.) Au fond du chœur, reliquaire contenant les restes de saint Laurent.

Ⓥ **Crypte.** – Située juste sous le chœur, la crypte, voûtée d'ogives, a été restaurée en 1828 par les soins du duc d'Orléans, futur Louis-Philippe, qui y regroupa les mausolées des comtes d'Eu de la maison d'Artois (14ᵉ et 15ᵉ s.), profanés à la Révolution. Contre le mur, à gauche, gisant de saint Laurent (12ᵉ - 13ᵉ s.).

AUTRES CURIOSITÉS

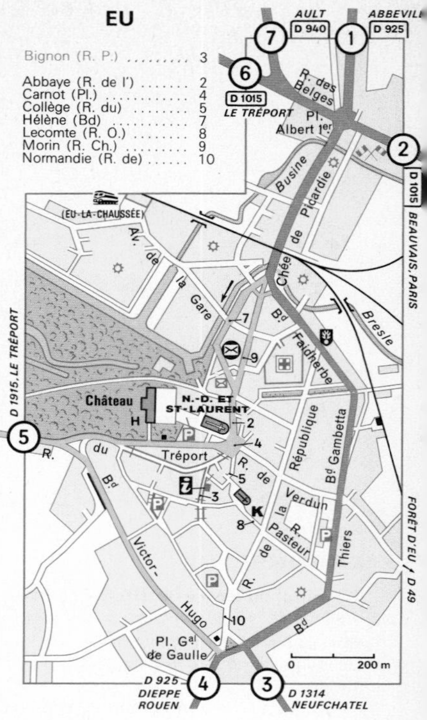

Château. – Rien ne subsiste du château qui vit en 1050 le mariage de Guillaume le Conquérant et de Mathilde de Flandre. Il fut détruit en 1475 sur ordre de Louis XI.

Ce vaste bâtiment de brique et de pierre, commencé en 1578 par Henri de Guise, a déjà été plusieurs fois restauré. Devenu la propriété de la famille d'Orléans, il fut l'une des résidences favorites de Louis-Philippe qui y reçut deux fois la reine Victoria. Viollet-le-Duc fut plus tard chargé de la décoration, qu'il refit de 1872 à 1879 pour le comte de Paris, petit-fils du roi.

Le château, qui appartient maintenant à la ville d'Eu, est occupé par la mairie et les archives communales et abrite le musée Louis-Philippe.

Musée Louis-Philippe. – On visite au rez-de-chaussée deux pièces dont le « salon Bragance », ainsi dénommé en raison des deux mariages entre les maisons de Bragance et d'Orléans, garni de meubles ibériques et baroques, au décor de toiles peintes murales, œuvre de Viollet-le-Duc. Au 1er étage se succèdent la chambre de la « Grande Mademoiselle » aux boiseries or et vert restaurées, l'ancienne **salle à manger** du roi Louis-Philippe mise en valeur par un plafond à caissons du 17e s., un beau parquet de marqueterie et une tenture des Flandres du début du 18e s., le « salon noir », l'immense **galerie des Guise** contenant la bibliothèque de l'ancien collège des Jésuites riche de 10 000 volumes, la petite salle des Gardes contiguë (collection d'oiseaux naturalisés), le salon des Rois (meubles signés Jacob, souvenirs de « l'Entente cordiale », bustes de la reine Victoria et du prince Albert offerts à Louis-Philippe lors de sa visite à Windsor en 1844, enfin les anciens appartements privés (musée de la vallée de la Bresle, verrerie, reconstitution d'un atelier de verrier).

On descend pour visiter la chapelle, ornée de vitraux de Sèvres.

Le Parc. – Il est constitué principalement de hêtres parmi lesquels un sujet âgé de 400 ans, le « Guisard ». A signaler aussi des rhododendrons, des azalées et des conifères plantés par le comte de Paris.

Chapelle du Collège (K). – Aujourd'hui lycée, le collège, fondé par Henri de Guise (1582), porte le nom des frères Anguier, sculpteurs de talent du 17e s. et anciens élèves de l'établissement alors dirigé par les Jésuites. La chapelle élevée en 1620 par Catherine de Clèves, veuve du Balafré auquel elle avait apporté le comté d'Eu en 1570, présente une façade Louis XIII. Les deux magnifiques **mausolées★** en marbre de la duchesse et du duc de Guise, assassiné à Blois en 1588 sur l'ordre de Henri III, sont placés dans le chœur : commandés en 1627, ils sont dus à quatre sculpteurs, Tremblay, Gissey, Nicolas et Guillain.

EXCURSION

Forêt d'Eu. – *Circuit de 57 km – environ 3 h.*

La forêt d'Eu se compose de trois massifs isolés. Seuls sont décrits ici le « triage » d'Eu et la haute forêt d'Eu, belles hêtraies étalées sur le plateau entre la Bresle et l'Yères.

Quitter Eu au Sud-Est par la D 49. A Incheville, prendre à droite la D 58.

On pénètre en forêt en laissant à droite la chapelle, au joli portail, du prieuré de St-Martin.

Au carrefour du Hêtre-des-Princes prendre à gauche la D 126 ves Millebosc. Se diriger ensuite vers Guerville et s'engager dans la D 14 jusqu'au carrefour de Montauban.

On atteint alors la lisière de la haute forêt d'Eu. La percée rectiligne de la route est bientôt bordée de belles futaies.

Prendre la route forestière tournante. Au poteau Ste-Catherine, tourner à droite vers la maison forestière de Ste-Catherine.

Point de vue de Ste-Catherine. – *3/4 h à pied AR. Laisser la voiture près de la barrière. Dépasser la maison forestière, à gauche, et gagner l'orée du bois.* En continuant à pied, dans un joli sous-bois, on découvre bientôt le calme paysage rural de la vallée de l'Yères.

Revenir au poteau Ste-Catherine et reprendre à droite la route d'arrivée.

La Bonne Entente. – *A 20 m à droite de la route.* On y voit un chêne et un hêtre qui, en grossissant, côte à côte, se sont rapprochés au point que les bases des fûts se confondent et semblent partir de la même souche.

Au poteau St-Rémy, la D 149, prise à droite, à angle aigu, sort de la forêt et la vue se dégage sur la vallée de l'Yères. La D 16 suit la rive droite de la rivière.

St-Martin-le-Gaillard. – 270 h. L'**église** du 13e s., remaniée au 16e s., a un fin clocher d'ardoise. Elle a conservé des chapiteaux à personnages humoristiques. Fonts baptismaux du 16e s., Vierge à l'Enfant du 18e s. (l'enfant Jésus se voit offrir une figue).

Par la rive gauche, gagner Criel-sur-Mer, puis rentrer à Eu par la D 925.

EURE (Vallée de l')

Cartes Michelin n° 55 pli 17 et 60 pli 7 ou 231 plis 35, 36, 47, 48.

La vallée de l'Eure offre, entre Dreux et Louviers, un paysage dont la netteté de lignes est souvent des plus flatteuses pour l'œil. Les rives verdoyantes de la rivière, encadrée de versants dénudés, d'un profil très franc, réservent des surprises charmantes.

1 DE DREUX À PACY-SUR-EURE *42 km – environ 2 h*

★ **Dreux.** – *Page 65.*

Quitter Dreux par ①, D 928, puis tourner à gauche dans la D 16^1.

L'attention est attirée, à droite, par l'aqueduc qui, traversant la vallée, conduit à Paris les eaux de l'Avre, puis par l'église du hameau de Montreuil. La forêt de Dreux garnit le versant opposé. Aux approches d'Ezy-sur-Eure naguère spécialisé dans la fabrication de peignes en corne, le vieux pont de St-Jean, en dos d'âne, relie la rive gauche à Saussay. On se rapproche du versant gauche dont les flancs pelés, forés parfois de caves, se redressent.

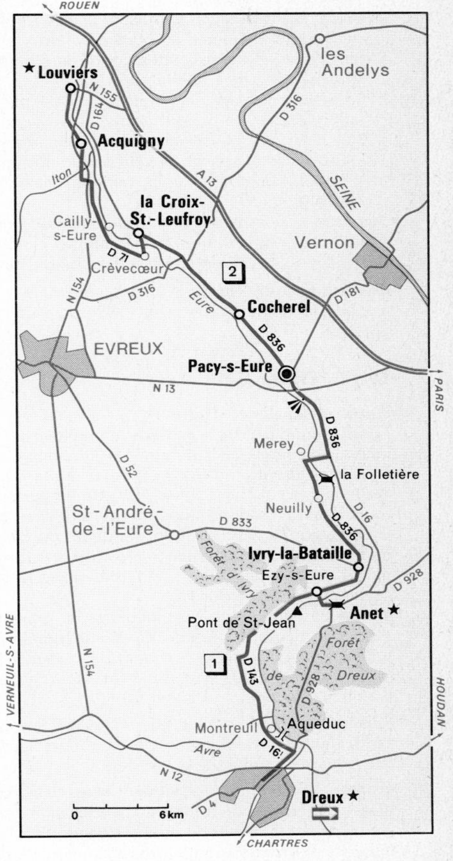

★ **Château d'Anet.** – *Page 36.*

Entre Neuilly et les moulins de Merey, on aperçoit à travers les arbres le **château de la Folletière,** construction de brique et pierre, de la fin du 16e s., au milieu d'un beau parc.
De Chambines à Pacy-sur-Eure, la D 836 domine la rivière qui s'attarde dans les herbages. Belles perspectives sur l'amont.

Prendre à droite la D 58 et traverser la rivière.

Pacy-sur-Eure. – 3 773 h. Pacy-sur-Eure a connu, comme Cocherel *(voir ci-dessous),* une certaine notoriété, lorsque Aristide Briand se prit d'attachement pour la vallée de l'Eure (monument à l'entrée de la localité). L'**église Saint-Aubin** est un bel édifice gothique du début du 13e s., remanié au 16e s., dont la nef est d'une régularité et d'une unité de style remarquables. Parmi les œuvres d'art modernes qu'il abrite, il convient de signaler l'autel orné de quatre bas-reliefs en pâte de verre coulée dans du ciment et les verrières de Décorchemont aux tons de braise, représentant l'Ascension. Belle Vierge à l'Enfant attribuée à Germain Pilon, touchante sainte Anne et belle Pietà, statues en pierre, du 16e s. et un saint Michel terrassant le dragon (début 17e s.).

2 DE PACY-SUR-EURE A LOUVIERS *34 km – environ 1 h*

Pacy-sur-Eure. – *Voir ci-dessus.*

Quitter Pacy-sur-Eure par la D 836 au Nord.

Cocherel. – Les exploits d'un homme de guerre tout autant que le souvenir d'un apôtre de la Paix ont donné la notoriété à ce hameau.
De 1908 jusqu'à sa mort, en 1932, **Aristide Briand,** attiré par le charme agreste de la région, fit à Cocherel des séjours de plus en plus fréquents. Il y habita successivement trois propriétés. Le « pèlerin de la Paix » est enterré dans le cimetière de l'église, bien situé à flanc de coteau, accessible par un chemin en montée se détachant de la route à l'entrée du hameau. Sa sépulture est signalée par une dalle de granit couleur de suie.

Revenir sur la D 836.

Une statue « Les Méditations », érigée de l'autre côté du pont de l'Eure, rappelle aussi son souvenir. Au bord de la D 57, route de Jouy-sur-Eure, une pyramide commémore la victoire remportée ici, en 1364, par Bertrand Du Guesclin, sur les Anglo-Navarrais du captal (chef militaire en Gascogne) de Buch.

✓ **La Croix-St-Leufroy.** – 732 h. L'**église** abrite des fonts baptismaux sculptés Renaissance et une intéressante collection de tableaux provenant de l'ancienne abbaye de Croix-St-Ouen.
Le parcours, déjà agréable, entre Cocherel et Chambray, prend tout son charme entre Crèvecœur et Cailly-sur-Eure, sur la rive gauche, bordée de belles propriétés.

Acquigny. – 1 059 h. Du pont sur l'Eure, jolie vue sur le château, de la fin du 16e s. Le parc et les communs complètent le décor.

★ **Louviers.** – *Page 97.*

★★ ÉVREUX

48 653 h. (les Ébroïciens)

Carte Michelin n° 55 plis 16, 17 ou 231 pli 35.

Arrosée par l'Iton, affluent de l'Eure, qui se divise en plusieurs bras, Évreux, capitale religieuse et administrative de l'Eure, est le gros marché agricole des campagnes voisines. L'industrie est surtout orientée vers la fabrication des appareils électriques et des accessoires automobiles.

L'Iton a été assaini : des jardins fleuris ont été créés sur ses rives, offrant aux piétons un cheminement tranquille en pleine ville, au pied des anciens remparts d'époque gallo-romaine.

Une ville française à travers les guerres. – Comme pour tant de villes de France, l'histoire d'Évreux n'est qu'une longue succession d'incendies et de destructions :

5e siècle : les Vandales mettent à sac le Vieil Évreux, bourgade prospère d'origine gauloise située sur le plateau.

9e siècle : les Normands détruisent la ville fortifiée que les Romains avaient établie dans le site actuel d'Évreux, au bord de l'Iton.

1119 : au cours de ses luttes contre le comte d'Évreux soutenu par Louis VII, Henri Ier d'Angleterre incendie la cité.

1193 : Philippe Auguste, trahi ici même par Jean sans Terre, brûle la ville en représailles.

1356 : Jean le Bon assiège Évreux, défendue par Charles le Mauvais, et l'incendie.

1379 : Charles V assiège la ville qui souffre gravement.

Juin 1940 : bombardements aériens allemands : le centre brûle pendant près d'une semaine.

Juin 1944 : bombardements aériens alliés : le quartier de la gare est dévasté.

Après chaque destruction, les habitants d'Évreux, se remettant courageusement à l'ouvrage, ont relevé leur ville de ces ruines et lui ont rendu la prospérité.

Évreux aujourd'hui. – L'aménagement du centre de la ville met en valeur les vestiges des anciens remparts, l'ancien évêché et la cathédrale ainsi que le beffroi miraculeusement épargné.

CURIOSITÉS

★ **Cathédrale Notre-Dame** (BZ). – Elle reflète à elle seule les périodes fastes et néfastes que la ville a connues. De la cathédrale primitive du 10e s., reconstruite entre 1119 et 1193, puis incendiée à nouveau, subsistent les grandes arcades de la nef ; le chœur fut élevé en 1260. Au 14e s. furent ajoutées les chapelles des bas-côtés et du déambulatoire.

Incendiée en 1356 l'église ne put être réparée que sous le règne de Louis XI : la tour-lanterne, les croisillons du transept sauf la façade Nord, et la chapelle de la Mère de Dieu datent de cette époque. Au début du 16e s., le maître d'œuvre Jean Cossart élève la magnifique façade du croisillon Nord et son portail. La campagne de construction se termine par le remaniement de la tour Sud, dans le style Henri II, et l'achèvement – au 17e s. seulement – de la tour Nord.

Les parties hautes de la cathédrale ont gravement souffert en juin 1940 : tandis que le « clocher d'argent », flèche de plomb qui surmontait la tour-lanterne de la croisée du transept, se consumait, les tours de la façade Ouest perdaient leur couronnement. Leur reconstruction a été menée à bien et la tour Sud a retrouvé sa balustrade et ses pinacles sinon encore sa flèche.

Extérieur. – *Longer le flanc Nord de l'édifice.* Les fenêtres des bas-côtés ont été refaites au 16e s. dans le style flamboyant. Le portail Nord offre un ensemble très homogène où l'art flamboyant, à son apogée, déploie toute sa maîtrise de décoration.

Intérieur. – Pour étudier les **vitraux★** et les **clôtures de bois★** des chapelles du déambulatoire, se placer à la croisée du transept, entre les piles soutenant la tour-lanterne, œuvre d'une belle envolée dont les bases portent une décoration flamboyante. La nef, entièrement restaurée, a conservé ses robustes arcatures romanes au-dessus desquelles ont été construits un élégant triforium et des baies gothiques. Sa belle verrière en grisaille fut offerte en 1400 par l'évêque Guillaume de Cantiers.

Le chœur, fermé par une superbe grille de fer forgé (18e s.), offre un ensemble d'une beauté parfaite où la lumière est souveraine. Les vitraux de l'abside, au dire d'Émile Mâle, sont « les plus beaux du 14e s. et d'une limpidité délicieuse... ».

De fort belles clôtures de bois, datant de la Renaissance, marquent l'entrée du déambulatoire. Au-dessus de l'entrée Sud de celui-ci, vitrail représentant Louis XI agenouillé devant Notre-Dame. La 1re chapelle rencontrée à droite, chapelle du Trésor, est complètement entourée d'une grille de fer, du 15e s., hérissée de piques et de crocs.

La clôture de la 4e chapelle est un véritable chef-d'œuvre de composition et d'exécution : les figures en haut-relief de la partie inférieure sont admirables. Les vitraux de cette chapelle sont du début du 14e s.

Dans l'axe de l'édifice, la chapelle de la Mère de Dieu, construite grâce à la munificence de Louis XI, renferme une série de verrières du 15e s. d'un grand intérêt documentaire. Dans les parties hautes, dont les remplages figurent des fleurs de lys, sont représentés les pairs de France ayant assisté au sacre du roi. La fenêtre centrale porte un arbre de Jessé ; la Vierge est entourée de nombreux personnages. Deux fenêtres plus loin, vers la droite, se tient Louis XI lui-même. Sur l'autel se trouve la statue vénérée de la Mère de Dieu, œuvre charmante qui doit remonter à la fin du 15e s.

Les dernières chapelles sont aussi fermées par des clôtures. La 2e clôture, d'ordonnance gothique, présente, à sa partie inférieure, des motifs Renaissance. Les 3e, 4e et 6e clôtures, les plus anciennes, sont gothiques. Des animaux fantastiques décorent le soubassement de la 6e clôture.

Ancien évêché (BZ M). – L'édifice du 15e s. a été construit par l'architecte Pierre Smoteau, sur l'ordre de l'évêque Raoul du Fou. La façade regardant la cathédrale a gardé un joli corps flamboyant avec ses gracieuses lucarnes, les frontons ornementés de ses fenêtres et sa tourelle d'escalier.

Les bâtiments abritent le musée municipal.

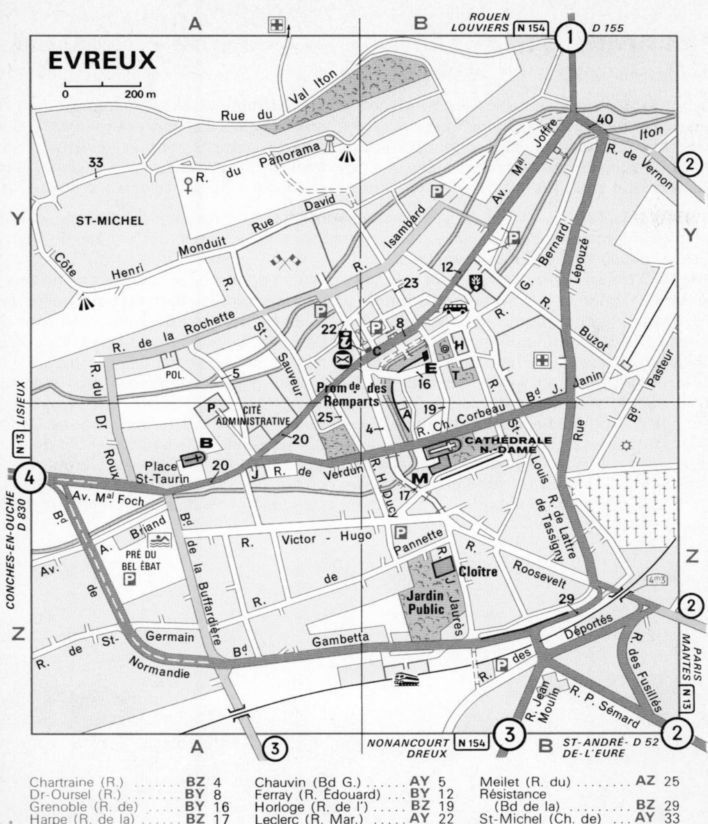

Chartraine (R.)	BZ 4	Chauvin (Bd G.)	AY 5	Meilet (R. du)	AZ 25
Dr-Oursel (R.)	BY 8	Ferray (R. Édouard)	BY 12	Résistance (Bd de la)	BZ 29
Grenoble (R. de)	BY 16	Horloge (R. de l')	BZ 19	St-Michel (Ch. de)	AY 33
Harpe (R. de la)	BZ 17	Leclerc (R. Mar.)	AY 22	Vigor (R.)	BY 40
Joséphine (R.)	AZ 20	Lombards (R. des)	BY 23		

★★ **Musée.** – Au rez-de-chaussée, les deux premières salles sont consacrées à l'histoire et à la géographie du département de l'Eure et de la ville (gravures, tableaux) ; costumes, bannières, torchères, bâtons de confréries de Charité illustrent les traditions populaires. L'ancienne salle capitulaire (salle 3) décorée d'une cheminée monumentale renferme des collections du Moyen Age et de la Renaissance, principalement des objets d'art religieux : stalles du 16e s., statues en bois polychrome ; on remarque également une suite de tapisseries d'Aubusson (17e s.) sur le thème de l'Enfant prodigue. La salle 4 donne une place importante à la statuaire médiévale : plaques tombales en pierre gravée, chapiteaux. La cheminée du 15e s. porte les armes de l'évêque Pottier de Novion. Au sous-sol, la très belle **salle archéologique★** utilise l'ancien rempart gallo-romain particulièrement mis en valeur par un éclairage approprié. Le parement du mur est fait en petit appareil avec chaînage en brique. Les collections présentées incluent des objets domestiques et religieux, des statuettes, des bijoux, des objets de rites funéraires, etc, du paléolithique (300 000 - 9 000 avant J.-C.) à l'époque gallo-romaine (1er - 4e s. après J.-C.). Parmi les plus belles pièces : un bronze du 1er s., le Jupiter Stator, un Apollon et une coupe en verre de la fin du 3e s. Le 1er étage rassemble des peintures des 17e et 18e s. et des objets d'arts décoratifs : meubles, faïences (également pots de pharmacie de l'hôpital d'Évreux en faïence de Nevers et de Rouen). Au 2e étage, exposition d'art contemporain. Au 3e étage, belle voûte d'ogives en haut de l'escalier ; une salle au plafond lambrissé abrite des expositions temporaires.

Église St-Taurin (AZ B). – C'est l'ancienne église abbatiale, fondée en 660 et dédiée au premier évêque d'Évreux. L'édifice actuel remonte aux 14e et 15e s. Une jolie arcature romane court au bas du bas-côté gauche, à hauteur des fonts baptismaux Renaissance.
Le chœur (14e s.) est éclairé par de superbes vitraux du 15e s. Les trois verrières de l'abside retracent la vie de saint Taurin.

★★ **Châsse de saint Taurin.** – Exposé dans une chapelle *(minuterie)* située dans le croisillon gauche du transept, ce chef-d'œuvre d'orfèvrerie française du Moyen Age, don de Saint Louis, a été exécuté au 13e s., sans doute dans l'abbaye même, pour contenir les reliques de l'évêque. La châsse d'argent doré, enrichie d'émaux, représente une chapelle reliquaire en miniature. Saint Taurin y figure avec sa mitre et sa crosse.

Promenade des remparts (BYZ). – Aménagée le long de l'Iton. Jusqu'au pont de la rue de Grenoble, elle prend le nom de Robert de Flocques (libérateur de la ville en 1441), puis de Charles II (roi de Navarre et comte d'Évreux, 1332-1387) jusqu'à la tour de l'Horloge.

Tour de l'Horloge (BY E). – Elégant beffroi du 15e s. Construit à l'emplacement de l'une des deux tours qui flanquaient la porte principale de la ville. Cette tour est dominée par une flèche cantonnée de pinacles en bois recouvert de plomb.

Jardin public (BZ). – Il offre, sur un terrain en pente, de beaux ombrages et une roseraie et s'est agrandi par la mise en valeur du cloître de l'ancien couvent des Capucins (17e s).

Ancien cloître des Capucins. – Il se compose de quatre galeries à colonnes monolithiques et à charpente en bois. Sur les murs sont gravées des maximes de morale. Un jardin intérieur très fleuri et décoré d'un puits en son milieu, agrémente l'ensemble.

★★ FÉCAMP

21 696 h. (les Fécampois)

Carte Michelin n° 52 pli 8 ou 231 pli 8 – Schéma p. 54 – Lieu de séjour.

Fécamp, dont la magnifique église consacrée à la Trinité fait revivre le passé monastique, vit toujours de son port, longtemps « capitale » des terres-neuvas français pour la pêche à la morue mais qui se reconvertit aujourd'hui dans d'autres activités *(voir ci-dessous)*.
La ville où habita **Guy de Maupassant** a tenu une grande place dans l'œuvre de l'écrivain. C'est à Fécamp qu'il a situé « la maison Tellier » et divers épisodes de ses contes s'y déroulent.

La « Porte du Ciel ». – Dès le 7e s., un monastère abrite l'insigne relique du Précieux Sang miraculeusement échouée à Fécamp avec le figuier « confié à la mer et à la grâce de Dieu » par Isaac, neveu de Joseph d'Arimathie.
Richard II, à qui son père, non content d'avoir rebâti un magnifique sanctuaire en l'honneur de la Sainte-Trinité, a fait promettre de fonder une abbaye bénédictine, est émerveillé, lors d'un voyage en Bourgogne, par l'action de l'abbé de St-Bénigne de Dijon, **Guillaume de Volpiano**, qui a déjà appliqué la réforme issue de Cluny à plusieurs monastères. En 1003, Guillaume de Volpiano, se rendant au désir du duc de Normandie, se fixe à Fécamp avec une colonie monastique. La nouvelle abbaye prend une importance considérable et rayonne sur tout le duché. Avant le développement du Mont-St-Michel, Fécamp est le premier pèlerinage de Normandie. Il est de tradition que les ducs viennent y faire leurs Pâques. Dès le 11e s., les trouvères et jongleurs, objets d'une protection spéciale de la part des abbés du lieu, contribuent à propager la gloire du Précieux Sang et de la Trinité de Fécamp. L'archevêque de Dol écrit : « Ce monastère est digne d'être comparé à la Jérusalem céleste. On le nomme la Porte du Ciel, le Palais du Seigneur. L'or, l'argent et les ornements de soie y brillent de toute part. »

Fécamp. – Le port.

Le port. – Fécamp, port de grande pêche à la morue jusqu'en 1973, ne compte plus en 1986 qu'un seul chalutier de grande pêche et trois chalutiers de pêche hauturière dont deux congélateurs. Une flottille de pêche côtière artisanale contribue longuement aux activités locales.
Fécamp est également un port de commerce se signalant notamment par un actif transit de bois et d'acier provenant de Scandinavie, de matières pondéreuses et de marchandises diverses venant d'Europe de l'Ouest et du Maroc.
Le bassin Freycinet est le plus animé. Le quai de la Marne sert au déchargement du poisson frais ou congelé. Le quai de Verdun reçoit les navires chargés de graviers, de sable destiné à la verrerie, de sel et de bois en rondins ou scié. Le bassin Bérigny réserve le quai Sadi-Carnot aux cargos de bois et de marchandises diverses.
Différentes industries sont en pleine activité : sécheries de morue, saurisseries de harengs, surgelés, chantiers de réparations navales. Pour l'essentiel, la matière première est importée des autres ports.
Le port de plaisance comporte 550 postes d'amarrage sur pontons flottants répartis dans l'avant-port, le Sud du bassin Bérigny et l'Est du bassin Freycinet.

CURIOSITÉS

★★ **Église de la Trinité** (BZ). – L'église du duc Richard Ier, incendiée par la foudre, fut reconstruite aux 12e et 13e s. Des remaniements furent effectués du 15e au 18e s. : l'Hôtel de ville, accolé au flanc Nord, occupe des bâtiments monastiques.
Les pèlerins viennent encore nombreux vénérer la relique du Précieux Sang, le mardi et le jeudi suivant la Trinité.

Extérieur. – Par sa longueur (127 m), l'édifice peut rivaliser avec nos grandes cathédrales (Notre-Dame de Paris : 130 m). La façade, de style classique, est peu en harmonie avec l'ensemble. Les flancs de la nef frappent par leur aspect sévère. Longer le côté Sud et s'arrêter devant le portail latéral (restauré au 19e s.) ; le tympan de la porte intérieure offre un excellent exemple de décoration gothique normande *(voir p. 23)*.
La tour-lanterne, de plan carré, haute de 65 m (tours de Notre-Dame : 69 m), s'élève sur la croisée du transept : c'est un beau type de clocher normand.

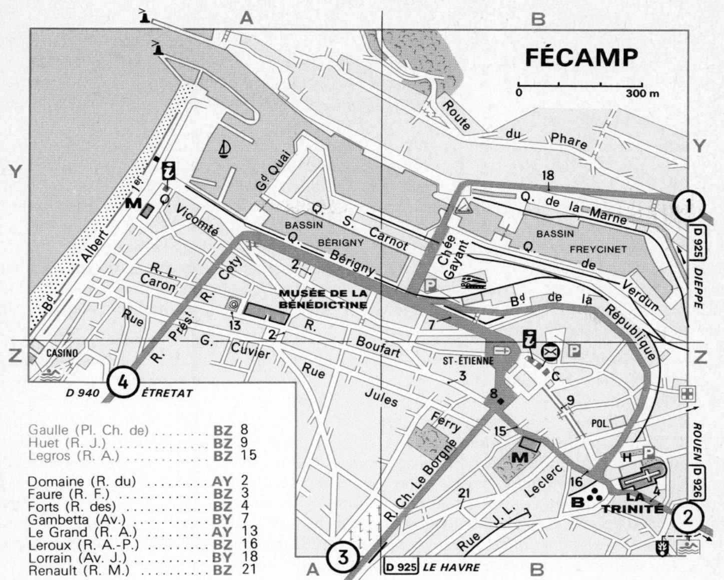

Intérieur. – La nef, située en contrebas, compte dix travées aux proportions majestueuses. La belle tour-lanterne s'élève d'un seul jet à 40 m au-dessus du sol.

Le croisillon droit abrite l'admirable **Dormition de la Vierge★** (1), de la fin du 15e s. Deux groupes de personnages, provenant de l'ancien jubé, encadrent l'autel. A droite, un reliquaire sculpté du 15e s. abrite le « Pas de l'Ange ». En 943, le jour de la consécration de l'église reconstruite par Guillaume Longue Épée, un ange pèlerin apparut et, alors que les évêques délibéraient sur le patronage à donner à l'église, ordonna de dédier le sanctuaire à la Sainte et Indivisible Trinité. Avant de disparaître, resplendissant de lumière, il laissa l'empreinte de son pied sur la pierre, conservée ici.

Le chœur est magnifique par ses dimensions. Les stalles (2), le baldaquin et la maître-autel (3), dessinés par De France, artiste rouennais, sont de belles œuvres du 18e s. Derrière le maître-autel se trouve l'autel Renaissance (4), commandé par l'abbé Antoine Bohier au sculpteur Girolamo Viscardo. La grande châsse de marbre blanc ornée de figures d'apôtres est encadrée par les statues des patrons secondaires de l'abbaye : sainte Suzanne, à droite, et saint Taurin à gauche. Le retable est orné de cinq bas-reliefs. Les deux bienfaiteurs de l'abbaye, Richard Ier et Richard II, dont les restes ont été retrouvés et identifiés, sont représentés à chaque extrémité. Au centre du sanctuaire, châsse (5), ornée de petits bas-reliefs du 12e s.

Les chapelles des bas-côtés du chœur et les chapelles rayonnantes ont reçu, au 16e s., grâce à la munificence de l'abbé Antoine Bohier, de magnifiques **clôtures★** sculptées. Dans la 4e chapelle, à droite, est placé le **tombeau★** de l'abbé Thomas de St-Benoît (6), mort en 1307 ; le soubassement est décoré de scènes évoquant les légendes de l'abbaye. La chapelle rayonnante (7) abrite d'autres tombeaux d'abbés.

La **chapelle de la Vierge★**, reconstruite au 15e s. sur une crypte de mêmes dimensions, constitue un ensemble indépendant de style flamboyant. Les jolies boiseries à médaillons, anciens dorsaux des stalles du chœur, datent du 18e s. On remarque également de beaux vitraux des 13e, 14e et 16e s. Face à la chapelle, adossé au chœur, se trouve le **tabernacle★** du Précieux Sang (8), en marbre blanc, qui faisait partie de l'ensemble commandé à Viscardo.

Les deux chapelles rayonnantes suivantes sont les seuls vestiges de l'église romane incendiée par la foudre. Dans la 1re s'ouvre la porte donnant accès à la crypte de la chapelle de la Vierge qui servit de chartrier. Cette porte est surmontée d'un beau décor flamboyant, don du prieur Robert Chardon (ses initiales se mêlent aux fleurs et feuilles de chardon).

Dans la chapelle du Sacré-Cœur, tombeau du 17e s. (9) du bienheureux Guillaume de Volpiano, premier abbé de Fécamp, revenu mourir en 1031 dans l'abbaye qu'il avait fondée. On verra encore, dans le croisillon gauche, des fragments de l'ancien jubé (10) et une horloge du 17e s. indiquant l'amplitude des marées et les phases de la lune. En se retournant, on peut admirer la tour-lanterne.

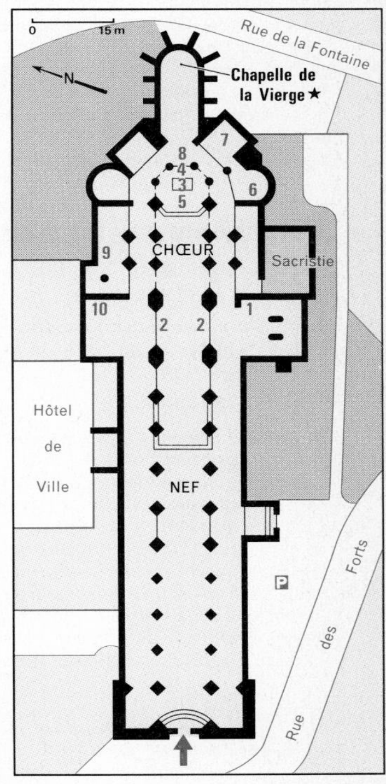

★ **Musée de la Bénédictine** (AY). – En 1510, un moine, nommé Bernardo Vincelli, eut l'idée de distiller des plantes régionales et des épices. A partir de l'élixir obtenu, Alexandre le Grand, négociant fécampois, créa en 1863 la fameuse liqueur « Bénédictine ». Les bâtiments datent de la fin du 19e s.

Le musée présente dans la grande salle gothique, la salle Renaissance, la chambre des Cardinaux, le salon des abbés, une importante collection d'objets d'art : émaux de Limoges, pièces d'or et d'argent, ivoires, albâtres, ferronneries, statues.

La salle de la rétrospective expose des objets et documents se rapportant à l'histoire de la liqueur.

La salle des plantes montre les 27 plantes et épices qui entrent dans la fabrication, on voit également la vitrine de la contrefaçon. La visite s'achève par le laboratoire, où les alambics de cuivre rouge servent à la transmutation des alcools et des plantes, et par les caves où les alcoolats vieillissent dans des fûts de chêne. Le couloir de sortie contient des vestiges du jubé de l'abbaye de Fécamp.

★ **Musée municipal** (BZ **M**). – Ce musée, installé dans un hôtel du 18e s., rassemble sur quatre niveaux les collections d'anciens musées : le musée de peinture et d'art régional, le musée du vieux Fécamp, le musée des pêches maritimes et le musée de l'enfance. Au rez-de-chaussée on peut retenir une vieille collection de faïences de Rouen, Quimper, Nevers, Delft ou hispano-mauresques à reflets métalliques ainsi qu'une originale et étonnante collection de biberons (donation du docteur Dufour, créateur de l'œuvre de la Goutte de lait, association destinée à lutter contre la mortalité enfantine) de l'Antiquité à nos jours : biberons en terre cuite, en faïence, en verre blanc, en étain. Le 1er étage regroupe des objets d'art religieux et des peintures paysagistes du 19e s. (Courant, Diaz, Guillemet). Le 2e étage est entièrement consacré à la mer et aux traditions maritimes : maquettes de navires, coffre de corsaire ayant appartenu à Surcouf, grande pêche à la morue sur les bans de Terre-Neuve, instruments de navigation. Au 3e étage, sous les combles, la reconstitution d'un intérieur cauchois évoque la vie domestique d'autrefois. Dans le parc, monument en céramique, érigé à la mémoire des marins défunts.

Vestiges de l'Abbaye (BZ **B**). – *23 rue des Forts.* De cette ancienne cour de la Maîtrise, jolie vue sur le chevet de la Trinité.

EXCURSION

Château de Bailleul. – *10 km au Sud-Est par la D 73. Description p. 41.*

FLEURY-LA-FORÊT (Château de)

Carte Michelin n° 55 pli 8 ou 231 pli 24 – 7 km au Nord-Est de Lyons-la-Forêt – Schéma p. 98.

Une belle allée de tilleuls centenaires mène à ce château construit au début du 17e s. en briques rouges, silex et grès. Les deux ailes basses symétriques qui flanquent le corps principal ont été ajoutées au 18e s. ; elles sont couvertes de toits à la Mansart.

VISITE *environ 3/4 h*

Les salles du rez-de-chaussée incluent la chambre de Diane (beau lit à baldaquin, cabinet italien en marqueterie du 17e s.) et une cuisine monumentale abondamment décorée (cuivres, porcelaines, étains, plaque de cheminée aux armes de Charles de Caumont qui rebâtit le château en 1647 à la suite d'un incendie). Au 1er étage le salon bleu, le boudoir blanc, la chambre rouge, la chambre bleue et la chambre Empire et Directoire révèlent d'intéressantes pièces de mobilier : cabinets italiens du 17e s., cabinet à secret du 17e s., armoire galbée, coiffeuse transformable en bureau, fauteuil transformable en prie-Dieu.

La chapelle du 18e s. montre un plafond orné de fleurs de lys.

★ FONTAINE-GUÉRARD (Abbaye de)

Carte Michelin n° 55 pli 7 ou 231 pli 23 – Schéma p. 34.

Ces ruines évocatrices, sur la rive droite de l'Andelle, émeuvent par leur solitude et la menace que font peser sur elles les débordements de la rivière. Les moniales de cette abbaye, fondée au 12e s., adoptèrent, au 13e s., la règle de Cîteaux.

VISITE *environ 1/2 h*

En suivant le chemin d'accès, on voit d'abord, à gauche, la chapelle St-Michel, élevée au 15e s. sur des caves voûtées.

Un souterrain dessert les anciens celliers de l'abbaye.

En avant se dressent les ruines de l'église abbatiale, consacrée en 1218, dont le chevet plat est percé d'élégantes fenêtres. Les voûtes de l'abside sont en partie intactes.

A droite s'ouvre la salle capitulaire que longeait le cloître, aujourd'hui disparu. Cette salle à trois nefs, reposant sur une double rangée de colonnettes aux chapiteaux à crochets, a gardé grande allure : c'est un bel exemple d'architecture normande de la première moitié du 13e s.

Plus loin, une deuxième salle voûtée – la salle de travail des moniales, pense-t-on, évoque la salle des Chevaliers de l'abbaye du Mont-St-Michel. Par un escalier, on peut accéder à l'étage du dortoir dont les étroites baies éclairaient chacune une cellule.

En saison, le nombre de chambres vacantes dans les hôtels est souvent limité.
Nous vous conseillons de retenir par avance.

FORGES-LES-EAUX
3 756 h. (les Forgions)

Carte Michelin n° 52 pli 16 ou 231 pli 24 – Schémas p. 34 et 48 – Lieu de séjour.

A l'endroit où la verdoyante dépression du Pays de Bray *(p. 47)* s'épanouit, Forges-les-Eaux, où l'on a travaillé le métal jusqu'au 15e s., est aujourd'hui une station hydro-minérale et un très agréable lieu de repos qu'agrémentent des espaces verts bien entretenus (parc de l'Hôtel de ville, parc thermal et parc de Lépinay à l'Ouest de la ville). Avant d'atteindre l'entrée du parc thermal par l'avenue des Sources, on voit, à gauche, aussitôt après le pont du chemin de fer, une façade du 17e s. provenant de l'ancien couvent des carmélites de Gisors. Une autre jolie façade s'élève en face du parc ; elle provient d'un pavillon de chasse, des environs de Versailles, ayant appartenu à Louis XV.
En ville, on remarquera plusieurs façades à colombage (17e et 18e s.), notamment rue de la République.

Le parc thermal. – Les installations thermales de Forges offrent, dans un cadre moyen très élégant, toutes les distractions habituelles des villes d'eaux. Les eaux ferrugineuses de Forges, limpides et froides, sont toniques et radio-actives. Elles ne sont encore employées qu'en boisson, dans la buvette construite à l'entrée du parc pour la distribution des trois sources.
En s'avançant dans le parc, laisser à gauche la « grotte » où se prenaient autrefois les eaux de la « Royale », de la « Reinette » et de la « Cardinale » – ces dénominations rappellent le passage de Louis XIII, de la reine et de Richelieu, au 17e s. – pour atteindre l'étang formé par l'Andelle, dans un cadre ravissant.

GAILLON
5 856 h. (les Gaillonnais)

Carte Michelin n° 55 pli 17 ou 231 Nord-Est du pli 35 – Schéma p. 129.

Propriété des archevêques de Rouen depuis Philippe Auguste, Gaillon a été illustrée par l'initiative que prit, à la fin du 15e s., **Georges Ier d'Amboise**, le premier des grands cardinaux-ministres : au retour de l'expédition conduite en Italie par Louis XII, le prélat fit transformer le château de Gaillon dans le nouveau goût italien (1497-1510), faisant de cet édifice le monument d'avant-garde qui devait lancer en Normandie le mouvement de la Renaissance.
Dans la rue principale, remarquer, près de l'église, une jolie maison de bois du 16e s.

Château. – La rampe d'accès du château se détache à droite, au sommet de la montée de la N 15, en direction de Rouen. Parfaitement situé, ce vaste édifice, dont les richesses furent dispersées dès la Révolution, a été repris par les Beaux-Arts. Le pavillon d'entrée, flanqué de deux tours, a conservé son gracieux décor Renaissance.

★ GISORS
8 859 h. (les Gisorciens)

Carte Michelin n° 55 plis 8, 9 ou 237 pli 4 – Plan dans le guide Michelin France.

Gisors, ancienne ville frontière tenue par les ducs de Normandie, est la capitale du Vexin normand *(voir p. 13)*. Située sur l'Epte dans un cadre de verdure, elle a conservé un cachet ancien.
La ville doit son origine à son château dont la position stratégique fut maintes fois convoitée. La forteresse s'inscrivait dans une ligne de défense de Forges-les-Eaux à Vernon et qui comprenait les châteaux de Neaufles-St-Martin et Château-sur-Epte *(p. 69)*.

★★ **Château fort.** – Le château fort fut construit dès 1097 par Guillaume le Roux, roi d'Angleterre, fils de Guillaume le Conquérant. Au 12e s. Henri II Plantagenêt le renforça. En 1193 Philippe Auguste s'en empara. Il changea plusieurs fois de mains pendant la guerre de Cent Ans avant de retrouver la couronne française en 1449. Ce magnifique ensemble d'architecture militaire normande des 11e et 12e s. domine la ville. Un jardin public a été aménagé à l'intérieur de l'enceinte fortifiée : de la terrasse, la vue plongeante sur la ville permet de distinguer parfaitement les différentes époques de construction de l'église St-Gervais-et-St-Protais.
Au milieu de l'enceinte, au sommet d'une motte artificielle de 20 m de hauteur, jadis entourée de fossés, s'élève le **donjon** (11e s.), flanqué d'une tour de guet ajoutée sous Philippe Auguste, et ceinturé d'une solide muraille. Un escalier à vis permet d'accéder au sommet, d'où se découvre un **panorama** sur les bois environnants.

★ **Église St-Gervais-et-St-Protais.** – L'édifice remonte dans ses parties les plus anciennes, au 12e s. mais la construction a continué jusqu'à la fin du 16e s.
Le chœur gothique fut achevé dès 1249. Les chapelles latérales formant déambulatoire furent ajoutées entre 1498 et 1507. Elles sont reconnaissables de l'extérieur à leurs pignons pointus très détachés, qui entourent le chevet. Les remarquables portails du transept, du 16e s., sont encore gothiques, ainsi que la très haute nef. La monumentale façade enfin est Renaissance ; le porche finement sculpté est flanqué de deux tours, l'une au Nord construite en 1536, de style François Ier, terminée par une coupole, l'autre au Sud, de style Henri II, laissée inachevée en 1591.
Malgré ce mélange de styles, l'ensemble reste harmonieux, particulièrement à l'intérieur où la nudité des murs clairs laisse toute leur valeur à la beauté de l'architecture et à la richesse de la décoration sculptée. Remarquer le grand vitrail en grisaille, du 16e s., dans la chapelle latérale à droite du chœur, et quelques statues anciennes.

★ GIVERNY

502 h. (les Giverniens)

Carte Michelin n° 55 centre du pli 18 ou 231 pli 36 – 2 km au Sud-Est de Vernon.

Claude Monet qui habita ce village de 1883 à sa mort en 1926 y est inhumé ; il y provoqua une véritable colonisation artistique *(voir p. 25)*. C'est là qu'il peignit les immenses toiles des Nymphéas que l'on peut voir à Paris au musée de l'Orangerie, ainsi que les tableaux exposés au musée Marmottan.

Giverny. – Le jardin par Claude Monet.

★ **Maison de Claude Monet.** – ⊙ La propriété du peintre occupe la partie du versant d'une colline dominant l'Epte. Elle a été aménagée en musée où sont exposées des reproductions de ses plus grandes toiles.

L'atelier des Nymphéas est l'ancien « grand atelier » (accueil et expositions).

La maison « rose et verte » occupe le haut du jardin ; elle abrite des reproductions et la collection d'estampes japonaises (18e et 19e s.) que Monet avait réunie. Le salon de lecture « bleu », la chambre avec le lit et le bureau à cylindre, le salon atelier, la salle à manger « jaune » avec son mobilier de bois peint et la cuisine aux murs carrelés de faïences retiennent l'attention.

Le jardin comprend le « Clos normand » qui restitue celui, très fleuri, que Monet avait dessiné et, de l'autre côté de la route (tunnel) le jardin d'eau artificiel, d'inspiration japonaise, utilisant les eaux de l'Epte : des ponts japonais franchissent l'étang des Nymphéas tapissé de nénuphars, avec son grand saule pleureur, ses rives bordées de bambous et de rhododendrons.

★ GOURNAY-EN-BRAY

6 515 h. (les Gournaisiens)

Carte Michelin n° 55 pli 8 ou 237 plis 3, 4 – Schéma p. 48

Plan dans le guide Michelin France.

Située dans une région de riches pâturages, Gournay est, avec la commune de Ferrières, l'agglomération la plus vivante du Pays de Bray *(généralités p. 47)*.

L'industrie laitière locale est connue pour la part prépondérante qu'elle prend dans le ravitaillement de la France en fromage frais. En 1850, une fermière des environs, secondée par un vacher suisse, eut l'idée de mélanger de la crème fraîche au caillé avant qu'il ne fût « touillé ». Le « Petit Suisse » connut alors un succès foudroyant.

Église St-Hildevert. – En grande partie du 12e s. La nef latérale Sud est du 11e s., elle a résisté aux assauts des différentes guerres. Les portails gothiques de la fin du 12e s. ont été très restaurés.

A l'intérieur, les puissantes colonnes sont surmontées d'intéressants chapiteaux à décoration stylisée, inspirée de motifs empruntés aux règnes végétal et animal. Les plus frustres et les plus archaïques, à l'extrémité du bas-côté droit, autour de l'hôtel St-Joseph, prennent rang parmi les premiers essais de figuration humaine, à l'époque romane.

Dans les bas-côtés, statues anciennes parmi lesquelles celles à l'entrée du chœur de la Vierge et de saint Hildevert (15e s.) en bois polychrome.

EXCURSION

Circuit de 37 km. – *Environ 1 h 1/2. Quitter Gournay-en-Bray au Sud-Est par la N 31 ; à 6 km prendre à droite la D 129.*

★ **St-Germer-de-Fly.** – *Page 123.*

Suivre la D 104 et, à Neuf-Marché, prendre à gauche la D 915 que l'on quitte bientôt pour le D 1A, puis la D 3 à droite vers Mainneville.

⊙ **Mainneville.** – 334 h. Dans l'**église,** belles statues du 14e s., la Vierge à l'Enfant et Saint Louis.

Quitter Mainneville à droite par la D 14 et, à Martagny, prendre à droite la D 659.

Monument du combat de la Rouge-Mare et des Flamands. – Le hameau de Rouge-Mare s'étend de part et d'autre de la route, le monument s'élève à gauche dans une route forestière. De l'autre côté de la route un panneau montre l'endroit où fut « accrochée » le 16 septembre 1914, une unité automobile de pionniers allemands qui se proposait de faire sauter le pont d'Oissel sur la Seine.

Reprendre la D 659.

Un peu plus loin, à gauche de la route, se dresse un monument commémoratif de la Seconde Guerre mondiale.

A Neuf-Marché prendre la D 915 à gauche qui ramène à Gournay-en-Bray.

HARCOURT

934 h. (les Harcourtois)

Carte Michelin n° 55 pli 19 ou 231 pli 34 – 7 km au Sud-Est de Brionne – Schéma p. 43.

Sur la route du Neubourg, dont la vaste plaine aux terres bien cultivées a emprunté le nom *(voir p. 43)*, se situe la localité d'Harcourt, au carrefour d'un réseau de routes la reliant aux rives de la Risle et de la Charentonne, et à la forêt de Beaumont.

★ **Château.** – Le château d'Harcourt, berceau de la célèbre famille du même nom, et son parc boisé de 100 ha appartiennent depuis 1828 à l'Académie d'Agriculture de France.
Le château fut construit à la fin du 12e s. par Robert II d'Harcourt, compagnon de Richard Cœur de Lion. Au 14e s. Jean VI d'Harcourt le renforça et le modernisa. A la fin du 17e s., Françoise de Brancas, comtesse d'Harcourt, le transforma en habitation.
Au détour de l'allée d'entrée marquée par deux énormes cèdres, on découvre la masse imposante du château et de son enceinte fortifiée. A gauche s'amorce un sentier jalonné qui permet de longer les fossés de 20 m de largeur ceinturant l'enceinte flanquée de tours. On pénètre ensuite dans la cour d'armes, séparée du donjon par un fossé intérieur. L'entrée médiévale et son pont ont été rétablis. Dans l'angle gauche de la terrasse aménagée au 17e s., puits à rouet du 14e s., profond de 70 m.

Arboretum. – Attenant à la cour d'honneur, cet arboretum de 6 ha possède plus de 200 espèces de feuillus et résineux venues d'Europe, d'Amérique, d'Asie, d'Afrique du Nord, etc.

Forêt. – Dans 94 ha de forêt on rencontre des arbres rares et superbes venus de tous les coins du monde (mélèzes de Pologne, hêtres du Chili, sapins du Caucase, séquoïas, thuyas de l'Orégon...) ainsi que des essences exotiques d'intérêt ornemental et forestier.

Église. – Construite au 13e s., elle a conservé une abside remarquable d'élégance. Près de l'église vieilles halles à pans de bois.

★★ Le HAVRE

197 730 h. (les Havrais)

Carte Michelin n° 55 pli 7 ou 231 pli 19 – Schémas p. 54 et 130.

Grand port maritime, ville industrielle et ultime jalon de la magnifique vallée de la Seine, le Havre étale ses installations à la pointe du môle le plus avancé du Pays de Caux. Une université a ouvert ses portes à la rentrée 1986, complétant ainsi l'enseignement supérieur déjà en place.
En 1945, le Havre portait le titre peu enviable de « port le plus gravement endommagé d'Europe ». Il est aujourd'hui le 2e port de France et le 3e d'Europe. Deux lignes de car-ferries sont à la disposition des automobilistes se rendant en Angleterre et en Irlande. L'aéroport du Havre-Octeville assure des liaisons régulières avec des villes françaises et étrangères (Londres, Bruxelles, Rotterdam) aussi bien en passages qu'en fret.
L'agglomération havraise comprend la commune résidentielle de Ste-Adresse et l'ancien port de Harfleur. Elle offre un ensemble de reconstruction remarquable, peu de monuments anciens, mais de magnifiques points de vue sur la ville et le port.

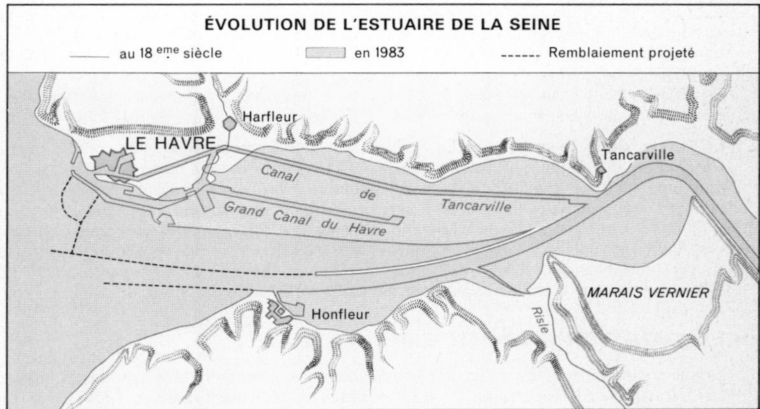

UN PEU D'HISTOIRE

Un choix judicieux. – En 1517, pour remplacer Harfleur envasé, **François Ier** ordonne la construction d'un nouveau port baptisé « Havre-de-Grâce ». L'emplacement marécageux, choisi par Bonnivet, grand amiral de France, ne paie pas de mine, mais l'étale de la marée haute s'y prolonge plus de deux heures, phénomène capital pour l'avenir du Havre.
En 1518, la première nef de guerre, « l'Hermine », entre dans le bassin du Roi, embryon du port moderne, avec le navire-amiral. Le roi accorde à la ville son nom, très provisoire, de Françoise-de-Grâce et ses armes : « De gueules à la salamandre d'argent... ».

La « Porte Océane ». – La vocation du Havre, port d'entrepôt et port transatlantique, se dessine dès la guerre d'Indépendance américaine. Le port, qui s'emploie au ravitaillement des « insurgents », est une véritable « forêt de mâts » et le quartier St-François, connu des marins du monde entier, regorge de richesses. Tous les produits coloniaux importés : coton, café, tabac, bois exotiques sont redistribués à travers l'Europe.
La liaison avec New York devient plus rapide. En 1850, le « Franklin » paquebot à voiles et à aubes, fait la traversée en quinze jours. En 1864, la Cie Générale Transatlantique met en ligne le paquebot à vapeur « Washington ».

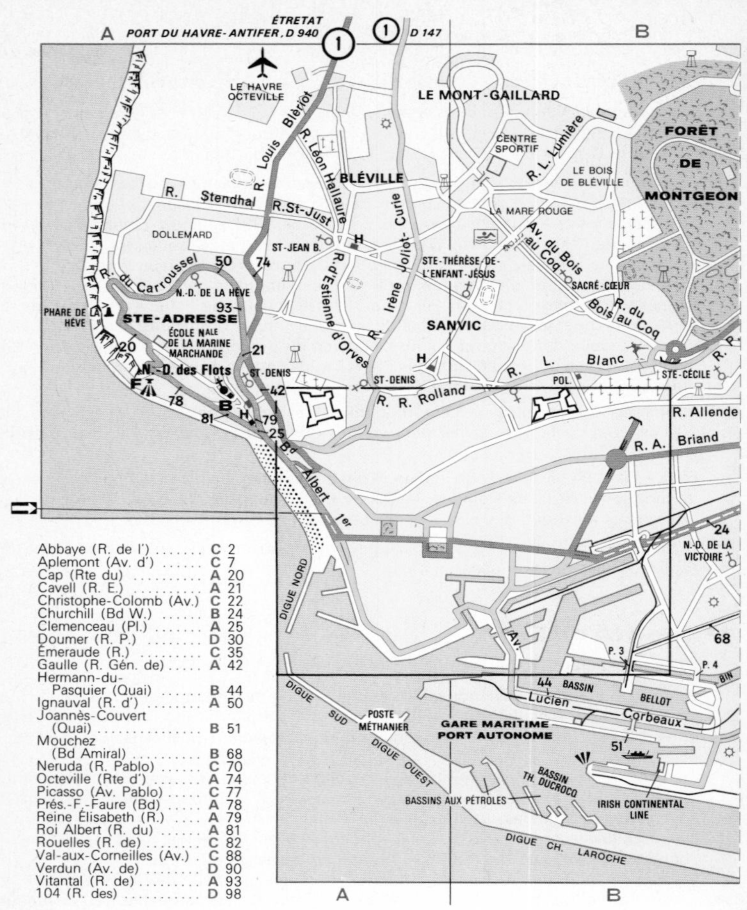

Puis ce sera le tour de « Normandie », « Ile-de-France », « Liberté » (ancien paquebot allemand) et « France ». Autant de noms que les havrais prononcent avec une certaine nostalgie et qui évoquent l'ère de gloire, révolue, des grands transatlantiques, quand ils franchissaient la jetée saluant le port de leurs trois coups de sirène et escortés par les Abeilles *(p. 85)*.

On dit bientôt la « place du Havre » pour parler de la puissante organisation commerciale et bancaire de ce grand marché international. La Bourse fonctionne depuis 1784.

Le Havre dans la guerre. – Le Havre a subi 146 bombardements et compté plus de 4 000 tués, 9 935 immeubles détruits et 9 710 partiellement endommagés. Le siège proprement dit de la ville débuta le 2 septembre 1944. La bataille de Normandie était terminée. Paris déjà libéré, mais le Havre, toujours occupé, fut voué à l'écrasement total. Du 5 au 13 septembre, date de la libération du Havre, le pilonnement aérien a été effroyable. Les Allemands, de leur côté, s'étaient acharnés à dynamiter les installations portuaires encore utilisables. Les Alliés fournirent un puissant matériel à l'administration du port autonome, mais le simple déblaiement demanda, à lui seul, deux ans.

★ LE QUARTIER MODERNE *visite : 2 h*

La ville ancienne, dont le plan en damier avait été dressé par l'architecte italien Bellarmato en 1541 (quartiers St-François et Notre-Dame) était pratiquement rasée en 1944. Aussi, tout en conservant ce principe des tracés en damier, on a reconstruit la ville suivant un plan d'urbanisme moderne conçu par **Auguste Perret** (1874-1954), le « magicien du béton armé ».

D'une ordonnance architecturale remarquable par l'équilibre entre les volumes et les espaces, le centre ménage de grandes perspectives rythmées par de vastes ensembles d'habitations dont les lignes horizontales sont parfois rompues par des immeubles-tours. D'audacieux monuments jaillissent à la verticale tels l'église St-Joseph et l'Hôtel de ville. La majestueuse perspective de l'avenue Foch, qui s'ouvre sur le large par la « Porte Océane », symbolise les liens étroits qui unissent le Havre à la mer.

Bassin du Commerce (FGZ). – Ce bassin, sur lequel évoluent quelques voiles, est devenu le centre de ces nouveaux quartiers, desservis par le moderne pont de la Bourse.

A son extrémité Ouest, face au monument aux Morts, le paysage urbain a changé de visage grâce à l'implantation de l'**espace Oscar Niemeyer** sur la place Gambetta. Cet ensemble en béton brut dont les courbes contrastent avec les horizontales et les verticales des immeubles voisins, est dû à l'architecte brésilien Oscar Niemeyer. La vocation de ce centre ultra-moderne est culturelle : salles d'exposition, de théâtre, de cinéma y sont rassemblées. Au niveau inférieur le parvis est bordé de commerces ; avec la petite rue Racine, située à proximité, ce secteur est réservé aux piétons.

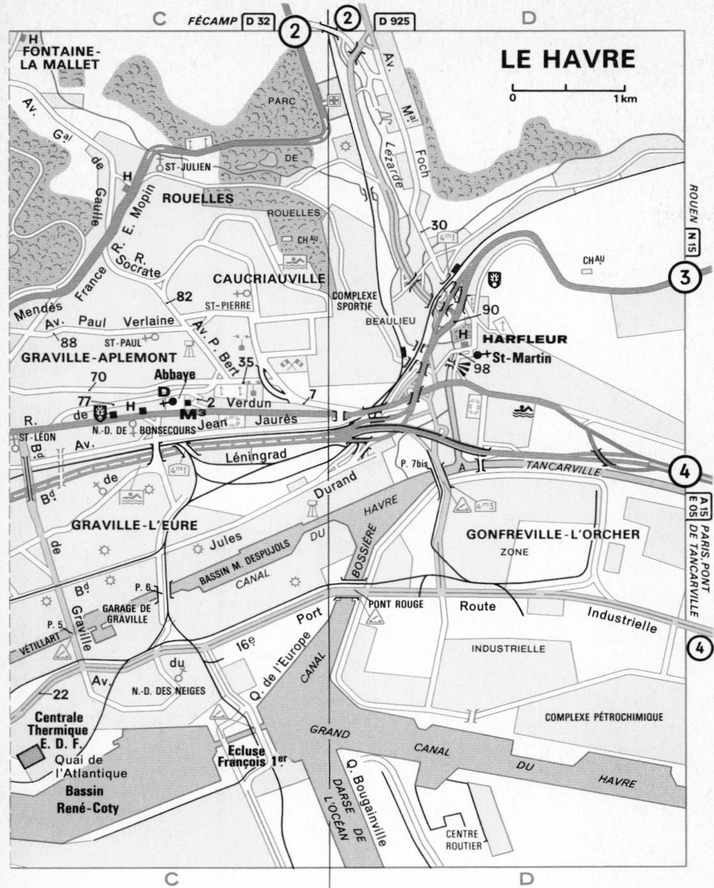

Sur le côté Nord du bassin, l'Hôtel de la Chambre de commerce abrite la Bourse ; à son extrémité Est est implanté le Centre de commerce international. Près du pont qui sépare le bassin du Commerce et le bassin du Roi, se dresse François Ier, fondateur de la ville.

★ **Place de l'Hôtel-de-ville** (FY **47**). – Construite suivant les plans d'Auguste Perret, c'est l'une des plus vastes d'Europe. Elle compose un ensemble bien équilibré de constructions à trois étages et aux toitures en terrasse, rythmé par des immeubles-tours de dix étages. Le centre de la place est occupé par un joli jardin public où s'élève un monument à la Résistance. L'**Hôtel de ville** (**H**), dominé par une tour monumentale de 72 m de haut en béton brut, est un bel édifice aux lignes sobres *(voir p. 82)*.
En face, la **rue de Paris** (FZ), la plus belle voie du Havre au 18e s., offre une architecture bien ordonnée accompagnée d'arcades qui abritent de nombreuses boutiques. Cette artère mène au quai de Southampton et à la chaussée John Kennedy, d'où partent les car ferries Townsend Thoresen pour l'Angleterre.
A l'Ouest s'ouvre l'avenue Foch.

★ **Avenue Foch** (EFY). – Cette artère est traitée en promenade. Sa chaussée centrale bordée de pelouses ombragées d'arbres, ses constructions aux lignes horizontales d'une grande unité d'architecture, et, dans son axe, sur le front de mer, la « Porte Océane » (EY) en font la plus belle voie du Havre. On peut observer aux impostes et aux angles de quelques immeubles de l'avenue des sculptures modernes de style néo-figuratif.
S'ouvrant entre deux immeubles encadrés de tours, la « Porte Océane » est à la fois un symbole d'accueil et une invite à l'évasion.

★ **Église St-Joseph** (EZ). – Caractéristique de l'art d'Auguste Perret, cette église de lignes très sobres, construite en béton brut de 1951 à 1957, est surmontée d'un clocher octogonal d'une hauteur de 109 m. L'**intérieur**★★ de plan carré est une réalisation monumentale dont l'effet est saisissant. Quatre groupes de quatre piliers carrés supportent la base du clocher qui forme une tour-lanterne octogonale d'une hauteur de 84 m. L'éclairage est obtenu par les ouvertures garnies de vitraux multicolores des murs de l'église et des parois de la tour-lanterne, engendrant des variations de teintes au cours de la journée.

★ **Musée des Beaux-Arts André Malraux** (EZ **M**1). – Cette construction de verre et de métal, qui se dresse à l'entrée du port devant le sémaphore regarde vers le large à travers l'« Œil », monumentale sculpture en béton. La toiture, particulièrement originale, se compose de six pans de verre que recouvre un brise-soleil horizontal en aluminium qui, relayé par un jeu de panneaux translucides, permet de diffuser la lumière la plus favorable à l'intérieur des salles. Celles-ci, à des étages différents, sont reliées par des passerelles qui, comme celle qui donne accès au musée, permettent des évocations maritimes.
Au rez-de-chaussée est exposée une remarquable **collection**★ d'œuvres (peintures, aquarelles, dessins) de **Raoul Dufy** (1877-1953), natif du Havre. S'il fit partie du groupe des Fauves du Havre avec Othon Friesz et Braque, s'il subit l'influence de Cézanne et, un

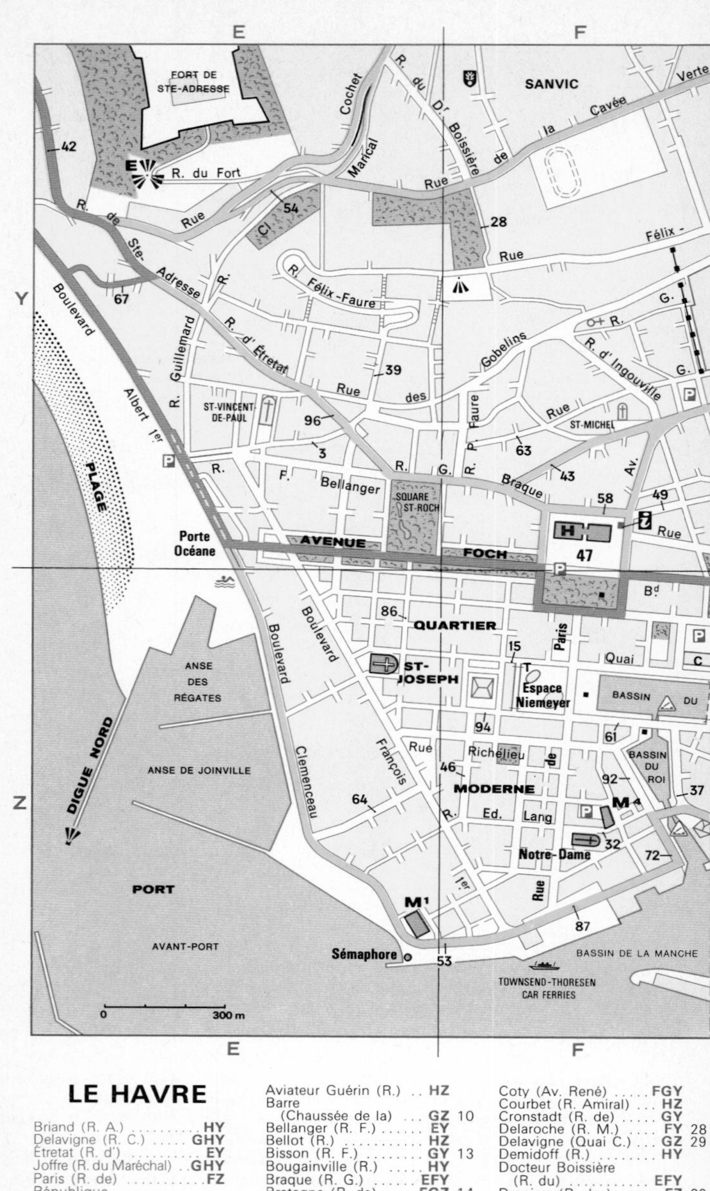

LE HAVRE

Rue	Carroyage	N°
Briand (R. A.)	HY	
Delavigne (R. C.)	GHY	
Étretat (R. d')	EY	
Joffre (R. du Maréchal)	GHY	
Paris (R. de)	FZ	
République (Cours de la)	HY	
Albert 1er (Bd)	EY	
Alma (R. de l')	EY	3
Anatole-France (R.)	GY	
Anfray (R.)	GZ	5
Angoulême (Chaussée d')	GZ	6
Archinard (Av. du Général)	GZ	9
Aviateur Guérin (R.)	HZ	
Barre (Chaussée de la)	GZ	10
Bellanger (R. F.)	EY	
Bellot (R.)	HZ	
Bisson (R. F.)	GY	13
Bougainville (R.)	HY	
Braque (R. G.)	EFY	
Bretagne (R. de)	FGZ	14
Brindeau (R. L.)	EFZ	15
Bourse (Pont de la)	GZ	17
Cavée Verte (R. de la)	EFY	
Chevalier de la Barre (Cours)	HZ	18
Churchill (Bd W.)	HZ	24
Clemenceau (Bd)	EZ	
Cochet (R.)	EY	
Colbert (Quai)	HZ	
Corbeaux (Av. L.)	GZ	
Coty (Av. René)	FGY	
Courbet (R. Amiral)	HZ	
Cronstadt (R. de)	GY	
Delaroche (R. M.)	FY	28
Delavigne (Quai C.)	GZ	29
Demidoff (R.)	HY	
Docteur Boissière (R. du)	EFY	
Drapiers (R. des)	FZ	32
Faidherbe (R. du Général)	FGZ	36
Faure (R. Félix)	FGY	
Faure (R. P.)	FY	
Féré (Quai M.)	FZ	37
Fort (R. du)	EY	
Flaubert (R. G.)	FGY	
Foubert (R.)	EY	39
François 1er (Bd)	EFZ	
Gallieni (R. du Mar.)	GY	40

moment, celle du cubisme, Dufy suivit surtout son inspiration personnelle en traitant les thèmes qui lui sont chers : orchestres, régates, courses de chevaux, bals champêtres, plages normandes, rues pavoisées et sujets allégoriques (Amphitrite, déesse de la mer). Un graphisme souple et léger, une palette éclatante, une expression du mouvement rendue par la dissociation du dessin et de la couleur, joints à une grande fantaisie d'interprétation, caractérisent son art. Outre quelques portraits, remarquer les nombreuses vues du Havre et de la Côte de Grâce.

Les autres salles du rez-de-chaussée sont consacrées à la peinture de l'Impressionnisme à nos jours. Deux courants sont bien représentés :

– **l'Impressionnisme** – qui prit son essor au Havre autour de Boudin et de Jongkind – par Monet (qui fut élève de Boudin), Pissarro (qui travailla au Havre), Sisley, Renoir ;

– **le Fauvisme** (exaltation de la couleur) par Marquet, Friesz et Van Dongen.

On remarque également des œuvres de Léger et du normand Jacques Villon.

Le 1er étage présente une importante **collection★** d'œuvres d'**Eugène Boudin** (1824-1898) ; elle s'est peu à peu enrichie grâce à divers legs et à l'ampleur du don fait par Louis Boudin, frère de l'artiste ; elle rassemble des peintures, dessins, aquarelles. Normand né à Honfleur mais qui vécut au Havre, sacré « roi des ciels » par Baudelaire, Boudin est un des précurseurs de l'impressionnisme. Les toiles exposées retracent les étapes de l'évolution de l'artiste depuis ses débuts où il peint à la manière précise des maîtres hollandais (Pardon de Ste-Anne-de-la-Palud) jusqu'à ses dernières œuvres qui atteignent à une liberté de touche à

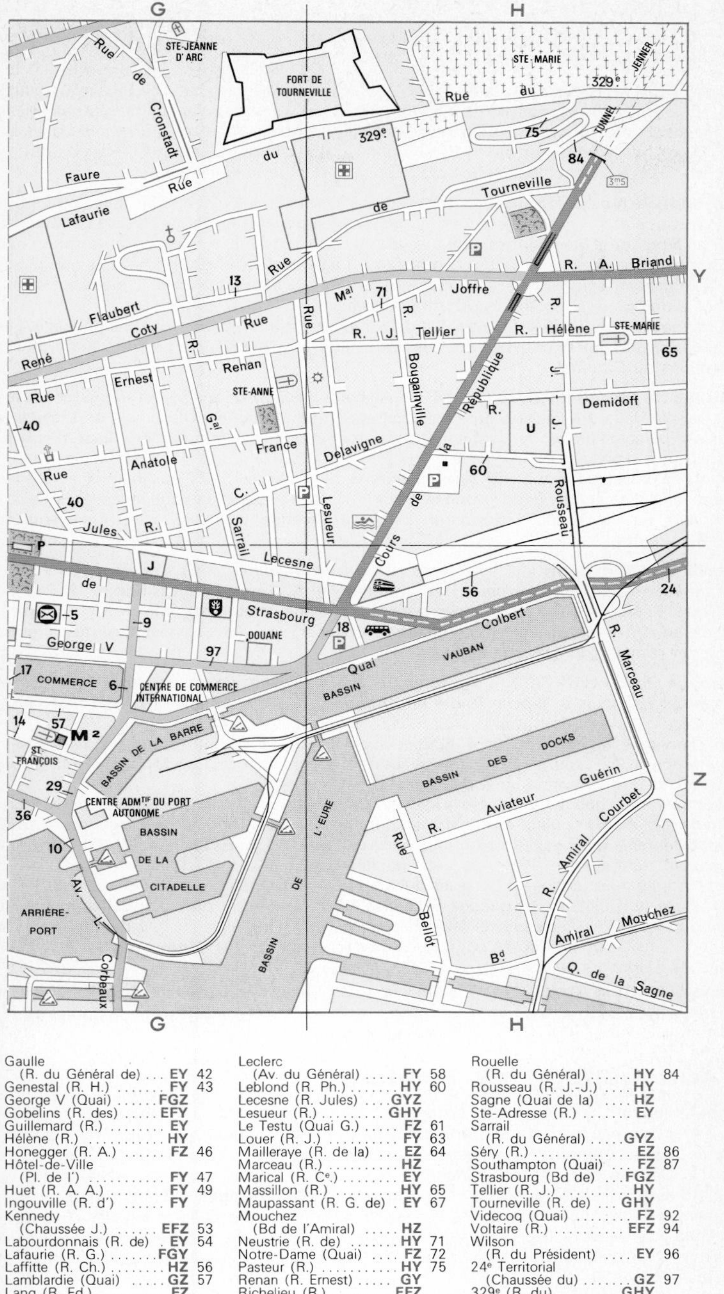

Gaulle
(R. du Général de) ... **EY** 42
Genestal (R. H.) .... **FY** 43
George V (Quai) ...... **FGZ**
Gobelins (R. des) ..... **EFY**
Guillemard (R.) .... **EY**
Hélène (R.) .... **HY**
Honegger (R. A.) ...... **FZ** 46
Hôtel-de-Ville
(Pl. de l') .... **FY** 47
Huet (R. A. A.) .... **FY** 49
Ingouville (R. d') ...... **FY**
Kennedy
(Chaussée J.) ...... **EFZ** 53
Labourdonnais (R. de) . **EY** 54
Lafaurie (R. G.) .... **FGY**
Laffitte (R. Ch.) .... **HZ** 56
Lamblardie (Quai) ..... **GZ** 57
Lang (R. Ed.) .... **FZ**

Leclerc
(Av. du Général) ..... **FY** 58
Leblond (R. Ph.) .... **HY** 60
Lecesne (R. Jules) .... **GYZ**
Lesueur (R.) .... **GHY**
Le Testu (Quai G.) ..... **FZ** 61
Louer (R. J.) .... **FY** 63
Mailleraye (R. de la) ... **EZ** 64
Marceau (R.) .... **HZ**
Marical (R. Ce.) .... **EY**
Massillon (R.) .... **HY** 65
Maupassant (R. G. de) . **EY** 67
Mouchez
(Bd de l'Amiral) ..... **HZ**
Neustrie (R. de) .... **HY** 71
Notre-Dame (Quai) .... **FZ** 72
Pasteur (R.) .... **HY** 75
Renan (R. Ernest) ..... **GY**
Richelieu (R.) .... **EFZ**

Rouelle
(R. du Général) ...... **HY** 84
Rousseau (R. J.-J.) .... **HY**
Sagne (Quai de la) .... **HZ**
Ste-Adresse (R.) .... **EY**
Sarrail
(R. du Général) ..... **GYZ**
Séry (R.) .... **EZ** 86
Southampton (Quai) ... **FZ** 87
Strasbourg (Bd de) ... **FGZ**
Tellier (R. J.) .... **HY**
Tourneville (R. de) ... **GHY**
Videcoq (Quai) .... **FZ** 92
Voltaire (R.) .... **EFZ** 94
Wilson
(R. du Président) .... **EY** 96
24e Territorial
(Chaussée du) .... **GZ** 97
329e (R. du) .... **GHY**

la limite de l'art figuratif (Barques jaunes à Étretat, Intérieur d'une église en Bretagne). Paysages normands et scènes de plages à Deauville et Trouville sont des sujets où il excelle. A côté de Boudin, figurent ses contemporains : Corot (dont la manière l'influença), Manet et J.-F. Millet. On admire en outre des œuvres des écoles française (Vouet, Fragonard, Courbet, Fantin-Latour), hollandaise, flamande et italienne du 16e au 19e s.

Sémaphore (EZ). – Au sémaphore dont la tour culmine à 52,40 m, sont concentrés tous les moyens de communication entre la terre et les navires (radar, radio, télégraphe). Aux abords stationnent les **Abeilles,** ces remorqueurs si bien nommés, et les bateaux-pilotes. De l'extrémité de la jetée, la **vue** embrasse l'entrée du port et l'avant-port protégé par la longue digue Sud, avec le poste d'accostage des navires méthaniers au premier plan et les réservoirs à méthane liquide ; de là on peut suivre tous les mouvements des navires.

Digue Nord et Plage (EYZ). – La digue Nord, renforcée par une jetée en retour d'équerre, protège le port de plaisance (anse des Régates et anse de Joinville). Très longue, elle offre de son extrémité une belle vue sur l'avant-port. La plage (galets à marée haute et sable à marée basse) du Havre et de Ste-Adresse (rendez-vous préféré des véliplanchistes), qui s'étire de la digue Nord au cap de la Hève, offre depuis la promenade (le « boulevard maritime » pour les Havrais) des vues sur l'estuaire de la Seine. En saison, les « cabanes » de plage, petites constructions de bois peintes en blanc, s'étalent tout le long du rivage.

AUTRES CURIOSITÉS

⊙ **Muséum d'Histoire naturelle** (FZ M⁴). – Il est installé dans l'ancien Palais de Justice du 18e s. Une salle est consacrée à l'ornithologie, on y voit des oiseaux de l'estuaire de la Seine, des marais ainsi que des oiseaux de mer ; remarquer le moulage d'un pan de la falaise du Tilleul (au Nord du Havre) reconstitué, avec les différentes espèces d'oiseaux qui s'y nichent. Les autres collections incluent l'apiculture et la minéralogie.

Cathédrale Notre-Dame (FZ). – Cet édifice, construit de 1575 à 1630, allie gothique et Renaissance et s'hérisse de contreforts ornés de gargouilles en forme de salamandres. Le portail Nord, orné de colonnes ioniques, est dit de l'Ave Maria, à cause de l'inscription que l'on peut lire au-dessus de la rose flamboyante. La façade Ouest est rythmée par trois paires de colonnes ioniques annelées, surmontées de vases à chaque extrémité. L'étage supérieur, percé d'une grande fenêtre, est d'ordre corinthien.
L'intérieur présente une nef centrale et deux nefs latérales terminées par une chapelle. Les grandes orgues datent de 1637. Elles ont été offertes par Richelieu et portent à leur sommet les armes du Cardinal.

⊙ **Musée de l'Ancien Havre** (GZ M²). – Au cœur du vieux quartier St-François, ce musée est installé dans une maison du 17e s., qui appartint à la famille Dubocage de Bléville et qui est caractéristique de l'habitat urbain normand de cette époque, alliant pierre et silex.
Le musée présente l'histoire urbaine et maritime du Havre de 1517 à nos jours, chaque salle étant consacrée à une période donnée. Pour le 19e s. une place particulière est donnée aux chantiers navals Augustin-Normand. Une salle évoque la musique des rues sous la IIIe République.

Forêt de Montgeon (BC). – *Accès par le tunnel Jenner* (HY) *s'ouvrant cours de la République (direction ville haute).* A la périphérie du Havre, ce massif boisé de 280 ha (chênes, hêtres, bouleaux), aménagé pour les promeneurs et transformé en parc de loisirs, est devenu un agréable lieu de détente offrant un lac où se pratique le canotage, des aires de jeux, un camping et des terrains de sport.

Abbaye de Graville (C). – *Accès par la rue A.-Briand, la rue de Verdun (directions Rouen-Paris), puis à gauche la rue de l'Abbaye (panneau indicateur). On entre par le cimetière.*
Un sanctuaire érigé ici au 6e s. abritait les reliques de sainte Honorine (martyrisée à Lillebonne en 303) qui, pour être préservées de la « fureur des Normands », furent emportées à Conflans-Ste-Honorine, près de Pontoise.
A l'entrée, sur la gauche, se dresse la statue monumentale de N.-D.-de-Grâce appelée **Vierge noire** en raison de la couleur du métal qui la compose. Elle a été érigée après la guerre de 1870 pour célébrer le recul des Prussiens aux portes de la ville. L'**église Ste-Honorine** (**D**), ancienne abbatiale, date des 11e-13e s. : beaux chapiteaux historiés.
Descendre par les jardins en terrasses qui contournent les bâtiments conventuels du 13e s. (remaniés au 17e s.) situés à gauche de l'église. Ces terrasses, qui offrent de belles vues sur le Havre industriel et l'estuaire de la Seine, permettent d'apprécier le site de l'abbaye. On aboutit dans la rue du Prieuré où, un peu plus haut, un escalier conduit au musée installé dans les bâtiments conventuels.

⊙ **Musée du Prieuré de Graville** (CM³). – On y voit des pierres tombales, chapiteaux, statues en pierre du 12e au 15e s., des bas-reliefs et statues en bois polychrome, de l'art populaire, une collection de maquettes de vieilles demeures normandes.

L'AGGLOMÉRATION HAVRAISE

★★ **Ste-Adresse** (A). – 8 212 h. *Visite : 1 h.* Ste-Adresse était une active cité maritime au 14e s., sous le nom de St-Denis Chef de Caux, lorsque son port fut dévasté par un raz de marée. Aujourd'hui, cette aimable localité, qui forme le prolongement du Havre vers le Cap de la Hève, est constituée d'une station balnéaire et du vieux bourg de Ste-Adresse, concentré au revers de la côte dans le vallon d'Ignauval. La station s'est développée au début du siècle grâce à l'initiative du commerçant parisien Dufayel. Exposées au midi, de belles villas, entourées de jardins s'étagent en terrasses sur les hauteurs escarpées du cap de la Hève, offrant de nombreux points de vue sur le Havre et l'estuaire de la Seine.
Au cours de la guerre 1914-1918, à la suite de l'invasion de la Belgique, le gouvernement belge s'installa à Ste-Adresse, y bénéficiant du privilège d'extra-territorialité.

★★ **Panorama du fort de Ste-Adresse** (EY E). – *Accès : place de l'Hôtel-de-ville du Havre, prendre la rue Georges-Braque, la rue d'Étretat, la rue de Ste-Adresse puis, à droite, la rue Cochet et, à gauche, la rue du Fort.*
Cet endroit est connu localement sous le nom de « chapeau de Napoléon », à cause de la forme du terre-plein qui se trouve dans un brusque virage à droite.
Un escalier monte à une terrasse d'où on découvre un magnifique **panorama** sur la ville, le port, l'estuaire et la Côte de Grâce. Par temps clair, on distingue toute la côte du Calvados de part et d'autre de l'embouchure de l'Orne.
Au loin, sur la droite, de l'autre côté du vallon d'Ignauval, on aperçoit le « Pain de Sucre » *(voir ci-dessous).*

★ **Circuit de Ste-Adresse** (A). – En suivant le boulevard Albert Ier, qui longe la plage, on atteint la place Clemenceau où se dresse la statue du roi des Belges, Albert Ier, souverain de 1909 à 1934.

Suivre la signalisation Pain de Sucre, N.-D.-des-Flots.

Après quelques lacets, on passe devant le **Pain de Sucre** (**B**), cénotaphe du général-comte Lefèbvre-Desnouettes disparu dans un naufrage au large de l'Islande en 1822. Ce monument a été élevé par la veuve du général, sous cette forme, pour servir d'amer aux
⊙ marins. Un peu plus haut sur la droite, la **chapelle N.-D.-des-Flots** renferme des ex-voto de marins.

Prendre à gauche la route du Cap.

La route longe les bâtiments de l'École nationale de la Marine marchande, l'une des plus modernes d'Europe par son aménagement et son équipement technique.

Cap de la Hève (A). – *En avant du phare (1/4 h à pied AR).* Ce site rocheux domine l'entrée du port et l'embouchure de la Seine (casemates de la dernière guerre).
Faire demi-tour et prendre le boulevard du Président Félix-Faure, à droite, qui ramène en vue de la mer. Dans la descente, un belvédère aménagé (table d'orientation - longue-vue) offre un **panorama★** (F) sur la plage, la ville et le port du Havre, l'estuaire de la Seine, et la côte du Calvados.

Regagner la place Clemenceau.

Harfleur (D). – *Accès par la rue A.-Briand et la rue de Verdun en direction de Rouen.*
Au débouché de la vallée de la Lézarde, cet ancien port de mer (9 703 h.) fait partie de la banlieue industrielle du Havre. Son **église St-Martin** possède un clocher du 15e s., célèbre dans le pays de Caux, qui s'élève à 83 m de hauteur. A l'intérieur, aux belles clefs de voûtes, les piliers de gauche comportent des chapiteaux à feuillage alors que les autres colonnes fusent d'un seul jet. Dans la 1re chapelle du bas-côté droit, retable du 18e s. et pierre tombale d'un seigneur et de son épouse (14e s.). Buffet d'orgues du 17e s., orné de fines sculptures.
En suivant la rue des 104 et la rue Gambetta, on atteint le **pont sur la Lézarde** d'où la vue est jolie sur le clocher.

★★LE PORT

Le trafic. – Situé sur la rive droite de la Seine, à son estuaire, le Havre se place au 2e rang des ports français (après Marseille) avec un trafic atteignant 50 millions de tonnes. Les marchandises débarquées (39,5 millions de tonnes) sont représentées essentiellement par le pétrole, le charbon, les produits chimiques, les phosphates naturels, les hydrocarbures gazeux, les fruits et légumes, le café, le coton, le caoutchouc, etc. Les marchandises embarquées (17 millions de tonnes, avitaillement compris) consistent pour moitié en produits pétroliers.
Le Havre est équipé de 3 gares maritimes (1 pour les paquebots de croisière, 2 pour les lignes régulières, le Havre-Portsmouth, le Havre-Rosslare et le Havre-Cork assurées par car ferries) qui ont permis, en 1985, le transit de 900 000 passagers.
Le Havre est le 1er port français pour les conteneurs, aussi le port bénéficie-t-il de trois quais spécialisés (CD) : le quai de l'Europe, le quai de l'Atlantique et le quai Bougainville.
Un important réseau de voies de communications et la mise en service du pont de Tancarville (1959), en permettant aux entreprises des régions voisines de développer leurs échanges avec les pays de la rive gauche de la Seine, ont entraîné une augmentation rapide du trafic du port.

L'extension du port. – Les terrains alluviaux de la rive Nord de la Seine, qui se prolongent jusqu'au pont de Tancarville *(voir le schéma p. 81)*, constituent un site privilégié pour l'extension du port qui doit être en mesure de recevoir des navires dont les dimensions et les tonnages ne cessent d'augmenter.
Le **bassin René-Coty** (C), bassin de marée d'une longueur de 2,5 km et d'une profondeur de 15 m, est aménagé pour recevoir les porte-conteneurs et les pétroliers de 250 000 t, ainsi que les minéraliers de 150 000 t dont une des fonctions consiste à alimenter les centrales thermiques du Havre *(voir p. 88)* et de la région parisienne.
A l'extrémité du bassin René-Coty, l'**écluse maritime François Ier** (C), la plus volumineuse du monde (longueur : 400 m, largeur : 67 m, profondeur : 24 m), mise en service en 1971, met en communication ce bassin soumis aux variations du flux et du reflux avec le **canal Bossière** (CD) à niveau constant, lui-même relié au canal fluvial de Tancarville utilisé par la batellerie, et le **Grand canal du Havre** (CD) desservant directement la zone industrielle.
Grâce à l'écluse et à ce canal, les navires de 250 000 t peuvent décharger au cœur de la zone industrielle sans être gênés par le rythme des marées.

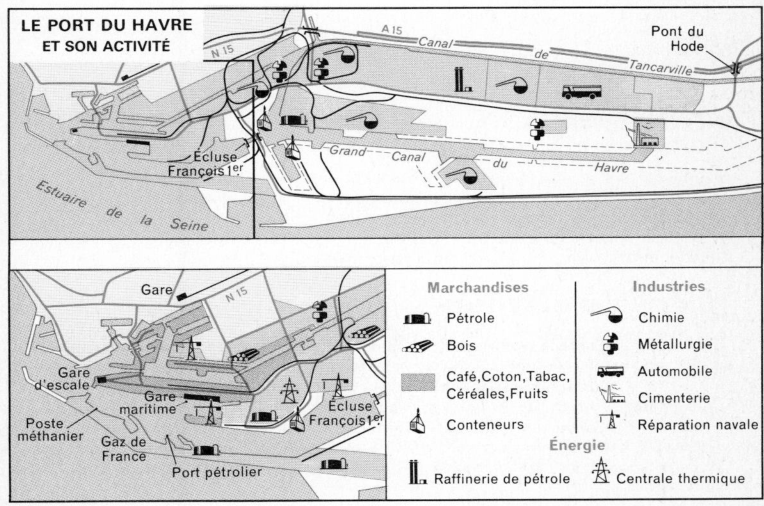

Cependant, la capacité d'accueil du port actuel se limitant aux unités de 260 000 t, la création du **port pétrolier du Havre-Antifer** *(voir p. 71)*, à 22 km au Nord du Havre entre St-Jouin et Bruneval, a été entreprise en 1972 : ce « port à la côte » en eau profonde (25 m), peut recevoir les supertankers de 555 000 t.

La zone industrielle. – Dans la zone industrielle du Havre qui se développe sur 8 000 ha et 21 km sont installés une raffinerie, des complexes chimiques et pétrochimiques, des fabriques d'engrais, une usine de construction automobile (Renault Sandouville), une cimenterie, un centre multivrac offrant de vastes surfaces pour le stockage et le traitement de produits pondéreux ou agro-alimentaires, etc.
La centrale thermique E.D.F. édifiée su 32 ha en bordure du bassin René-Coty fournit l'énergie à ce vaste ensemble industriel.

Les bassins. – Le port du Havre possède 1 100 ha de bassins et 28 km de quais. Il comprend trois zones d'utilisation distinctes pour le trafic maritime :
— Les modernes **bassins de marée** (Théophile-Ducrocq, René-Coty) en liaison avec la mer, en eau profonde, sont accessibles aux navires d'un tonnage n'excédant pas 260 000 t. Ils sont affectés aux pétroliers, aux minéraliers, aux cargos en escale rapide, aux porte-conteneurs.
— Les sept **bassins à flot** (le plus important est le bassin Bellot), où l'eau est retenue par deux sas-écluses, sont réservés aux cargos.
— Les **bassins à niveau constant**, dotés d'écluses : le bassin Vétillart (en communication avec les bassins à flot), le garage de Graville, le bassin M. Despujols et les appontements de la Compagnie Française de Raffinage, la darse de l'Océan, le canal Bossière ainsi que le grand canal du Havre. Les deux derniers cités reçoivent les porte-conteneurs.
Enfin, au-delà de la C.F.R., le **canal de Tancarville** est le domaine de la navigation fluviale.

⊙**Centrale thermique** (**C**). – Disposant d'une puissance installée de 2 050 000 kW, c'est une des plus grandes d'Europe fonctionnant au fuel et au charbon. L'une de ses caractéristiques les plus spectaculaires est de posséder deux cheminées de 240 m de hauteur.

Visite du port. – Tous renseignements sur le port et le mouvement des navires peuvent être demandés à l'hôtesse dans le hall de l'immeuble du Centre administratif du Port Autonome (**GZ**), terre-plein de la Barre. Possibilité de location de lecteurs de cassettes pour une visite individuelle du port.

⊙Des visites en vedette sont organisées à partir du quai de la Marine, et donnent un panorama complet des structures et installations portuaires.

⊙PROMENADES EN BATEAU

Croisières sur la Seine. – Remontée du fleuve jusqu'à Villequier ou Rouen.

Traversée de l'estuaire. – Le Havre-Honfleur ou Deauville.

EXCURSIONS

★★**Étretat.** – *28 km. Quitter le Havre par ①, D 940. Description p. 70.*

★★**Fécamp.** – *12 km d'Étretat par la D 940. Description p. 76.*

⊙**Château d'Orcher.** – *10 km. Quitter le Havre par ③, N 15, puis prendre à droite la route de Gonfreville-l'Orcher.* Ce château se dresse sur une falaise dominant la Seine. A l'origine (11e s.) il faisait partie d'un système de défense assurant la protection de l'estuaire. Il a été démantelé au 14e s. pour ne pas tomber entre les mains des Anglais. Le financier Law en fut un des propriétaires. Au 18e s. un négociant Rouennais en fit l'acquisition, fit raser trois des côtés et aménager le quatrième dans le goût de l'époque Louis XV.
On visite la bibliothèque, la salle à manger (belle collection d'assiettes de la Compagnie des Indes), les salons dont l'un révèle un bel ensemble de boiseries rocailles.
Le **colombier** octogonal, en silex bleuté et en pierre, renforcé de contreforts, est digne d'attention.
A proximité du château, s'étale une longue terrasse ombragée, but de promenade à pied.

★★ HONFLEUR

8 376 h. (les Honfleurais ou Honfleurois)

Carte Michelin n° 55 pli 8 ou 231 pli 20 – Schémas p. 40 et 130 – Lieu de séjour.

Honfleur, postée sur l'estuaire de la Seine, au pied de la Côte de Grâce, offre une grande séduction avec son vieux bassin, son église, ses vieilles rues et son avant-port où une flottille de bateaux de pêche rapporte poissons et crustacés.
Place fort importante jusqu'au 15e s., Honfleur a acquis sa vraie gloire en participant aux expéditions maritimes qui ont fait la renommée de la Normandie *(voir p. 16)*.

UN PEU D'HISTOIRE

Le Canada, colonie normande. – Dès le début du 16e s., des navigateurs avaient touché les côtes d'un pays appelé « Gallia Nova » par Verrazano, le découvreur du site de New York *(voir p. 62)* ; mais c'est **Jacques Cartier** qui, en 1534, « y met les pieds, s'en empare et le donne à la France ». Il adopte le nom de Canada qui signifie « village » en huron. Pourtant, François Ier est déçu car le Malouin ne rapporte ni épices, ni or, ni diamants. Le Canada est délaissé. C'est seulement au début du 17e s. que **Samuel de Champlain**, navigateur avisé, reçoit mission de créer des établissements sur ce vaste territoire. Parti de Honfleur, il fonde Québec en 1608.

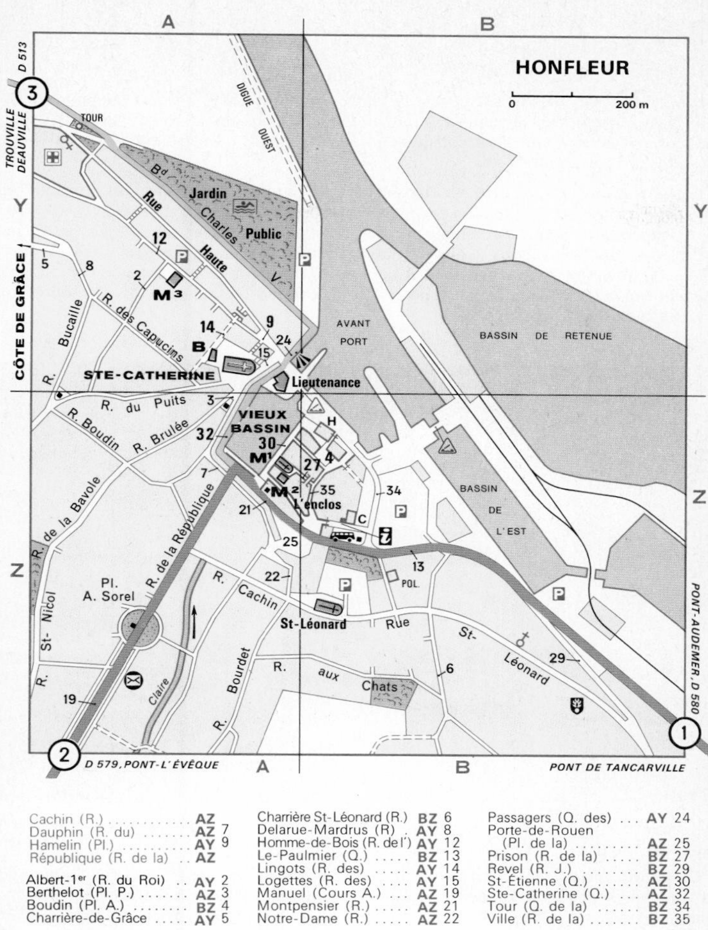

Cachin (R.) . . . . AZ
Dauphin (R. du) . . . . AZ 7
Hamelin (Pl.) . . . . AY 9
République (R. de la) . . AZ

Albert-1er (R. du Roi) . . AY 2
Berthelot (Pl. P.) . . . . AZ 3
Boudin (Pl. A.) . . . . BZ 4
Charrière-de-Grâce . . . . . AY 5
Charrière St-Léonard (R.) BZ 6
Delarue-Mardrus (R) . AY 8
Homme-de-Bois (R. de l') AY 12
Le-Paulmier (Q.) . . . . . BZ 13
Lingots (R. des) . . . . . AY 14
Logettes (R. des) . . . . AY 15
Manuel (Cours A.) . . . AZ 19
Montpensier (R.) . . . . . AZ 21
Notre-Dame (R.) . . . . . AZ 22
Passagers (Q. des) . . . AY 24
Porte-de-Rouen (Pl. de la) . . . . AZ 25
Prison (R. de la) . . . . . BZ 27
Revel (R. J.) . . . . BZ 29
St-Étienne (Q.) . . . . . . AZ 30
Ste-Catherine (Q.) . . . AZ 32
Tour (Q. de la) . . . . . . BZ 34
Ville (R. de la) . . . . BZ 35

Grâce aux conseils de Colbert, Louis XIV s'intéresse au Canada qui devient rapidement une véritable colonie normande et percheronne. Plus de 4 000 paysans s'y établissent et défrichent le sol. La pêche, la chasse, le commerce du « pelu » (fourrure) y sont florissants.

Mais les Iroquois, établis dans la région des lacs Érié et Ontario, n'acceptent pas de bonne grâce l'installation des colons français : en 1665, ceux-ci doivent faire appel à l'aide militaire de la France pour se protéger des incursions de plus en plus fréquentes et audacieuses des indigènes. C'est ainsi que débarque le régiment de Carignan-Salières, fort d'un millier de soldats. Aussitôt un décret oblige les soldats à se marier sur place, moins de quinze jours après l'arrivée des bateaux transportant les « filles du roy » ; ces jeunes filles venaient tout exprès de France pour participer courageusement à l'accroissement de la population canadienne par trop clairsemée. Afin qu'elles ne soient « aucunement disgraciées de nature... sans rien de rebutant à l'extérieur... saines et fortes pour le travail de la campagne... », la reine elle-même s'intéressait à leur choix.

Cavelier de La Salle, partant du Canada, explore la Louisiane. C'est pour défendre la vallée de l'Ohio, voie de passage entre les deux colonies, que s'engage avec l'Angleterre la lutte qui devait aboutir à la perte du Canada (1760).

Honfleur ou l'invitation aux Arts. – Honfleur est un lieu béni des Muses. Son atmosphère, son pittoresque ont inspiré toute une foule d'artistes : peintres, écrivains et musiciens.

Lorsque la côte normande est à la mode parmi les Romantiques, Musset séjourne à St-Gatien chez son ami Ulrich Guttinger ; mais, bientôt, Honfleur est colonisée par les peintres. Il ne s'agit pas seulement des Boudin, Hamelin, Lebourg, de pure souche normande, mais de Parisiens tels Paul Huet, Daubigny, Corot, etc., et d'étrangers comme Bonington et Jongkind.

C'est dans la petite auberge de St-Siméon, chez « la mère Toutain », que se réunissent peintres honfleurais, havrais, parisiens et étrangers dont certains formeront le groupe qui prendra le nom d'« impressionniste » *(voir p. 25)*.

Depuis, les peintres de toutes les écoles (les pointillistes avec Seurat, les fauvistes avec Dufy), de toutes les tendances sont venus à Honfleur et ont subi son charme : on a pu dire que la peinture y est une « maladie endémique ».

Baudelaire, séjournant chez sa mère, retirée dans la ville, déclare : « Honfleur a toujours été le plus cher de mes rêves » ; il y compose l'Invitation au voyage.

Entre autres célébrités, Honfleur a encore donné le jour à l'économiste Frédéric Le Play (en fait né à la Rivière-St-Sauveur, village tout proche), à l'historien Albert Sorel – dont les descendants sont restés fidèles à leur petite patrie, – à l'humoriste Alphonse Allais, au musicien Erik Satie, au fin poète et romancier Henri de Régnier et à Lucie Delarue-Mardrus dont les œuvres ont la saveur de cette terre qu'elle aimait tant.

★★LE VIEUX HONFLEUR *visite : 2 h 1/2*

Parcourir à pied les rues et les ruelles du Vieux Honfleur, s'arrêter devant la façade d'une vieille maison, ou devant le chevalet d'un peintre, ou à la terrasse d'un café autour du Vieux Bassin et... d'une bolée de cidre, constitue pour le touriste de passage, avec la complicité du soleil, un moment inoubliable.

★★ **Le Vieux Bassin** (AZ). – Créé par Duquesne, il est entouré de quais fort pittoresques. Les bateaux de plaisance y ajoutent un cachet supplémentaire. Le contraste est frappant entre le **quai St-Étienne** aux riches demeures de pierre à deux étages et mansardées et le **quai Ste-Catherine** dont les maisons étroites et hautes, comptant jusqu'à 7 étages, présentent des façades de bois protégées d'ardoises. A côté du pont levant, la Lieutenance complète cet ensemble unique. Le quai St-Étienne permet de jouir de la vue sur le quai Ste-Catherine dont les façades se mirent dans l'eau.

Honfleur. – Le vieux bassin.

La Lieutenance (AY). – C'est un vestige de l'ancienne demeure (16e s.) du lieutenant du roi, gouverneur de Honfleur. Sur la façade donnant sur la place, on a encastré, entre deux échauguettes, la porte de Caen, ancienne porte de la ville, provenant des anciens remparts. Sur la façade tournée vers le port, une plaque commémore le départ de Champlain. De l'angle du quai des Passagers, jolie vue sur le bâtiment, le Vieux Bassin et, de l'autre côté, sur l'avant-port.

L'Enclos (BZ). – Ce quartier à l'Est du Vieux Bassin constituait jadis le cœur de la vieille cité enclose dans ses fortifications.

⏲ **Musée de la Marine** (AZ M[1]). – Il est installé dans l'église St-Étienne, aujourd'hui désaffectée, qui s'ouvre par un porche en bois. Le musée retrace l'histoire du port de Honfleur et rassemble bon nombre de maquettes de navires ainsi qu'une riche documentation topographique sur la ville. Les activités maritimes ne sont pas oubliées : pêche, guerre de course, chantiers navals. Remarquer une série de documents du 18e s. concernant la traite des noirs et un livre de comptabilité.

Rue de la Prison (BZ 27). – De vieilles maisons à pans de bois s'y succèdent.

⏲ **Musée d'art populaire** (AZ M[2]). – L'ancienne prison sert de cadre à ce musée où ont été reconstitués des intérieurs normands. On y voit notamment le manoir vigneron à pans de bois (poteries du Pré d'Auge, coffres sculptés), la salle à manger bourgeoise, l'atelier du tisserand et celui de l'imprimeur, la chambre à coucher et une boutique au rez-de-chaussée. Les différentes pièces exposent une grande variété d'objets : étains, armes anciennes, meubles, tableaux, instruments de mesure... et une originale collection de costumes d'acteurs provenant du théâtre créé par Louis XIV à Beaumont-en-Auge.

⏲ **Greniers à sel** (BZ 35). – *Rue de la Ville.* Ces bâtiments en pierre, couverts de tuiles, furent construits au 17e s. sur une ordonnance de Colbert, afin d'entreposer les sels nécessaires aux armements pour la pêche à la morue, puis à l'impôt de la gabelle. Leur belle charpente en chêne n'est visible que lors d'expositions temporaires.

Place Arthur-Boudin (BZ 4). – De vieilles maisons essentées d'ardoises s'ordonnent autour de cette petite place. Au n° 6, maison Louis XIII en damier de pierre et de silex. Le samedi matin, la place déborde d'animation et de couleurs grâce à son marché aux fleurs.

Le quartier Ste-Catherine. – Cet ancien quartier, autrefois faubourg de la ville, fut rattaché à l'Enclos fortifié au 19e s. par le comblement des fossés de séparation. La place Ste-Catherine, où se tient un marché le samedi matin, en est le cœur.

★ **Clocher de Ste-Catherine** (AY B). – Isolée de l'église et recouverte de bardeaux de châtaignier, ⏲ cette construction originale repose sur un large soubassement qui abritait la maison du sonneur. L'intérieur révèle une belle charpente en bois et expose principalement des objets d'art sacré (statue de moine en bois polychrome du 16e s., Christ en verre provenant du paquebot Ile-de-France), des ornements et des torchères utilisées par les confréries de Charité ainsi que des médailles de fanfares.

★ **Église Ste-Catherine** (AY). – Entièrement en bois, à l'exception des fondations, sa construction constitue un exemple fort rare en Europe occidentale. Après la guerre de Cent Ans, on s'arrachait maçons et architectes pour la « Reconstruction » d'alors. Impatients de remercier

Dieu du départ des Anglais, les « maîtres de hache » de Honfleur, jadis centre de chantier naval, décidèrent de construire eux-mêmes l'église, à leur manière. L'intérieur se compose de nefs jumelles et de deux bas-côtés. Chaque nef est recouverte d'une voûte de bois à charpente apparente soutenue par des piliers de chêne, en forme de carène renversée. Les panneaux sculptés ornant la tribune sont du 16e s. Les belles orgues datent du 18e s. Nombreuses statues en bois anciennes et modernes.

Vieilles rues (AY). – Le quartier Ste-Catherine conserve de vieilles rues bordées de maisons à pans de bois et en pierre. En voici quelques exemples : la **place Hamelin** où Alphonse Allais naquit au n° 6 ; la **rue Haute,** ancien chemin de grève, situé en dehors des fortifications, où logeaient la plupart des armateurs, au n° 88 la maison d'Érik Satie ; la **rue de l'Homme-de-Bois,** qui domine la rue Haute, côté jardins ; la **rue des Lingots,** étroite et tortueuse, qui a gardé son vieux pavage ; la **rue du Puits** où le peintre hollandais Jongkind séjourna au n° 23.

⊙**Musée Eugène Boudin** (AY M3). – Le musée, qui ne possède que peu de peintures anciennes, est avant tout le musée de l'École de Honfleur et des peintres de l'Estuaire.
Une salle du 1er étage est consacrée à une collection de coffres, armoires, costumes, coiffes, poupées, gravures et tableaux dont la plupart ont trait à la vie quotidienne normande aux 18e et 19e s.
Dans l'escalier, tableau d'André Hambourg « Soir de fête les lampions » ayant décoré l'appartement Normandie du paquebot France.
Deux salles au 2e étage présentent un ensemble de peintures et de pastels d'Eugène Boudin et de ses amis (Isabey, Huet, Courbet, Monet, Jongkind, Pecrus, Dubourg, Cals, etc.).
Au 3e étage, une salle est réservée à Dufy, Marquet et Villon ainsi que de nombreux peintres contemporains (Oudot, Germez, Hambourg, Effel, etc.).

★★ CÔTE DE GRÂCE (AY)

La beauté sereine de ce site célèbre, vivement ressentie par tous les fervents de Honfleur, plaît aussi aux touristes de passage.

★★ **Calvaire.** – Longues-vues. De cette croix, on découvre un admirable **panorama** sur l'estuaire de la Seine, la rade du Havre et, à l'extrême droite, sur le pont de Tancarville.
Aux alentours, de jolis sentiers s'engagent sous bois.

⊙**Chapelle N.-D.-de-Grâce.** – Au centre de l'esplanade, à l'ombre d'arbres magnifiques, se trouve la petite chapelle N.-D.-de-Grâce dont la statue se trouve à l'intérieur ; ce gracieux édifice du 17e s. a remplacé un sanctuaire fondé, dit-on, par Richard II, 4e duc de Normandie. La chapelle du transept, à gauche, est dédiée à tous les Canadiens d'origine normande, en souvenir du départ pour le Canada de nombre de navigateurs et colons, partis de ce point de côte. Tout au long de l'année, affluent les pélerins *(voir p. 143)*. Nombreux petits navires ex-voto.

Point de vue du Mont-Joli. – D'une petite plate-forme (bancs) où a été érigée une stèle dédiée à N.-D.-de-Grâce, vue sur la ville, le port et la côte ; au fond, on distingue le pont de Tancarville.

AUTRES CURIOSITÉS

Jardin public (AY). – Agréable parc fleuri, aménagé sur des terrains repris à la mer. Le parcours de la digue Ouest, le long du chenal, à marée haute, constitue une jolie promenade.

Église St-Léonard (BZ). – Sa façade associe bizarrement un riche portail flamboyant et une tour-clocher de 1760 coiffée d'un dôme. A l'intérieur de l'église, dont le narthex est surmonté d'une voûte sur croisée d'ogives restaurée, on remarque deux immenses bénitiers faits de coquilles naturelles. A l'entrée du chœur, statues de Notre-Dame des Victoires et de saint Léonard avec deux prisonniers à genoux ; dans le chœur statues en bois verni (17e s.) représentant saint Pierre, saint Paul et les quatre évangélistes. Beau lutrin de cuivre de 1791 sorti des fonderies de Villedieu-les-Poêles.

★★ HOULGATE

1 784 h. (les Houlgatais)

Carte Michelin n° 54 pli 17 ou 231 pli 19 – Lieu de séjour.

Houlgate est le type parfait de ces stations normandes où la côte et la campagne environnante rivalisent de charme. Les avenues ombragées, les villas entourées de parcs rehaussent la séduction naturelle du frais vallon du Drochon où se blottit la localité.
La magnifique plage de sable fin est longée par une digue-promenade, rendez-vous général des baigneurs. Elle se prolonge au pied des falaises des Vaches Noires aux formes tourmentées ; c'est le coin préféré des amateurs de pêche et de coquillages.

EXCURSION

★ **Falaise des Vaches Noires.** – Entre Villers-sur-Mer et Houlgate, le plateau d'Auberville s'achève par une falaise ébouleuse et ravinée, particulièrement connue pour l'étrangeté de ses aspects et pour les nombreux fossiles qu'elle recèle. Pour apprécier ce site original d'où le panorama s'étend de Trouville à Luc-sur-Mer et sur la majeure partie de la baie de la Seine, suivre la grève, à marée basse, en partant de Houlgate *(environ 2 h à pied AR)*.
La falaise présente un abrupt d'argiles et de marnes sombres, découpé en ravines. L'érosion marine attaque les falaises à leur base, le ruissellement des eaux douces du plateau d'Auge provoque un ravinement et la formation de coulées boueuses. Au sommet les assises calcaires sont démantelées ; de gros blocs calcaires ont dévalé qui, amoncelés près du rivage et recouverts de varech, constituent les « Vaches Noires » proprement dites.

IVRY-LA-BATAILLE

2 065 h. (les Yvryens)

Carte Michelin n° 55 pli 17 ou 231 pli 36 – Lieu de séjour.

La « Bataille » est celle qui vit, le 14 mars 1590, la victoire de Henri IV sur les Ligueurs de Mayenne.
La localité a conservé quelques maisons à colombage pittoresques. Au n° 5 rue de Garennes, on peut voir une demeure typique où, Henri IV aurait logé en 1590 et, fermant la rue de l'Abbaye, le portail (11e s.) à trois voussures aux sculptures rénovées de l'ancienne abbaye d'Ivry, disparue à la Révolution.

Église St-Martin. – Cet édifice (fin 15e-début 16e s.) doit sa fondation à Diane de Poitiers ; sa construction est attribuée en partie à un célèbre architecte de l'époque, Philibert Delorme. L'église est remarquable pour sa tour à pinacles gothiques ornée de gargouilles et de dragons, et surtout pour son portail Sud (la porte est murée) coiffé d'un élégant fronton et rythmé de pilastres cannelés à chapiteaux corinthiens. A l'intérieur, belle voûte en berceau lambrissée couvrant la nef et les bas-côtés.

EXCURSION

Obélisque d'Ivry. – *7 km au Nord-Ouest par la D 833 et la D 163.*

La Couture-Boussey. – 1 534 h. Ce village est depuis le 16e s. un important centre de fabrication d'instruments de musique à anche. Sur la place, le **musée artisanal et industriel d'instruments à vent,** présente une grande variété d'instruments produits au cours des siècles.

Prendre à droite la D 163.

Obélisque. – L'obélisque commémoratif de la bataille d'Ivry, signalé par une allée d'arbres, a été érigé sur le plateau par Napoléon en 1804.

★★★ JUMIÈGES

1 634 h. (les Jumiégeois)

Carte Michelin n° 54 pli 10 ou 231 pli 22 – Schéma p. 131.

Dans le cadre prestigieux de la vallée de la Seine maritime, Jumièges est « une des plus admirables ruines qui soient en France » (R. de Lasteyrie) *(1).*
L'émotion éprouvée de la visite de ces ruines sera d'autant plus vive que l'imagination reconstruira les tribunes, le bas-côté droit, la charpente de la nef, le carré du transept, l'hémicycle du chœur, les galeries du cloître actuellement à ciel ouvert.

Jumièges l'Aumônier. – Au 10e s., le duc Guillaume Longue Épée relève de ses ruines l'abbaye de Jumièges, fondée par saint Philibert au 7e s. : le passage des Vikings *(voir p. 127)* avait fait du monastère le « repaire des bêtes féroces et des oiseaux de proie ». La nouvelle abbaye bénédictine est bientôt appelée « Jumièges l'Aumônier », tant est grande sa charité. Elle s'adonne à l'étude et son savoir accroît sa renommée.
L'église abbatiale est consacrée en 1067, au lendemain de la conquête de l'Angleterre *(voir p. 17),* par l'archevêque de Rouen, en présence de Guillaume, le nouveau conquérant.
Les derniers moines se dispersent à la Révolution. En 1793, l'abbaye est adjugée aux enchères publiques à un marchand de bois de Canteleu qui entreprend d'utiliser Jumièges comme carrière et fait sauter, à la mine, la tour-lanterne de la magnifique église. Les ruines sont sauvées en 1852 par leur nouveau propriétaire, M. Lepel-Cointet. Le Service des Monuments Historiques a pris en charge les travaux d'entretien et de consolidation.

★★★L'ABBAYE *visite : 1/2 h*

Église Notre-Dame. – Deux tours de façade carrées, puis octogonales, hautes de 43 m, encadrent le porche d'entrée en saillie. Leurs flèches de charpente ne disparurent que vers 1830.
La nef entière, d'une hauteur de 27 m, est restée debout avec une partie du transept et du chœur. Au revers du porche, une large tribune s'ouvre sur la nef. Celle-ci, magnifique, est rythmée par l'alternance des piles fortes carrées, cantonnées de colonnes, et des piles faibles formées de colonnes ; son harmonie est soulignée par des collatéraux surmontés de tribunes voûtées d'arêtes. Le transept a été en grande partie détruit au 19e s. De la tour-lanterne, il ne subsiste qu'un pan, celui de l'Ouest, soutenu par un arc d'entrée dont la hauteur et la portée produisent un effet grandiose. Une mince tourelle au toit en poivrière y est accolée.
Le chœur primitif, sur le pourtour duquel on a trouvé quelques vestiges du déambulatoire, a été agrandi aux 13e et 14e s. Il ne reste plus aujourd'hui qu'une chapelle voûtée.

Passage Charles VII. – Ce passage voûté donne accès à la petite église St-Pierre. Il porte le nom de Charles VII, en souvenir de la visite du roi à Jumièges.

Église St-Pierre. – Le porche et les premières travées de la nef sont représentatifs de l'architecture normande carolingienne (oculus et arcatures géminées). Les autres vestiges datent des 13e et 14e s.
Le porche d'entrée, percé d'une arcade, est encadré par deux petites portes suivies d'escaliers desservant les tours de galeries ; il était surmonté d'une tribune sous arcade. Les deux premières travées forment de nos jours un rare spécimen de l'architecture normande du 10e s. Au-dessus des arcs en plein cintre, des médaillons étaient autrefois décorés de fresques.
Au-dessus se trouve une galerie ouvrant sur la nef par de petites baies jumelées en plein cintre.

Salle capitulaire. – Elle ouvrait largement sur le cloître, selon la règle monastique ; elle date du début du 12e s. Sa travée carrée et son abside étaient couvertes d'ogives qui comptent parmi les plus anciennes que l'on connaisse.

Sacristie des reliques. – Elle était voûtée en berceau et renforcée de contreforts.

---

(1) Pour plus de détails sur l'histoire de Jumièges, lire : « Jumièges », par Jouen-Lanfry-Lafond.

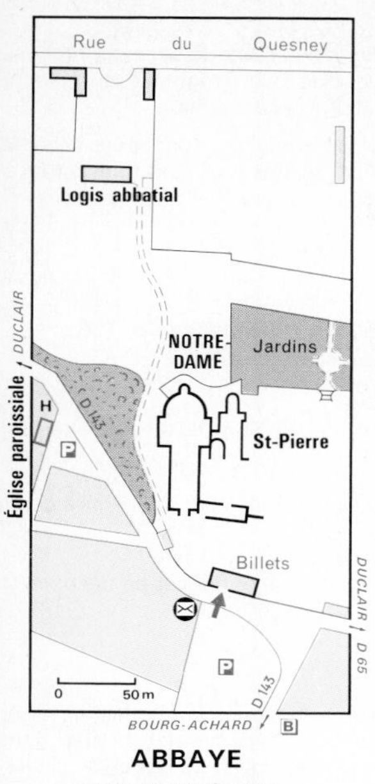

ABBAYE DE JUMIÈGES

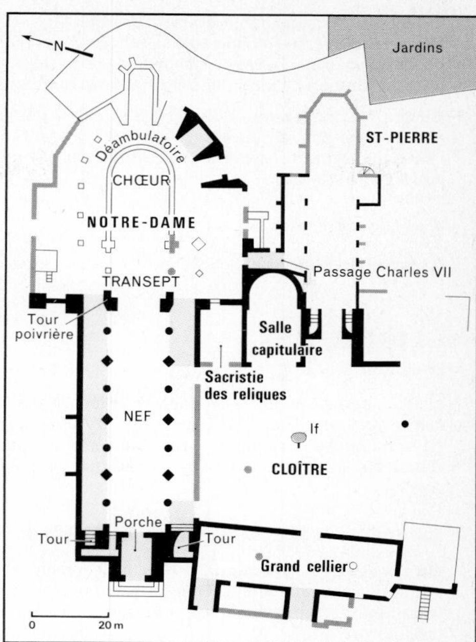

Cloître. – Un if séculaire en marque le centre. Les quatre galeries comptaient autrefois 26 travées. Le réfectoire occupait le côté Sud.

Cellier. – Le grand cellier date de la fin du 12e s. Son parement extérieur offre à l'Ouest des baies encadrées d'arcades ou de tympans trilobés.

Jardins. – Après un palier, un escalier du 17e s. à double révolution aboutit à une grande terrasse et aux jardins.

Logis abbatial. – Au-delà d'un grand parterre de gazon, s'élève un majestueux bâtiment du 17e s. de plan rectangulaire, coiffé d'un toit à la Mansart percé de lucarnes et à la façade soulignée d'un avant-corps à fronton.

AUTRE CURIOSITÉ

Église paroissiale. – La nef date des 11e et 12e s. Au 16e s. on construisit un vaste chœur avec déambulatoire, début d'un édifice qui devait remplacer l'ancienne église. Quelques œuvres d'art, échappées à la destruction de l'abbaye, y sont conservées : c'est le cas des retables et de certains vitraux (15e et 16e s.) des chapelles rayonnantes.

LILLEBONNE

9 675 h. (les Lillebonnais)

Carte Michelin n° 54 pli 9 ou 231 pli 21 – Schéma p. 130.
Plan dans le guide Michelin France.

Lillebonne, petite ville du Pays de Caux, située à la jonction de deux vallées, fut d'abord la capitale de la tribu gauloise des Calètes.
Après la conquête de la Gaule par Jules César, le camp militaire de Juliobona, ainsi nommé en hommage au proconsul, devint un grand port sur le golfe de la Bolbec, aujourd'hui colmaté.
A la fin du 19e s., Lillebonne connut une période florissante grâce aux usines textiles qui s'étaient installées dans la région. De Bolbec à Lillebonne la vallée reçut le nom de « Vallée d'Or ».

CURIOSITÉS

Théâtre-amphithéâtre romain. – On en voit les dispositions générales depuis la place de l'Hôtel-de-Ville. Amphithéâtre au 1er s., il fut transformé en théâtre au 2e s., et pouvait contenir 10 000 spectateurs. Le grand axe de l'arène atteint 48 m comme à Lutèce. L'arène au centre était entourée du **podium,** composé de deux murs parallèles, et bordée d'un fossé destiné à recevoir les eaux de ruissellement. La foule prenait place sur les gradins de la **cavea,** elle-même divisée en premier maenianum (bas) et un deuxième maenianum (haut). L'accès se faisait par les **vomitoires.** A l'Est et à l'Ouest, les deux grandes entrées ou vestiaires principaux témoignent de l'importance de l'édifice. Larges de six mètres, elles étaient recouvertes d'une voûte. Près de chaque entrée, les **parascaenia,** grandes constructions rectangulaires, servaient probablement de magasins d'accessoires.

Musée municipal. – *Jardin Jean-Rostand.* Il est consacré aux arts et traditions populaires et expose des instruments de métiers, des objets d'art, des meubles et des documents se rapportant à l'histoire de Lillebonne et de la Normandie. Au sous-sol sont exposées des collections archéologiques provenant de fouilles locales (urnes à incinération, poteries, ferronnerie 1er-3e s.). Du jardin on aperçoit les ruines du château médiéval et de l'enceinte.

Château. – *Accès par le 46 rue Césarine.*
De cette forteresse (rebâtie aux 12e et 13e s.), où Guillaume le Conquérant avait réuni ses barons avant la conquête de l'Angleterre, subsistent un pan de tour octogonale et, à gauche, un beau donjon cylindrique à trois étages, surmonté d'une plate-forme.

Église Notre-Dame. – Cet édifice du 16e s. possède un portail à deux entrées séparées par un pilier central. La flèche élancée culmine à 55 m, au-dessus d'une tour carrée. A l'intérieur, vitrail consacré à l'histoire de saint Jean-Baptiste. Les stalles proviennent de l'abbaye du Valasse.

EXCURSION

Abbaye du Valasse. – *6 km au Nord-Ouest par la D 173. Description p. 135.*

★★ LISIEUX

25 823 h. (les Lexoviens)

Carte Michelin n° 54 pli 18 ou 231 pli 32 – Schéma p. 40 – Lieu de séjour.

Lisieux, agréablement situé dans la vallée de la Touques, est devenu le premier centre commercial et industriel du riche Pays d'Auge *(voir p. 13)*.
La notoriété se concentre aujourd'hui sur le « Lisieux de sainte Thérèse ».
En saison, un petit train part de la basilique ou des Buissonnets et permet de découvrir la ville.

SAINTE THÉRÈSE DE LISIEUX

Une vocation précoce. – Née le 2 janvier 1873, à Alençon, d'une famille aisée, profondément chrétienne, Thérèse Martin, enfant ardente et sensible, fait preuve d'une volonté et d'une intelligence précoces. A la mort de la mère de famille, M. Martin s'installe à Lisieux, aux « Buissonnets ». Thérèse, « la petite reine », y grandit entourée de tendresse et de piété et, lorsque sa sœur Pauline entre au Carmel, elle sent déjà, à 9 ans, s'affirmer sa vocation religieuse.
Le dimanche de Pentecôte 1887, son père l'autorise à entrer au Carmel ; mais son jeune âge semble aux autorités ecclésiastiques un obstacle insurmontable. Participant au pèlerinage diocésain à Rome, l'intrépide enfant décide d'adresser sa requête au Saint-Père lui-même. L'autorisation tant désirée arrive enfin au Carmel le 28 décembre 1887, et le 9 avril 1888, à l'âge de 15 ans et 3 mois, Thérèse quitte les Buissonnets pour toujours.

La « Petite Thérèse ». – « Une âme de cette trempe ne doit pas être traitée comme une enfant ; les dispenses ne sont pas faites pour elle » dit la prieure, de sa nouvelle postulante qui supporte sans faiblir la règle rigoureuse du Carmel. Retirée dans le cloître où elle est venue « pour sauver les âmes et surtout afin de prier pour les prêtres », sœur Thérèse de l'Enfant-Jésus gravit les rudes degrés de la perfection. Sa gaieté et sa simplicité cachent une énergie farouche que les premières atteintes de la maladie durcissent encore. Sur ordre de sa nouvelle prieure, elle rédige le « manuscrit de sa vie » (l'« histoire d'une âme »). Celle qui voulait être appelée « Petite Thérèse » remet les derniers feuillets peu de jours avant d'entrer à l'infirmerie du Carmel où elle meurt le 30 septembre 1897, à l'âge de 24 ans et 9 mois, après une lente agonie au cours de laquelle elle promet de faire tomber « une pluie de roses » sur la terre.
Béatifiée en 1923, sœur Thérèse de l'Enfant-Jésus fut canonisée le 17 mai 1925. A l'occasion de sa béatification, sa dépouille fut transférée du cimetière de la communauté à la chapelle du Carmel.

LE PÈLERINAGE *voir p. 143*

Les Buissonnets (BY B). – On visite la maison où Thérèse Martin vécut de l'âge de 4 ans 1/2 à 15 ans : salle à manger, chambre de Thérèse (à 10 ans elle y a été miraculeusement guérie), chambre de son père, salle des souvenirs (robe de 1re communion, jouets, jeux).
Dans le jardin un groupe statuaire représente Thérèse demandant à son père l'autorisation d'entrer au Carmel,

Chapelle du Carmel (BZ). – La châsse de la sainte, gisant en marbre et bois précieux, est exposée dans la chapelle à droite et contient ses reliques.

Salle des reliques. – Une succession de vitrines (commentaire enregistré) montre des souvenirs se rapportant à la vie de carmélite de la sainte (écuelle, sabots, manteau blanc et grand voile).

Basilique Ste-Thérèse (BZ). – L'imposante basilique, consacrée le 11 juillet 1954, et caractérisée par une superficie de 4 500 m^2 et un dôme haut de 93 m, est une des plus grandes églises construites au 20e s.
Le campanile, dont la construction a été interrompue en 1975, s'élance à 45 m de hauteur ; il se termine par une terrasse entourée d'une balustrade et renferme le bourdon et les 45 cloches du carillon.
Au tympan du portail, remarquer les sculptures figurant Jésus enseignant les Apôtres et la Vierge du Mont Carmel, dues à Robert Coin. L'immense et unique nef, très colorée, est décorée de marbres, vitraux et mosaïques de Pierre Gaudin, élève de Maurice Denis. De chaque côté de la porte centrale, statues de la Vierge et de saint Joseph, protecteurs de l'ordre du Carmel. Dans le croisillon droit, un reliquaire offert par le pape Pie XI, contient les os du bras droit de la Sainte.
La **crypte** à trois nefs *(entrée à l'extérieur, sous les galeries)* est entièrement ornée de mosaïques (scènes de la Vie de sainte Thérèse).
On peut monter au **dôme.**
Derrière l'abside de la basilique se trouvent les tombes des parents de sainte Thérèse.

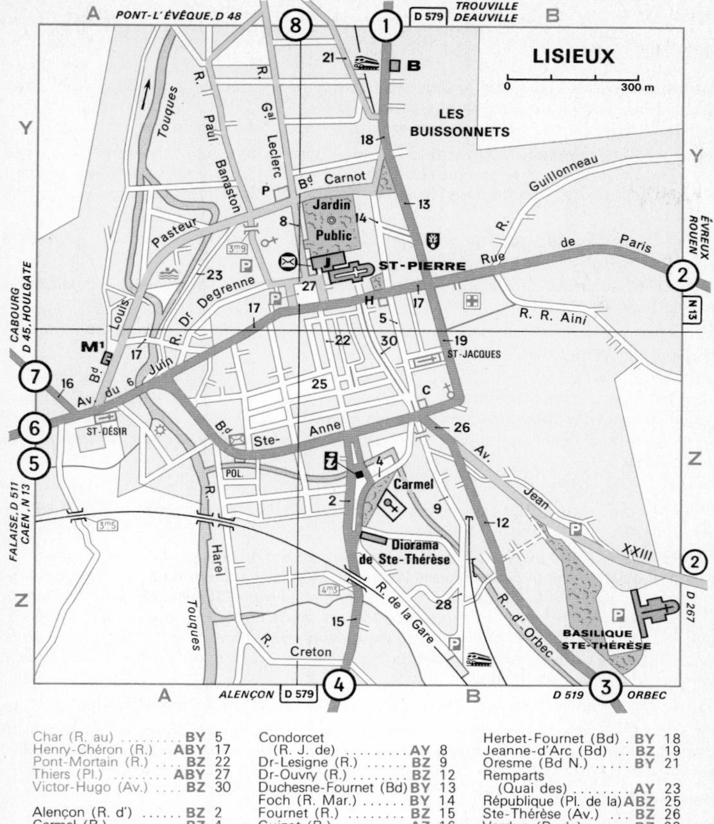

Char (R. au) .... **BY** 5	Condorcet (R. J. de) .... **AY** 8	Herbet-Fournet (Bd) . **BY** 18
Henry-Chéron (R.) . **ABY** 17	Dr-Lesigne (R.) ...... **BZ** 9	Jeanne-d'Arc (Bd) .. **BZ** 19
Pont-Mortain (R.) .... **BZ** 22	Dr-Ouvry (R.) .... **BZ** 12	Oresme (Bd N.) ..... **BY** 21
Thiers (Pl.) .... **ABY** 27	Duchesne-Fournet (Bd) **BY** 13	Remparts (Quai des) .... **AY** 23
Victor-Hugo (Av.) .... **BZ** 30	Foch (R. Mar.) ...... **BY** 14	République (Pl. de la) **ABZ** 25
Alençon (R. d') ...... **BZ** 2	Fournet (R.) .... **BZ** 15	Ste-Thérèse (Av.) ... **BZ** 26
Carmel (R.) .... **BZ** 4	Guizot (R.) .... **AZ** 16	Verdun (R. de) ...... **BZ** 28

Exposition « Le Carmel de Ste-Thérèse ». – *Sous le cloître Nord de la basilique.* Histoire et vie des carmélites. Reconstitution d'une cellule dans son dépouillement et de la clôture papale. Cette clôture, derrière laquelle vivent les religieuses, ne peut être franchie qu'avec l'autorisation du Saint Siège.

Diorama de Ste-Thérèse (BZ). – Des personnages en cire évoquent les principales étapes de la vie de Thérèse Martin.

★CATHÉDRALE ST-PIERRE (BY) *visite : 1/4 h*

Extérieur. – L'édifice, commencé vers 1170, a été terminé au milieu du 13e s. La façade, surélevée au-dessus d'un perron, est ornée de trois portails et flanquée de deux tours. Celle de gauche, inachevée, est fort belle avec ses baies et ses colonnes d'angle.
Longer l'église à droite jusqu'au portail du Paradis s'ouvrant au croisillon Sud. Les massifs contreforts, reliés par un arc surmonté d'une galerie, ont été ajoutés au 15e s.

Intérieur. – Le transept est d'une grande simplicité. La tour-lanterne s'élève d'un seul jet au-dessus de la croisée. La nef, ornée de baies aveugles disposées sous des arcs de décharge, est très homogène ; de robustes piliers cylindriques, surmontés de chapiteaux circulaires, supportent les grandes arcades.
Contournant le chœur (13e s.) par le déambulatoire, on gagne la vaste chapelle axiale, remaniée dans un style flamboyant très pur, sur l'ordre de Pierre Cauchon, devenu évêque de Lisieux après le procès de Jeanne d'Arc *(voir p. 111)* et dont la tombe est encastrée à gauche de l'autel ; remarquer aussi une série de bas-reliefs sculptés du 15e s. C'est dans cette même chapelle que Thérèse Martin assistait à la messe.

AUTRES CURIOSITÉS

Palais de Justice (BY J). – Il occupe l'ancien palais épiscopal, de style Louis XIII. On visite la **salle Dorée**, salon d'apparat de l'évêque, décorée de lambris et couverte d'un beau plafond à caissons orné d'une peinture de Le Sueur représentant les armes et les attributs de l'évêque. Les murs et les fauteuils sont recouverts de cuir de Cordoue.
Au-delà du Palais de Justice, s'étend le **jardin public**, ancien jardin de l'évêché.

Maisons anciennes. – Rue du Dr-Lesigne n° 34, rue Henry-Chéron et rue du Dr-Degrenne où une maison à pans de bois jouxte une demeure à essentes de châtaignier.

Musée du Vieux Lisieux (AZ M1). – Une belle maison à pans de bois abrite ce musée qui contient une abondante iconographie du vieux Lisieux et du Pays d'Auge, et consacre une place importante aux arts et traditions populaires de la région.
A remarquer une intéressante collection de porcelaines de Rouen et d'objets en étain au 1er étage, ainsi qu'un cabinet à bijoux d'origine flamande (17e s.) fait en placage d'ébène et peint sur bois. Au 2e étage, ornements de confréries de Charité, céramiques du Pré d'Auge, statues d'art religieux sont présentés à côté d'un atelier de couturière reconstitué.

EXCURSION

Haute vallée de la Touques. – *Circuit de 75 km – environ 3 h – schéma p. 40. Quitter Lisieux par ④, D 579, et prendre à gauche la D 64.*
Une grande partie de ce circuit remonte la grasse vallée de la Touques.

⊙ **Fervaques.** – 514 h. Le **château** baigné par la Touques, comme le manoir et la poterne, date des 16e et 17e s., c'est une vaste construction en brique et en pierre. Fervaques fut pendant 22 ans la retraite de Delphine de Custine, l'amie de Chateaubriand, qui y séjourna lui-même.

A N.-D.-de-Courson tourner à droite dans la D 4 ; 3 km plus loin, prendre à gauche.

Bellou. – 107 h. Au centre du village se dresse le manoir de Bellou, harmonieuse construction à pans de bois du 16e s.

La D 110 pénètre dans la forêt de Moutiers-Hubert, avant d'arriver au village, on remarque sur la droite le manoir de Chiffretot.

Aux Moutiers-Hubert, prendre la D 64 à droite vers Gacé. Au carrefour avec la D 16, tourner à gauche puis aussitôt à droite. Traverser la rivière à Canapville par la D 33, puis suivre tout droit et passer sous la voie ferrée aussitôt après la gare ; couper ensuite la D 79 et suivre la D 242 sur 1 km. A la première bifurcation, prendre à droite vers Vimoutiers.

Vimoutiers. – *Page 140.*

Prendre au Nord la D 979 que prolonge la D 579 et à 2 km environ, à droite, la D 268 en forte montée.

⊙ **Lisores.** – 248 h. A 500 m au Nord-Ouest du hameau, à flanc de coteau, dans un joli site fleuri en saison, il existe un petit **musée Fernand Léger** installé dans l'ancienne grange, modernisée, de la ferme familiale de la Bougonnière où le peintre Fernand Léger (1881-1955) aimait venir se reposer. On y voit des reproductions en modèles réduits de vitraux, tableaux, mosaïques, bronzes, tapis et tapisseries d'Aubusson représentatifs du style personnel de l'artiste. Maquette de la mosaïque-céramique qui décore la façade du musée de Biot *(voir le guide Vert Michelin Côte d'Azur)*.

Par la D 110 et St-Ouen-le-Houx, revenir au D 579 que l'on prend à droite.

Livarot. – 2 759 h. Ce village qui conserve de belles maisons anciennes est la patrie du ⊙ fromage du même nom. Le **conservatoire des traditions fromagères** en explique les différentes étapes de fabrication.

★ **St-Germain-de-Livet.** – *Page 122.*

Par la D 268, regagner la D 579 et Lisieux.

LONGNY-AU-PERCHE

1 650 h. (les Longnyciens)

Carte Michelin n° 60 pli 5 ou 231 pli 45 – Schéma p. 106 – Lieu de séjour.

Longny est bâtie dans un site plaisant de la fraîche vallée de la Jambée et à proximité de la forêt.

Chapelle N.-D.-de-Pitié. – *Accès par la rue Gaston-Gibory, à droite de l'hôtel de ville.* De cette charmante chapelle du 16e s., jolie vue sur le bourg. Un grand escalier conduit à l'abside.
Le clocher carré raccordé obliquement à la façade et un contrefort à pinacle ciselé donnent beaucoup d'élégance à l'édifice.
Le portail principal est surmonté d'une délicate décoration Renaissance encadrée par des pilastres finement sculptés, mais dont les statues ont été malheureusement détruites pendant la Révolution. Remarquer, au-dessus du linteau, la Vierge de Pitié dominée par le buste du Père Éternel. Plus haut encore, un médaillon représente le sacrifice d'Abraham.
Les jolies portes en bois sculpté sont l'œuvre d'un artiste local des 19e-20e s., l'abbé Vingtier. La Visitation et l'Annonciation figurent sur les vantaux du portail occidental. Sur chacune des portes latérales, qui s'ouvrent sous un arc surbaissé, s'inscrit un remarquable médaillon ; côté Sud la Vierge de douleur, côté Nord une représentation du visage du Christ d'après le voile de Véronique.
La nef est voûtée d'ogives avec liernes, tiercerons et clés pendantes. Deux chapelles latérales à l'entrée du chœur forment un faux transept.
A l'autel, la statue miraculeuse de la Vierge de Pitié est l'objet d'un pèlerinage chaque année.

⊙ **Église St-Martin.** – Construite à la fin du 15e s. et au début du 16e s., elle est flanquée, sur sa façade, d'un clocher carré qu'épaulent des contreforts ornés de sculptures et la tourelle d'escalier. La grande fenêtre aveugle du clocher encadre trois statues. Au-dessus, dans une niche, saint Martin, à cheval, partage son manteau.

EXCURSION

★ **Circuit dans le Perche.** – *115 km – environ 3 h.* Ce circuit, que nous décrivons p. 44 au départ de Bellême, peut être entrepris aussi bien au départ de Longny.

★ LOUVIERS

19 413 h. (les Lovériens)

Carte Michelin n° 55 plis 16, 17 ou 231 pli 35 – Schéma p. 129.

Située au centre des vallées de la Seine, de l'Eure et de l'Iton, Louviers est une ville de passage intéressante comprenant un quartier neuf commerçant et un quartier ancien du Nord de l'église Notre-Dame dans lequel on peut voir de belles maisons à pans de bois (rue Tatin, rue Pierre-Mendès-France, rue du Quai). Les environs offrent aux amateurs de pêche trois rivières poissonneuses.

La fabrication du drap, prospère à Louviers dès le 13e s., a progressivement disparu ; mais dans la zone industrielle au Nord de la ville, des usines fabriquent, entre autres, des piles électriques, des antennes de télévision, des disques, des mousses plastiques.

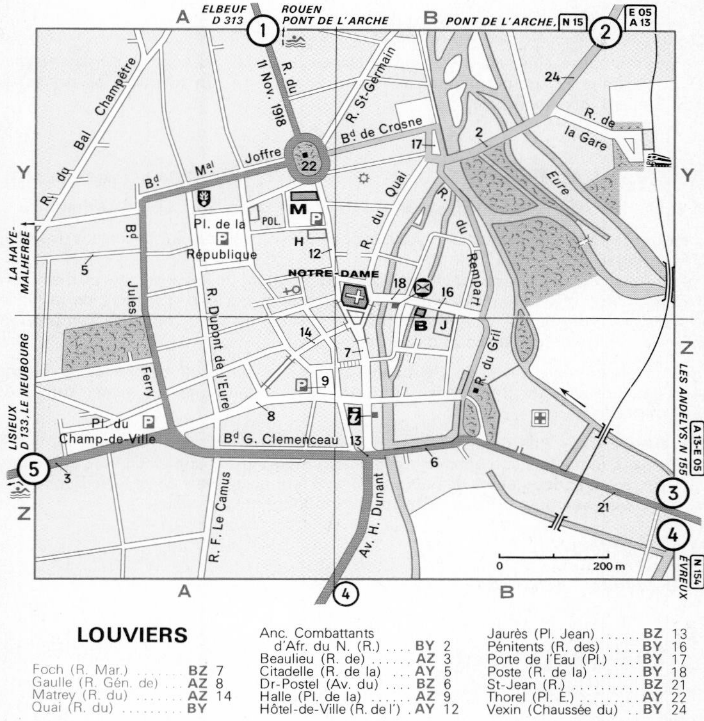

LOUVIERS

Foch (R. Mar.) .... BZ 7
Gaulle (R. Gén. de) ... AZ 8
Matrey (R. du) .... AZ 14
Quai (R. du) .... BY

Anc. Combattants d'Afr. du N. (R.) .... BY 2
Beaulieu (R. de) ...... AZ 3
Citadelle (R. de la) ... AY 5
Dr-Postel (Av. du) .... BZ 6
Halle (Pl. de la) ...... AZ 9
Hôtel-de-Ville (R. de l') . AY 12

Jaurès (Pl. Jean) ...... BZ 13
Pénitents (R. des) ..... BY 16
Porte de l'Eau (Pl.) .... BY 17
Poste (R. de la) .... BY 18
St-Jean (R.) .... BZ 21
Thorel (Pl. E.) .... AY 22
Vexin (Chaussée du) .. BY 24

CURIOSITÉS

★ **Église Notre Dame** (BY). – Ce sobre édifice, construit au 13e s., a reçu, à la fin du 15e s., son célèbre revêtement flamboyant.

Extérieur. – Le **flanc Sud★** est la partie la plus étonnante de l'église ; la virtuosité du style flamboyant se donne libre cours : ce ne sont que gâbles acérés, balustrades ajourées, pinacles, gargouilles, festons... Les contreforts portent d'intéressantes statues.

Le **porche★**, véritable dentelle de pierre, « constitue davantage un chef-d'œuvre d'orfèvres qu'une construction de maçon ». Observer les clés pendantes qui viennent briser les arcatures gothiques. Les vantaux de la porte double et séparés par un trumeau sont Renaissance.

Au portail principal (14e s.) de la façade Ouest est placée une jolie Vierge.

Intérieur. – La nef du 13e s., flanquée de doubles bas-côtés, abrite des **œuvres d'art★** :

1) Mise au tombeau (fin du 15e s.).
2) Marie-Salomé et ses fils (16e s.).
3) Chaire (18e s.).
4) Au-dessus de l'autel, 3 statues : le Christ dans l'attente, la Vierge et saint Jean (15e s.) ; de chaque côté, panneaux sculptés : la Pâmoison de la Vierge et le Centurion du Calvaire (14e s.).
5) Autel décoré de panneaux sculpés (16e s.) représentant la vie de la Vierge.
6) et 7) Tableaux du peintre lovérien Jean Nicolle (première partie du 17e s.) : la Nativité et l'Adoration des Mages.
8) Mausolée de Robert d'Acquigny (fin du 15e s.).
9) Vitraux Renaissance (restaurés).

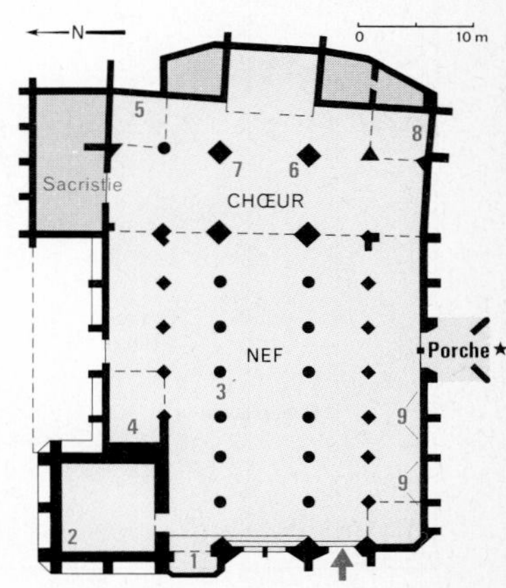

Ancien couvent des Pénitents (BY B). – Il ne reste de ce couvent franciscain, bâti en 1646 sur un bras de l'Eure, qu'un corps de logis (habité) et trois petites galeries à arcades du cloître encadrant la rivière. La galerie Ouest, à demi-ruinée, est bordée d'un square planté d'arbres et gazonné.

Maison du Fou du Roy (BZ). – Cette belle maison à colombage abrite l'office de tourisme. Elle a appartenu, dit-on, à Guillaume Marchand, maître apothicaire, qui devint bouffon d'Henri IV à la mort de Chicot, tué au siège de Pont-de-l'Arche.

⊙**Musée municipal** (AY M). – Toute une partie du rez-de-chaussée est consacrée à Louviers, cité drapière. L'histoire et la technique de la fabrication du drap sont évoquées par des panneaux explicatifs et par la présentation de machines : métiers à tisser, doubleuse, retordeuse, fouleuse, tondeuse... Les autres salles du musée exposent du mobilier, des peintures ainsi que de belles céramiques et faïences de Rouen (aiguières, plats, assiettes, pots à pharmacie) et de Nevers.

EXCURSION

Vironvay. – 169 h. *5 km par ③, N 155 et la route à gauche coupant les A 13 et N 15.* Des abords de l'église isolée au-dessus de la vallée de la Seine, des **vues**★ se dégagent sur le fleuve qu'enjambe l'élégant pont de St-Pierre-du-Vauvray. On aperçoit les ruines du château Gaillard aux Andelys.

★ LYONS-LA-FORÊT

734 h. (les Lyonsais)

Carte Michelin n° 55 pli 8 ou 231 pli 24 – Schémas p. 34 et 98 – Lieu de séjour.

Au cœur d'un vaste massif forestier, Lyons occupe un site paisible sur le versant de la rive gauche de la Lieure.

C'est un pittoresque et traditionnel village normand groupant un bel ensemble de maisons à colombage. L'une d'elles, dans la rue en forte descente qui part à l'Ouest de la place, conserve le souvenir du musicien Maurice Ravel. C'est là qu'il a composé le Tombeau de Couperin et orchestré les Tableaux d'une exposition.

Halles. – Remarquable travail de charpente, du 18e s. A proximité des halles, la maison natale du poète Isaac de Benserade (1613-1691) se signale par ses beaux appuis de fenêtres en fer forgé.

⊙**Église St-Denis.** – Elle date du 12e s. mais a été profondément remaniée au 15e s. Extérieurement, remarquer son appareil de moellons et de silex et son clocher de charpente. A l'intérieur, ses grandes statues de bois sont bien à leur place dans ce pays de bûcherons. Dans le chœur, remarquer un Saint Christophe portant l'enfant Jésus.

EXCURSION

★★ **Forêt de Lyons.** – *Description ci-dessous.*

★★ LYONS (Forêt de)

Carte Michelin n° 55 plis 7, 8 ou 231 pli 24.

Ce massif forestier de 10 700 ha reste « l'un des chefs-d'œuvre de la nature en France et la gloire du hêtre ». Ses arbres dépassent souvent 20 m de hauteur de fût.

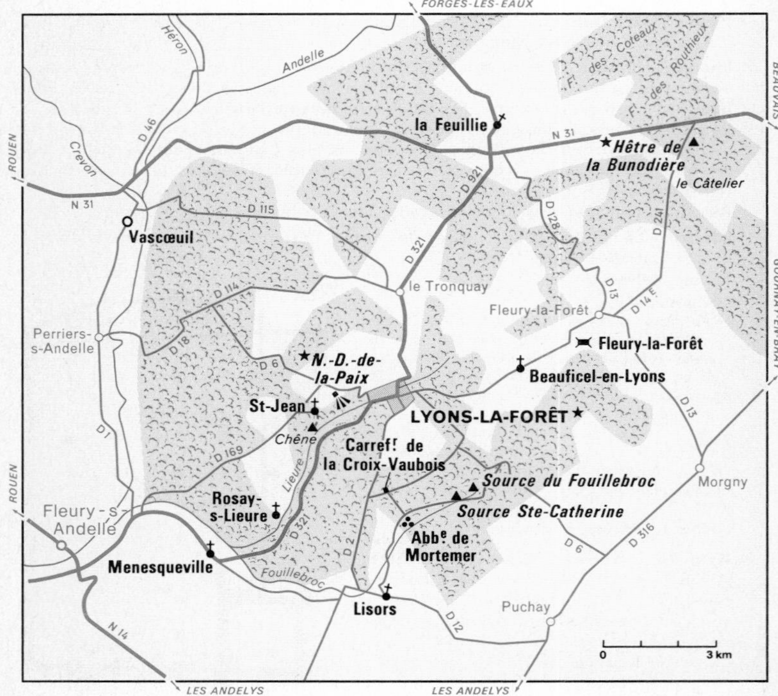

VILLES ET CURIOSITÉS

ⓥ**Beauficel-en-Lyons.** – 136 h. L'**église** est précédée d'un porche du 17e s. et conserve de belles statues dont une de la Vierge, du 14e s., en pierre polychrome incrustée de dalles de verre.

★ **Bunodière (Hêtre de la).** – Signalé par un panneau à droite, en quittant la N 31 pour entrer en forêt, cet arbre magnifique bicentenaire atteint 40,50 m de hauteur et 3,30 m de circonférence. Il se trouve à proximité de la **réserve du Câtelier** dont le peuplement est constitué par des chênes, des frênes et des érables.

ⓥ**Chapelle St-Jean.** – Derrière cette construction du 17e s., un sentier conduit au chêne St-Jean qui mesure 5 m de circonférence à 1,30 m du sol.

Croix-Vaubois (Carrefour de la). – Un monument très simple y a été élevé à la mémoire des forestiers tombés dans les combats de la Résistance.

La Feuillie. – 1 038 h. La **flèche**★ effilée de l'église est un audacieux travail de charpente.

Fleury-la-Forêt (Château de). – *Page 78.*

Fouillebroc (Source du). – Joli site forestier.

ⓥ**Lisors.** – 264 h. L'**église** abrite une Vierge couronnée du 14e s., exhumée en 1936.

★ **Lyons-la-Forêt.** – *Page 98.*

ⓥ**Mesnesqueville.** – 387 h. La petite **église** campagnarde du 12e s. a été très habilement remise en valeur. Les vitraux de Decorchemont ont pour thème le Cantique des Cantiques.

Mortemer (Abbaye de). – *Page 102.*

★ **N.-D.-de-la-Paix.** – Des abords de cette statue, jolie **vue** sur le site de Lyons.

Rosay-sur-Lieure. – 443 h. L'**église,** entourée de son cimetière, occupe un site agréable.

Ste-Catherine (Source). – Laisser la voiture sur un terre-plein et franchir le ruisseau sur une passerelle en bois. Un oratoire en pierre reçoit les prières des jeunes filles en quête de mari

Vascœuil. – *Page 42.*

MAMERS

6 747 h. (les Mamertins)

Carte Michelin n° 60 pli 14 ou 231 pli 44 – Plan dans le guide Michelin France.

Blottie dans un creux de la vallée de la Dives, Mamers est la capitale du Saosnois, petite région de transition entre les collines du Perche et le plat pays du Mans. Deux plans d'eau ont été aménagés pour la pêche et les évolutions des pédalos. La petite ville offre l'image de la prospérité, avec ses places spacieuses et ses vieilles halles coiffées d'une toiture d'ardoise reposant sur des piliers de pierre, où ont lieu des foires importantes. L'industrie des appareils ménagers et du matériel de camping y a remplacé l'industrie du chanvre.

ⓥ**Église Notre-Dame.** – Fondée au 12e s. pour un prieuré de bénédictins, elle fut presque entièrement rebâtie au 16e s. La nef principale présente un curieux triforium à larges baies à meneaux. Remarquer, au revers à gauche de la façade, une jolie Dormition de la Vierge, terre cuite du 16e s. Sur la façade à droite de la petite porte, une plaque indique la hauteur de l'eau lors des inondations de 1904.

Le MARAIS VERNIER

Carte Michelin n° 54 plis 8, 9 ou 231 plis 20, 21.

Le Marais Vernier, ancien méandre de la Seine, dessine un « golfe » de plaine de 5 000 ha, entaillé dans le plateau du Roumois entre Quillebeuf et la pointe de la Roque.
Il fait partie du Parc naturel régional de Brotonne.

DE QUILLEBEUF À LA POINTE DE LA ROQUE

23 km – environ 1 h

Quillebeuf. – *Page 109.*

La route proposée fait passer de la vallée de la Seine dans celle de la Risle.
Entre Quillebeuf et Ste-Opportune-la-Mare, la route empruntée domine l'ample vallée de la Seine.
Sur l'autre rive du fleuve, les raffineries et les usines pétrochimiques de Port-Jérôme attirent l'attention.

Ste-Opportune-la-Mare. – 339 h. Dans le cadre de l'écomusée de la Basse-Seine, cette petite ⓥcommune regroupe la **maison de la pomme** installée dans l'ancien presbytère (expositions sur le rôle de la pomme, les variétés de pommes, audio-visuel sur la fabrication ⓥdu cidre) et une ancienne **forge** qui présente les outils utilisés par le forgeron, ses activités et que l'on peut voir fonctionner certains jours.

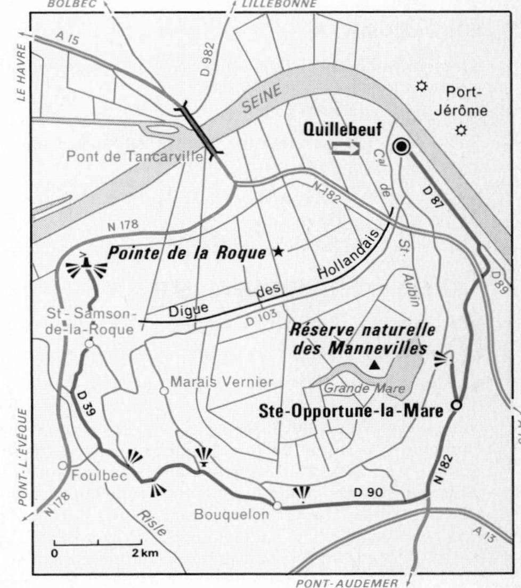

Le Marais Vernier. – La pointe de la Roque.

En suivant la signalisation « Panorama de la Grande Mare », on arrive à un point de vue, quelque peu envahi par la végétation, sur la Grande Mare et le Marais.

Réserve naturelle des Mannevilles. – Ce secteur protégé permet de découvrir les fleurs et les animaux du Marais et d'approcher chevaux camarguais et taureaux d'Écosse.

Au-delà de Bouquelon, avant d'amorcer une descente à droite, la D 103 offre une jolie vue sur le marais et le pont de Tancarville (table d'orientation). Entre la bifurcation de la D 100 et Foulbec, la D 90 présente un beau passage en corniche sur la vallée de la Risle.

Prendre la D 39 au Nord en direction de St-Samson-de-la-Roque.

Après le village une route étoite et sinueuse conduit à la pointe de la Roque.

★ **Pointe de la Roque.** – *Aire de pique-nique.* Du phare qui se dresse sur une falaise, le **panorama** s'étend sur l'estuaire de la Seine, jusqu'au Cap de la Hève et la Côte de Grâce. A droite on aperçoit les falaises et le pont de Tancarville.

MARTAINVILLE

559 h. (les Martainvillais)

Carte Michelin n° 55 pli 7 ou 231 pli 23 – 16 km à l'Est de Rouen.

La localité est située à proximité des vallées du Crevon et de l'Andelle, qui se rejoignent à l'orée de la forêt de Lyons.

Château. – Cette habitation en brique et pierre a été élevée à la fin du 15e s. De l'extérieur, on peut apprécier les grandes cheminées de brique au décor gothique remarquable du corps de bâtiment principal et du côté des communs, le pigeonnier massif du 16e s. et la charreterie en colombages du 18e s. L'intérieur qui abrite le **musée départemental des Traditions et Arts normands,** a conservé en grande partie ses dispositions d'origine. Une suite de salles – souvent ornées de belles cheminées – présentent des pièces du 15e au 19e s. : nombreux meubles rouennais ou cauchois, coffres de la fin du gothique, buffets du 17e s., armoires du 18e s., grès et poteries, verrerie, étains et cuivres, céramiques régionales, costumes.

EXCURSION

Circuit de 16 km. – *Environ 1 h. Quitter Martainville à l'Est et prendre la D 13 à gauche.* On atteint la jolie vallée du Crevon.

Ry. – *Page 122.*

Suivre la D 12 qui remonte l'agreste vallée du Crevon.

Blainville. – *Page 47.*

Revenir à Martainville par la D 7 prise à la sortie Sud-Ouest de Blainville et 2,5 km plus loin, la D 85 à gauche.

MESNIÈRES-EN-BRAY

827 h. (les Mesnierois)

Carte Michelin n° 52 pli 15 ou 231 pli 12 – Schéma p. 49.

Le majestueux château abrite une institution privée.

★ **Château.** – Cet édifice, Renaissance, commencé à la fin du 15e s., est flanqué de tours puissantes dont les mâchicoulis, purement décoratifs, n'ont jamais eu d'utilité militaire. L'aile droite fut surélevée au 19e s. Un escalier monumental (18e s.)donne accès à la cour d'honneur. Le corps de logis principal avec sa haute toiture, sa galerie à arcades, ses « ordres » superposés, l'ornementation de ses lucarnes et ses bustes à l'antique laisse pressentir le style classique. On montre la galerie, décorée de cerfs (les bois sont naturels), la salle des Cartes (peintures sur bois du 17e s.) et, hors œuvre, la grande chapelle de 1860. L'ancienne chapelle seigneuriale (16e s.), couverte d'un toit en fer de hache, est ornée de boiseries (1670), de statues, grandeur nature, du Christ, de saint Jean-Baptiste et des quatre évangélistes, et de vitraux reconstitués avec les fragments des originaux.

MIROMESNIL (Château de)

Carte Michelin n° 52 pli 4 ou 231 pli 11 – 6 km au Sud de Dieppe.

Ce château fut construit au lendemain de la bataille d'Arques (1589) sur l'ancien fief des marquis de Miromesnil. Couvert d'un grand toit d'ardoises, le corps de logis présente sur la cour d'honneur, une façade Louis XIII monumentale, rythmée par des pilastres surmontés de vases sculptés et encadrée de minces tourelles et d'ailes basses.

VISITE *3/4 h*

Intérieur. – Guy de Maupassant naquit dans ce château le 5 août 1850. Dans le **vestibule** une vitrine rassemble des documents attestant l'événement : déclaration de naissance, acte d'ondoiement et de baptême, lettre de sa mère. On voit également des souvenirs d'Albert de Mun (1841-1914), homme politique et orateur catholique.
Le **salon Montebello** est consacré au maréchal Lannes, duc de Montebello. Le mobilier est de style Empire. Sur la cheminée, pendule offerte par Napoléon.
La **chambre à coucher** du marquis de Miromesnil renferme la collection des livres du marquis portant ses armoiries. A côté, le **cabinet de travail** expose l'exemplaire unique du terrier du marquisat, registre sur lequel étaient inscrits les terres et les domaines.

Façade Sud. – Encadrée de deux tourelles cylindriques coiffées de toits en poivrière, elle est totalement différente de la façade Nord. La brique y est prédominante, la pierre n'apparaît qu'autour des fenêtres et aux angles de l'avant-corps. Époque Henri IV.

Jardins. – Des allées fleuries (jonquilles, roses, dahlias) bordent le jardin potager.

Parc et chapelle. – En traversant une magnifique futaie de hêtres on arrive à la chapelle du 16e s., témoin d'un ancien château. La sobriété des murs en grès et silex contraste avec la richesse de la décoration intérieure. On remarque notamment les vitraux, les boiseries sculptées et quelques statues en pierre peinte.

MONTIVILLIERS

15 037 h. (les Montvillons)

Carte Michelin n° 52 pli 11 ou 231 pli 20 – Schéma p. 54.

Ce satellite de l'agglomération havraise, a eu pour origine une abbaye de moniales érigée par saint Philibert au 6e s., d'où son nom : « ville du moustier » (c'est-à-dire du monastère).

★ **Église St-Sauveur.** – Contourner d'abord l'édifice par la gauche pour voir la tour-lanterne (11e s.) qui s'élève à la croisée du transept. Une tour romane coiffée d'une flèche refaite au 19e s. domine la façade. L'intérieur présente deux nefs : la nef romane, jadis réservée à l'abbaye, fut cédée à la paroisse et dotée, au 16e s., d'une nef latérale gothique. Dans la grande nef, remarquer la chaire sculptée en chêne massif du 17e s. Au revers du clocher, jolie tribune flamboyante à trois pans.

Cimetière de Brisegaret. – *Chemin d'accès sur la route de Fécamp, prendre à gauche devant un magasin de marbrier.* De cet ancien charnier, moins complet que l'aître St-Maclou à Rouen, ne subsiste qu'une galerie (16e s.) couverte d'un berceau de bois. Les piliers sont sculptés de personnages divers, squelettes, écussons, etc.

EXCURSION

Château de Filières. – *14 km à l'Est par la D 31 et Gommerville.* Ce château s'élève dans un beau parc, au bout d'une allée bordée d'arbres qui débouche sur la cour d'honneur ceinturée de douves. Construit en pierre blanche de Caen, l'édifice présente deux parties distinctes : aile gauche de la fin du 16e s., pavillon central et aile droite du 18e s., dont la sobre façade classique s'orne d'un fronton représentant les armes des Mirville, constructeurs du château et ancêtres des propriétaires actuels.
Plusieurs collections, dont d'admirables sujets d'Extrême-Orient (porcelaines, tentures), des souvenirs des rois de France (médaillons en biscuit de Sèvres), d'intéressantes pièces de mobilier, des lithographies de Fragonard retiendront l'attention.
Dans le parc, à gauche du château, **« la cathédrale »★** aligne sept magnifiques rangées de hêtres dont les frondaisons et les ramures forment une véritable voûte.

★ MORTAGNE-AU-PERCHE

5 200 h. (les Mortagnais)

Carte Michelin n° 60 plis 4, 5 ou 231 pli 45 – Schéma p. 106 – Lieu de séjour.

L'ancienne capitale de comté du Perche s'élève sur une butte dominant une région très verdoyante et vallonnée, où le cheval percheron connut ses heures de gloire.
L'ensemble des toits aux vieilles tuiles brunes offre un très joli coup d'œil ; l'un d'eux abrita la demeure du philosophe Alain, né en 1868 au n° 3 rue de la Comédie (plaque commémorative). C'est en abordant la ville par le Nord (D 930) qu'on en aura la vue la plus agréable. Spécialité de boudins noirs (foire du Boudin de la mi-carême).

CURIOSITÉS

Jardin public. – Agrémenté de jolis parterres, il est surtout parfaitement situé face au vaste horizon ondulé des collines du Perche.

Église Notre-Dame. – Élevée de 1494 à 1535, elle témoigne du style gothique flamboyant et de l'architecture du début de la Renaissance ; mais l'extérieur manque d'unité. Entourant l'autel absidal (dont le retable est de même facture), de magnifiques **boiseries★** du 18e s. prolongées par deux panneaux en haut des nefs latérales proviennent, comme les stalles et la chaire, de la Chartreuse de Valdieu, dont quelques vestiges subsistent dans la forêt de Réno toute proche. Un vitrail de Barillet (3e chapelle du bas-côté gauche) évoque la part prise par les Mortagnais dans la création du Canada au 17e s. *(voir p. 88).*

MORTAGNE-AU-PERCHE

Gaulle (Pl. Gén. de) 5
Quinze-Fusillés (R. des) 17

Boyères (R. F. de)
Briand (R. A.)
Comédie (R. de la) 4
Déportés (R. des)
Fort (R. du)
Guérin (R. du Col.) 6
Leclerc (R. Gén.) 8
Longny (R. de) 9
Mail (R. du)
Montcacune (R.)
Notre-Dame (R.) 14
Paris (R. de) 15
Poudrière (R. de la) 16
République (Pl. de la) 19
St-Éloy (R. du Faubourg) 20
St-Langis (R. du Faubourg) 21
Ste-Croix (R.) 22

Les plans de ville sont toujours orientés le Nord en haut

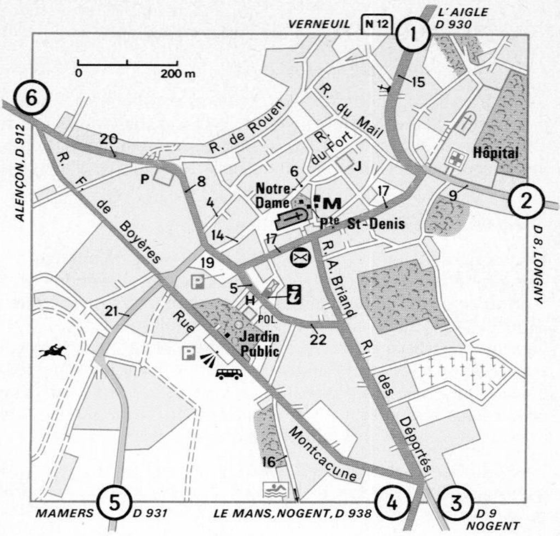

Hôpital. – Son noyau ancien évoque le souvenir d'un couvent de Clarisses dont subsistent un charmant cloître du 16e s. à la voûte lambrissée et une chapelle du 18e s.

Porte St-Denis. – Reste des fortifications, cette porte est précédée d'un paysage ancien. L'arcade primitive (15e s.) a reçu au 16e s. un bâtiment de deux étages. A l'intérieur, le **musée percheron** rassemble des vestiges archéologiques et illustre l'histoire du Perche.

Maison des comtes du Perche (M). – Cette maison du 17e s. est bâtie à l'emplacement du fort Toussaint, ancienne demeure seigneuriale.

Musée Alain. – La vie d'Émile Chartier, son véritable nom, est évoquée par la présentation de photos, manuscrits, correspondance, objets personnels. Au 2e étage, reconstitution du cabinet de travail de l'écrivain, tel qu'il était dans sa maison du Vésinet où il mourut en 1951 : table de travail sur laquelle sont posés chapeau, stylo et lunettes ; la canne et le fauteuil à roulettes rappellent les dures années pendant lesquelles il souffrait de rhumatismes.

EXCURSION

Forêts du Perche et de la Trappe. – *Circuit de 51 km – environ 1 h 1/2. Quitter Mortagne par ①, N 12 ; à 11 km, tourner à droite dans la D 290.*
Ces massifs forestiers se parent de plantations de hêtres, de chênes et de pins sylvestres.

Autheuil. – 117 h. Dans l'église romane, restaurée, remarquer les arcatures de la nef, l'arc triomphal précédant le transept et les beaux chapiteaux des piliers du carré du transept. Statue de saint Léonard (16e s.).

Faire demi-tour et poursuivre par la D 290 jusqu'à Tourouvre.

Tourouvre. – 1 627 h. L'**église** a gardé des stalles du 15e s. et surtout, au-dessus de l'autel, une **toile★** du 15e s. : l'Adoration des mages, incorporée dans un retable du 17e s. Deux vitraux relatent les départs et les retours de familles locales, liées à la fondation du Québec.

Prendre à droite après l'église.

La route de la **forêt du Perche** pénètre sous bois après une forte montée. A environ 2 km, on remarque le beau carrefour de l'Étoile du Perche. Dans l'un d'eux se reflète, au milieu des sapins, la blanche construction du château des Étangs.
Après Bresolettes, la route s'enfonce sous la **forêt de la Trappe.**

Au carrefour avec la D 930, tourner à droite.

A travers les arbres on distingue l'étang de Chaumont.

Abbaye de la Trappe. – L'abbaye de la Trappe, fondée en 1140 par des moines venus de l'abbaye du Breuil-Benoît, et dirigée au 17e s. par l'abbé de Rancé qui y rétablit la stricte observance, occupe un site solitaire au milieu d'une forêt parsemée d'étangs. Un spectacle audio-visuel évoque la vie des moines.

Revenir à la D 930 qui ramène à Mortagne.

MORTEMER (Abbaye de)

Carte Michelin n° 55 pli 8 ou 231 pli 24 – 4 km au Sud de Lyons-la-Forêt – Schéma p. 98.

Blotties au creux d'un vallon, encerclées par la forêt, s'étendent les ruines de cette abbaye cistercienne des 12e et 13e s. dont l'église mesurait 90 m de long et 42 m de large. De la salle capitulaire il ne subsiste que l'entrée flanquée de deux baies ogivales, au-dessus desquelles s'alignent les fenêtres du grand dortoir. Sous le bâtiment conventuel reconstruit au 17e s. a été aménagé un **musée de la vie monastique** dans lequel sont évoqués les contes et légendes liés à l'abbaye. Dans les caves, un système de son et lumière, des mannequins de cire contribuent à créer une atmosphère de mystère et d'envoûtement. A remarquer, à l'extrémité d'un couloir, une belle Vierge allaitant du 14e s., en pierre.
Dans les **appartements** meublés du 1er étage : antiphonaire (recueil de chants liturgiques) en parchemin, du 15e s., enluminé et muni d'une couverture en cuir clouté ; cheminée en bois du 19e s. ; table en marqueterie bordée d'ébène et d'ivoire, etc.
A l'extérieur le **colombier** du 15e s., remanié au 17e s., servit, à une époque, de prison. Il comporte 930 boulins et possède encore son échelle pivotante. Un petit train fait le tour du domaine et de l'étang, autour duquel on découvre daims, poneys et oiseaux en liberté.

NEUFCHÂTEL-EN-BRAY

5 823 h. (les Neufchâtelois)

Carte Michelin n° 52 pli 15 ou 231 pli 12 – Schéma p. 49
Plan dans le guide Michelin France.

Ancienne capitale administrative du Pays de Bray, Neufchâtel est la patrie du « bondon », fromage de forme cylindrique qui, le premier, fit la réputation fromagère du pays. On y fabrique aussi le célèbre « Petit Suisse ».

Un célèbre fromage. – Le neufchâtel fait partie des fromages français auxquels a été attribuée l'appellation d'origine. C'est-à-dire que la production du lait, la fabrication et l'affinage du fromage sont effectués dans une zone géographique exclusivement locale. Fromage fermier, le neufchâtel revêt plusieurs formes : la bonde, la briquette, le carré et la double-bonde.

Église Notre-Dame. – Au clocher-porche recouvert d'ardoise, qui abrite trois cloches et dont le portail date de la fin du 15e s., fait suite une nef du début du 16e s. aux chapiteaux Renaissance. Les bas-côtés sont éclairés par huit fenêtres sur lesquelles sont représentés des saint locaux : sainte Radegonde, saint Vincent, saint Antoine. Dans le chœur du 13e s., des colonnes rondes supportent des voûtes d'ogives. A l'entrée du chœur, contre un pilier, on remarque une Vierge couronnée en bois doré.

⊙ **Musée J.-B. Mathon-A. Durand.** – Il est consacré aux arts et traditions populaires du Pays de Bray, aux arts du feu et du fer forgé. Dans le jardin, moulin à pommes de 1746 et pressoir de 1837, typiques de la région.

EXCURSIONS

Pays de Bray. – *Circuit de 49 km – environ 1 h 1/2. Description p. 62.*

Circuit de 63 km. – *Environ 2 h. Quitter Neufchâtel par la N 28 au Nord, route d'Amiens, puis prendre à droite la N 29.*

Aumale. – 3 023 h. Aumale, apanage du duc du Maine au 17e s., passa ensuite par mariage à la famille d'Orléans. Le titre de duc d'Aumale a été porté par le 5e fils de Louis-Philippe, donateur de Chantilly. De nos jours, Aumale est un centre laitier important. Son **église St-Pierre et St-Paul** est un édifice flamboyant et Renaissance. Le portail latéral Sud, attribué à Jean Goujon, a été endommagé. A l'intérieur, remarquer les clés de voûtes historiées, particulièrement celles du chœur et de la chapelle de la Vierge. Belle verrière du 16e s. dans la chapelle St-Joseph.

Revenir sur la N 29, vers Neufchâtel, et prendre à droite la D 920.

⊙ **Foucarmont.** – 954 h. L'**église** de béton, reconstruite de 1959 à 1964 et curieusement reliée à la mairie, offre une silhouette trapue, style « casemate », mais que rendent moins austère les vitraux et les cabochons de verre coloré enchassés dans ses murs.
L'intérieur comprend une vaste nef plafonnée, un baptistère, un chœur qu'éclaire une coupole à verrière. Les vitraux, par leur découpure irrégulière et leurs riches coloris, produisent de jolis effets de lumière.

La N 28 ramène à Neufchâtel.

NOGENT-LE-ROTROU

13 209 h. (les Nogentais)

Carte Michelin n° 60 pli 15 ou 232 pli 12.

Sur les rives de l'Huisne, Nogent-le-Rotrou, que domine son château, est la capitale du Perche. Elle fait le commerce des volailles, du cidre et continue l'élevage des chevaux percherons. C'est également un centre important d'abattage d'animaux de boucherie pour la région chartraine, la région parisienne et l'Allemagne. Aux vergers et aux étoffes de drap (étamines) d'antan, ont succédé l'appareillage électrique, la radiotechnique, les chauffages pour automobiles et les laboratoires pharmaceutiques.
La ville gallo-romaine devint, de 925 à 1226, un fief féodal puissant sous les Rotrou, comtes du Perche, qui donnèrent son surnom à Nogent. Brûlée en 1449 sur ordre de Charles VII pour qu'elle ne pût servir de base aux Anglais, la ville fut reconstruite peu après, ce qui explique le nombre d'édifices de style flamboyant ou Renaissance qu'elle a conservés.

Gloires locales. – Élève des moines à l'abbaye de St-Denis (aujourd'hui collège St-Laurent), sous le priorat de Charles de Ronsard, frère de Pierre, **Rémi Belleau** (1528-1577), un des promoteurs de la Pléiade, fut un poète plein de grâce et de délicatesse qui chanta les bergeries et les pierres précieuses : diamant, agate, saphir, améthyste...« Belleau et Ronsard n'estoient qu'un », dit Ronsard dans une de ses Élégies. Lors de ses funérailles, célébrées à N.-D. de Paris, le cercueil était porté par Ronsard, Baïf, Philippe Desportes, Amadis Jamyn, tous originaires de la région comprise entre Chartres et Angers.
Henri II de Condé, père du vainqueur de Rocroi, vendit, en 1624, le château et la seigneurie de Nogent au duc de Sully ; la famille du grand argentier de Henri IV conserva le château jusqu'à la Révolution.
Sully (1560-1641), qui possédait aussi Rosny, Sully, la Chapelle-d'Angillon, Henrichemont et Villebon, cumulait les charges et, bien que protestant rigide, les bénéfices ecclésiastiques, comme celui de St-Benoît-sur-Loire. Il exploita avec rigueur les revenus du domaine de Nogent, encourageant labourage et pâturage.

NOGENT-LE-ROTROU

Villette-Gaté (R.)	25
Bouchers (R. des)	2
Bourg-le-C.	3
Bretonnerie (R.)	
Château-St-Jean (R. du)	
Croix-la-Comtesse (R.)	6
Deschanel (R.)	
Dr-Desplantes (R.)	8
Foch (Av. Mar.)	9
Fuye (R. de la)	10
Giroust (R.)	12
Gouverneur (R.)	13
Paty (R. du)	15
Poupardières (R. des)	16
République (Av. de la)	17
Rhône (R. du)	18
St-Hilaire (R.)	
St-Laurent (R.)	20
St-Martin (R.)	
Sully (R. de)	23

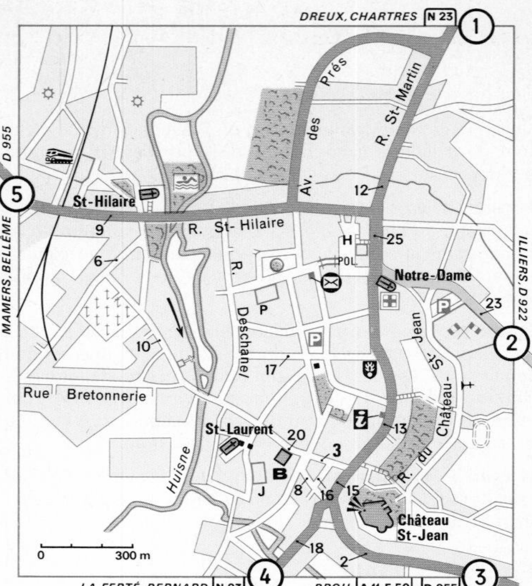

Pour un bon usage des plans de ville, consultez la légende p. 30.

CURIOSITÉS

Château St-Jean. – *Accès par la rue du Château-St-Jean d'où s'offrent des échappées sur Nogent et la vallée de l'Huisne.*
A l'extérieur, un chemin permet de faire le tour de l'enceinte.
Cet impressionnant château dresse ses murailles et de massives tourelles sur un éperon rocheux. L'ensemble est entouré par un mur d'enceinte et des fossés assurant ainsi une meilleure protection contre les assaillants. L'enceinte arrondie forme deux terrasses superposées, séparées par un gros mur et un puits profond.
Les Rotrou, comtes du Perche, habitaient l'énorme donjon rectangulaire, haut de 35 m, contre-buté par de curieux contreforts, percé au 13e s. de baies géminées. Aux 12e-13e s. se constitua l'enceinte jalonnée de tours en demi-lune. Élément de l'enceinte, le remarquable châtelet d'entrée est flanqué de tours rondes à archères et à mâchicoulis en tuffeau dont la blancheur contraste avec les pierres grisâtres du gros-œuvre ; au-dessus de l'entrée constituée d'un porche ogival, médaillon en terre cuite du 15e s. d'école italienne. De la cour, jolie vue sur la ville.

Musée du Perche. – Des salles du château sont consacrées à l'ethnographie régionale (armures du 15e s. et reconstitution d'un intérieur percheron avec son mobilier) et aux objets artisanaux.

Église Notre-Dame. – Ancienne chapelle de l'Hôtel-Dieu, son origine remonte aux 13e-14e s.
Au fond du bas-côté gauche, crèche (16e-17e s.) avec personnages peints, en terre cuite. Remarquer les clés de voûte sculptées du chœur et l'orgue de 1634.

Hôtel-Dieu. – *Visite du tombeau. Entrée : rue Gouverneur, n° 3, après l'église. Monter quelques marches et à gauche après la cabine téléphonique traverser le rez-de-chaussée d'un bâtiment médical pour accéder à une petite cour où se trouve le tombeau.*
Un portail classique (rue du Château St-Jean), dont le fronton porte les armes et les emblèmes de Sully, donnait accès à l'Hôtel-Dieu (17e s.).
Contigu à l'église Notre-Dame, mais n'en faisant pas partie car Sully était protestant, un oratoire hexagonal à dôme, avec une jolie porte à fronton, abrite le **tombeau** vide du ministre, dû à Barthélemy Boudin, sculpteur chartrain. L'expression du visage et le modelé des mains de la statue (1642) de Sully sont d'un très bon style. La statue de Rachel de Cochefilet, sa femme, morte 18 ans après, est d'une exécution plus médiocre.
Sur le piédestal, remarquer les Hercules et les emblèmes guerriers rappelant la charge de Grand Maître de l'Artillerie qu'assuma le ministre ; le blason de Rachel est entouré de la cordelière des veuves dont les nœuds symbolisent la fidélité ; un coffret renferme les restes, présumés, de Sully.

Maison du Bailli (**B**). – *47 rue St-Laurent.* Remarquer les lucarnes finement ciselées de cette maison du 16e s. Pierre Durant, bailli de l'abbaye de St-Denis, et Blanche Février la firent édifier, comme l'indique une inscription à double sens : « De pierre blanche, durant febvrier, je fus faicte, 1542 ». Deux tourelles encadrent l'entrée.

Rue Bourg-le-Comte (**3**). – Elle conserve quelques maisons anciennes dignes d'intérêt. Au n° 2 maison du 13e s. à tourelle, au n° 4 maison du 16e s., au n° 3 maison Renaissance avec fenêtres à meneaux.
Pour avoir une meilleure vue de la maison située au n° 2 faire quelques pas dans la rue des Poupardières.

Église St-Laurent. – Dans un square remplaçant l'ancien cimetière, c'est un édifice flamboyant, complété par une tour à couronnement Renaissance et relié par une arche à la maison du prévôt de l'abbaye de St-Denis.
A l'intérieur, on voit des statues anciennes et, à droite du chœur, une Mise au tombeau (fin du 15e s.), aux personnages pathétiques malgré leur raideur.

Église St-Hilaire. – 13e-16e s. Situé sur les bords de l'Huisne, cet édifice, dominé par une tour carrée du 16e s., possède un original chœur polygonal, construit au 13e s. sur le modèle du St-Sépulcre de Jérusalem ; de beaux oculus surmontent les baies.

NONANCOURT

1 803 h. (les Nonancourtois)

Carte Michelin n° 60 plis 6, 7 ou 231 Nord du pli 47.

Comme Verneuil et Tillières, Nonancourt était une forteresse frontière normande, défendant la ligne de l'Avre, face à la France. Cette forteresse fut construite en 1112 par Henri Ier Beauclerc, afin de protéger le duché de Normandie contre les Capétiens.
La place Aristide-Briand présente quelques maisons à pans de bois typiques de la région. A l'angle de la rue principale se dresse une belle maison en encorbellement.

Église St-Martin. – Cet édifice flamboyant a été élevé en 1511. La tour du clocher remonte à 1204. Les beaux vitraux des fenêtres hautes de la nef (16e s.) retracent la Semaine Sainte, la Passion et l'Ascension du Christ. Les orgues de la Renaissance constituent la pièce la plus intéressante du mobilier. Remarquer, dans le bas-côté gauche, au-dessus des fonts baptismaux, une statue de sainte Anne, du 15e s., et, dans la chapelle de la Vierge, à droite, une Vierge à l'Enfant, du 14e s.

Église St-Lubin. – *A St-Lubin-des-Joncherets.* Cette église, reconstruite au 16e s. dans le style flamboyant, est précédée d'une façade Renaissance. Sa nef, voûtée de lambris, est flanquée de bas-côtés voûtés d'ogives avec clés pendantes et médaillons de la Renaissance. Les fonts baptismaux (17e s.) sont ornés d'une délicieuse Nativité. Dans le bas-côté droit, beau marbre de Nicolas Coustou représentant le président de Gramont (mort en 1658).

ORBEC

2 832 h. (les Orbecquois)

Carte Michelin n° 54 pli 18 ou 231 pli 32 – Lieu de séjour.

Dans l'une des plus aimables vallées du Pays d'Auge, cette petite ville animée a conservé son caractère. La commerçante rue Grande a gardé des maisons anciennes dont les colombages ont été remis en valeur.
Au n° 3 de cette rue, l'hôtel de Croisy est lié au musicien Claude Debussy. C'est en effet dans le jardin qu'il y trouva l'inspiration du Jardin sous la pluie.

Église Notre-Dame. – L'église est flanquée d'une grosse tour dont la base fut construite au 15e s. ; la partie haute ne fut ajoutée qu'à la fin du 16e s.
Les trois vitraux du 16e s. qu'elle possède portent les traces d'une première restauration, faite au siècle dernier, et d'une restauration plus récente consécutive aux destructions de 1944.
Dans le bras gauche du transept, les deux vitraux sont du 15e s.
Dans le bas-côté droit, petite statue en bois sculpté (17e s.) de saint Roch. Dans le chœur à gauche, statue de la Vierge, de la même époque, également en bois sculpté et pierre tombale gravée à l'effigie de Dame Juliane Chardonnel (14e s.).

Musée municipal. – Il est situé dans une très belle maison à pans de bois du 16e s., construite pour un riche commerçant, et portant le nom de **Vieux Manoir★**. Les façades sont sculptées de personnages et révèlent un joli entrecolombage de tuileaux, silex et triangles de pierre. Le musée est consacré à l'histoire locale, aux arts et traditions populaires, à l'archéologie, ornements de confréries de Charité, céramiques du Pré-d'Auge (bouillottes, pots à lait, cruches, etc.), tableaux d'artistes locaux, objets de la vie domestique...

EXCURSION

Source de l'Orbiquet. – *4,5 km. Quitter Orbec par la route de Vimoutiers, puis prendre la D 130 et la D 130*A. Suivre tout droit, sans traverser l'Orbiquet, l'agréable chemin de la Folletière-Abenon, sur la rive droite. Laisser la voiture avant un pont et prendre à gauche, le sentier le long d'un enclos, conduisant à la source dans un cadre pittoresque.

Le PERCHE

Carte Michelin n° 60 plis 4, 5, 6 et 14, 15, 16 ou 231 pli 45 et 232 plis 11, 12.

Pays de transition entre le Bassin parisien et le Massif armoricain, le Perche présente une structure assez complexe. La prédominance de sols imperméables et un climat humide conditionnent le développement d'un tapis végétal très dru : forêts de chênes et de hêtres sur les schistes et les grès primaires, herbages et champs fertiles sur les marnes et les argiles secondaires. Voué à l'élevage, grâce à ses riches pâturages, le Perche est avant tout le berceau du robuste cheval de trait auquel il a donné son nom : le percheron *(voir p. 14)*. On distingue le Perche normand au Nord, et le Perche-Gouët, ou Bas-Perche, au Sud *(voir le guide Vert Michelin Châteaux de la Loire)*.

★ LE PERCHE NORMAND *(1)*

Pour qui vient de l'Ile-de-France, après avoir traversé la Beauce, plate et monotone, le Perche normand paraît un pays accidenté mais pittoresque, avec ses collines boisées, ses larges et fraîches vallées, ses herbages onduleux peuplés d'un bétail réputé et ses charmants villages découverts au détour des routes bordées de haies bien taillées.

Les manoirs. – Si les manoirs du pays d'Auge *(p. 38)* apparaissent comme d'accueillantes gentilhommières, ceux que l'on découvre dans le Perche, construits en pierre et plus ou moins fortifiés, se présentent comme de petits châteaux. Pour la plupart transformées en fermes depuis longtemps, ces demeures seigneuriales, édifiées à la fin du 15e s. ou au début du 16e s., ont conservé leur appareil défensif : tours, tourelles, échauguettes.
Mais les élégantes tourelles, les délicates décorations sculptées qui ornent les façades et la situation souvent dépourvue d'intérêt stratégique qu'ils occupent, permettent de ne pas exagérer le rôle militaire que purent jouer ces manoirs.

---

(1) Pour plus de détails, lire le « Guide touristique du Perche » (Association des Amis du Perche, Mortagne).

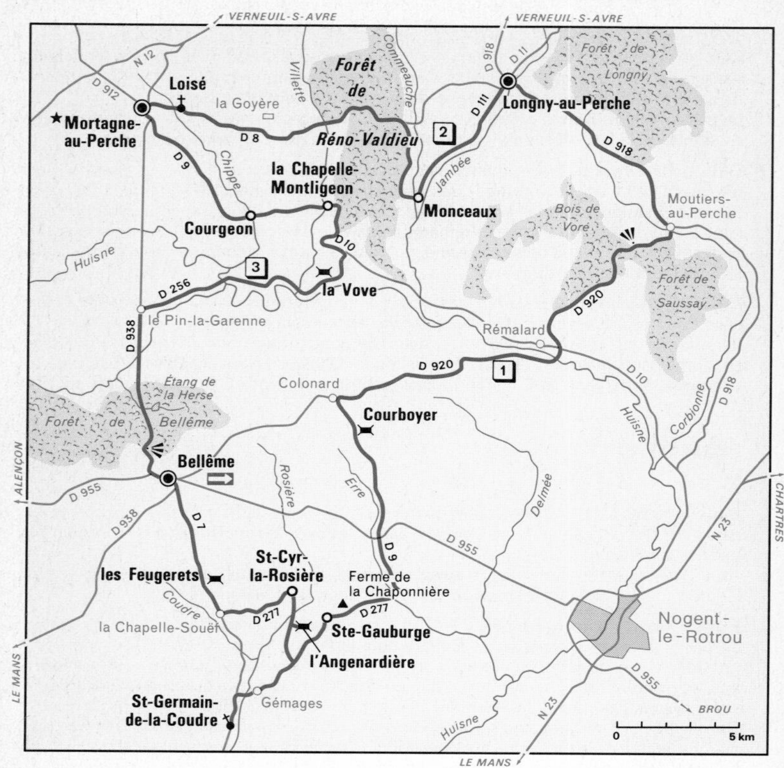

1 DE BELLÊME A LONGNY-AU-PERCHE

68 km – environ 2 h – schéma ci-dessus

Bellême. – *Page 44.*

Quitter Bellême au Sud par la D 7.

Le parcours s'effectue tout d'abord dans une agréable campagne aux larges horizons sur lesquels se découpe, çà et là, la silhouette de quelque tourelle.

Château des Feugerets. – Deux pavillons carrés bordant les douves, garnies d'une fine balustrade, un élégant corps de logis du 16e s. forment un harmonieux ensemble qui se détache sur un fond de verdure.

A la Chapelle-Souëf prendre à gauche la D 277.

St-Cyr-la-Rosière. – 255 h. L'église de ce petit village a conservé un joli portail roman à triple voussure. L'intérieur renferme, dans une chapelle à droite, une remarquable **Mise au tombeau★** en terre cuite polychrome du 17e s., et un tableau du 17e s. figurant le martyre de St-Sébastien.

Prendre au Sud la direction du Theil.

St-Germain-de-Coudre. – 714 h. L'église possède une crypte du 11e s. qui contient une belle Vierge à l'Enfant en pierre.

Manoir de l'Angenardière. – Datant des 15e et 16e s., restauré, ce manoir a conservé une allure féodale. Remarquer ses tours imposantes.

Poursuivre vers le Sud et au carrefour prendre à droite vers Gémages.
Revenir sur ses pas et prendre la route de Ste-Gauburge.

Ste-Gauburge. – Le **musée des Arts et Traditions populaires du Perche** y est installé. De vieux métiers reconstitués (maréchal-ferrant, bourrelier, charron, bûcheron, tonnelier, etc...) font revivre la vie artisanale d'autrefois. Une salle présente un diaporama sur la région. A l'extérieur reconstitution d'une école de 1900 et d'un bal champêtre. L'église (désaffectée), d'un style gothique très pur, apporte un complément au musée, en abritant des expositions temporaires sur un sujet percheron. Derrière l'église subsistent des bâtiments, transformés en ferme, de l'ancien prieuré qui dépendit au 17e s. de l'abbaye royale de St-Denis. Ils s'ornent d'une gracieuse tour à cinq pans finement décorée.

Continuer sur la D 277. Au carrefour avec la D 9 tourner à gauche.

A la sortie Est du village, remarquer, à gauche, la ferme de la **Chaponnière.** Une tour ronde raccorde au corps de logis un pavillon carré de la fin du 16e s.

Manoir de Courboyer. – Élevé à flanc de coteau à la fin du 15e s., ce manoir en pierre blanche apparaît en contrebas de la route. Quatre échauguettes sur mâchicoulis marquent les angles du logis. La grosse tour ronde est reliée par un important faîtage à la fine tourelle d'escalier octogonale.

A Colonard tourner à droite dans la D 920.

A partir de Rémalard, dans un paysage plus accidenté et plus verdoyant, la route devient très pittoresque et traverse le charmant vallon où se blottit Moutiers.

Longny-au-Perche. – *Page 96.*

2 DE LONGNY A MORTAGNE-AU-PERCHE

25 km – environ 1/2 h – schéma p. 106

Longny-au-Perche. – *Page 96*

Quitter Longny par la D 111.

La route suit la fraîche vallée de la Jambée.

Monceaux. – 87 h. Petit village à la jonction de deux vallons.
La D 291 pris vers le Nord longe la lisière de la forêt de Réno-Valdieu. Après 6 km pénétrer dans la forêt par la route forestière que l'on suit vers l'Ouest.

Forêt de Réno-Valdieu. – Elle possède de belles futaies et de très vieux arbres (chênes et hêtres de 260 ans s'élevant à plus de 40 m). Une ferme, dans un site reposant, a remplacé l'ancienne abbaye de Valdieu, nom donné à cette forêt, jadis nommée « forêt du Val du Diable » avant sa fusion en 1789 avec la forêt royale de Réno.
La D 8 accidentée traverse de belles collines boisées et laisse à droite le château de la Goyère.

Loisé. – L'église du 16e s. est flanquée d'une tour carrée monumentale.

★ **Mortagne-au-Perche.** – *Page 101.*

3 DE MORTAGNE-AU-PERCHE A BELLÊME

35 km – environ 1 h – schéma p. 106

★ **Mortagne-au-Perche.** – *Page 101.*

Quitter Mortagne-au-Perche par ③, D 9.

⊙ **Courgeon.** – 297 h. L'**église** romane de la fin du 11e s. a été flanquée au 17e s. de deux bas-côtés et d'une tour à quatre étages coiffée d'un dôme de pierre en écailles dominé par une lanterne ; elle sera appréciée des amateurs d'architecture religieuse classique, pour son unité de style.

La Chapelle-Montligeon. – 858 h. Ce village est dominé par une vaste basilique néo-gothique aux vitraux modernes.
La basilique accueille de nombreux pèlerins. Les locaux de l'« Œuvre de Montligeon », et l'imprimerie (240 ouvriers) rappellent, par leur groupement autour de la cour d'honneur centrale, leur communauté d'origine. De la terrasse précédant le sanctuaire, belle vue sur le pays environnant.

Au croisement avec la D 213 prendre à droite, puis à gauche la D 10.

Manoir de la Vove.

⊙ **Manoir de la Vove.** – Cet important manoir à l'allure de forteresse qui défend la vallée de l'Huisne, est l'un des plus vieux du Perche. Le donjon, dont la toiture est soutenue par une charpente en chêne, date du 12e s. Le corps de logis à 3 étages est desservi par un escalier à vis logé dans une tour octogonale et flanquée d'une tourelle ronde. La longue aile en équerre percée de hautes fenêtres et rythmée de pilastres a été ajoutée au 17e s. La chapelle, détachée sur la gauche, est épaulée de puissants contreforts.
Après le Pin-la-Garenne, la route (D 938) s'élève vers la forêt de Bellême *(p. 44)* dont on peut admirer les remarquables futaies et l'étang de la Herse.
En sortant de la forêt, la route offre une jolie vue sur Bellême et sa campagne.

★ PONT-AUDEMER

10 156 h. (les Pontandeméries)

Carte Michelin n° 54 pli 19 ou 231 pli 21 – Schéma p. 130.

Pont-Audemer, ancienne ville de tanneurs, à l'origine de la basse Risle canalisée, s'est orientée vers la papeterie et les industries métallurgiques et électroniques. Elle a gardé un certain cachet avec ses maisons du 17e s. à colombage et encorbellement. Des perspectives pittoresques s'offrent sur les bras ramifiés de la rivière.

CURIOSITÉS

Église St-Ouen. – Commencée au 11e s., agrandie au 16e s. Sa façade est restée inachevée. La nef, aux voûtes lambrissées, a été revêtue, à la fin du 15e s., d'un placage flamboyant. La décoration du triforium est d'une richesse rare : ses lancettes présentent de belles nervures flamboyantes.

Les bas-côtés, aux voûtes ornées de clés pendantes, sont éclairés par des chapelles latérales qui ont conservé leurs magnifiques **vitraux★** Renaissance, les plus intéressants illustrant la légende de saint Ouen (2e chapelle bas-côté Sud), la Rédemption (1re chapelle bas-côté Nord en revenant vers la façade), la légende de saint Nicolas (2e chapelle). Dans la 1re chapelle du bas-côté gauche, remarquer les fonts baptismaux du 16e s.

Vitraux modernes de Max Ingrand dans le chœur, et au-dessus de l'orgue dont la Crucifixion aux tons rouges et verts.

PONT-AUDEMER

Clemencin (R. Paul) 5
Gambetta (R.) 13
Jaurès (R. Jean) 18
République (R. de la) ... 27
Thiers (R.) 32
Victor-Hugo (Pl.) 35

Canel (R. Alfred) 2
Carmélites (R. des) 3
Cordeliers (R. des) 6
Delaquaize (R. S.) 7
Déportés (R. des) 8
Épée (Impasse de l') 9
Félix-Faure (Quai)
Ferry (R. Jules) 12
Gaulle (Pl. Général de) 14
Gillain (Pl. Louis) 16
Goulley (Pl. J.)
Joffre (R. Mar.) 20
Kennedy (Pl.)
Maquis-Surcouf (R.) ... 22
N.-D. du Pré (R.) 23
Pasteur (Bd)
Pot-d'Étain (Pl. du) 25
Président-Pompidou (R. du) 26
Sadi-Carnot (R.) 28
St-Ouen (Impasse) 29
Seule (Rue de la) 30
Verdun (Pl. de) 34

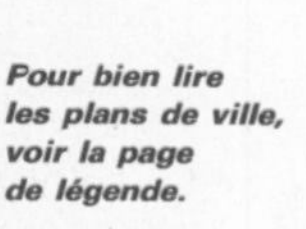

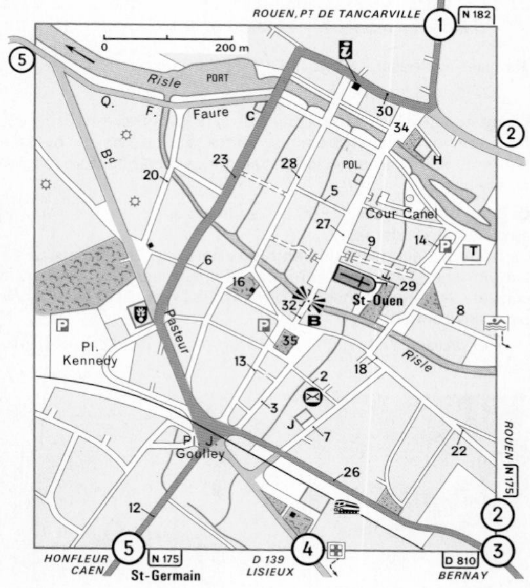

Vieilles maisons. – Les maisons à colombage se composent d'une charpente en poutres de chêne entre lesquelles est intercalé le torchis, mélange de terre et de paille.

La **rue de la République** (27), l'**impasse St-Ouen** (29) (le long du flanc Nord de l'église), l'**impasse de l'Épée** (9), la **cour Canel** (du nom d'un ancien maire de la ville) en conservent de beaux exemples.

A l'angle de la rue des Cordeliers et la rue N.-D.-du-Pré, belle maison à tourelle, dont le colombage repose sur un rez-de-chaussée en pierre.

Pont sur la Risle (B). – Au Sud de la rue de la République, ce pont offre une jolie perspective sur la rivière bordée de maisons pittoresques anciennes.

⊙ **Église St-Germain.** – *Accès par la N 175 au Sud.* L'édifice, dont les parties les plus anciennes remontent au 11e s., a été remanié au 14e s. et amputé de plusieurs travées au 19e s. Les arcades de sa tour romane trapue ont été refaites dans le style gothique.

PONT-DE-L'ARCHE

2 456 h. (les Archépontains)

Carte Michelin n° 55 Sud-Est du pli 6 ou 231 Sud du pli 23.

La petite cité est agréablement située dans la vallée, en aval du confluent de la Seine et de l'Eure. Elle est adossée à la forêt de Bord peuplée de pinèdes qui lui confèrent en été une apparence méridionale. Elle tire son nom du premier ouvrage d'art jeté sur la basse Seine avant même que Rouen ait un pont.

⊙ **Église N.-D.-des-Arts.** – Cet édifice témoigne du style gothique flamboyant, par un portail et un flanc Sud très ornés. A l'intérieur, la nef est éclairée par des verrières du 16e et du 17e s. : celle de la 2e fenêtre du bas-côté droit représente des haleurs de la ville s'efforçant de faire passer un bateau sous une arche du pont. Le retable Louis XIII du maître-autel mettant en valeur une Résurrection du Christ de Le Tourneur, les fonts baptismaux du 16e s. et les orgues sont les pièces les plus remarquables du mobilier. Observer aussi les stalles du chœur (18e s.), une Pietà (16e s.), contre la 1re colonne du bas-côté gauche, une Vierge du 14e s. sur le côté Nord de la nef et un Saint Pierre polychrome du 16e s. sur le côté Sud. Remarquer, dans la sacristie, une toile représentant la Naissance de la Vierge, œuvre d'art populaire du 16e s.

PONT-L'ÉVÊQUE

3 802 h. (les Pontépiscopiens)

Carte Michelin n° 54 plis 17, 18 ou 231 pli 20 – Schémas p. 40 et 130
Plan dans le guide Michelin France.

Pont-l'Évêque, dont les fromages sont célèbres depuis le 13e s. conserve quelques vieilles demeures : Grande-Rue St-Michel, celles surplombant le cours resserré de l'Yvie ; rue de Vaucelles, au n° 68, le pittoresque hôtel de l'Aigle d'Or, ancien relais du 16e s. qui a conservé sa cour normande de l'époque.

CURIOSITÉS

Église St-Michel. – Bel édifice de style flamboyant flanqué d'une tour carrée. Les vitraux modernes (1963-1964), sont de François Chapuis.

Ancien Couvent des Dames Dominicaines de l'Isle. – Ce bâtiment à colombage du 16e s., à droite du Tribunal, est décoré d'un typique balcon de bois.

Hôtel Montpensier. – Cet hôtel de style Louis XIII, encadré par deux pavillons d'angle, abrite en saison des expositions.

Hôtel de Brilly. – Du 18e s., restauré, maison natale de l'auteur dramatique Robert de Flers (1872-1927), il abrite aujourd'hui la mairie et le syndicat d'initiative.

Centre de loisirs. – Au Sud de la ville, un lac de 59 ha, dans un cadre de verdure, offre détente et loisirs (planche à voile, pédalos, camping, etc.).

EXCURSION

St-André-d'Hébertot. – 244 h. *8,5 km au Nord-Est. Quitter Pont-l'Évêque par la N 175. A St-Benoît, prendre à droite la D 140 et, après l'église, à gauche, la route de la Gohaigne : à 200 m, à droite, se détache la route d'accès à St-André.*

Ce hameau est situé dans un cadre vallonné particulièrement attrayant. Le **château**, ancienne résidence de la famille d'Aguesseau, se dresse dans un parc aux tilleuls centenaires. L'édifice, ceinturé de douves, est pourvu d'une belle tour à corbeaux, du 17e s., accolée à une harmonieuse façade du 18e s.
La petite **église paroissiale** possède un chœur roman voûté d'ogives.

QUILLEBEUF

1 100 h. (les Quillebois)

Carte Michelin n° 54 pli 9 ou 231 pli 21 – Schéma p. 99.

Ancien repaire de Vikings, Quillebeuf joua, jusqu'au 19e s., un rôle nautique important. C'est là que les navires attendaient la marée haute pour franchir la passe. Le « Télémaque » s'engloutit dans ces parages en janvier 1790 avec, croit-on, les joyaux de la couronne. L'épave n'a pas cessé depuis d'exciter la convoitise et la curiosité.
Le port, aujourd'hui déchu, est un peu écrasé par les installations pétrolières de Port-Jérôme en face, dont les réservoirs et les superstructures métalliques se distinguent de loin, surtout la nuit. La ville a néanmoins su conserver son cachet de petite cité maritime.

Pointe de Quillebeuf. – C'est l'extrémité du promontoire en biseau séparant le méandre abandonné du Marais Vernier *(p. 99)* du méandre « vivant » du Vieux-Port *(sur l'évolution des méandres, voir croquis p. 126)*. Des abords du petit phare, la vue est intéressante sur le fleuve, sur Port-Jérôme et sur le pont de Tancarville.

Église N.-D.-de-Bon-Port. – L'édifice, surmonté d'une belle tour romane, inachevée, s'ouvre par un portail du 12e s. La nef, d'un style roman très pur, a conservé des chapiteaux archaïques. Le chœur, du 16e s., ne manque pas d'envolée.

RISLE (Vallée de la)

Carte Michelin n° 54 plis 8, 18, 19, 20 ou 231 plis 20, 21, 33, 34.

La Risle, rivière aux eaux vives et froides, qui prend sa source à l'Ouest de l'Aigle, coule d'abord dans le sombre Pays d'Ouche.

Pays d'Ouche. – Ce plateau abondamment boisé, drainé par la Risle et aussi par la Charentonne *(p. 57)* forme, en opposition avec les horizons dénués d'imprévu des pays du Sud de la Seine, une région aux aspects solitaires souvent évoqués par le romancier La Varende. Les terres sont d'un travail difficile et l'industrie ne joue plus un rôle aussi important qu'autrefois. Cependant, le **grison**, aggloméré ferrugineux naturel de couleur rousse, rappelle l'ancienne richesse du sous-sol et si les petites forges familiales sont éteintes, les usines de **Rai**, **Rugles**, **Bonneville-sur-Iton**, **St-Sulpice-sur-Risle**, spécialisées dans les aciers spéciaux, la métallurgie des métaux non ferreux, les fonderies et fabriques d'épingles de la région de l'Aigle, occupent plusieurs milliers d'ouvriers.

Conches-en-Ouche *(p. 58)*, bien que située à la bordure Est du Pays d'Ouche, est considérée comme la capitale de cette région.
Après avoir reçu la Charentonne, la Risle sépare le Lieuvin de la plaine du Neubourg et du Roumois *(carte p. 13)*, puis se jette dans la Seine, en amont de Honfleur, après un parcours de 150 km.

1 DE HONFLEUR A PONT-AUDEMER

26 km – environ 3/4 h – schéma p. 130

De Honfleur à Pont-Audemer, suivre en sens inverse la fin de l'itinéaire 3 *décrit p. 132.*

2 DE PONT-AUDEMER A LA FERRIÈRE-SUR-RISLE

77 km – environ 4 h

★ **Pont-Audemer.** – *Page 108.*

Quitter Pont-Audemer par ②, D 130.

Depuis Pont-Audemer la route proposée ne s'écarte de la vallée de la Risle que pour s'insinuer dans le vallon du Bec-Hellouin.

Ⓥ **Corneville-sur-Risle.** – 1 068 h. Le **carillon** de l'Hôtel des Cloches fut exécuté à la suite du succès foudroyant de l'opérette de Planquette, « Les Cloches de Corneville ».

Appeville-Annebault. – 725 h. L'amiral d'Annebault, gouverneur de Normandie, qui avait conçu le projet de rendre la Risle navigable jusqu'ici, fit reconstruire l'importante église au 16e s., conservant le chœur du 14e s. Remarquer les clefs de voûtes de la nef et les beaux spécimens de bâtons de confréries de Charité.

Montfort-sur-Risle. – 885 h. Cette localité tire son charme de la proximité de la forêt de Montfort, très vallonnée.

★★ **Le Bec-Hellouin.** – *Page 42.*

Brionne. – *Page 49.*

A la sortie de la Rivière-Thibouville, apparaît la sucrerie de Nassandres.

Beaumontel. – 763 h. L'église, bien située, a un clocher du 16e s.

Beaumont-le-Roger. – 2 738 h. Les ruines de l'ancien prieuré de la Trinité (13e s.), aux imposants contreforts visibles de la route, se dressent sur une terrasse à laquelle une rampe donne accès sous un porche.
L'église St-Nicolas (14e et 16e s.), gravement endommagée par les bombardements, a été restaurée. Elle a retrouvé ses beaux vitraux anciens des 15e et 16e s. et reçu de nouveaux vitraux modernes.

Prendre la direction de Grosley-sur-Risle au Sud.

La route longe le lac de Grosley aménagé pour les loisirs (pêche, canotage, etc...) avant d'entamer un parcours étroit et sinueux.

★ **Le Val Gallerand.** – Superbes bâtiments de ferme en style vieux normand, construits dans un cirque de verdure. Brocante.

Poursuivre au Sud et au carrefour prendre à droite, puis encore à droite dans la D 35.

La Ferrière-sur-Risle. – 309 h. Ce petit village, dont la place centrale ne manque pas de pittoresque avec des maisons anciennes et son marché couvert, possède une église des 13e et 14e s., remaniée. A l'intérieur, grand retable du 17e s. en chêne, aux sculptures dorées, dont la partie centrale figure une Descente de croix due à un élève de Léonard de Vinci. Intéressant ensemble de statues : Vierge à l'Enfant du 14e s., Sainte Anne en pierre polychrome du 16e s. ; et parmi nombre d'œuvres du 17e s. dont un Saint Michel haut de 2,10 m, une belle Pietà en bois polychrome. A côté, petites halles du 14e s., restaurées.

Ⓥ A 3 km à l'Ouest par la D 35, **Risle Valley Park** offre tout l'équipement d'un parc de loisirs et d'attractions : petit train, toboggans, pont suspendu, rue « western », etc...

★ ROBERT LE DIABLE (Château de)

Carte Michelin n° 55 pli 6 ou 231 pli 22 – Schéma p. 131.

C'est un site très fréquenté de la vallée de la Seine aux environs de Rouen et l'un des beaux points de vue sur le fleuve.
Robert le Diable, dont la tradition populaire a fait le bâtisseur de la forteresse, n'est qu'un personnage mythique, vaguement inspiré par Robert le Magnifique, le père du Conquérant.
Le château fort, dû aux premiers duc de Normandie, détruit par Jean Sans Terre en 1204, reconstruit par Philippe Auguste, aurait été détruit de nouveau par les Rouennais au 15e s., pour qu'il ne tombe pas aux mains des Anglais.

Ⓥ **Musée des Vikings.** – Après avoir franchi le pont-levis, on voit, dans la cour du château, la reconstitution d'un drakkar sous un bâtiment inspiré des chapelles norvégiennes. Ce navire, d'une longueur de 21,40 m et d'une largeur de 5,50 m, pouvait transporter 40 hommes. Les souterrains ont été aménagés en musée de cires retraçant l'épopée normande. On visite également la tour Bourgtheroulde (bas-relief de Rollon, maquette du château tel qu'il était en 1418) et la tour de Rouen (personnages de cire évoquant la vie de Guillaume le Conquérant). Du sommet de cette tour, magnifique **panorama**★ sur la boucle de la Seine et la forêt de Roumare.

Afin de donner à nos lecteurs l'information la plus récente possible, les Conditions de Visite des curiosités décrites dans ce guide ont été groupées en fin de volume.

Les curiosités soumises à des conditions de visite y sont énumérées soit sous le nom de la localité soit sous leur nom propre si elles sont isolées.

Dans la partie descriptive du guide, p. 33 à 141, le signe Ⓥ placé en regard de la curiosité les signale au visiteur.

★★★ ROUEN

105 083 h. (les Rouennais)

Carte Michelin n° 55 pli 6 ou 231 plis 22, 23 – Schémas p. 129 et 131
Plan d'agglomération dans le guide Michelin France.

Rouen, capitale de la Haute-Normandie, réunit aujourd'hui, en une même agglomération urbaine, environ 400 000 habitants répartis en 22 communes. La « Ville-Musée », dont le vieux quartier a bénéficié d'une remarquable restauration, attire une foule innombrable de visiteurs.

Le site. – La ville s'est développée, dès l'époque romaine, à hauteur du « premier pont » sur un fleuve à estuaire.
Son site peut évoquer celui de Paris : même tête de méandre, vers laquelle s'abaissent des collines en amphithéâtre dont les échancrures facilitent les relations avec l'arrière-pays ; même chaussée naturelle hors de portée des inondations, permettant d'accéder au fleuve à un endroit où celui-ci est encombré d'îles. Mais la cuvette où s'est développée Rouen est plus profondément marquée que celle où s'était établie Lutèce et l'importance de la dénivellation permet au touriste de jouir de vues plongeantes impressionnantes *(voir p. 121)*.

UN PEU D'HISTOIRE

Rollon le précurseur. – Après l'accord de St-Clair-sur-Epte *(voir p. 17)*, Rollon, baptisé à Rouen, capitale du nouveau duché, prend le nom de Robert. Ce bon administrateur s'avère un précurseur hardi : il rétrécit et approfondit le lit de la Seine en comblant les marais, rattache à la terre ferme les îlots et îles dispersés et consolide les berges par la construction de quais. Jusqu'au 19e s., il n'y aura plus d'aménagements aussi efficaces.

Les Goddons. – La guerre de Cent Ans est le début des jours sombres ; en 1418, Henri V assiège Rouen qui capitule, affamée, au bout de six mois. Alain Blanchard, qui fut l'âme de la résistance, est pendu. « Je n'ai pas de bien mais, quand j'en aurais, je ne l'emploierais pas à empêcher un Anglais de se déshonorer », dit-il en refusant de fournir une rançon.
Révoltes et complots se succèdent contre les Goddons (sobriquet des Anglais provenant de leur juron « God dam ») ; la répression est terrible, cependant l'espoir renaît dans le cœur des Normands avec les exploits de Jeanne d'Arc et le sacre de Charles VII.
Mais Jeanne est faite prisonnière à Compiègne par les Bourguignons et ses deux tentatives d'évasion échouent. Les Anglais menacent le duc de Bourgogne de graves sanctions économiques et par l'intermédiaire de l'évêque de Beauvais, Cauchon, se font livrer la prisonnière contre 10 000 écus d'or.
Le 25 décembre 1430, Jeanne est enfermée au premier étage de l'une des tours – dite « tour vers les champs » – du château de Philippe Auguste. Enchaînée, elle est placée nuit et jour sous la garde de soudards. Le capitaine de Rouen, lord Warwick, a concentré dans la ville un important appareil militaire pour décourager toute tentative de révolte populaire.

Le procès de Jeanne d'Arc. – L'évêque Cauchon a promis « un beau procès ». Il ouvre la séance le 21 février 1431. Entre Jeanne et ses juges, théologiens et universitaires chevronnés, un prodigieux dialogue s'engage : téméraire, mais « sans orgueil ni souci d'elle-même, ne songeant qu'à Dieu, à sa mission et au roi », la Pucelle oppose à toutes les ruses, à toutes les subtilités de ses juges, ce que Michelet appelle « le bon sens dans l'exaltation ».
Les interrogatoires se succèdent pendant trois mois. L'acte d'accusation déclare Jeanne « hérétique et schismatique ». Le 24 mai, au cimetière de l'abbaye de St-Ouen, Jeanne, juchée sur un échafaud, est pressée d'abjurer ; elle cède. Condamnée à la prison pour le reste de ses jours, au pain de douleur et à l'eau d'angoisse, elle a la vie sauve.
Furieux, les Anglais menacent les juges. Cauchon répond : « Nous la rattraperons bien ». Et les gardes retirent à la prisonnière les habits de femme qu'elle a promis de conserver à l'avenir et lui redonnent ses habits d'homme. Jeanne refuse de se lever ; mais, à midi, « pour nécessité de corps fut contraincte de yssir dehors et prendre le dict habit ».
Considérée comme relapse, Jeanne est alors justiciable du bûcher. Elle est brûlée vive le 30 mai sur la place du Vieux-Marché. Le cœur, qui n'est pas consumé, est jeté dans la Seine avec les cendres qui sont éparpillées au vent. Les Anglais murmurent : « Nous sommes perdus, nous avons brûlé une sainte. » En 1449, Charles VII entre dans Rouen. Réhabilitée en 1456, Jeanne d'Arc fut canonisée en 1920 et promue patronne de la France.

Le « Siècle d'Or ». – La période qui s'écoule de la reconquête française aux guerres de Religion est un « siècle d'or » pour toute la Normandie et particulièrement pour Rouen.
Le cardinal d'Amboise *(voir p. 79)*, archevêque et mécène de la ville, y « lance » le style Renaissance. Les notables se font construire de somptueux hôtels de pierre ; des boiseries sculptées viennent embellir les façades des maisons bourgeoises. Le Palais de Justice, construit par Louis XII, abrite l'Échiquier, transformé en Parlement par François Ier.
Les négociants rouennais, associés aux navigateurs dieppois *(voir p. 62)*, sont sur toutes les routes maritimes.
La puissante corporation des merciers-grossiers arbore sur ses armoiries « trois navires construits et mâtés d'or » avec la devise : « O soleil, nous te suivrons par toute la terre ». La vieille ville drapière tisse maintenant la soie ainsi que les draps d'or et d'argent. En 1550, la première « exposition coloniale » a lieu sur les rives de la Seine.

L'essor industriel. – Au début du 18e s., un riche marchand, n'ayant pu vendre son stock de coton, utilisé jusqu'alors pour la fabrication des mèches de chandelle, décide de faire filer et tisser cette fibre. Le succès remporté par le nouveau tissu est foudroyant. Teinte à l'indigo, la « rouennerie » bat en brèche le tissu hollandais appelé « guinée ». En 1730, Rouen fabrique les premiers velours de cotons et les croisés.
La teinturerie progresse parallèlement à l'industrie textile qui, avec l'introduction des machines, se transforme radicalement. Des industries annexes : apprêt, blanchiment, impression, se développent.
L'industrialisation suscite des aménagements dans le port : au 19e s., on creuse des bassins, on installe le chemin de fer ; la vieille cité de la rive droite s'épanouit dans les vallées affluentes et sur le flanc des collines.

ROUEN

Carmes (R. des) .... BYZ
Ganterie (R.) .... BY
Grand-Pont (R.) .... BZ
Gros-Horloge (R. du) ABYZ
Jeanne-d'Arc (R.) ..... BYZ
Leclerc (R. du Gén.) .... BZ
République (R. de la) ... BZ
Vieux-Marché (Pl. du) .. AY

Albane (Cour d') .... BZ 2
Alsace-Lorraine (R. d') .. CZ 3
Aubert (Pl. du Lt.) ...... CZ 5
Barthélémy (Pl.) .... BZ 6
Beffroy (R.) .... BY 7
Boïeldieu (Pont) .... BZ 9
Bons-Enfants (R. des) ABY 10
Boucheries St-Ouen (R. des) ..... CZ 13
Boudin (R. E.) .... BY 14
Boulet (Quai G.) .... AY 15
Bourg-l'Abbé (R.) ...... CY 17
Bourse (Quai de la) ..... BZ 18
Bouvreuil (R.) .... BY 20
Carrel (R. A.) .... CZ 21
Cartier (Av. J.) .... AZ 22
Cathédrale (Pl. de la) ... BZ 24
Cauchoise (R.) .... AY 25
Champlain (Av.) .... BZ 27
Champs des Oiseaux (R. du) .... BY 28
Chasselièvre (R.) .... AY 29
Cordier (R. du) .... BY 31
Corneille (Quai P.) ...... BZ 32
Crosne (R. de) .... AY 34
Damiette (R.) .... CZ 35
Delacroix (Allée E.) ..... BY 36
Donjon (R. du) .... BY 37
Eau-de-Robec (R.) ...... CZ 38
Écureuil (R. de l') ...... BY 39
Ernemont (R. d') .... CY 41
Faulx (R. des) .... CZ 42
Foch (Pl.) .... BY 43
Gaulle (Pl. Gén. de) .... CY 45
Giraud (R. Gén.) .... AZ 46
Guillaume-le-Conquérant (Pont) .... AZ 48
Hauts-Mariages (Imp. des) .... CZ 49
Hôpital (R. de l') .... BY 50
Jeanne-d'Arc (Pont) .... AZ 52
Juifs (R. aux) .... BZ 53
Libraires (Cour des) ..... BZ 55
Mathilde (Pont) .... CZ 56
Ours (R. aux) .... ABZ 58
Paris (Quai de) .... BZ 59
Pie (R. de la) .... AY 60
Pucelle d'Orléans (Pl. de la) .... AZ 62
Rivière (R. H.) .... CZ 63
Rollon (R.) .... BY 65
St-Godard (Pl.) .... BY 66
Ste-Marie (R.) .... CY 67
Schuman (R. R.) .... CZ 69
Socrate (R.) .... BY 70
Thouret (R.) .... BZ 72
Vieux-Palais (R. du) .... AY 73

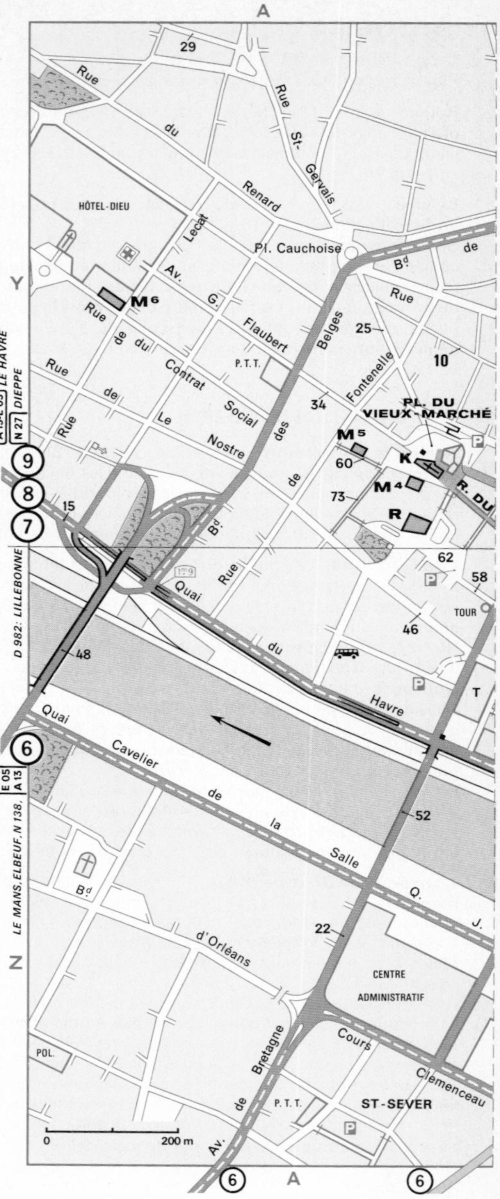

Les voies piétonnes vous permettent de vous promener tranquillement, elles sont indiquées sur nos plans.

Le Rouen contemporain. – L'essor industriel s'amplifie au 20e s. et l'agglomération rouennaise prend de l'extension, avec la création d'industries portuaires qui s'étendent le long du fleuve.

La guerre de 1939-1945 détruit le quartier ancien situé entre la Seine et la cathédrale, sauvée de peu d'un désastre total, fait sauter les ponts et ruine la zone industrielle. En reconstruisant leur ville, les Rouennais installent, ailleurs, dans des zones spécialement équipées, les établissements industriels sinistrés. A leur place sont nés sur la rive gauche des quartiers d'habitations modernes dont la population tend à égaler celle de la rive droite. On y a construit une cité administrative et une préfecture (1966), bâtiment en arc de cercle, flanqué d'une tour de 80 m de haut. L'île Lacroix, transformée en quartier résidentiel et en espaces plantés, comprend des terrains de sport, une patinoire, une piscine et un port de plaisance.

La rive droite, avec son centre historique remarquablement mis en valeur, reste le centre vital de Rouen.

LE PORT AUTONOME

Au 5e rang des ports français (après Marseille, Le Havre, Dunkerque, Nantes-St-Nazaire), et au 3e rang des ports fluviaux, Rouen, port d'estuaire, tire un bénéfice inestimable de sa situation entre la mer et Paris.

L'amélioration des accès maritimes (Rouen peut accueillir des navires de 140 000 t et des porte-conteneurs chargeant 1 500 à 2 000 conteneurs), la modernisation des équipements portuaires (grues, portiques...), la construction de silos et de nouveaux terminaux (conteneurs, produits forestiers, etc...) ont permis la croissance de l'activité portuaire.

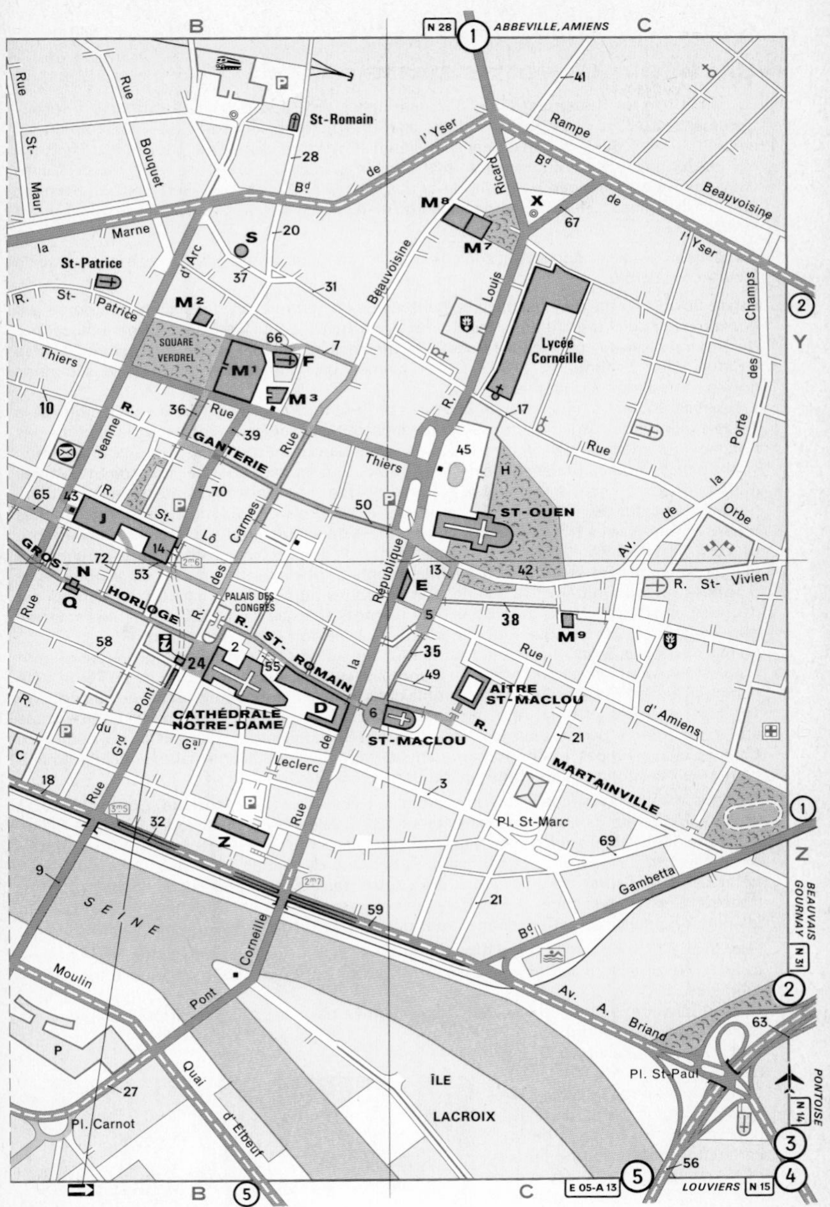

Chaque année Rouen reçoit environ 3 500 navires battant une soixantaine de pavillons différents. Rouen est le 1er port français à l'exportation, avec en dominante le secteur agro-alimentaire. Dans le domaine de la conteneurisation, Rouen se situe au 3e rang des ports français.

La proximité de Rouen des centres de presse favorise les trafics des produits forestiers (papier, pâte à papier, bois).

Les industries situées sur le port ou à proximité sont à l'origine de trafics diversifiés : phosphate, soufre, produits chimiques, engrais, produits énergétiques (charbon, produits pétroliers raffinés)...

Le Port Autonome s'étend de Rouen à Tancarville sur la rive droite et de Rouen à Honfleur sur la rive gauche.

Quais rive droite. – Les quais, qui se prolongent jusqu'à Val-de-la-Haye (12 km à l'Ouest), sont ponctués d'installations diverses : terminal à conteneurs du quai de l'Ouest, équipement pour produits agro-alimentaires (chai à vin, semoulerie, trois silos, réservoirs), installations de réception et traitement de marchandises diverses (produits forestiers, chimiques, etc.).

Quais rive gauche. – De Rouen à Moulineaux se succèdent : le centre céréalier de la presqu'île Elie qui possède trois silos, le terminal à conteneurs de Rouen-Quevilly, le terminal de produits forestiers de Rouen-Quevilly et du quai de France avec ses installations de réception de papier (hangars spécialisés, poste routier), une papeterie, un chantier de construction navale et un centre de réparation navale, un terminal charbonnier, etc.

Côté fluvial, en amont, l'industrialisation de la rive gauche s'est poursuivie jusqu'à Oissel ; textile, mécanique, papeterie, métallurgie, construction électrique, chimie...

★★★CATHÉDRALE NOTRE-DAME (BZ) *visite : 1 h 1/2*

La cathédrale de Rouen est l'une des plus belles réalisations de l'art gothique français. Commencé au 12e s., reconstruit au 13e s. à la suite du terrible incendie de 1200, l'édifice fut embelli au 15e s. par le maître d'œuvre Guillaume Pontifs puis au 16e s. par Roulland le Roux qui lui donna sa physionomie définitive. Au 19e s. elle fut coiffée de sa flèche de fonte. Gravement endommagée au cours de la dernière guerre (bas-côté Sud, tour St-Romain, Cour des Libraires), elle a été rendue au culte mais les travaux de restauration se poursuivent depuis 1944.

Extérieur. – La cathédrale doit son charme à la variété de sa composition et à la richesse de son décor sculpté.

Façade Ouest. – Cette immense façade, hérissée de clochetons, prodigieusement ajourée, est encadrée par deux tours différentes d'allure et de style ; la tour St-Romain à gauche, la tour de Beurre à droite. La façade a servi de thème à la célèbre série impressionniste des « Cathédrales de Rouen » (1892-1894) peintes par Monet composant une séquence continue de l'aube au crépuscule.

Les **portails St-Jean** (à gauche) et **St-Étienne** (à droite), du 12e s., avec l'arc en plein cintre et la petite colonnade qui les surmonte, sont délicatement sculptés : observer la facture des rinceaux qui encadrent les vantaux. Les deux tympans sont du 13e s. : celui de St-Étienne (très abîmé) figure le Christ en majesté et la lapidation de saint Étienne ; celui de St-Jean, le martyre de saint Jean-Baptiste et le festin d'Hérode. Les fenestrages au-dessus des deux portails, exécutés de 1370 à 1420, sont de style flamboyant : les longues et étroites niches ornées de statues des 14e et 15e s. sont couronnées de gâbles ajourés. Le **portail central** (début du 16e s.) est dû à Roulland le Roux. Il est flanqué de deux puissants contreforts pyramidaux destinés à renforcer la façade. Ses ébrasements sont ornés de statues de prophètes et d'apôtres qui surmontaient une série d'archevêques aujourd'hui disparue. Le tympan est décoré d'un arbre de Jessé, mutilé par les huguenots et restauré en 1626. Un gâble immense, très élégant, coupé par une superbe galerie à claire-voie, rehausse ce portail.

La **tour St-Romain,** à gauche, est la tour la plus ancienne (12e s.) de style gothique primitif (seul le dernier étage est du 15e s.). La grandiose **tour de Beurre,** à droite, haute de 75 m, a été commencée au 15e s. par Guillaume Pontifs dans le style flamboyant et achevée au début du 16e s. par Jacques le Roux. Appelée ainsi au 17e s. parce qu'elle fut en partie édifiée grâce aux « dispenses » perçues sur les fidèles autorisés à consommer du lait et du beurre en Carême, elle ne fut pas, les fonds manquant, surmontée d'une flèche mais simplement d'une couronne octogonale. Elle abrite un carillon de 56 cloches.

Flanc Sud. – Avec un peu de recul, on aperçoit la **tour centrale** (tour-lanterne) portant la flèche et qui est la gloire de Rouen. Construite au 13e s., elle a été surélevée au 16e s. La flèche actuelle en fonte remplaça en 1876 la flèche en charpente recouverte de plomb doré élevée en 1544 et foudroyée en 1822 ; c'est la plus haute de France (151 m).

Le **portail de la Calende** s'ouvre, entre deux tours carrées du 13e s., dans le bras droit du transept. C'est un des chefs-d'œuvre du 14e s. Les soubassements des ébrasements, parties les plus originales de cet ensemble, sont décorés de médaillons à quatre feuilles.

Flanc Nord. – En longeant la **Cour d'Albane** fermée à l'Est par une galerie de cloître, on découvre le flanc Nord, la tour-lanterne coiffée de sa flèche et les parties hautes du transept des Librairies.

Un peu plus loin s'ouvre la **Cour des Libraires** fermée par une splendide clôture de pierre, de style gothique flamboyant (1482) due à Guillaume Pontifs et restaurée au 19e s. Au fond de cette cour, le **portail des Libraires,** qui s'ouvre dans le bras gauche du transept de la cathédrale, présente une heureuse composition : il est surmonté de deux hauts gâbles ajourés et très élégants, entre lesquels s'inscrivent une grande rose et une claire-voie à fine balustrade. La décoration sculptée fait la gloire de ce portail ; les soubassements des ébrasements sont décorés de médaillons à quatre lobes. La plupart des sujets, tirés des Bestiaires du Moyen Age, sont traités avec verve et beaucoup de fantaisie : pour remplir les lobes des quatre-feuilles, ils ont pris les formes les plus extravagantes. Le tympan (fin 13e s.) s'orne d'un Jugement dernier avec, au registre inférieur, la Résurrection des morts, d'une grande puissance de mouvement, et, au registre supérieur, la séparation des bons et des méchants, où le sculpteur s'est complu dans des détails terrifiants.

Revenir sur la place pour pénétrer dans la cathédrale par la façade principale.

Rouen. – Tombeau des cardinaux d'Amboise.

Intérieur. – Il dégage une impression de simplicité et d'harmonie en dépit des différences de styles entre la nef et le chœur.

Nef. – De style gothique primitif, elle présente onze travées à quatre étages : grandes arcades, « fausses » tribunes, galerie de circulation (triforium) et fenêtres hautes. Les chapiteaux sont à crochets et à feuillages. Les bas-côtés sont très élevés, car les tribunes, prévues à mi-hauteur ainsi qu'en témoignent de curieux faisceaux de colonnettes, n'ont pas été exécutées.

Dominant la croisée du transept, la saisissante **tour-lanterne** (1) (51 m du sol à la nef de voûte) est une œuvre remarquable de hardiesse. Les énormes piles, dont chacune ne compte pas moins de 27 colonnes, jaillissent jusqu'au sommet.

CATHÉDRALE NOTRE-DAME
0 30 m
Chapelle de la Vierge
Déambulatoire
Archevêché
CHŒUR
Rue des Bonnetiers
Portail de la Calende
Rue St-Romain
Cour des Libraires
TRANSEPT
NEF
Rue du Change
Cour d'Albane
Tour St-Romain
Tour de Beurre
R. Georges Lanfry
Portail St-Jean
Portail central
Portail St-Etienne

Transept. – Les revers des portails de la Calende et des Libraires ont reçu de jolis décors sculptés du 14e s. L'ornementation est la même pour les deux pignons : quatre grands fenestrages surmontés de gâbles à crochets encadrent la porte et tapissent le mur. Des statues surmontées de dais sont placées sous les arcatures et entre les gâbles.

Dans le croisillon des Libraires, orné d'une grande rose aux vitraux du 14e s., on voit le célèbre **escalier de la Librairie★** (2), œuvre de Guillaume Pontifs : d'une jolie loge où s'ouvre une porte élégamment surmontée d'un gâble, s'élèvent les deux volées de l'escalier, la première est du 15e s., la seconde du 18e s.

Le croisillon Sud montre de beaux vitraux des 14e s. (Pentecôte) et 16e s. (Légende et panégyrique de saint Romain).

Chœur. – Il date du 13e s. C'est la partie la plus noble de la cathédrale par ses lignes simples et la légèreté de sa construction. Son ordonnance présente un étage de grandes arcades très élevées et au tracé aigu, un triforium et un étage de fenêtres hautes dont trois sont ornées de vitraux du 15e s. représentant le Calvaire. Les piliers qui supportent les grandes arcades montrent de robustes chapiteaux circulaires (13e s.) à crochets ou à plantes stylisées, curieusement couronnés de tailloirs soutenus par une tête sculptée.

Le maître-autel, formé d'une dalle de marbre de la vallée d'Aoste, est dominé par le Christ de Clodion (3) en plomb doré (18e s.). De chaque côté de l'autel, les deux anges adorateurs de Caffieri proviennent de l'église St-Vincent détruite en 1944.

Sur le croisillon Sud s'ouvre en absidiole la chapelle dédiée à Jeanne d'Arc (4). Vitraux de Max Ingrand.

⊙ **Crypte, déambulatoire, chapelle de la Vierge.** – Sous le chœur, la **crypte** annulaire du 11e s. appartenait à la cathédrale romane.

Elle garde encore son autel et son puits à margelle, profond de 5 m, toujours alimenté par une eau courante. Des fragments de colonnes, des chapiteaux romans, trouvés au cours des fouilles, y sont réunis. Le cœur de Charles V y est conservé dans un coffret encastré dans le mur de chevet.

Le **déambulatoire** *(entrée croisillon droit – sortie gauche)*, qui comporte trois chapelles rayonnantes (dont celle de la Vierge), abrite les gisants de Rollon, de Richard Cœur de Lion (fin du 13e s.), de Henri le Jeune (13e s.) et de Guillaume Longue-Épée (14e s.), duc de Normandie et fils de Rollon.

Il montre aussi 5 intéressantes **verrières★** du 13e s. : celle de saint Julien l'Hospitalier offerte par la corporation des poissonniers (représentés en bas du vitrail) et qui a inspiré le célèbre conte de Flaubert, les beaux vitraux illustrant l'histoire de Joseph (5), signés par Clément, verrier de Chartres, ceux enfin de la Passion et du bon Samaritain aux coloris remarquables.

La **chapelle de la Vierge** (14e s.) conserve deux admirables tombeaux du 16e s. A droite, le **tombeau des cardinaux d'Amboise★★** (6), de la première Renaissance (1515-1525), a été sculpté d'après les plans de Roulland le Roux. Les deux cardinaux : Georges Ier d'Amboise, ministre de Louis XII et archevêque de Rouen (à gauche) et son neveu Georges II (à droite) sont représentés agenouillés l'un derrière l'autre. Au soubassement, les quatre vertus cardinales (justice, force, tempérance, prudence) et deux des vertus théologales (charité, foi) ; la troisième (espérance) occupe une niche du piédroit de gauche ; sur le piédroit de droite, la chasteté.

Le fond du monument est occupé par la Vierge, saint Jean-Baptiste, saint Romain et divers prélats ; au centre, saint Georges terrassant le dragon ; la frise du couronnement est ornée de sibylles, de prophètes et d'apôtres. Remarquer la tête de Roulland le Roux sculptée dans un coin à droite.

A gauche, accolé à l'enfeu gothique de Pierre de Brézé (15e s.), le **tombeau de Louis de Brézé★** (7), sénéchal de Normandie et mari de Diane de Poitiers, est une œuvre de la seconde Renaissance, exécutée de 1535 à 1544. L'architecture du monument serait de Jean Goujon.

Le mausolée comprend deux parties : en bas, le cadavre du sénéchal, traité dans le style pathétique en faveur au 16e s. ; aux pieds du gisant, la Vierge se tient debout, tandis qu'à sa tête, Diane de Poitiers pleure. La partie supérieure est d'un style fort inégal : les cariatides sont très belles mais la statue de Louis de Brézé est trop solennelle et le cavalier minuscule par rapport à sa monture.

Dans la chapelle, vitraux du 14e s. figurant les archevêques de Rouen, et beau tableau de Ph. de Champaigne, l'Adoration des bergers, dans un riche retable (8) de 1643.

★★★LE VIEUX ROUEN

La restauration. – Hérissée de flèches et de clochers, la ville ancienne s'étend sur la rive droite de la Seine. Jadis tournée vers le fleuve, maintenant isolée par les larges quais en surélévation, elle est devenue un « secteur sauvegardé ». Car, en dépit des dommages causés par la dernière guerre, Rouen a su conserver son rang de ville-musée et enrichir son patrimoine artistique. Une remarquable campagne de restauration a redonné vie à tout un réseau de rues étroites et tortueuses bordées de charmantes et pittoresques maisons à pans de bois. Aujourd'hui, plus de 700 d'entre elles ont été remises en état.

Au-dessus de cet harmonieux ensemble se dressent les trois joyaux de l'architecture gothique rouennaise : la cathédrale Notre-Dame, les églises St-Maclou et St-Ouen.

Plus de 3 km de rues, rendues aux piétons, sont ornées de fleurs et de fontaines.

Rouen. – Maisons à colombage.

La maison à colombage. – Les vieilles maisons rouennaises illustrent l'architecture à colombage (pans de bois) du Moyen Age à la fin du 18e s. Hautes ou trapues, droites ou penchées, élégantes ou modestes, elles sont l'âme de Rouen. Le bois de chêne, jadis abondant et rapide à ajuster, devint le matériau idéal, garant de solidité.

La structure d'une maison se compose de deux parties :

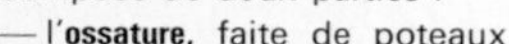

— l'**ossature,** faite de poteaux verticaux, de grosses poutres intérieures et de « sablières » (poutres horizontales de façade), assure la rigidité de l'ensemble et porte les planchers et le comble. Elle repose sur un soubassement de pierre qui l'isole de l'humidité.

— le **colombage,** fait de petits poteaux (colombes) sert à la fois de clôture et de soutien des sablières. Des pièces obliques appelées « écharpes » ou des croix de saint André raidissent l'ossature. Les intervalles sont remplis avec du plâtre (hourdis). La cage ainsi constituée peut se déformer légèrement sans inconvénient, ou même être démontée et transportée ailleurs. Pour cause d'économie et de place, on construisit souvent les étages en encorbellement (avancée), jusqu'en 1520, date à laquelle cette pratique fut interdite à Rouen. Adossées aux poteaux de façade, de fortes consoles appelées « pigearts » soutiennent l'encorbellement constitué lui-même de deux sablières superposées et décalées, souvent ornées de profondes moulures. Plus tard, le rez-de-chaussée et parfois le premier étage furent édifiés en pierre. Le nombre d'étages augmenta.

Les toitures, animées de lucarnes, sont en général très inclinées et faites d'ardoises, parfois de petites tuiles plates. L'ardoise revêt aussi les murs au Sud et à l'Ouest pour les protéger de la pluie : c'est « l'essentage ». Jusqu'à la fin du 16e s., la plupart des maisons présentent sur rue un pignon aigu, abrité par une avancée de la toiture appelée « ferme débordante ».

Le décor. – Au cours du Moyen Age, la structure même du pan de bois tenait lieu de décor. C'est au 16e s. que furent exécutés les décors les plus raffinés inspirés de la Renaissance italienne introduite à Rouen par le cardinal Georges Ier d'Amboise, ministre de Louis XII. Au 18e s. les façades redevinrent nues et au 19e s. on les recouvrit de plâtre pour imiter l'architecture de pierre.

VISITE *environ 3 h*

Place de la cathédrale (BZ). – En face de la cathédrale, à l'angle de la rue du Petit-Salut s'élève l'ancien **Bureau des Finances** (BZ – *siège de l'office de tourisme),* édifice Renaissance d'une grande élégance, bâti en 1510 par Roulland le Roux.

★★ **Rue St-Romain.** – C'est une des rues les plus intéressantes du Vieux Rouen par ses belles maisons à pans de bois du 15e au 18e s. (n° 74 : maison gothique à fenestrage continu du 15e s.) ; dans son axe se profile la flèche de St-Maclou.

Archevêché (BZ **D**). – Peu après la Cour des Libraires, s'élèvent les bâtiments de l'Archevêché, édifiés au 15e s. par les cardinaux d'Estouteville et Georges Ier d'Amboise mais remaniés au 18e s. Ils offrent une puissante façade et des tourelles d'aspect militaire. Un pignon, ajouré d'un vestige de fenêtre dans l'ouverture de laquelle se profile la flèche de la cathédrale, est le seul reste de la chapelle où se termina la procès de Jeanne d'Arc, le 29 mai 1431, et où fut proclamée sa réhabilitation en 1456. Par le portail de la rue des Bonnetiers, on peut voir la façade intérieure de l'édifice.

Traverser la rue de la République pour gagner la **place Barthélémy**, bordée de pittoresques maisons à colombage du 15e s., où s'élève l'église St-Maclou.

★★ **Église St-Maclou** (CZ). – Cette ravissante construction de style gothique flamboyant, remarquable par son homogénéité, fut bâtie entre 1437 et 1517. Fait notable, en pleine Renaissance, le style gothique le plus pur a été conservé. Seule la flèche du clocher est moderne. La façade, élément le plus précieux de cet ensemble, est précédée d'un grand porche à cinq arcades disposées en éventail. Sous ce porche s'ouvrent trois portails : celui du centre et celui de gauche sont célèbres par leurs **vantaux★★** Renaissance dont un est attribué à Jean Goujon.
Ces vantaux sont divisés en deux parties : le vantail proprement dit, agrémenté de petites têtes de lion en bronze et de dessins d'inspiration païenne, et le panneau supérieur, dans lequel s'inscrit un médaillon. Les médaillons du portail central représentent à gauche la Circoncision, à droite le Baptême du Christ ; la partie supérieure des battants représente à gauche Dieu le Père avant la Création, à droite après la Création.
Le portail de gauche (porte des Fonts) ne possède qu'un vantail. Le médaillon représente le Bon Pasteur à l'entrée de la Bergerie d'où il a éloigné les voleurs. Ce motif est soutenu par des statuettes qui semblent être Samson, David, Moïse et Salomon ; les jolies figures d'hommes et de femmes qui se profilent un peu en arrière symbolisent l'Erreur, sous la triple forme du paganisme gréco-romain, de la religion égyptienne, de l'Islam.
A l'intérieur, le **buffet d'orgues★** (1521) est remarquable par ses boiseries Renaissance, les colonnes de marbre, dues à Jean Goujon, qui la soutiennent et l'**escalier à vis★** (1517), magnifiquement sculpté, qui provient du jubé de l'église.
Dans le chœur, remarquer la chapelle N.-D.-de-Pitié (à gauche) avec ses boiseries du 18e s., ainsi que le Christ et les 2 Anges, éléments de la « Gloire » ornant le rond-point du 18e s.

★ **Rue Martainville** (CZ). – Cette rue conserve d'intéressantes maisons à pans de bois du 15e au 18e s. A l'angle de la façade de l'église St-Maclou, on remarque une jolie fontaine Renaissance. Le portail Nord de St-Maclou possède aussi de beaux vantaux : à gauche, l'Arche d'Alliance ; à droite, la Dormition de la Vierge.

★★ **Aître St-Maclou** (CZ). – *Nos 184-186.* Cet ensemble du 16e s. (du latin : « atrium ») est un des derniers témoins des charniers de pestiférés du Moyen Age. La cour centrale est entourée de bâtiments à pans de bois dont le rez-de-chaussée est formé de galeries jadis ouvertes comme celles d'un cloître. Reposant sur des colonnes portant des sculptures brisées figurant la danse macabre, une double frise décorée de curieux motifs de crânes, tibias et divers outils de fossoyeurs, court le long de la façade.
Ce rez-de-chaussée était surmonté d'un grenier servant de charnier, transformé en étage au 18e s. Mais l'aile Sud ne date que de 1640 et n'a jamais servi de charnier.
Les bâtiments de l'aître St-Maclou, réservés au cours des siècles à des écoles, ateliers et fabriques, abritent actuellement l'école des Beaux-Arts.

Revenir jusqu'à la façade de St-Maclou et prendre à droite.

★ **Rue Damiette** (CZ 35). – Cette vieille rue bordée de maisons à colombage, offre une belle perspective sur la tour centrale de l'église St-Ouen. On remarque, à droite, l'étroit boyau de l'impasse des Hauts-Mariages.
Place du Lieutenant-Aubert, prendre à gauche la rue d'Amiens où s'élève, un peu plus loin, l'**Hôtel d'Etancourt** (CZ E) (17e s.) à la façade ornée de grandes statues.

Revenir place du Lieutenant-Aubert pour tourner à gauche dans la rue des Boucheries St-Ouen. La rue Eau-de-Robec s'embranche à droite.

Rue Eau-de-Robec (CZ). – Dans cette rue bordée de vieilles maisons aux façades rénovées coule un ruisselet enjambé par de petites passerelles rappelant l'époque où le Robec coulait au pied des maisons.

⊙ **Musée de l'Éducation** (CZ M9). – Le musée est installé dans une très belle **demeure★** du 15e s. à pans de bois et à essentage d'ardoises qui possède deux étages en encorbellement. Au temps où le quartier constituait un lieu quelque peu malfamé, cette maison en tant que débit de boissons accueillait une clientèle de généreux buveurs, et était connue alors sous le nom de « maison des mariages », en raison des liaisons qui s'y faisaient.
Le musée, véritable musée pédagogique, présente des expositions temporaires : la Révolution racontée aux enfants, l'enfant et la machine, l'éducation des jeunes filles il y a cent ans, etc. Des documents originaux, une salle de classe reconstituée illustrent les différents thèmes.
Remarquer rue Ruissel, une belle maison du 16e s. aux colonnes de bois sculpté et aux colonnes en pierre ornées de statues.

Revenir dans rue des Boucheries St-Ouen.

★★ **Église St-Ouen** (CY). – Cette ancienne abbatiale du 14e s., remarquable par ses
⊙ proportions, constitue l'un des joyaux de l'architecture gothique française. Les travaux, commencés en 1318, ralentis par la guerre de Cent Ans, s'achevèrent au 15e s.

Extérieur. – On remarque le **chevet★★** avec ses fins arcs-boutants, ses pinacles et ses chapelles rayonnantes à toiture indépendante. A la croisée du transept, la **tour centrale★** à deux étages, flanquée aux angles de tourelles, est surmontée d'une couronne ducale. Sur la façade du croisillon Sud, au-dessus de la grande rose, s'alignent, dans les remplages d'un pignon flamboyant, des statues de saints, de rois et de reines de Juda. Le **porche des Marmousets**, qui occupe la partie inférieure, est étrange et gracieux, les ogives de la voûte retombant d'un côté non sur des colonnettes mais dans le vide, sur deux audacieux pendentifs.

Intérieur. – La nef, d'une architecture légère, frappe par ses magnifiques proportions. Les orgues du 19e s., dues à Cavaillé-Coll, comptent parmi les plus importantes de France. Les grandes verrières des bas-côtés datent du 16e s. Le chœur est très harmonieux : au-dessus des grandes arcades se développe, comme dans la nef, un beau triforium à claire-voie, d'une grande délicatesse. Plus haut, s'élèvent les fenêtres hautes garnies de leurs vitraux du 14e s. à l'exception de la baie axiale qui a reçu une Crucifixion moderne. Le chœur est fermé par de superbes grilles du 18e s.
Le déambulatoire est entouré d'intéressantes chapelles rayonnantes.

Prendre la rue de l'Hôpital face à St-Ouen.

A l'angle de la rue des Carmes, remarquer la belle fontaine gothique de la Crosse (restaurée) et, en face, à l'angle des rues Beauvoisine et Ganterie, une belle maison à pans de bois.

Suivre à droite la rue Beauvoisine qui traverse la rue Thiers, l'une des artères les plus animées de Rouen.

On remarque, rue Beauvoisine, les nos 55 (maison à pans de bois sculptés avec cour) et 57 (maison Renaissance). Par la rue Beffroy, à gauche, bordée dans sa première partie de vieilles maisons à colombage des 15e et 16e s., on atteint la place St-Godard.

★ **Église St-Godard** (BY F). – Cet édifice de la fin du 15e s. abrite de superbes **vitraux★**, en particulier dans le collatéral droit : au fond, au-dessus d'un autel, le vitrail représentant l'arbre de Jessé date de 1506 (en bas, au centre, Jessé, père de David, avec de part et d'autre les 4 Prophètes ; au-dessus, David tenant sa harpe ; au-dessus encore, la Vierge et l'Enfant avec de chaque côté divers rois descendant de David) ; à côté, le vitrail de la Vierge comporte 6 panneaux du 16e s. Les trois nefs sont couvertes d'une voûte en bois plâtrée au 19e s. et percée de fenêtres hautes.

A côté de l'église St-Godard s'élèvent deux intéressants musées : le musée Le Secq des Tournelles *(p. 120)* et le musée des Beaux-Arts *(p. 119)*.

Traverser la rue Thiers devant le square Verdrel et prendre l'allée Eugène-Delacroix puis à gauche la charmante **rue Ganterie★** (BY), bordée de vieilles maisons à colombage.

Prendre à droite la rue des Carmes puis encore à droite la rue aux Juifs.

★★ **Palais de Justice** (BY J). – Bâti pour abriter l'Échiquier de Normandie (Cour de justice), ce splendide édifice de la 1re Renaissance (15e s.-début du 16e s.), serait peut-être l'œuvre de Roulland le Roux. Remanié au 19e s., il fut ravagé en août 1944.

La cour d'Honneur – où des fouilles ont dégagé une **synagogue** du 12e s. – s'ouvre sur un grand bâtiment, aux deux ailes en retour.

La **façade★★** (1508-1526) a été décorée avec un souci de gradation caractéristique des conceptions artistiques de la Renaissance. Très sobre dans le bas, l'ornementation s'enrichit à chaque étage pour s'achever en une véritable forêt de pierres ciselées. Cet enchevêtrement de pinacles, de clochetons, d'arcs-boutants et de gâbles, laissant entrevoir de monumentales lucarnes, jaillit au-dessus d'une riche balustrade. La tourelle centrale à pans coupés est très gracieuse. Sur l'aile gauche, un grand escalier de pierre mène à l'ancienne **Salle des Procureurs.** Ce vaisseau est couvert d'une splendide charpente lambrissée moderne.

Sortir de cette salle par la porte du fond qui donne accès à un grand escalier par lequel on gagne la place Foch où s'élève le monument aux Morts.

Traverser la rue Jeanne-d'Arc pour prendre en face la rue Rollon.

★ **Place du Vieux-Marché** (AY). – La place, où les condamnés étaient mis au pilori ou exécutés au Moyen Age, présente un ensemble architectural moderne dû à Louis Arretche et composé de nouvelles halles, d'une église et d'une croix monumentale. La tour s'inscrit dans un secteur bordé de vieilles maisons aux belles façades à pans de bois du 16e au 18e s.

Église Ste-Jeanne-d'Arc (AY K). – La couverture est faite d'écailles en ardoise et en cuivre. L'intérieur, aux voûtes en carène, a hérité des 13 vitraux Renaissance de l'église St-Vincent détruite en 1944 ; cette somptueuse **verrière★★** du 16e s., de 500 m², illustre par ses coloris chatoyants et la beauté des attitudes divers thèmes tels que le Triomphe de la Vierge ou la Passion du Christ.

En prolongement de l'église, où est adossée une statue de Jeanne d'Arc, s'ouvre une Galerie du Souvenir.

Monument national. – Cette « Croix de la Réhabilitation », haute de 20 m, est érigée à l'emplacement du bûcher où Jeanne fut brûlée le 30 mai 1431. Au Nord, le soubassement du pilori a été dégagé, et, au Sud, le tracé des tribunes des juges ainsi que des vestiges de l'église St-Sauveur rasée sous la Révolution.

★★ **Rue du Gros-Horloge** (ABYZ). – Reliant la place du Vieux-Marché à la cathédrale, c'est la rue la plus évocatrice du Vieux Rouen. Domaine des marchands depuis le Moyen Age, siège du pouvoir communal du 13e au 18e s., elle a retrouvé aujourd'hui sa vocation commerciale et son charme d'antan avec ses gros pavés et ses belles maisons à pans de bois des 15e, 16e et 17e s. Elle demeure le centre de l'animation de la ville.

Le Gros-Horloge (BZ N). – C'est le monument le plus populaire de Rouen. Flanqué d'une tour de beffroi, cet édifice Renaissance, enjambant la rue par une

Rouen. – Le Gros-Horloge.

arcade surbaissée, est surmonté d'un toit en pavillon à lucarne. Chaque face présente un cadran d'horloge en plomb doré richement orné. L'horloge était jadis placée dans le beffroi mais les Rouennais, voulant la mettre mieux en valeur, firent construire en 1527 cette arche dans laquelle elle est aujourd'hui encastrée. Les indications du cadran des heures à aiguille unique sont complétées par celles du « semainier » apparaissant dans l'évidement inférieur. L'œil-de-bœuf supérieur indiquait les phases de la lune.
Le dessous de la voûte est décoré d'une scène sculptée représentant le Bon Pasteur et ses brebis, allusion à l'agneau de saint Jean-Baptiste qui figure dans les armes de Rouen.

Ⓥ **Beffroi** (BZ Q). – Cette sobre tourelle, coiffée d'une coupole ajoutée au 18e s., a succédé, en 1398, à celle que Charles VI avait fait abattre en 1382 en punition de l'émeute dite « de la Harelle ». On monte au beffroi par un escalier à vis de 1457. On voit plusieurs salles contenant des ferronneries, des cloches en bronze, des aiguilles d'horloges des 16e et 17e s., le mécanisme de l'horloge de St-Vivien du 15e s. ; et plus haut, les deux cloches du 13e s. qui avaient donné le signal de la révolte de la Harelle : à droite, la « Rouvel » (hors service depuis 1903), destinée à l'origine à donner l'alarme et qui, à partir de 1724, sonnait le couvre-feu ; lorsqu'elle s'immobilisa la « Cache-Ribaud » la remplaça : elle sonne depuis, comme jadis lors du couvre-feu, tous les soirs à 21 h, heure à laquelle sortaient les ribauds. La coupole abrite le mécanisme de l'ancienne horloge de fer (fin du 14e s.) de Jehan de Félains, l'une des premières horloges de France.
Du sommet de la tour, admirable **panorama★★** sur la ville, le port et les collines environnantes ; la rue du Gros-Horloge, la cathédrale ; à gauche, l'église St-Ouen, le palais de Justice, la tour Jeanne d'Arc et l'église St-Godard.
Contre le beffroi, s'adossent une loggia Renaissance où se tenait depuis 1539 le « gouverneur du Gros-Horloge » et qui abrite encore la boutique d'un horloger, ainsi qu'une belle fontaine du 18e s., représentant le fleuve Alphée et la nymphe Aréthuse, qui symbolise les bonnes relations existant alors entre la population et son gouverneur, le duc de Montmorency.
En continuant la rue du Gros-Horloge, à l'angle de la rue Thouret, s'élève l'ancien Hôtel de ville construit en 1607.

AUTRES CURIOSITÉS

★★ **Musée des Beaux-Arts** (BY M1). – Le rez-de-chaussée abrite (à droite en entrant) une Ⓥ salle consacrée à Jacques-Émile Blanche (1861-1942), peintre rouennais, exposant les portraits des écrivains célèbres de son époque : Mauriac, Bergson, André Maurois, Paul Valéry, André Gide, etc... Dans une galerie de sculptures donnant sur le jardin se trouve le plâtre original du Tombeau de Bonchamps, à partir duquel David d'Angers a exécuté une œuvre en marbre exposée dans l'église de St-Florent-le-Vieil *(voir guide Vert Michelin Châteaux de la Loire)*.
Les 2 étages offrent un large panorama sur l'histoire générale de la peinture. Au 1er étage, à l'entrée, le retable de **Gérard David**, la Vierge et les Saintes (1523), est considéré comme l'un des sommets de la peinture primitive flamande. Remarquer la finesse des vêtements et des chevelures ; l'artiste s'est lui-même représenté dans le coin supérieur gauche. Outre quelques primitifs italiens, on admire des œuvres des 16e et 17e s. de peintres italiens (Véronèse, le Guerchin, le Caravage, Giordano, Bronzino), de maîtres espagnols (Ribera, Vélasquez : l'Homme à la mappemonde), d'artistes hollandais et flamands (Teniers, Martin de Vos, Van de Velde, Van Goyen, N. Berchem). Les peintres français du 16e et surtout du 17e s. sont bien représentés : Clouet (le Bain de Diane), Nicolas Regnier, et, en particulier, ceux d'origine normande : Poussin (Vénus armant Énée) et Jouvenet. Le 18e s. est illustré par l'école française (Hubert Robert, Oudry, Fragonard), par une belle collection de portraits et aussi par les peintres normands Jean Restout et Deshayes.
Une salle est consacrée à Géricault (1791-1824) né à Rouen (Cheval arrêté par des esclaves, Officier de carabiniers), une autre expose la Justice de Trajan par Delacroix à côté de tableaux monumentaux (Andromaque par Rochegrosse). Par ailleurs, les salles du 18e s. exposent des œuvres de David, Ingres (Portrait de la belle Zélie), des portraits de Joseph Court, des toiles de Paul Huet et de Corot.
La salle François Depeaux (du nom du donateur) rassemble des œuvres des impressionnistes : Monet (Brume sur la Seine), Sisley (l'Église de Moret), Lebourg (l'Avant-port d'Honfleur à marée basse), Renoir (Bouquet de chrysanthèmes). Art moderne et contemporain font suite : Marinot (Au parc Monceau), sculptures de Duchamp-Villon (les Amants, buste de Baudelaire), Soulages, Viera da Silva, Dufy.
La grande salle du 2e étage est consacrée principalement à la peinture du 17e s. : Mignard (Portrait de Madame de Maintenon), Philippe de Champaigne (Concert d'anges), Claude Vignon (Moïse et les tables de la loi).

★★ **Musée de la céramique** (BY M2). – Installé dans l'hôtel d'Hocqueville du 17e s., le musée Ⓥ présente l'histoire de la faïence de Rouen et expose des pièces remarquables.

La faïence de Rouen. – Le mot céramique recouvre tous les aspects de la terre cuite, alors que la faïence est une céramique faite d'une argile composée recouverte d'un émail à base d'étain. La faïence, de couleur blanche, peut recevoir un décor peint. Deux sortes de terre composaient la faïence de Rouen : la terre de St-Aubin (sur le plateau de Boos) grasse, rouge vive et la terre des Quatre-Mares (entre Sotteville et St-Étienne-du-Rouvray), une terre d'alluvion légère et sablonneuse. Mélangées dans la proportion 1/3, 2/3, ces terres étaient pilées, lavées, mises à sécher, réduites en poudre, tamisées et déposées dans des bassins de décantation afin d'être clarifiées. Une fois devenu suffisamment consistant le mélange était transporté dans des greniers près d'un four pour achever l'évaporation. Dans les mûrissoirs le mélange était piétiné pour en extraire les gaz de fermentation et mêler le sable nécessaire à la composition de la terre céramique. Puis venaient le façonnage (tournage, moulage), l'application de l'émail et des couleurs et la cuisson.

Les collections. – On passe successivement des œuvres (milieu du 16e s.) du premier faïencier, Masséot Abaquesne (carreaux de pavage, vases à portraits), à celles de l'atelier d'Edme et Louis Poterat (1644-1725) qui consistent principalement en plats et carreaux à décor bleu, d'inspiration nivernaise et chinoise. Vers 1670, sous l'influence des faïenciers hollandais travaillant chez Poterat, la couleur rouge fait son apparition.

Au début du 18e s., la faïence connaît la vogue : les fabriques se multiplient, la production se développe. La polychromie apparaît (saladier de Brument, 1699) avec des décors à cinq couleurs, sur « fond bleu empois », « à l'ocre », etc... Remarquer dans la salle consacrée à la polychromie, la sphère céleste de Pierre Chapelle. Parallèlement, à partir de 1720, les motifs se diversifient : style « rayonnant » aux arabesques inspirées de la broderie et de la ferronnerie, « chinoiseries », décors superposés au trait bleu sur fond ocre ; vers le milieu du siècle, le style rocaille connaît un engouement avec ses décors « à la rose », « à l'œillet », « au rocher » mais surtout « à la corne » et « à la double corne » d'où s'échappent fleurs, oiseaux, insectes. Des spécimens d'autres productions de faïences françaises ou étrangères montrent les influences qui se sont exercées sur le « Rouen ».

★★**Musée le Secq des Tournelles** (BY M3). – Ce musée de ferronnerie, installé dans l'ancienne église St-Laurent, joli édifice de style flamboyant, forme un ensemble exceptionnel par la richesse de ses collections (du 3e s. au 19e s.).
La nef et le transept du monument sont pour l'essentiel réservés aux pièces de grande dimension (enseignes, grilles, balcons, rampe d'escalier) et, dans les vitrines, aux serrures, heurtoirs, clefs ouvragées ou non, dont on peut suivre l'évolution de l'époque gallo-romaine au 19e s.
Dans le bas-côté gauche sont présentés divers articles de serrurerie : targettes, entrées de serrures, tirettes, boucles et ceintures du 15e au 19e s. En outre sont exposées quelques verrières (Jugement dernier, 15e s.) de l'église St-Vincent, de belles statues de la même époque et un autel en bois doré du 17e s.
Le bas-côté droit montre une grande variété d'ustensiles de la vie domestique : pinces, couteaux, grils, bassinoires, moulins à épices, fers à repasser, articles de brodeuses.
La galerie Nord du 1er étage est réservée aux accessoires du costume et du mobilier : bijoux, boucles de ceintures, agrafes, peignes, articles de bureau, accessoires de fumeurs.
La galerie Sud présente une rare collection d'instruments professionnels du 16e au 19e s. à l'usage des barbiers, menuisiers, horlogers, jardiniers, dentistes, chirurgiens, etc.

⊙**Hôtel de Bourgtheroulde** (AY R). – *N° 15 place de la Pucelle.* Cet édifice (prononcer Boutroude), inspiré de l'art gothique et portant des influences de la Renaissance, fut bâti dans la première moitié du 16e s. par Guillaume le Roux, conseiller de l'Échiquier et seigneur de Bourgtheroulde.
Traverser la place pour voir, avec un recul suffisant, la façade sobre du pavillon d'entrée. Au contraire, la cour intérieure offre un ensemble plus orné. Le bâtiment du fond est d'un gothique flamboyant très pur avec ses gâbles, ses pinacles, sa tourelle d'escalier hexagonale. La galerie de gauche, Renaissance, ajourée de six baies en anse de panier, est encadrée de frises malheureusement très dégradées : en haut des Triomphes de Pétrarque ; en bas, la célèbre entrevue du Camp du Drap d'Or (1520).

⊙**Musée Jeanne-d'Arc** (AY M4). – Une cave voûtée rassemble la maquette du château où fut enfermée Jeanne, des centaines d'ouvrages sur l'héroïne, des gravures, son armure et son étendard.
Une galerie de cire (commentaire enregistré) retrace les principales étapes de sa vie.

⊙**Musée Corneille** (AY M5). – Installé dans la maison natale du poète, il présente des dessins et gravures relatifs à sa vie ; on y voit son cabinet de travail (1er étage) et sa bibliothèque (2e étage) contenant les premières éditions de ses œuvres (la plupart rassemblées par le bibliophile rouennais Édouard Peley). En outre, des maquettes de la place du Vieux Marché telle qu'elle se présentait aux 16e et 17e s. ainsi que des panneaux montrent son évolution.

⊙**Musée Flaubert (Histoire de la Médecine)** (AY M6). – L'Hôtel-Dieu (17e et 18e s.) présente sur la place de la Madeleine sa façade classique. Le musée aménagé dans un de ses pavillons qui fut la maison natale de Flaubert – son père était chirurgien à l'Hôtel-Dieu – contient des souvenirs de famille concernant l'écrivain, des instruments chirurgicaux du 19e s., des pots de pharmacie en vieux Rouen, des documents sur les hôpitaux rouennais aux 17e et 18e s., un lit de malades à... six places.

Rue des Bons-Enfants (ABY 10). – Nombreuses maisons à pans de bois dont plusieurs du 15e s. Au n° 22 (imprimerie Lecerf), maison avec personnages sculptés.

⊙**Église St-Patrice** (BY). – Cette construction gothique est remarquable par ses **vitraux★**, exécutés entre 1540 et 1625, en particulier ceux du côté gauche du chœur (le Triomphe du Christ), de la chapelle contiguë (saint Faron et saint Fiacre, saint Louis, saint Eustache, l'Annonciation de style Renaissance italienne et la Nativité) et du bas-côté gauche (sainte Barbe, saint Patrice et Job). Un baldaquin en bois doré, du 18e s., couronne l'autel.

⊙**Tour Jeanne-d'Arc** (BY S). – C'est l'ancien donjon, seul vestige du château élevé au 13e s. par Philippe Auguste où Jeanne d'Arc subit la torture le 9 mai 1431.
Au rez-de-chaussée, on voit le fac-similé du manuscrit de son procès de condamnation. Un escalier à vis mène aux étages. Au 1er l'histoire du château est évoquée au moyen de documents et maquettes. Le 2e étage est consacré à l'histoire de Jeanne d'Arc.

Église St-Romain (BY). – Cette ancienne chapelle des Carmes (17e s., restaurée au 19e s., puis en 1969) renferme d'intéressants **vitraux** de la Renaissance.

★★**Musée des Antiquités de la Seine-Maritime** (CY M7). – Installé dans un ancien
⊙couvent du 17e s., ce musée, qui reflète le passé de la capitale normande, abrite des collections de la Préhistoire au 19e s.
Il possède des pièces précieuses du Moyen Age et de la Renaissance : carreaux de pavage, vitraux, statues, chapiteaux, retables, bas-reliefs en albâtre anglais du 15e s., etc. On remarquera surtout l'orfèvrerie religieuse (Croix du Valasse, 12e s.), les **émaux★** des 12e et 13e s., les **ivoires★** du 5e au 16e s. (Vierge assise du 14e s.). S'y ajoutent des collections de majoliques hispano-mauresques et italiennes. Occupant deux autres galeries, une série de **pans de bois sculptés★**, gothique et Renaissance, provient d'anciennes demeures rouennaises. Une salle aux meubles et boiseries Renaissance est consacrée aux tapisseries, dont la célèbre **tapisserie des « Cerfs ailés »★★** (15e s.).

Outre une présentation de préhistoire locale, des collections d'antiquités égyptiennes et orientales, grecques et étrusques, un cabinet de numismatique et un rare ensemble mérovingien (bijoux et armements), le musée compte une **collection gallo-romaine★**, remarquable par les bronzes et la verrerie. Au centre de la salle lapidaire, la célèbre **mosaïque de Lillebonne★★** (4e s. après J.-C. ; restaurée au 19e s.) est la plus grande mosaïque signée et historiée (chasse au cerf) trouvée en France.
Proche des jardins du musée et dominant la rue Louis-Ricard, la monumentale **fontaine Ste-Marie** (CY X), œuvre de Falguière, cache un château d'eau.

⊙**Muséum d'Histoire naturelle, d'Ethnographie et de Préhistoire** (CY M8). – A côté du musée des Antiquités. Nombreuses scènes de la vie des animaux en dioramas : la forêt normande, le littoral, le marais, la ferme. Présentations d'animaux naturalisés. Collections préhistoriques et ethnologiques, anatomie et embryologie humaines.

Lycée Corneille (CY). – Le lycée est installé dans l'ancien collège des Jésuites (17e et 18e s.) que fréquentèrent Corneille et Cavelier de La Salle ; Corot, Flaubert, Maupassant, Maurois y firent leurs études. Le philosophe Alain y enseigna.

Fierte St-Romain (BZ Z). – Ce charmant édicule Renaissance, de style gréco-romain, est couronné d'un lanternon qui abritait jadis les reliques de saint Romain. Il est adossé à la **Halle aux toiles** élevée au 16e s. mais en partie détruite en 1944 et rebâtie. La façade donnant sur la place de la Haute-Vieille-Tour présente une belle ordonnance de fenêtres surmontées d'une haute toiture d'ardoises tandis que la façade opposée est d'une architecture tout à fait moderne ; à l'intérieur, salles d'exposition, salle d'Honneur.

L'AGGLOMÉRATION ROUENNAISE

★★★**La Corniche.** – *10 km, plus 1/4 h de visite. Circuit à faire, de préférence, au coucher du soleil. Partant de la place St-Paul (Sud-Est du plan p. 113, CZ) s'engager dans la rue Henri-Rivière et suivre la rue du Mont-Gargan, puis à droite la rue Annie-de-Pène.*
Dans un lacet, la route s'élève sur l'éperon crayeux de la côte Ste-Catherine qui sépare la vallée du Robec, et celle de la Seine. Les échappées sur Rouen se multiplient.

★★★**Côte Ste-Catherine.** – Table d'orientation. Dans un virage prononcé à gauche et aménagé en terrasse, le **panorama** sur la courbe du fleuve, la ville, ses clochers et l'ensemble de l'agglomération rouennaise est saisissant.

Continuer à suivre la D 95 ; elle aboutit à la N 14 bis à hauteur de l'école J.-M. de Hérédia. Tourner alors à gauche puis, 200 m plus loin, avant le café de la Mairie, à droite.

★★**Bonsecourt.** – 6 108 h. Couronnant l'éperon du mont Thuringe, la basilique néo-gothique (1840) de Bonsecours, but de pèlerinage, constitue un excellent belvédère sur le Rouen portuaire et industriel. Du monument à Jeanne d'Arc (19e s.) situé sur une terrasse la **vue** embrasse Rouen et la vallée de la Seine. A l'entrée du cimetière, sur la pelouse, est installé « le Gros Léon », cloche offerte à la basilique mais trop lourde (6 025 kg) pour prendre place dans le clocher. Elle sonne aux grandes occasions. Entrer dans le cimetière : du pied du calvaire (table d'orientation), **panorama** sur la boucle de la Seine, vers l'aval : sur la rive gauche, le port, les ponts et sur la rive droite, la cathédrale. Parmi les sépultures, en contrebas du calvaire, tombe du poète J.-M. de Hérédia, reconnaissable à sa grille masquée de lierre.
Reprendre la route en direction de Paris, mais tourner à droite dans la N 14 qui, par un beau parcours en corniche dominant la Seine, ramène à Rouen.

★**Canteleu.** – *9 km, plus de 1/4 h de visite. Quitter Rouen par ⑦, en direction de Duclair. Prendre à gauche la D 51 vers Croisset.*

⊙**Croisset.** – Le **pavillon Flaubert** est le seul vestige de la propriété où Flaubert écrivit Madame Bovary et Salammbô. On y voit des souvenirs du grand écrivain dont la bibliothèque est conservée à la mairie de Canteleu-Croisset.

Faire demi-tour et prendre la D 982 en montée, vers Canteleu.

★**Canteleu.** – 18 851 h. De la terrasse de l'église, **vue** sur le port et la ville.

Jardin des Plantes. – *2,5 km. Quitter Rouen par ⑥, puis prendre à gauche la rue des Murs St-Yon.* Dans un très beau parc de 10 ha planté d'arbres de toutes espèces et de ⊙massifs de fleurs, les **serres** tropicales abritent une riche collection de plantes rares (orchidées, notamment) et le fameux nénuphar géant « Victoria Regia » dont les feuilles en forme de plateau peuvent atteindre, en été, 1 m de diamètre. Pressoir à cidre sous un bâtiment à colombage. Pavillon du 17e s. et grilles en fer forgé du 18e s. Remarquer également deux serres du 19e s., l'une carrée et l'autre à versants en ogive.

Centre Universitaire. – *5 km. Quitter Rouen par les rues St-Gervais et Chasselièvre* (AY), *Nord-Ouest du plan.* De la route qui aboutit au plateau du Mont-aux-Malades, où s'élève le Centre universitaire, un très beau **panorama★★** se révèle sur la ville, le port et la boucle de la Seine.

⊙**Manoir Pierre-Corneille, à Petit-Couronne.** – *8 km. Quitter Rouen par ⑥ et N 138* (AZ) *et à l'entrée de Petit-Couronne, appuyer à droite dans la rue Pierre-Corneille. Laisser la voiture au n° 502.*
La « maison des champs » fut achetée en 1608 par le père du poète. Celui-ci en hérita en 1639 et y séjourna souvent. Cette demeure normande, devenue musée en 1879, évoque la vie familiale de l'écrivain au moyen de nombreux documents et d'un mobilier du 17e s. A l'extrémité du clos de pommiers, petit fournil du 17e s., couvert de chaume.

Forêt Verte. – *23 km – environ 3/4 h. Quitter Rouen par la rue Bouquet* (BY). Il traverse la forêt Verte, la promenade préférée des Rouennais.

A l'intersection des D 121 et D 66, tourner à droite en direction d'Isneauville.

De là, faire demi-tour en rempruntant à nouveau la D 66 qui, dans un beau vallon boisé, contourne la forêt.

Prendre ensuite à gauche la D 43 par Mont-St-Aignan et Bois-Guillaume pour regagner Rouen.

RY

544 h. (les Ryais)

Carte Michelin n° 55 pli 7 ou 231 pli 23 – 20 km au Nord-Est de Rouen.

Ce bourg aux belles maisons à colombage ou de briques serait le « Yonville-l'Abbaye » où **Gustave Flaubert** (1821-1880) a placé l'action de « Madame Bovary ».
Un monument a été érigé devant la poste, avec un médaillon à l'effigie du romancier. Le personnage d'Emma Bovary aurait été inspiré par la vie de Delphine Couturier, femme du médecin Delamare, morte en 1848 dans la « maison du docteur » occupée maintenant par la pharmacie du bourg alors que l'officine où pontifiait M. Homais abrite la teinturerie-bimbeloterie Lagarde.

Musée d'automates. – Aménagé au bord du Crevon dans un pressoir restauré du 18ᵉ s., il présente une collection d'automates dont 300 figurent des scènes du roman de Flaubert « Madame Bovary » et à l'étage supérieur une composition de scènes inspirées du monde entier. Le musée offre aussi la reconstitution de la pharmacie Homais et nombre de documents authentiques traitant des lieux et des personnages.

Église. – L'église, qui remonte au 12ᵉ s., est surmontée d'une tour-lanterne dotée d'une corniche à modillons. Elle est précédée d'un très joli **porche★** en bois sculpté de la Renaissance aux curieux personnages sculptés : remarquer surtout, à la clef de voûte, un Dieu le Père coiffé d'une tiare.
A l'intérieur, on admirera la charpente et, dans le chœur, un devant d'autel en bois sculpté de style Renaissance. Dans la chapelle de droite voir les « rageurs », embouts sculptés des poutres.

ST-ÉVROULT-N.-D.-DU-BOIS

431 h. (les Ebrultiens)

Carte Michelin n° 60 Nord du pli 4 ou 231 plis 32, 33.

A proximité des sources de la Charentonne, cette localité doit son nom à la plus célèbre abbaye du Pays d'Ouche.

Abbaye. – Fondée par saint Évroult au 6ᵉ s., dévastée au 10ᵉ s. par les guerres, l'abbaye d'Ouche dut attendre le 11ᵉ s. pour connaître un nouvel élan. Reconstruite au 13ᵉ s. dans le style gothique, elle est aujourd'hui en ruine. Sur la place, devant l'entrée principale, monument élevé en 1912 à Orderic Vital, moine historien et chroniqueur de la Normandie (1075-1142). Derrière le monument, passer sous le porche (fin du 13ᵉ s.) pour voir, à gauche, les ruines de l'imposante abbatiale qui bénéficient, depuis 1966, d'importants travaux de restauration.
Entre le porche et l'abbatiale, un **musée** a été aménagé pour abriter les œuvres des moines et divers objets d'art provenant de l'abbaye.
Face à l'abbaye, un étang artificiel de 8 ha a été aménagé (canotage, pédalos, planche à voile).

★ ST-GERMAIN-DE-LIVET (Château de)

Carte Michelin n° 54 plis 17, 18 ou 231 pli 32 – Schéma p. 40.

Le ravissant château – qui ne laisse pas soupçonner, de l'extérieur, l'absence de ses ailes Sud et Sud-Ouest, démolies au 19ᵉ s. – se présente comme une originale construction du 16ᵉ s., remarquable par son appareil en damier de pierres et de briques de couleur, et dont la façade est flanquée d'une aile en retrait du 15ᵉ s., à colombage.
La cour intérieure est ornée d'une galerie à l'italienne composée de quatre arcades en anse de panier.

St-Germain-de-Livet. – Le château.

⏲VISITE *environ 1/2 h*

On visite : dans l'aile du 15e s., la salle des Gardes, aux **fresques** du 16e s. en partie dégagées (scène de bataille ; Judith portant la tête d'Holopherne) et la salle à manger, toutes deux pourvues de cheminées ornementales et d'un mobilier d'époque Empire ; le hall (lithographies d'édifices normands) et deux pièces aménagées en salons Louis XV et Louis XVI. A l'étage de l'aile 16e s., on voit deux salons au beau carrelage en terre cuite du Pré d'Auge, la chambre dite d'Eugène Delacroix (photo du peintre par Nadart), la jolie galerie décorée d'œuvres des peintres de la famille Riesener (19e s.) et le petit salon rond Louis XVI logé dans la gracieuse tourelle Sud dans lequel on remarque une armoire Louis XIV en ébène incrusté de cuivre.

★ ST-GERMER-DE-FLY

1 355 h. (les Gérémarois)

Carte Michelin n° 55 plis 8, 9 ou 237 pli 4 – 8 km au Sud-Est de Gournay-en-Bray.

Cette petite ville du Pays de Bray possède une immense église, écrasant de sa masse le bourg groupé à ses pieds. Saint Germer y fonda une abbaye au 7e s.

★ **Église.** – Cette ancienne abbatiale, construite entre 1150 et 1175, est un des types les plus remarquables du style gothique primitif. Passer sous la porte fortifiée du 14e s. (mairie) et pénétrer dans la nef, malheureusement mutilée lors de la guerre de Cent Ans. Le chœur est la partie la plus intéressante de l'édifice avec ses tribunes à baies en plein cintre et son triforium aux baies rectangulaires. Une chapelle absidiale abrite un bel autel roman orné d'arcatures.
Un couloir voûté, au bout de l'abside, conduit à une élégante Ste-Chapelle construite au 13e s., sur le modèle du célèbre sanctuaire parisien.

★ ST-MARTIN-DE-BOSCHERVILLE

1 389 h. (les Boschervillais)

Carte Michelin n° 54 pli 10 ou 231 pli 22 – Schéma p. 131.

L'abbaye bénédictine de St-Georges-de-Boscherville fut fondée en 1114 par Guillaume de Tancarville sur l'emplacement d'une collégiale bâtie vers 1050 par son père Raoul, grand Chambellan de Guillaume le Bâtard. Raoul de Tancarville avait installé une communauté de chanoines séculiers remplacés plus tard par des moines bénédictins de St-Évroult *(p. 122)*. L'abbaye ne compta jamais plus d'une quarantaine de moines, qui furent chassés à la Révolution.

★★ANCIENNE ABBATIALE ST-GEORGES *visite 1/4 h*

⏲L'église abbatiale, devenue sanctuaire paroissial du village de St-Martin à la Révolution, fut, de ce fait, sauvée de la destruction. Elle constitue un des plus beaux fleurons monumentaux de la vallée de la Seine.

Église. – L'édifice, bâti de 1080 à 1125, sauf les voûtes de la nef et du transept qui datent du 13e s., frappe par l'unité de son style et l'harmonie de ses proportions.
La façade est très simple. Les voussures du portail sont ornées de motifs géométriques, dans le style des églises romanes normandes *(voir p. 22)* ; les chapiteaux historiés remarquables par leur finesse, sont l'œuvre d'artistes de l'Ile-de-France ou du Pays Chartrain.
La nef de huit travées, flanquée de bas-côtés, a été voûtée à l'époque gothique ; elle a retrouvé, après restauration, sa pureté de lignes primitive. A la place des tribunes règne un faux triforium. Chaque bras du transept est terminé par une tribune découverte, reposant sur une colonne monocylindrique ; remarquer les bas-reliefs incrustés dans le mur sous la balustrade : à gauche, évêque bénissant ; à droite, combat de guerriers.
Dans le croisillon Sud a été placé un confessionnal monumental du 18e s.
Le chœur, de deux travées, et ses bas-côtés sont voûtés d'arêtes. La voûte de l'abside, en cul-de-four, est renforcée de lourdes nervures.
Derrière l'autel provisoire, dalle tumulaire en marbre noir d'Antoine le Roulx, 19e abbé de St-Georges, mort en 1535.

Salle capitulaire. – Cette visite donne l'occasion d'apprécier l'architecture extérieure du flanc Nord de la nef, les modillons de la corniche et de découvrir la massive tour-lanterne élevée à la croisée du transept.
La salle capitulaire du 12e s., est surmontée d'une construction du 17e s. Cette salle communiquait avec le cloître, aujourd'hui détruit, par trois baies romanes supportées par des faisceaux de colonnettes aux chapiteaux historiés, malheureusement mutilés. A droite, des statues colonnes. A l'intérieur, une belle frise décorative court au-dessus de l'emplacement des stalles des moines.
Dans la cour du cloître, des fouilles ont permis de mettre au jour différents pavements provenant de vestiges anciens : temples gaulois et gallo-romains, église funéraire mérovingienne.

EXCURSION

Forêt de Roumare. – *Circuit de 36 km – environ 2 h.*
Cette forêt peuplée de chênes, de hêtres et de charmes occupe toute une boucle de la Seine entre Rouen et Duclair.

Quitter St-Martin-de-Boscherville à l'Est pour rejoindre la D 982 vers Canteleu. Au carrefour du chêne à Leu, distant de 2 km, prendre la première route à droite, et 500 m plus loin, à gauche.

La route serpente alors dans la forêt.

Au carrefour des Treize Chênes, suivre la D 351 qui traverse le massif forestier en diagonale.

Sahurs. – 870 h. La chapelle de Marbeuf, du 16e s., fait partie du manoir. Ce sanctuaire est célèbre depuis le vœu d'Anne d'Autriche : la reine avait promis d'offrir à la chapelle une statue d'argent du poids de l'enfant qu'elle désirait. La statuette de douze livres envoyée à la naissance de Louis XIV disparut à la Révolution.

Prendre à gauche la D 51.

Église de Sahurs. – Cette église isolée se tient dans un site agréable. Sur la rive opposée, ruines du château de Robert le Diable.

Rejoindre la D 51, qui longe les rives de la Seine.

Val-de-la-Haye. – 715 h. A l'entrée du village, à droite, à hauteur du passage d'eau de Grand-Couronne, se dresse la colonne commémorative du retour des cendres de Napoléon.

Revenir à Sahurs, et suivre la D 51 qui épouse l'un des méandres de la Seine, puis la D 67 qui le prolonge, afin d'atteindre Quevillon, par St-Pierre de Manneville.

Quevillon. – 506 h. Converti en maison de retraite et restauré, le château de la Rivière-Bourdet, à gauche, à l'entrée du village, est une somptueuse construction du 17e s. qui reçut plusieurs fois la visite de Voltaire. Remarquer le colombier monumental, bien conservé.

La D 67 ramène à St-Martin-de-Boscherville.

ST-VALERY-EN-CAUX

5 814 h. (les Valériquais)

Carte Michelin n° 52 pli 3 ou 231 pli 9 – Schéma p. 55 – Lieu de séjour.

St-Valery, port de pêche et de cabotage, est une station balnéaire fréquentée. Le port, qui s'enfonce à l'intérieur par l'intermédiaire d'un chenal, est bien abrité et peut recevoir de nombreux plaisanciers. La longue plage des galets est bordée d'une digue-promenade.

CURIOSITÉS

★ **Falaise d'Aval.** – Laisser la voiture quai du Havre et emprunter un peu plus loin à gauche le sentier des Douaniers, dont les marches conduisent au monument commémoratif des combats soutenus en juin 1940 (2e Division de Cavalerie).
La vue s'étend à l'Est, jusqu'au phare d'Ailly et, par temps clair, jusqu'à Dieppe.

Maison Henri IV. – *Quai du Havre.* Belle demeure Renaissance présentant des poutres sculptées de personnages.

Falaise d'Amont. – Par un grand escalier, on peut accéder au monument de la 51e Division écossaise, d'où l'on domine St-Valery, son port et sa plage.
A proximité se dresse un monument moderne érigé à la mémoire de Coste et Bellonte, qui réalisèrent les premiers, la traversée Paris-New York à bord de leur avion « le Point-d'Interrogation » en 1930.

★ ST-WANDRILLE

1 184 h. (les Wandrégésiliens)

Carte Michelin n° 54 pli 9 ou 231 pli 22 – Schéma p. 131.

L'abbaye de St-Wandrille, « reliquaire d'art », est, avec l'abbaye renaissante du Bec-Hellouin, un témoignage émouvant de continuité bénédictine en terre normande.
Les moines qui habitent l'abbaye, vivent notamment de la fabrique d'encaustique et de produits d'entretien.

UN PEU D'HISTOIRE

« L'athlète de Dieu » (7e s.). – Toute la cour d'Austrasie fête le mariage du sage et beau Wandrille, comte du palais du roi Dagobert, qui semble appelé aux plus brillantes destinées. Mais, d'un commun accord, les époux décident de se consacrer à Dieu. La jeune femme entre dans un monastère et Wandrille se joint à quelques ermites du diocèse de Verdun. Le roi n'admet pas que le palatin troque sa ceinture d'or, insigne de sa dignité, contre la bure du moine ; il exige le retour de Wandrille qui « laisse au Ciel le soin de plaider sa cause ». Éclairé par un miracle, Dagobert se résigne au départ de son serviteur. Après avoir séjourné dans divers monastères du Jura et de Lombardie, Wandrille rejoint saint Ouen à Rouen, où il est ordonné prêtre. Sa sainteté, alliée à sa prestance physique, lui valent le titre de « véritable athlète de Dieu ».

La vallée des Saints (7e-9e s.). – En 649, Wandrille fonde un monastère dans le vallon de Fontenelle. Les moines défrichent les forêts et plantent les premières vignes. La bibliothèque et les écoles de **Fontenelle** (l'abbaye n'a pas encore pris le nom de son fondateur) sont célèbres. De doctes abbés se succèdent : Éginhard, l'historien de Charlemagne, Ansegise, qui établit le premier recueil des ordonnances (capitulaires) du grand empereur. En 831, la « Geste des abbés de Fontenelle » constitue la première histoire d'un monastère d'Occident ; mais avant tout, Fontenelle, où les « saints fleurissent comme rosiers en serre », est aux yeux de la population locale la « Vallée des Saints ». St-Wandrille est encore actuellement la seule abbaye de la Chrétienté qui célèbre la fête particulière de « tous les saints du monastère ».

Continuité bénédictine. – Au 10e s., quelques moines relèvent les ruines de l'abbaye, victime de la fureur des Normands. Celle-ci prend alors le nom de son fondateur et devient une des plus vigoureuses pousses de la « floraison bénédictine » qui s'épanouit en Normandie au 11e s. *(voir p. 127).*

Après les guerres de Religion, l'abbaye ne connaît qu'un déclin passager. La réforme de St-Maur maintient son rayonnement, mais la Révolution disperse les moines ; les ruines s'accumulent.

Au cours du 19e s., l'abbaye passe aux mains d'un filateur puis d'un lord anglais. En 1894, les bénédictins se réinstallent mais sont dispersés sept ans plus tard. Puis l'abbaye est habitée plusieurs années par l'écrivain Maurice Maeterlinck.

C'est en 1931 seulement que le chant grégorien, rénové par Dom Pothier, peut à nouveau résonner sous ses voûtes.

★ L'ABBAYE *visite : 3/4 h*

Le portail monumental que l'on voit en arrivant fut construit au 19e s. par le marquis de Stacpoole, propriétaire éphémère des lieux.

L'entrée de l'abbaye s'effectue par une porte du 15e s. surmontée d'un pélican symbolique (le pélican se perçant le flanc pour nourrir de son sang ses petits est le symbole du Christ). La porterie est constituée d'un pavillon du 18e s.

Porte de Jarente. – Cet imposant portail du 18e s. donne accès à la cour d'honneur, uniquement visible lors des visites guidées. Son nom vient de son constructeur l'abbé commendataire Louis-Sexte de Jarente, évêque d'Orléans. Au fond de la cour on voit les ateliers des moines (menuiserie, boulangerie, buanderie, etc.). Le pavillon de droite est pourvu d'un fronton évoquant la Piété.

Ruines de l'abbatiale. – De la verdure, émergent les bases des piliers des grandes arcades de la nef (14e s.). Seules se dressent encore, en deux faisceaux puissants et légers, les colonnes élancées élevées à la croisée du bras gauche du transept (13e s.). Le chœur, long de six travées, était entouré d'un déambulatoire sur lequel donnaient quinze chapelles.

★ **Cloître.** – Le cloître a conservé ses quatre galeries. La galerie Sud (la seule que l'on visite), ⓥ du 14e s., située le long de la nef de l'église, communiquait avec elle par une jolie porte dont le tympan mutilé représente le Couronnement de la Vierge. Près de cette porte, un baldaquin en pierre adossé au mur du 13e s. de l'église abrite la statue vénérée de N.-D.-de-Fontenelle (14e s.) dont la restauration a remis en valeur les traits gracieux. De part et d'autre de la statue sont placées les pierres tombales de Jean, bailli de Fontenelle au 13e s., à l'entrée de la galerie Est, et de l'abbé Jean de Brametot dans la galerie Sud qui présente un petit musée lapidaire.

Dans la galerie Nord, on aperçoit, sans pouvoir l'approcher, le **lavabo,** œuvre mi-gothique, mi-Renaissance. Dans le décor flamboyant d'une exquise finesse sont figurées des scènes du Nouveau Testament. Sous un gâble orné de feuillages découpés, une arcature à six compartiments correspond aux six robinets.

ⓥ **Église.** – Elle a été aménagée en 1969 dans une ancienne grange seigneuriale du 13e s., la grange de Canteloup, transportée pièce à pièce de la Neuville-du-Bosc (Eure) à St-Wandrille par les moines eux-mêmes. La charpente mérite une attention particulière ; poutres et poteaux sont assemblés par des chevilles de bois, l'ensemble éclairé par une lumière discrète est d'une réelle beauté.

La chapelle du St-Sacrement, qui se greffe sur le vaisseau et qui se distingue par son appareil à colombage, est l'ancien porche, transformé dans cette grange.

A droite de l'entrée de cette chapelle, une châsse (1970) contient le « chef » de saint Wandrille.

Chapelle N.-D.-de-Callouville. – Entièrement construite par les moines, cette chapelle résulte d'un vœu du Père Abbé après un bombardement en 1944.

PROMENADE À LA CHAPELLE ST-SATURNIN

Compter environ 3/4 h à pied AR – en voiture suivre la signalisation

En sortant de l'abbaye, descendre la route à droite. Sous une sorte d'enfeu, on peut voir une Mise au tombeau du 16e s. Suivre le mur de clôture pendant 150 m, contourner le champ et prendre le sentier qui longe le mur de l'abbaye.

ⓥ La **chapelle St-Saturnin,** bâtie en bordure du parc de l'abbaye, est un petit oratoire, de plan tréflé, reconstruit au 10e s. sur des fondations probablement mérovingiennes. La façade a été refaite au 16e s. ; mais l'édifice a conservé toute sa distinction trapue, avec ses trois absidioles dominées par une massive tour carrée.

L'intérieur, visible à travers une porte grillagée, a été restauré. Trois impostes encastrées dans les soubassements de la tour et décorées de rosaces, palmettes et animaux fantastiques proviennent sans doute d'un édifice antérieur, de l'époque carolingienne.

★★★ SEINE (Vallée de la)

Carte Michelin n° 55 plis 3 à 7 et 17, 18 ou 231 plis 20 à 23.

La Seine, qui naît bourguignonne, devient, au cours d'un trajet de 776 km, champenoise, « française » et normande, pour se jeter enfin dans la Manche par un estuaire largement évasé. Par la grandeur des souvenirs historiques conservés, par l'harmonie des sites et la beauté des monuments rencontrés, sa vallée, dont la vie économique est intense, constitue l'ensemble touristique le plus attirant de la Normandie intérieure.

UN PEU DE GÉOGRAPHIE

Un fleuve à méandres. – Certains érudits font dériver le nom latin du fleuve, Sequana, du celtique « squan » signifiant tortueux, qui évoquerait bien les méandres décrits par le fleuve à la façon d'un immense reptile qui se love.

A Vernon, la Seine n'est qu'à 16 m d'altitude ; mais, à vol d'oiseau, son embouchure est encore distance de plus de 100 km. On peut supposer que le fleuve qui coulait à fleur de terrain, avant le creusement de la vallée, s'épanouissait déjà en méandres « divagants », comme le font aujourd'hui le Pô et le Mississippi dans les basses plaines alluviales qu'ils traversent avant de se perdre dans la mer : une pente faible, un débit puissant, telles sont les conditions de cette évolution qui se trouvaient déjà réunies dans le cas de la Seine.

Les méandres « encaissés » que nous avons aujourd'hui sous les yeux auraient été ainsi amorcés par ces capricieux prédécesseurs.

Rives concaves, lobes convexes. – On remarquera d'abord avec quelle parfaite régularité se répètent les aspects que présentent les rives concaves de ces méandres.

En a, le fleuve vient donner de toute sa force contre une berge dominée par des pentes abruptes en hémicycle ou même par de véritables escarpements présentant tous les caractères d'une falaise littorale. C'est ainsi qu'on y relève la présence de vallons tronqués de formation analogue à celle des valleuses : pris de vitesse par l'encaissement de la vallée principale, ils n'ont pas pu raccorder leur fond à celle-ci. La raideur des versants rendait le site propice à la défense et des forteresses s'y dressaient : Château Gaillard, château de Robert le Diable. Lorsqu'un affluent débouchait ici, la rive concave, au voisinage de laquelle le fleuve est toujours plus profond, constituait un lieu favorable au développement d'un port ; ainsi s'explique la croissance de villes commes les Andelys, Duclair, Caudebec, Lillebonne qui était autrefois un grand port, Rouen enfin, dont le site est véritablement privilégié *(voir p. 111)*.

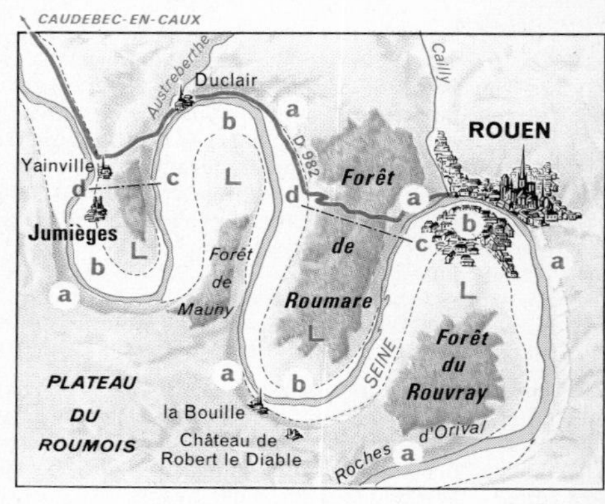

Par contraste, le long de la rive convexe, en b, la vitesse du courant s'atténue et le fleuve, perdant de sa puissance de transport, dépose une partie des débris arrachés en amont. Aussi la berge se relève-t-elle de ce côté en pente très douce.

Les lobes convexes (L) présentent moins d'intérêt économique que les rives concaves : couverts de cailloutis souvent peu fertiles, ces promontoires sont la plupart du temps laissés à la forêt.

L'épanouissement de la vallée. – Si l'on faisait une coupe suivant cd, on relèverait une autre dissymétrie remarquable : en c, le fleuve, encore sur sa lancée, vient coller étroitement au lobe convexe qu'il a tendance de ce côté à raboter, donc à rendre abrupt. En d, au contraire, travaillant presque à contre-pente, il dépose ses alluvions sur une berge déjà adoucie, qui a tendance ainsi à empiéter sur son lit.

De ces actions conjuguées résulte un mouvement général de glissement du « train de méandres » de l'amont vers l'aval.

Cette évolution a pour résultat le dégagement d'une plaine alluviale de plus en plus spacieuse *(laissée en blanc sur le schéma ci-dessus)*.

Finalement, au voisinage de l'estuaire *(voir schéma p. 130)*, les lobes convexes arrivent à ne plus subsister qu'à l'état de pointes en lames de couteau (pointes de Quillebeuf et de la Roque) ou, dans un état d'usure encore plus avancé, réduits à la condition de simples « nez » (cap du Hode, nez de Tancarville).

Du méandre abandonné du Marais Vernier, on reconnaît encore facilement les collines en amphithéâtre dont la Seine, autrefois, venait épouser la courbe.

A hauteur de Duclair, un curieux phénomène de « capture » est à signaler. La vallée affluente de l'Austreberthe, qui aboutissait primitivement à Yainville, s'est trouvée tronçonnée par la marche vers l'Ouest du méandre de Duclair dans lequel elle débouche maintenant. Entre Duclair et Yainville, c'est aujourd'hui dans une vallée « morte » que se glisse la D 982.

Le mascaret. – Aux grandes marées de vives eaux, les eaux marines qui pénètrent dans l'estuaire se trouvent étranglées entre les rives du fleuve et empêchent l'écoulement normal des eaux fluviales au point de déterminer un renversement de courant qui donne naissance à la barre appelée mascaret. Ce phénomène naturel est considérablement atténué aujourd'hui par la correction des berges de la Seine *(voir p. 127 : L'endiguement de la Seine)*.

C'est de Caudebec que le mascaret s'observait sous son aspect le plus impressionnant, particulièrement lors des grandes marées d'équinoxe. Le rouleau écumeux remontait le fleuve à la vitesse d'un cheval au galop, puis la vague colossale déferlait sur les rives, éclaboussant copieusement les curieux les plus téméraires.

Cette attraction était fort peu goûtée des marins car le phénomène se faisait sentir autrefois à chaque marée.

UN PEU D'HISTOIRE

Voie d'accès à la mer, voie d'accès à Paris, telle est la double fonction qui a marqué l'histoire de la vallée de la Seine, berceau du duché de Normandie.

La route de l'étain. – A l'âge du Bronze (vers 2500 avant J.-C.), les cours d'eau constituent les seules voies possibles de pénétration dans un territoire couvert de forêts. Les embarcations remontent jusqu'aux sources des fleuves ; le passage d'un bassin à l'autre se fait par portage.
C'est ainsi que convergent vers la Seine toutes les embarcations allant outre-Manche chercher l'étain de Cornouailles qui, allié au cuivre, permet de fabriquer le bronze.
Avec l'occupation romaine, les sentiers gaulois deviennent les glorieuses « chaussées de César » ; la voie qui longe la Seine depuis Troyes passe par la grande base de Lillebonne pour aboutir à Harfleur.

Les châteaux de Dieu. – Le Christianisme pénètre au 3e s. dans la province romaine qui a Rouen pour capitale. Dès le 6e s., les premiers monastères deviennent un foyer de vie religieuse et intellectuelle, en même temps que de développement économique.
Les rois Mérovingiens, puis les Carolingiens, soutiennent l'élan monastique en cédant des terres avec leurs bénéfices : ainsi naissent les abbayes de Fontenelle (maintenant St-Wandrille) et de Jumièges. La discipline appliquée dans ces monastères s'inspire à la fois de la règle de saint Benoît et de celle de saint Colomban.

Les exploits des Vikings. – Du 9e s. au 11e s., les Northmen, « hommes du Nord », guerriers et navigateurs intrépides partis de Scandinavie, pillent et rançonnent les pays les plus riches du temps *(voir p. 25)*. Les pirates ou **Vikings**, « trop-plein d'une race prolifique et polygame », constituent une classe privilégiée. A bord de leurs « drakkars », ils harcèlent l'Europe Occidentale, touchent l'Afrique, pénètrent même en Méditerranée. Pendant un siècle, ils s'assurent la maîtrise de l'Atlantique, colonisent l'Islande, le Groenland et abordent en Amérique quatre siècles avant Christophe Colomb.
Pour ces pillards à l'affût de richesses, la vallée de la Seine, avec ses villes prospères, ses riches églises, ses monatères bien dotés, ouvre une route bien tentante : au début du 9e s., les drakkars remontent le fleuve. Ces embarcations non pontées, au profil hardi, longues de 24 m, larges de 5 m et profondes d'environ 2 m, naviguant à la voile et à la rame, portent une soixantaine d'hommes.
A terre, les Normands se révèlent bons cavaliers et redoutables guerriers. Maîtres dans l'art de la guérilla et de l'embuscade, ils massacrent, pillent, incendient. S'il leur arrive de se trouver en mauvaise posture, ils n'hésitent pas à négocier et à se faire baptiser – certains guerriers se vantent d'avoir reçu l'eau du baptême plus de vingt fois – mais la paix conclue est bien fallacieuse, car surgissent de nouvelles bandes qui ne veulent pas reconnaître la trêve conclue avec un autre chef. L'épouvante règne : les moines fuient, emportant leurs précieuses reliques, pour les soustraire à la profanation ; les paysans, pour échapper à « la fureur des Normands », se groupent en village autour du château seigneurial.
Les rois sont impuissants à juguler ces raids dévastateurs qui se répètent avec une régularité sinistre, menaçant jusqu'à Paris et Chartres. Une certaine lassitude finit cependant par se manifester chez les Normands ; le butin se fait rare. Le roi Charles le Simple, esprit lucide, veut neutraliser, en les enracinant sur place, les pirates dont il ne peut se débarrasser. En 911, après des conversations préliminaires menées à Jumièges par l'évêque de Rouen, le roi rencontre le Viking Rollon à St-Clair-sur-Epte *(voir p. 17)* et concède « aux Normands de la Seine » le territoire qu'ils occupent : le duché de Normandie est né ; Rollon en est le premier duc.

Le « Grand Siècle » normand. – Entre les mains des anciens pirates devenus de remarquables administrateurs, ce pays va devenir, en l'espace d'un siècle, un véritable État policé, le premier du Moyen Age, où fleurit une magnifique civilisation.
Rollon et ses descendants, mettant un point d'honneur à réparer les dommages causés par les Vikings, rivalisent de générosité envers l'Église ; c'est à son contact que ces Scandinaves se pénètrent de l'esprit gallo-franc.
Le 11e s. est le siècle des épopées guerrières : celle des fils de Tancrède de Hauteville en Italie du Sud et en Sicile et celle du duc Guillaume « le Bâtard Conquérant » qui réunit ses barons à Lillebonne pour les décider à la « grande aventure normande », la conquête de l'Angleterre *(voir p. 17)*.
Dans le domaine spirituel, c'est la « floraison bénédictine », vivifiée par la réforme clunisienne, introduite à Fécamp par Guillaume de Volpiano *(voir p. 76)* et encouragée par les ducs. L'abbaye de St-Georges de Boscherville est édifiée et Jumièges se reconstruit magnifiquement. Enfin, dans ce domaine de l'architecture religieuse, l'art normand *(voir p. 22)* s'impose pendant plus d'un siècle et rayonne jusqu'en Sicile et en Angleterre.

ASPECTS DE LA SEINE MARITIME

Une rue difficile à traverser. – Napoléon disait : « le Havre, Rouen et Paris sont une seule ville dont la Seine est la rue ». Cette phrase concise dépeint à merveille la vallée de la Seine, artère vitale qui unit Paris à la mer, mais aussi barrière qui rend plus difficiles les relations transversales entre Pays de Caux et Roumois. Aujourd'hui cependant, grâce aux ponts de Tancarville *(voir p. 132)* et de Brotonne *(voir p. 51)*, le Pays de Caux a cessé d'être une « presqu'île ».

L'endiguement de la Seine. – Le spectacle d'un cargo, évoluant entre les berges du fleuve, complètement étranger au paysage qu'il écrase, témoigne des efforts tenaces déployés depuis un siècle pour ouvrir la Seine maritime aux navires de fort tonnage. Au début du 19e s., l'apparition des grands vapeurs posa un problème : de 1830 à 1852, on compta 105 échouages uniquement entre Quillebeuf et Villequier ! En période favorable, il fallait aux voiliers quatre jours pour remonter Rouen.
Six heures suffisent maintenant, grâce aux travaux d'endiguement poursuivis sans relâche depuis 1848. Ces travaux ont eu pour conséquence le colmatage de vastes espaces ; la plaine alluviale entre Rouen et la mer s'est accrue de 15 000 ha en cent ans.

Pour permettre aux chalands fluviaux de gagner le Havre sans affronter la haute mer, le canal de Tancarville, long de 25 km, fut ouvert en 1887.
Les derniers travaux, commencés en 1948, ont abouti, en 1960, à l'ouverture d'un nouveau chenal entre le confluent de la Risle et la région de Honfleur, tracé entre deux digues qui convergent vers l'amont : la digue basse Nord raccordée à celle qui existait déjà en amont de l'ancien bac du Hode, et la nouvelle berge Sud, digue haute prolongée vers l'aval par la digue basse du Ratier (digue submersible longue de 7 km). Ces ouvrages ont permis d'obtenir un approfondissement du nouveau chenal et la remontée jusqu'à Rouen de navires de 140 000 t à charge partielle et de 50 à 60 000 t à pleine charge.

L'activité économique de la Basse-Seine. – La vallée de la Seine s'est industrialisée activement depuis le début du siècle. Les deux ports de Rouen et du Havre jouent un rôle capital dans l'orientation de ce développement.
L'industrie textile, doyenne des industries régionales, a fortement régressé en raison de la concurrence des pays du Tiers Monde ; néanmoins le travail du coton reste solidement implanté dans l'agglomération rouennaise. Les filatures de Haute-Normandie représentent 8 % de la production cotonnière nationale, et le tissage 7 %. Le marché du coton brut s'est fixé au Havre.
L'industrie métallurgique doit son expansion (ralentie depuis la crise pétrolière de 1974) aux trois grands chantiers de constructions navales (deux au Havre, un à Quevilly), et à l'essor de la fonderie, de la tréfilerie, de la construction métallique qui animent les banlieues du Havre et de Rouen. On peut leur rattacher les usines Renault de Sandouville et Cléon et les industries d'appareillages électriques et électroniques.
Les progrès de l'industrie chimique, née des besoins locaux en apprêts et colorants pour les tissus, sont impressionnants. Le département de la Seine-Maritime vient au 1er rang pour la production d'engrais composés avec à sa tête l'usine de Grand Quevilly. Au voisinage de Rouen, les fabriques d'ouate de cellulose, de papier à usage domestique, de papier-journal, alternent avec les établissements fournisseurs d'acides, de produits pharmaceutiques, d'eau de Javel, etc. La première usine de caoutchouc synthétique « butyl » construite hors du continent américain, fonctionne à Port-Jérôme.
Deux usines de polyéthylène, une usine de récupération de soufre sont aussi en activité. La centrale thermique du Havre est complétée pour la production d'électricité par la centrale nucléaire de Paluel. Avec celle, en construction, de Penly (au Nord de Dieppe) ces centrales répondent efficacement aux besoins en énergie. Mais le raffinage du pétrole et le développement de la pétrochimie à partir des sous-produits des grandes raffineries sont les plus spectaculaires de toutes ces activités.

Le fleuve du pétrole. – La capacité de traitement des quatre grandes raffineries de la Seine-Maritime (Gonfreville, Port-Jérôme, N.-D.-de-Gravenchon et Petit-Couronne) atteint 37 millions de tonnes de pétrole par an, soit plus du tiers de la capacité totale des raffineries françaises. Ces raffineries sont approvisionnées en pétrole brut venant du port du Havre par des pipe-lines de différents diamètres. Elles fabriquent tous les produits dérivés du pétrole : gaz liquéfiés, essence et supercarburants, carburéacteur, gazole, fuels, lubrifiants, bitumes ; elles produisent les matières premières pour la pétrochimie, permettant d'obtenir détergents, solvants, fibres et caoutchoucs synthétiques, matières plastiques, etc. On voit de loin leurs réservoirs et leurs superstructures argentés, illuminées de nuit.
L'acheminement vers Paris des produits pétroliers raffinés est assuré par quatre pipe-lines dont la longueur totale est de 1 330 km et la capacité globale de transport est de 2 500 000 t par mois. Des « antennes » de ce réseau desservent les centres de stockage et de distribution du bassin parisien, dont les dépôts des aéroports de Roissy et d'Orly, ainsi qu'Orléans, Tours, Rouen et Caen. Les produits de diverse qualités – carburants-auto, carburants-aviation, gazole et fuel domestique – sont transportés à la vitesse de 7 à 10 km à l'heure. Ils se suivent dans la conduite sans discontinuité et subissent peu de dénaturation par mélange. Il est possible, à tout instant, de localiser les divers lots en cours de déplacement.

★★ LE VEXIN NORMAND

1 De Vernon à Rouen *100 km – environ 5 h – schéma p. 129*

Cette route suit en général la rive droite de la Seine, soit de loin, au milieu des cultures de la plaine alluviale, soit resserrée entre le fleuve et l'abrupt.

★ **Vernon.** – *Page 139.*

Quitter Vernon par ⑤, D 313.

Entre Pressagny-l'Orgueilleux et Port-Mort, la route file à travers une plaine que borne une ligne de coteaux en hémicycle. Aux approches de la bifurcation de la D 10, remarquer, à droite, dans un champ voisin, le menhir dit « gravier de Gargantua ».

Gaillon. – *Page 79.*

Avant Tosny, à hauteur de Villers-sur-le Roule, la **vue**★ la plus agréable se révèle de la déviation de la D 176. On arrive aux Andelys par le pont suspendu, face aux ruines du Château Gaillard *(p. 35)*, magnifiquement perché sur la falaise concave du méandre du fleuve.

★★ **Les Andelys.** – *Page 34.*

Entre les Andelys et Muids, la D 313 longe à nouveau la Seine au pied d'escarpements crayeux bizarrement découpés. Le curieux rocher de la Roque présente un profil humain. De la D 65, on peut se rendre compte que l'escarpement a changé de rive, dominant la concavité de la rive gauche. Du carrefour d'Herqueville à Amfreville-sous-les-Monts s'échelonnent de belles propriétés.

★★ **Côte des 2 Amants.** – *Page 61.*

★ **Écluses d'Amfreville.** – *Page 33.*

Le Manoir. – 990 h. L'église, précédée d'un clocher isolé, est une construction moderne très simple. Une grande composition de Barillet, en dalles de verre, occupe entièrement la façade ajourée et donne intérieurement au sanctuaire sa chaude ambiance colorée.

Entre Igoville et le Port-St-Ouen, la N 15 coupe, à sa racine, le lobe du méandre d'Elbeuf par deux vallons divergents, dont les têtes se rejoignent presque.

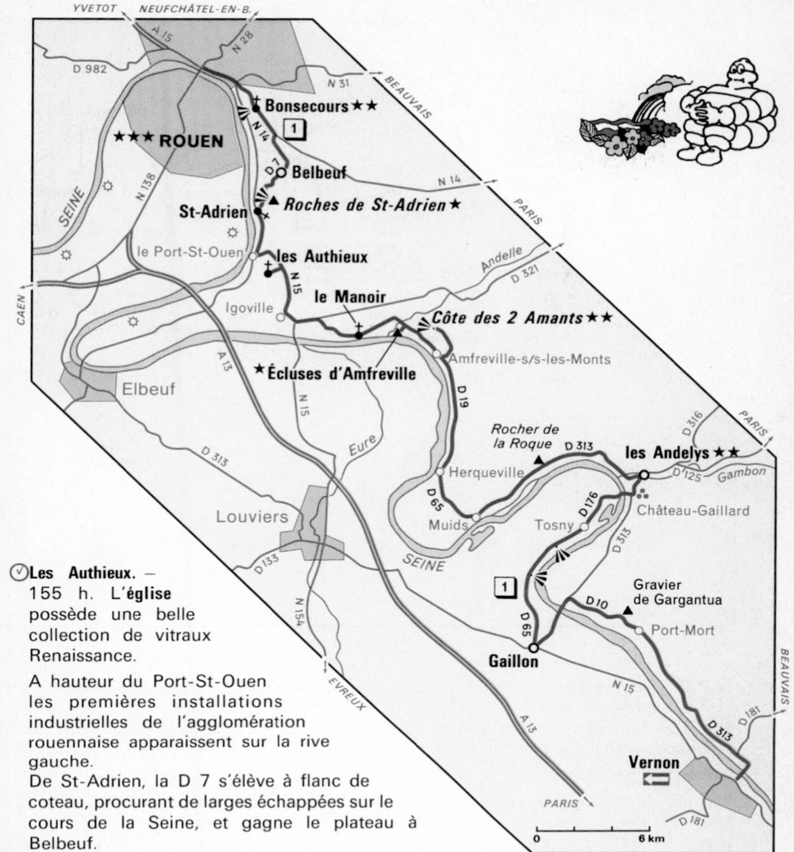

ⓥ**Les Authieux.** – 155 h. L'**église** possède une belle collection de vitraux Renaissance.

A hauteur du Port-St-Ouen les premières installations industrielles de l'agglomération rouennaise apparaissent sur la rive gauche.

De St-Adrien, la D 7 s'élève à flanc de coteau, procurant de larges échappées sur le cours de la Seine, et gagne le plateau à Belbeuf.

ⓥ**Chapelle St-Adrien.** – Chapelle du 13e s. aménagée au creux de la falaise.

★ **Roches de St-Adrien.** – Le chemin des Roches se détache de la D 7, à droite, à angle aigu, peu avant Belbeuf (plaque « rue de Verdun »). Obliquer à gauche, puis à droite, traverser un carrefour forestier et prendre le premier chemin à droite. Laisser la voiture à proximité d'un lotissement. Un sentier mène à l'éperon dénudé des « Roches » *(3/4 h à pied AR)*, d'où la vue est très attachante sur le fleuve qui, plus au Nord, va se perdre dans les fumées de l'agglomération rouennaise.

Belbeuf. – 1 681 h. La petite église, flanquée de son vieil if, est très agréablement située. Le château date du 18e s. Le parc, rasé pendant la dernière guerre, a été reconstitué.

Au cours de la descente en corniche de la N 14, en contrebas de la basilique de Bonsecours, au-dessus du fleuve dont le lit est encombré d'îles verdoyantes, se révèle un grandiose **panorama**★★ : Rouen apparaît avec sa cathédrale dans toute l'originalité de son site.

★★ **Bonsecours.** – *Page 121.*

★★★ **Rouen** – *Page 111.*

★★★ LA BASSE-SEINE

2 De Rouen au Havre *109 km – environ 4 h 1/2 — schéma p. 130 et 131*

Cet itinéraire est d'abord monumental – c'est la **route des abbayes** – mais il tire aussi un grand attrait de la variété d'aspects des méandres de la basse Seine.

★★★ **Rouen.** – *Page 111.*

Quitter Rouen par ⑦, D 982.

La **vue**★ sur Rouen se développe d'abord à l'Est, par la trouée d'un vallon.

★ **Canteleu.** – *Page 121.*

La route traverse ensuite la forêt de Roumare. A la lisière Ouest de ce massif, on domine de nouveau la vallée de la Seine avec, au 1er plan, l'église de St-Martin-de-Boscherville.

★ **St-Martin-de-Boscherville.** – *Page 123.*

Entre la Fontaine et le Mesnil-sous-Jumièges, la route est resserrée entre le fleuve – qu'elle borde sur plusieurs kilomètres – et la falaise : c'est ici la rive concave du méandre.

Duclair. – *Page 67.*

Peu après Duclair prendre à gauche la D 65.

Le parcours à travers l'extrémité du lobe du méandre de Jumièges réserve des aperçus charmants sur des scènes et des paysages typiquement normands : le spectacle devient enchanteur au moment de la floraison des pommiers. D'élégantes demeures se succèdent, précédées de belles cours plantées. Cette route, qui fait partie de la pittoresque **route des fruits** (cassis, groseilles, cerises, etc... sont vendus directement du producteur au consommateur), attire une grande foule notamment les dimanches d'été.

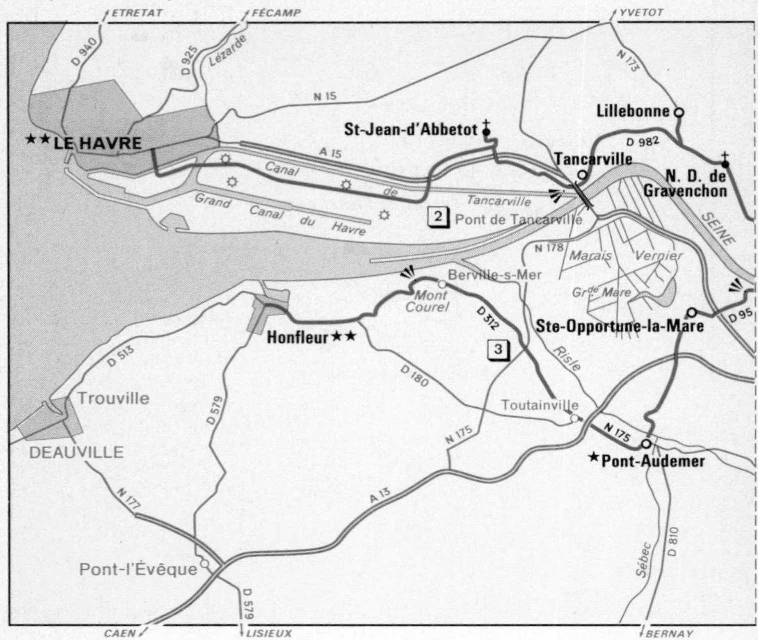

Le Mesnil-sous-Jumièges. – 556 h. C'est au manoir du Mesnil (13e s.) que mourut Agnès Sorel (1450), la favorite de Charles VII.

On passe ensuite devant la **base de plein air et de loisirs** (planche à voile, canoë-kayak, baignade, tennis, camping), inscrite dans le Parc naturel régional de Brotonne.

★★★ **Jumièges.** – *Page 92.*

Yainville. – 1 246 h. Une usine de l'orfèvrerie Christofle y fonctionne depuis 1971. L'église a conservé sa tour carrée et son chœur du 11e s.

⌚ **Le Trait.** – 5 917 h. Localité industrielle et siège du **Parc naturel régional de Brotonne.** Dans l'**église paroissiale** du 16e s., on peut voir, sur les socles des statues qui encadrent le maître-autel, de charmants albâtres : Adoration des mages et Couronnement de la Vierge ; dans un enfeu à gauche de la nef, une Mise au tombeau du 16e s., restaurée.

De Caudebecquet, on gagne en pointe St-Wandrille.

★ **St-Wandrille.** – *Page 124.*

Monument « A Ceux du Latham 47 ». – Il rappelle la généreuse expédition au cours de laquelle Guilbaud, Amundsen et leurs compagnons se perdirent dans l'Arctique en 1928 en portant secours à l'équipage du dirigeable « Italia » perdu sur la banquise.

★ **Caudebec-en-Caux.** – *Page 52.*

Après Caudebec-en-Caux, l'emprise de la forêt, qui prédominait jusqu'alors, se desserre et les plaines alluviales gagnées sur l'estuaire, livrées aux complexes industriels, libèrent de plus en plus le paysage. Le parcours de Caudebecquet à Villequier offre des vues sur le fleuve, de plus en plus large et imposant.

★ **Villequier.** – *Page 140.*

Norville et St-Maurice-d'Ételan se signalent par le joli clocher de pierre de leur église.

★ **Château d'Ételan.** – Bâti sur l'emplacement d'un ancien château fort, ce remarquable édifice de ⌚ style gothique flamboyant domine la vallée de la Seine. Un élégant pavillon éclairé par neuf baies garnit l'angle formé par le corps de logis et l'aile en retrait. La chapelle révèle d'intéressantes peintures murales du 16e s. ainsi que de belles boiseries. Certaines salles meublées sont réservées à des expéditions temporaires ou à des concerts de musique de chambre. De la terrasse la **vue** est superbe sur les marais de Petitville et de Norville au premier plan, et sur la forêt de Brotonne à l'arrière-plan. Les bateaux montant ou remontant la Seine semblent glisser sur la terre ferme, créant ainsi un spectacle inattendu.

N.-D.-de-Gravenchon. – Église moderne intéressante. Une composition en plomb et cuivre sur la façade figure saint Georges terrassant le dragon.

Lillebonne. – *Page 93.*

Les falaises blanchâtres de Tancarville commencent à se dessiner ; la silhouette du pont routier se précise ; la plaine alluviale s'épanouit.

Tancarville. – *Page 132.*

En aval de Tancarville, la D 982, qui passe au pied du pylône Nord du pont routier, longe la falaise jusqu'au Hode. La vue s'étend jusqu'à la côte Sud de l'estuaire de la Seine, avant d'atteindre la zone industrielle établie au Sud du canal de Tancarville.

St-Jean-d'Abbetot. – L'**église,** de la 1re moitié du 11e s., a conservé des fresques des 12e,13e et 16e s. Les **fresques**★ de la crypte sont les plus remarquables.

Gagner le Havre par la zone industrielle.

Entre le canal de Tancarville et le canal central maritime, les installations pétrolières et industrielles donnent aux abords de la route un caractère spectaculaire.

★★ **Le Havre.** – *Page 81.*

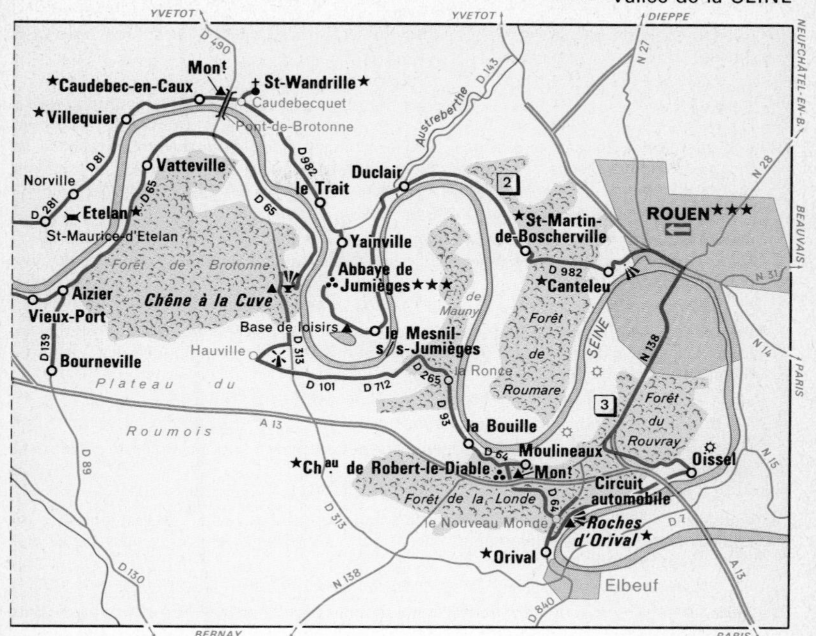

★★LA RIVE GAUCHE

3 De Rouen à Honfleur *130 km – environ 5 h – schéma p. 130 et 131*

La traversée des forêts et les vues plongeantes sur le fleuve donnent à cet itinéraire un charme particulier.

★★★ **Rouen.** – *Page 111.*

Quitter Rouen par ⑥, N 138.

La forêt du Rouvray que l'on traverse évoque, par ses pinèdes interrompues par des espaces désertiques, un paysage landais.

Quitter la N 138 pour la D 13 à gauche.

Oissel. – Cette localité possède un jardin public très agréable.

La pittoresque D 18 longe la Seine.

★ **Roches d'Orival.** – *1 h à pied AR.* Sur la D 18, laisser la voiture à hauteur du panneau : « sentier des Roches ». Prendre ce sentier raide (et glissant par temps de pluie) ; en haut de la côte, prendre à droite et passer devant des caves creusées dans le rocher. Le chemin longe la falaise. Environ 300 m après, d'une croupe herbeuse, s'offre une **vue** dégagée sur la Seine et sur les escarpements de « roches » interrompus par une corniche verdoyante sur laquelle le sentier se poursuit.

★ **Orival.** – 926 h. L'escarpement de craie dont les curieuses « roches » surplombent la route d'Oissel à Orival domine un paysage fluvial dont les touristes seront à même d'apprécier l'harmonieuse composition. L'église d'Orival est un curieux édifice semi-troglodytique du 15e s.

Revenir vers le Nord jusqu'au croisement D 64, N 138 (le Nouveau Monde).

En prenant à droite, on peut accéder au **circuit automobile de Rouen-les-Essarts,** tracé en forêt et long de 5 543 m.
En prenant à gauche, le parcours en forêt de la Londe (D 64), en corniche au-dessus d'un très profond vallon boisé, justifie des comparaisons montagnardes.

Au carrefour situé en haut de la route prendre à droite la D 3.

⊙ **Moulineaux.** – 838 h. La charmante **église**, à la flèche effilée, date du 13e s. A l'intérieur, remarquer le baptistère roman, en grès, les boiseries de la chaire et du jubé. Ce dernier a reçu une décoration gothique sur une de ses faces, Renaissance sur l'autre. Admirer surtout le **vitrail**★, du 13e s., de l'abside, aux fonds bleus inimitables, qu'offrit Blanche de Castille et dont les trois médaillons retracent des scènes de la vie de la Vierge. Au mur de droite de la nef, petit tableau de l'École flamande du 16e s., représentant la Crucifixion et un moine en prière. Du cimetière, vue étendue sur la vallée de la Seine.

Faire demi-tour.

★ **Château de Robert-le-Diable.** – *Page 110.*

Monument « Qui Vive ». – *Au carrefour des D 64 et D 67A.* **Vue** remarquable sur la Seine dont un méandre cerne la forêt de Roumare (table d'orientation).

La D 64 descend vers la Seine ; le regard s'étend sur la courbe du fleuve, dominée par le château de Robert le Diable, et sur la banlieue industrielle rouennaise.

La Bouille. – 550 h. La Bouille occupe un site séduisant très apprécié des Rouennais, sur la rive escarpée du premier méandre de la Seine maritime, au pied des pentes boisées du plateau du Roumois.

Entre la Bouille et la Ronce, on suit le bord même du fleuve.

Prendre la D 265 à gauche qui traverse la forêt de Mauny.

Puis au cours de la montée, la D 45 offre des échappées sur la forêt de Jumièges et la Seine.

Tourner à droite dans la D 712 que prolonge la D 101.

⊙**Moulin d'Hauville.** – Ce moulin du 13e s. est l'un des seuls moulins de pierre subsistant en Haute-Normandie, il appartenait jadis aux moines de l'abbaye de Jumièges. Sa toiture tournante (orientée selon le sens des vents) en charpente de chêne couverte de roseaux, sa tour aux élégantes pierres, ses grandes ailes lui donnent fière allure. A l'intérieur on peut voir tout le système de fonctionnement et si le temps le permet, on peut le voir fonctionner.

Revenir au carrefour avec la D 313 et prendre à gauche.

Chêne à la Cuve. – *A 100 m de la D 313, à hauteur de la borne kilométrique 11, à gauche de la route.* Quatre troncs de chêne, divergeant d'une même souche, délimitent une sorte de cuve naturelle, de 7 m de tour.

300 m plus bas, s'arrêter à droite à l'aire de la Mailleraye.

★ **Point de Vue.** – *Aire de pique-nique.* Table d'orientation. Du belvédère se révèlent à droite les tours de l'abbaye de Jumièges, particulièrement mises en valeur au coucher du soleil, et à gauche la vallée de la Seine.

La D 143 longe le fleuve entre les bacs de Jumièges et de Yainville.

Suivre la direction « route des chaumières ».

La route, bordée à droite par la Seine, permet de découvrir de beaux exemples de chaumières normandes au milieu de grandes cours plantées.

La D 65 prise à droite conduit à la Mailleraye (bac).

Vatteville. – 144 h. La nef Renaissance de l'église conserve une litre (bande armoriée de couleur noire, peinte sur les murs à l'occasion des funérailles d'un seigneur). Le chœur flamboyant possède des verrières du 16e s.

Du Quesney à Aizier les D 65 et D 95 longent la forêt de Brotonne (p. 50).

Aizier. – 117 h. Le clocher de pierre de l'église romane (12e s.) est d'allure très archaïque. Près de l'église, dalle à trou d'homme : vestige d'une allée couverte (2 000 ans avant J.-C.).

Prendre la D 139 au Sud.

⊙**Bourneville.** – 680 h. La **Maison des métiers** regroupe plusieurs ateliers artisanaux : poterie, tissage, ébénisterie. Installé dans l'enceinte de la Maison des métiers, le **musée des métiers** se consacre à la présentation de métiers traditionnels de la Haute-Normandie : métiers du fer et du bois, tonnelier, verrier, etc. Chaque année une exposition temporaire y est organisée sur un thème donné, par exemple « si le bœuf m'était conté ».

Revenir à Aizier.

Vieux-Port. – 56 h. Charmant village aux chaumières nichées dans les pommiers.

Ste-Opportune-la-Mare. – *Page 99.*

A la faveur du beau parcours en corniche Vieux-Port, le Val-Anger, la vallée de la Seine réapparaît. La route descend ensuite du plateau du Roumois.

★ **Pont-Audemer.** – *Page 108.*

La route suit la basse vallée de la Risle *(p. 109)*. Au printemps la vue est particulièrement attrayante sur les vergers de pommiers en fleurs, en particulier en arrivant à Toutainville. Au-delà de Berville, nombreuses échappées sur l'estuaire ; la meilleure **vue**★ s'offre lors du contournement du mont Courel, après avoir laissé à gauche le château de la Pommeraye.

★★ **Honfleur.** – *Page 88.*

TANCARVILLE

1 139 h. (les Tancarvillais)

Carte Michelin n° 52 pli 12 ou 231 pli 21 – Schémas p. 99 et 130.

Érigé sur un « nez » crayeux, dernière avancée notable de falaises avant l'évasement définitif de l'estuaire de la Seine, le château de Tancarville commande un beau panorama sur la rive droite de la Seine maritime. C'est de ce promontoire que s'élance l'immense pont suspendu au-dessus du fleuve.

Entre Rouen et le Havre, sur 127 km, la Seine n'était franchie, jusqu'en 1959, par aucun pont, pour permettre la navigation des navires de haute mer. La liaison entre les rives était assurée par des bacs établis aux points de passage naturels du fleuve. Bien que nombreux, ces bacs présentaient de graves inconvénients : embarquement peu aisé des véhicules, attentes, risques de manœuvres, interruptions de trafic la nuit, etc.

Aussi, depuis de nombreuses années, l'idée d'une grande voie de communication permanente, reliant, sans nuire à la navigation, les régions séparées par la basse Seine, s'imposait.

★ **Pont routier.** – *Pont à péage : voir tarifs dans le guide Michelin France.* Mis en chantier fin 1955, il a été ouvert à la circulation en juillet 1959. Long de 1 400 m, il est l'un des plus grands du type suspendu en Europe. Le pont, dont le tablier est suspendu à 48 m au-dessus des hautes eaux, est supporté par deux pylônes hauts de 125 m – cas unique au monde pour des piliers en béton armé. La travée centrale, d'une seule portée, a 608 m de longueur.

On en a une vue spectaculaire depuis le viaduc de la rive gauche et en passant le fleuve ; ou bien, sur la rive droite, de la D 982 qui passe au pied du pylône Nord.

Du pont *(laisser la voiture à l'une des extrémités)* belle **vue**★ sur l'estuaire de la Seine, au premier plan, sur le canal de Tancarville.

Château féodal. – Les parties les plus anciennes remontent au 10e s., seule est restée intacte la tour de l'Aigle à base en forme d'éperon construite au 15e s.

De l'autre côté de la terrasse, se dresse une tour carrée d'habitation du 12e s. Ce château faisait partie d'un ensemble stratégique qui commandait l'estuaire de la Seine. Au 11e s., Guillaume le Conquérant lui accorda des privilèges, en la personne de Raoul de Tancarville, son précepteur. Le châtelet d'entrée est flanqué de deux tours rondes. Dans la cour, subsistent les ruines du corps de logis qui s'ouvrait par trois arcades brisées. Le côté reconstruit donnant sur la vallée est occupé par un restaurant.

★ Le TRÉPORT 6 555 h. (les Tréportais)

Carte Michelin n° 52 pli 5 ou 231 plis 11, 12 – Lieu de séjour.

Aux confins de la Normandie et de la Picardie, petit port de pêche à l'embouchure de la Bresle, le Tréport est surtout une station balnéaire qui doit en partie sa fréquentation à la proximité de Paris. L'animation de ses quais, en saison, atteint souvent une joyeuse atmosphère de kermesse. Le quai François Ier, au bout duquel se dresse une croix en fer forgé, en est un bon exemple.

Dominée par une imposante falaise, la longue plage de galets, grouillante de vie le samedi et le dimanche, est remarquable par l'ampleur de ses dégagements.

Sur la rive droite de la Bresle, **Mers-les-Bains,** moins commerçante que le Tréport, a aussi ses fervents, comme a les siens la plage d'Ault, située plus au Nord.

CURIOSITÉS

★ **Calvaire des Terrasses** (Z E). – *1/2 h AR environ.* Longue-vue. Dressé au sommet de la falaise, ce pavillon est relié à l'hôtel de ville, bâtiment en mosaïque de silex et de brique, par un escalier de 378 marches. On peut y accéder aussi en voiture par la rue de Paris, la rue St-Michel et le boulevard du Calvaire.

De la terrasse, au pied de la croix, la **vue** s'étend, au-delà des dernières falaises cauchoises, jusqu'à la pointe du Hourdel et à l'estuaire de la Somme et, vers l'intérieur, sur la basse vallée de la Bresle, jusqu'à Eu. Au premier plan, le regard plonge sur les toits d'ardoise de la ville basse et du quartier des Cordiers, le port et la plage.

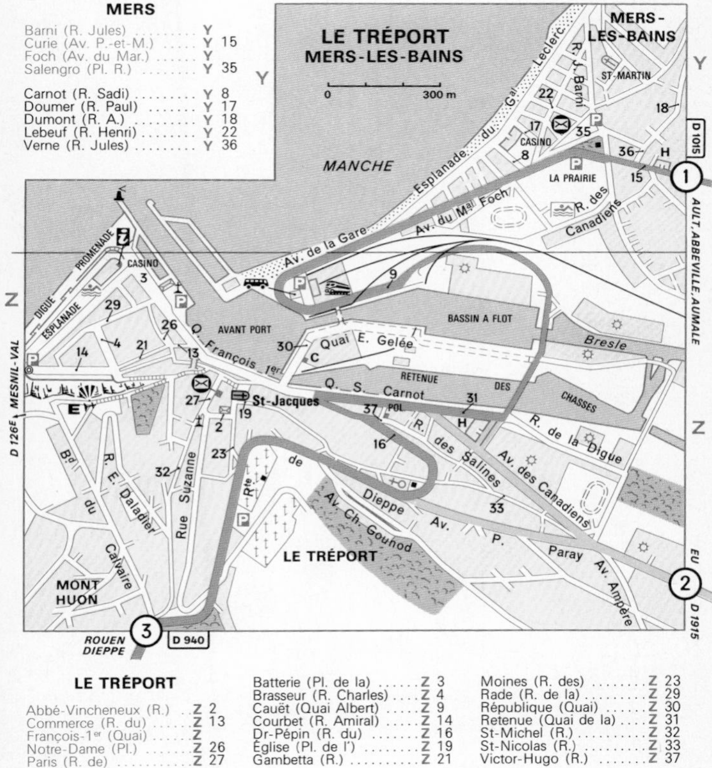

Église St-Jacques (Z). – L'édifice, bien situé à mi-côte, date de la seconde moitié du 16e s. Il a été fortement restauré au milieu du 19e s. Un portail Renaissance s'ouvre sous le porche-abri moderne.

L'intérieur est remarquable par ses clés de voûtes pendantes qui datent du 16e s. Au fond du sanctuaire a été placée la belle Vierge du Tréport. La voûte du chœur est plus basse que celle de la nef. La chapelle de N.-D.-de-Pitié, dans le bas-côté gauche, abrite une Pietà du 16e s. et, au-dessus de l'autel, un bas-relief de la même époque représentant la Vierge entourée d'emblèmes bibliques.

★★ TROUVILLE

6 012 h. (les Trouvillais)

Carte Michelin n° 54 pli 17 ou 231 pli 19 – Schémas p. 40 et 130 – Lieu de séjour.

A l'endroit où l'abrupt de la « Corniche Normande » s'efface devant l'embouchure de la Touques pour laisser la place à une magnifique plage de sable fin, Trouville, à qui revient l'honneur d'avoir, dès le début du Second Empire, « lancé » la Côte Fleurie, maintient sa renommée ancienne et internationale grâce à son important équipement balnéaire *(1)*.

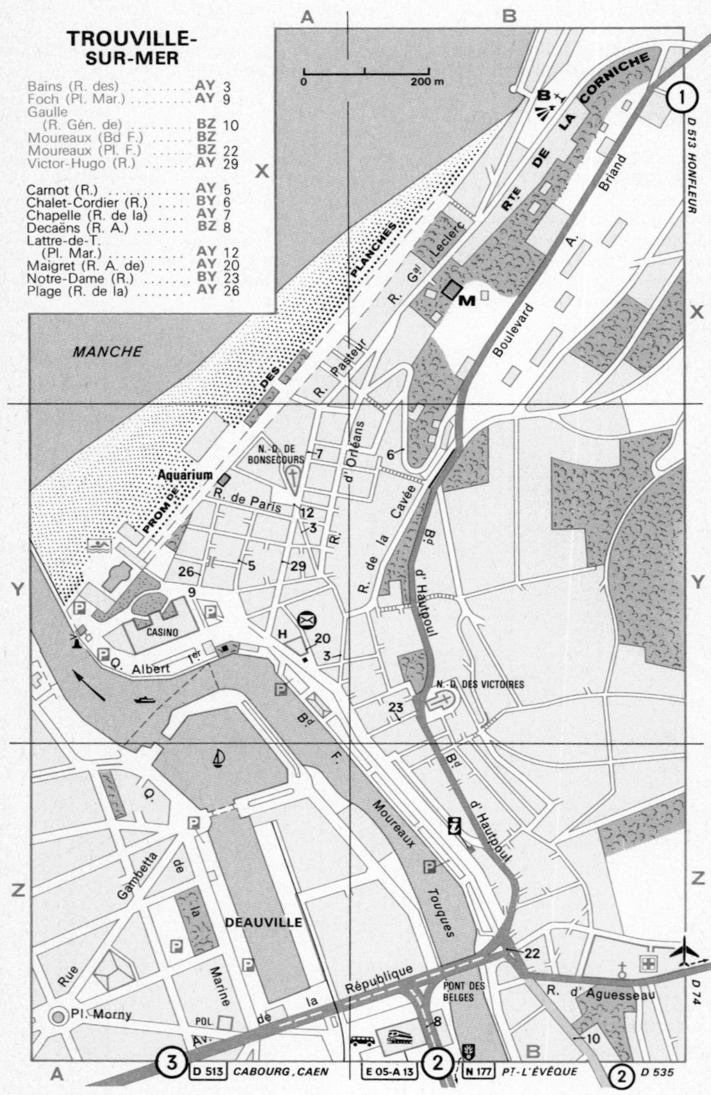

La station. – Comme à Deauville *(p. 60)* les « planches », qui bordent la plage sur toute sa longueur, sont ici le rendez-vous préféré et recherché des estivants. Dans l'aile droite du Casino *(en face de la piscine)* a été installé un établissement thermal de cures marines. Les quais de la Touques constituent un autre très vivant centre d'attraction.
Grâce à l'activité de ses pêcheurs et à son noyau de population sédentaire, Trouville conserve une certaine animation en dehors de la saison touristique.

⊙ **Aquarium** (AY). – De nombreuses espèces de poissons sont exposées dans un décor qui reproduit leur milieu naturel. Poissons d'eau de mer, d'eau douce, reptiles des forêts équatoriales constituent des rencontres colorées et parfois inattendues.

⊙ **Musée Montebello** (BX M). – Une villa cossue du 19e s. en brique et en pierre abrite un musée qui renferme des gravures, dessins, aquarelles et peintures dus à des artistes tels que Boudin, Isabey, Mozin (qui fit connaître Trouville aux Parisiens), Dubourg, Chapuis, Van Dongen, Dufy, Truffaut.
Une salle est consacrée à l'histoire des bains de mer, une autre à André Hambourg qui donna à la mer une place privilégiée dans son œuvre. Exposition de dentelles de Bayeux (19e s.).

⊙ **Galerie d'exposition.** – Rattachée au musée et située dans les locaux de l'office de tourisme, elle présente des expositions temporaires sur un thème donné ou un artiste normand.

---

(1) Pour plus de détails sur les origines de Trouville, lire : « Trouville et Deauville vus par Charles Mozin », album iconographique (Éd. J. Chennebenoist), en vente chez les libraires des deux localités.

★ **La Corniche.** – *Gagner, par le boulevard Aristide-Briand, la route de la Corniche, à gauche.*
Dans la descente, on découvre une **vue** magnifique sur les plages de Trouville, Deauville et sur la Côte Fleurie.
Faire halte au calvaire de Bon-Secours (BX **B**). Du balcon d'orientation, la vue est également magnifique.

EXCURSIONS

★★ **La Corniche Normande.** – *15 km. Quitter Trouville par ③, D 513. Description p. 60.*

★★ **La Côte Fleurie.** – *19 km. Quitter Trouville par ③, D 513. Description p. 61.*

VALASSE (Abbaye du)

Carte Michelin n° 54 pli 8 ou 231 pli 21 – 6 km au Nord-Ouest de Lillebonne.

La fondation de cette abbaye cistercienne résulte de deux vœux. Le premier émis par Walérian de Meulan, sorti sain et sauf d'un naufrage et le second émis par l'emperesse Mathilde, petite fille de Guillaume le Conquérant, qui échappa à ses ennemis lors de sa lutte pour le trône d'Angleterre contre son cousin Étienne de Blois.
L'abbaye fut consacrée en 1181, en présence de Henri II (fils de Mathilde), de nombreux évêques et de grands seigneurs.
Jusqu'au 14e s., elle connut une période prospère et avait des possessions diverses dans plus de cent paroisses. La guerre de Cent Ans puis les guerres de Religion furent sources de ruine.
Au 18e s., sous l'égide de Dom Orillard, l'abbaye fut l'objet de transformations. Vendue comme bien national sous la Révolution, elle eut par la suite de nombreux propriétaires dont une laiterie et fabrique de fromages.

ⓥ VISITE *environ 1 h*

La façade principale se compose d'une harmonieuse construction du 18e s. à fronton avec deux ailes en retour d'équerre. Le fronton central porte les armes de l'emperesse Mathilde : trois léopards normands (parenté avec Guillaume), un aigle (elle était l'épouse de l'empereur germanique Henri V).
La visite inclut également la salle du chapitre (13e s., chapiteaux à godrons et à palmettes), les salles des convers, les salons, les appartements du 1er étage où l'on voit une exposition sur l'ordre cistercien et sur l'histoire de l'abbaye.

VALMONT

860 h. (les Valmontais)

Carte Michelin n° 52 pli 12 ou 231 pli 9 – 11 km à l'Est de Fécamp.

Située au cœur du Pays de Caux, dominée par un château bâti sur un éperon rocheux, cette petite ville conserve les vestiges d'une abbaye bénédictine.
Valmont devient un bourg important après l'arrivée des Estouville, famille probablement d'origine viking, qui connut au 12e s. une brillante réussite. Rober Ier d'Estouville prit part à la bataille d'Hastings (1066) aux côtés de Guillaume le Conquérant.

CURIOSITÉS

★ **Abbaye.** – Fondée au 12e s., l'abbaye de Valmont, détruite par un incendie et reconstruite au ⓥ 14e s., fut entièrement remaniée au 16e s. Les bâtiments conventuels, remis en état par les mauristes, datent de 1680 ; Delacroix y séjourna à plusieurs reprises chez ses cousins Bataille. De l'église abbatiale subsiste le chœur Renaissance dont les voûtes sont effondrées ; l'influence flamboyante apparaît dans ses bas-côtés et dans les vestiges du transept.
La **chapelle de la Vierge**★ ou chapelle des six heures (les moines y célébraient la messe tous les jours à six heures), demeurée intacte parmi les ruines, forme un ensemble d'une grâce exquise. La voûte, très décorée, reste cependant d'une grande légèreté. Les cinq beaux vitraux du 16e s. sont consacrés à la vie de la Vierge. Au-dessus de l'autel se trouve la « chambrette » qui, dans un décor ravissant, abrite une Annonciation attribuée à Germain Pilon. Remarquer à droite le tombeau avec gisant de Nicolas d'Estouteville, fondateur de l'abbaye et un bas-relief représentant le Baptême du Christ.
L'autel, constitué d'une grande pierre, repose sur des colonnes provenant de la partie détruite du triforium. La croix d'autel, du 12e s., dominait l'ancien cimetière des moines. A droite de l'autel, une fontaine est surmontée d'un haut relief représentant le baptême du Christ dans le Jourdain.
De construction Renaissance, la charmante sacristie a gardé ses vitraux d'époque, les boiseries ont été ajoutées au 18e s.

ⓥ **Château.** – Domaine des Sires de Valmont, les Estouteville, cette ancienne forteresse militaire révèle un beau donjon roman flanqué d'une aile Louis XI couronnée par un chemin de ronde couvert, et d'une aile Renaissance. Seuls le donjon et l'aile Louis XI se visitent. Un certain nombre de pièces sont réservées à des expositions temporaires.
Le chartrier ou salle des archives, pièce de 9 m de haut, est revêtue des armoiries des sires et barons d'Estouteville et Vallemont ; une galerie en bois fait le tour de la partie supérieure. Les combles, à la belle charpente, rassemblent des outils ayant trait à la vie agricole et à divers métiers du Pays de Caux.

Parc de loisirs. – Ce parc, d'une superficie de 90 ha, se compose de pelouses entourées de beaux arbres de différentes espèces et englobe une large plaine aménagée pour les jeux.

★ VARENGEVILLE-SUR-MER 1 048 h. (les Varengevillais)

Carte Michelin n° 52 pli 4 ou 231 pli 10 – Schéma p. 55.

Varengeville, station balnéaire dans un site séduisant, se disperse en plusieurs hameaux éparpillés le long de chemins creux dans un cadre typiquement normand de haies et de maisons à colombage. Les artistes n'ont pas cessé d'être sensibles à sa séduction.

CURIOSITÉS

★**Parc des Moustiers.** – Dans un joli vallon en vue de la mer, ce jardin ornemental et botanique, parc à l'anglaise de 9 ha planté d'espèces rares, est abondamment fleuri. Des rhododendrons géants atteignent 6 à 8 m de haut *(floraison d'avril à juin)* et se détachent sur des massifs d'arbres aux teintes plus sombres.
Des sentiers conduisent à des « tableaux » d'arbres et de fleurs qui rivalisent de beauté et créent parfois une impression de dépaysement. La **grande maison**, au milieu du parc, ne manque pas d'originalité. Elle a été construite en 1898 par un architecte anglais Edwin Luytens, à qui l'on doit le palais du vice-roi à New Dehli. Des expositions temporaires y sont organisées.

Église. – 11e-13e-15e s. Elle est surtout remarquable par son joli **site**★ dominant la mer. On appréciera toute la poésie du petit cimetière campagnard et marin qui entoure l'édifice, face au large : Georges Braque y repose (à gauche de l'entrée), ainsi que l'auteur dramatique Georges de Porto-Riche (1849-1930) et le musicien Albert Roussel. L'église, précédée d'un porche du 16e s., se compose de deux nefs accolées. Le chœur de la grande nef est décoré d'un vitrail d'Ubac, la nef Sud d'un vitrail de Georges Braque représentant l'Arbre de Jessé.

Chapelle St-Dominique. – A une extrémité de Varengeville, à gauche de la route de Dieppe, la chapelle St-Dominique, ancienne grange, abrite un ensemble de vitraux réalisés par Georges Braque et un tableau (Procession à N.-D.-de-la-Clarté) du peintre granvillais Maurice Denis.

Manoir d'Ango. – Cette demeure Renaissance fut la résidence d'été de l'armateur Jean Ango *(détails p. 62)* qui y reçut François Ier. Elle fut réalisée de 1533 à 1545 par des artistes italiens qui ont utilisé le silex local afin de rappeler le marbre. La cour intérieure autour de laquelle se groupent les bâtiments, renferme un imposant **colombier**★ seigneurial, revêtu d'une marqueterie de pierres, de briques et de silex, rouges ou noirs aux motifs géométriques variés.

EXCURSIONS

★**Phare d'Ailly.** – *1 km par la D 75A au départ de la D 75.*
Un phare moderne d'une portée de 80 km a remplacé les deux phares du 18e et du 19e s. détruits en 1944. De la plate-forme supérieure la **vue** se développe sur les falaises du pays de Caux, sur plus de 60 kilomètres.

Valleuses. – *Sur ce terme, voir p. 54.*
Les gorges du Petit Ailly *(accès signalisé)* et Vastérival comptent parmi les plus caractéristiques de la côte.

VASCŒUIL 317 h. (les Vascœuillais)

Carte Michelin n° 55 pli 7 ou 231 pli 24 – 11 km au Nord-Ouest de Lyons-la-Forêt – Schéma p. 98.

Ce petit village de l'Eure est célèbre par son château, devenu véritable centre culturel.

Château. – Dans le cadre des vallées confluentes de l'Andelle et du Crevon, le château de Vascœuil (14e-15e-16e s.), construit en brique rouge, où **Michelet** écrivit une partie de son œuvre, s'entoure de jardins où l'on a fait revivre la Normandie traditionnelle en reconstituant des chaumières à colombage.
Les belles salles restaurées du château abritent des expositions temporaires.
La **Maison Michelet** conserve d'importants souvenirs de l'historien et de sa famille (portraits, affiches, écrits).
Dans la cour d'honneur décorée de sculptures et mosaïques de Braque, Dali, Vasarely, Folon, se dresse un joli colombier du 17e s. en brique, encore muni de son échelle tournante.

Église. – Elle renferme le tombeau de Hugues de Saint-Jovinien, saint personnage mort au 12e s., et deux statues en pierre polychrome du 17e s., la Sainte Vierge et Saint Martial.

EXCURSIONS

Vallée du Crevon. – *8 km au Nord-Ouest par la D 12.*
La route pittoresque remonte cette charmante vallée.

Ry. – *Page 122.*

Blainville. – *Page 47.*

Vallée du Héron. – *21 km au Nord par la D 46.*

Héronchelles. – 91 h. Joli village possédant un manoir du 16e s.
Le parcours devient pittoresque.

Yville. – Remarquer les beaux toits de chaume débordants.

A Buchy prendre la D 919 à droite.

Bosc-Bordel. – 385 h. L'église du 13e s. est un plaisant ouvrage rustique qui s'ouvre par un porche en bois du 16e s.

★ VERNEUIL-SUR-AVRE 6 926 h. (les Vernoliens)

Carte Michelin n° 60 pli 6 ou 231 pli 46.

Verneuil est composée de trois quartiers ayant pour axes principaux les rues de la Madeleine, Gambetta et Notre-Dame.
Ces villes en réduction possédaient, à l'origine, chacune leur ceinture fortifiée baignant, comme le rempart extérieur qui leur était commun, dans des fossés alimentés par les eaux d'un bras forcé de l'Iton.
Verneuil, dont la place de la Madeleine en est le cœur, conserve de très belles maisons à pans de bois et de vieux hôtels restaurés.

UN PEU D'HISTOIRE

Verneuil est née d'une cité fortifiée créée au 12e s. par Henri Ier Beauclerc (second fils de Guillaume le Conquérant), duc de Normandie, pour surveiller la frontière franco-normande, en assurant, avec Nonancourt et Tillières, la défense de la « ligne de l'Avre ».
Les eaux de cette rivière se trouvant en territoire français, Henri Beauclerc dut, pour alimenter la ville, faire creuser un canal pour détourner au profit de Verneuil, une partie des eaux de l'Iton qui coule à une dizaine de kilomètres au Nord. Verneuil devint française en 1204 sous Philippe Auguste. Ce dernier lui accorda une charte et fit construire la Tour Grise et son système de défense pour mieux tenir la ville. La cité fut le théâtre de multiples batailles dont une, particulièrement meurtrière, vit la défaite du roi Charles VII en 1424. L'armée française, qui comptait dans ses rangs Italiens, Bretons et Écossais, subit de lourdes pertes par manque de stratégie et de discipline. En 1449, Verneuil passa définitivement aux mains des Français grâce à la ruse du menier Jean Bertin, qui introduisit par la roue de son moulin l'avant des troupes françaises.

CURIOSITÉS

★ **Église de la Madeleine.** – *Accès par le portail latéral Sud.*
⌚ L'admirable **tour★** (fin 15e s.-début 16e s.), accolée à l'église et haute de 56 m, est composée de quatre étages percés de baies, dont les différentes faces sont décorées de statues ; le troisième étage surmonté d'une balustrade supporte un beffroi en retrait richement ornementé : il est coiffé d'un double diadème à la décoration flamboyante, formant lanterne au niveau supérieur.
En longeant l'église par le Sud, on remarque les différents matériaux utilisés lors des remaniements successifs intervenus aux 13e et 15e s. Le porche, de style Renaissance, est flanqué à droite et à gauche des statues (mutilées) de la Vierge et de sainte Anne du 16e s.
L'intérieur éclairé par des vitraux des 15e et 16e s., offre un certain nombre d'œuvres d'art, la plupart des 15e et 16e s. : près de la porte, saint Crépin assis devant un atelier de cordonnier ; dans le transept sud, à droite, Saint-Sépulcre du 16e s. ; mémorial au comte de Frotté (l'un des chefs de la chouannerie normande) par David d'Angers (début du 19e s.), et en face, statue de sainte Thérèse de l'Enfant-Jésus au visage grave. Au-dessus du confessionnal, toile de J. B. Van Loo, la « Résurrection de Lazare » ; dans la chapelle du St-Sacrement, Vierge à la pomme, en pierre polychromée du 15e s. ; près des fonts baptismaux, saint Jean-Baptiste. Au fond du bas-côté Sud, Pietà du 16e s. à côté des grandes orgues du 18e s. Dans le nef recouverte d'un berceau en bois, belle chaire en fer forgé.

⌚ **Église Notre-Dame.** – Construite au 12e s. en grison (*voir p. 109*) et plusieurs fois remaniée, elle renferme une belle collection de **statues★** du début du 16e s., pour la plupart œuvres de sculpteurs locaux :

1) Saint Denis (14e s.).
2) Saint Jacques le Majeur.
3) Saint Christophe.
4) Sainte Christine.
5) Saint Fiacre.
6) Sainte Suzanne.
7) Sainte Barbe.
8) Saint François d'Assise.
9) Saint Benoît.
10) Jeanne d'Arc, en paysanne lorraine.
11) Pietà Renaissance.
12) Saint Laurent.
13) Saint Augustin.
14) Saint Denis, au crâne fendu.
15) Saint Louis (17e s.).
16) Deux Prophètes (bois de la Renaissance).
17) Saint Sébastien (bois du 17e s.)
18) Bahut du 15e s., formant socle d'autel.
19) Cuve baptismale du 11e s.
20) Groupe de la Trinité (première Renaissance normande, 14e s.).
21) Vierge de Calvaire (13e s.).
22) Saint Jean, son pendant.

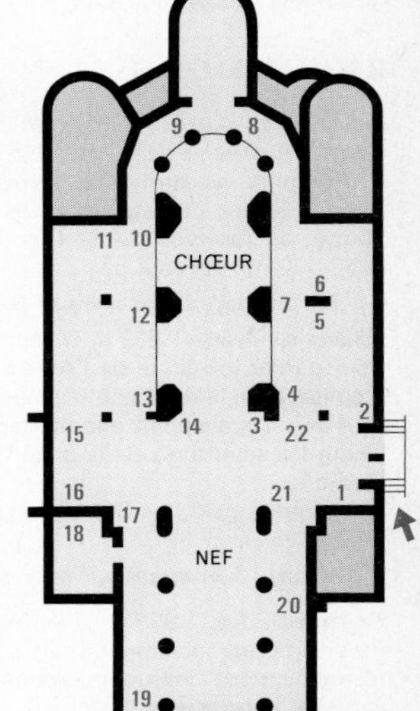

Tour Grise (B). – Du chemin de ronde de la tour (13e s.) bâtie en grison, belle vue sur la ville et sur la campagne.
Au Sud de la Tour Grise, franchir le petit pont qui enjambe l'un des bras forcés de l'Iton pour avoir une bonne vue de la tour et d'une charmante maisonnette à ses pieds. A proximité du pont s'étale l'agréable parc Fougère , qui invite à la détente.

Ancienne église St-Jean. – Cet édifice en partie ruiné a conservé une tour du 15e s. et un portail gothique.

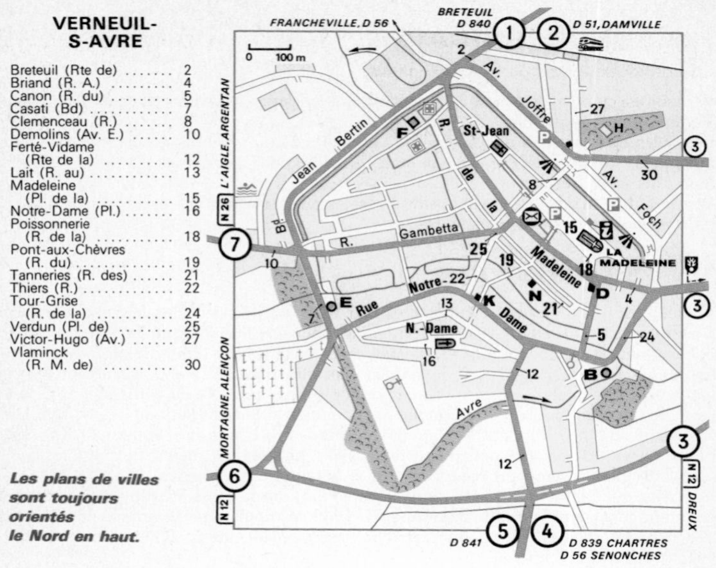

Les plans de villes sont toujours orientés le Nord en haut.

Les « Promenades ». – En suivant les « promenades », terme par lequel les Vernoliens désignent le boulevard Casati et ses prolongements, on aperçoit quelques vestiges des fortifications extérieures, notamment les restes de la Tour Gelée (**E** - boulevard Casati) et du moulin de Jean Bertin (**F** - boulevard Jean Bertin).
Les avenues Maréchal Joffre et Maréchal Foch procurent des vues intéressantes sur la ville.

Vieilles demeures. – Magnifiquement restaurées, elles donnent à Verneuil un attrait indiscutable.

Angle rue de la Madeleine et rue du Canon. – Maison du 15e s. (**D**) avec une façade en damier et une tourelle à encorbellement.

Rue de la Madeleine. – Entre la rue Canon et la rue Thiers, elle rassemble de belles maisons à pans de bois ou en pierre. Jouxtant la maison précédente on trouve l'hôtel de Bournonville du 18e s. aux balcons en fer forgé.
Remarquer également les demeures aux nos 532 (hôtel précédé d'une cour d'honneur), 466 et 401.

Rue des Tanneries. – Au n° 136 maison Renaissance (**N**) : porte en bois sculpté surmontée de statues en bois.

Angle rue Notre-Dame et rue du Pont-aux-Chèvres. – Hôtel du 16e s. à tourelle très ouvragée et à façade en damier (**K**).

Place de Verdun, place de la Madeleine, rue de la Poissonnerie. – On y voit d'autres maisons de bois anciennes très pittoresques.

EXCURSIONS

Vallée de l'Avre. – *Circuit de 25 km – environ 3/4 h. Quitter Verneuil par ④, D 839, et tourner à gauche dans la D 316 que prolonge la D 102.*
On longe la rive droite de l'Avre, fort agréablement ombragée.
Remarquer les ouvrages d'accès au grand aqueduc de 102 km, construit en 1892, qui aboutit au réservoir de St-Cloud et contribue à l'alimentation de Paris en eau potable (160 000 m^3 par jour.)

Par Montigny-sur-Avre et Bérou-la-Mulotière, gagner Tillières.

Tillières-sur-Avre. – 1 233 h. Tillières a été la première place forte normande construite (1013) pour garder la « ligne de l'Avre ».
L'église, dont la nef à voûte lambrissée remonte à l'époque romane, a été remaniée au cours du 16e s. ; gravement endommagée par un incendie en 1969, sa restauration a remis en valeur les sculptures de la belle voûte d'ogives du chœur (16e s.), dues à l'école de Jean Goujon.
Du jardin appelé le « Grand Parterre », une belle vue s'étend sur le village et la vallée de l'Avre.

Rentrer à Verneuil par la N 12.

Francheville. – 839 h. *9 km au Nord-Ouest par la D 56.*
Le village, agréablement situé au bord de l'Iton possède une jolie petite église rustique ⓥ restaurée, dont l'intérieur contient d'intéressantes statues d'art populaire. Sur la place, petit **musée de la ferronnerie.**

★ VERNON

23 464 h. (les Vernonnais)

Carte Michelin n° 55 plis 17, 18 ou 231 pli 31 – Schéma p. 129.

Bien située sur les bords de la Seine, au voisinage de la forêt, Vernon, créée au 9e s. par Rollon, premier duc de Normandie, entra dans le domaine royal sous Philippe Auguste. C'est une ville résidentielle, aux belles avenues ombragées.

CURIOSITÉS

★ **Église Notre-Dame** (BY). – Élevée au 12e s., cette collégiale fut remaniée plusieurs fois jusqu'à la Renaissance. La façade, du 15e s., présente une belle rose flamboyante entre deux galeries. La nef, de la même époque, est plus haute que le transept et le chœur. Son triforium et ses fenêtres hautes sont de belle venue. Les grandes arcades romanes du chœur sont surmontées d'un étage du 16e s. La tribune des orgues et les beaux vitraux de la 2e chapelle du bas-côté droit datent également du 16e s, les orgues sont du 17e s.

Maisons à pans de bois (BY B). – Au côté gauche de l'église se dresse une maison du 15e s. D'autres maisons anciennes sont visibles, notamment rues Carnot et Potard.

⊙ **Musée A.-G. Poulain** (BX M). – Un portail en fer forgé donne accès à la cour du musée installé dans des bâtiments d'époques diverses, allant du 15e au 19e s.
Les collections sont axées sur la préhistoire, les peintures et les dessins ; il faut citer notamment des œuvres de Monet (Falaises à Pourville, Nénuphars), Rosa Bonheur, Maurice Denis, Vuillard et un important ensemble de Steinlen (1859-1923).

Tour des Archives (BX D). – C'est le donjon de l'ancien château (12e s.), construit par Philippe Auguste. Le rez-de-chaussée, les deux étages et le chemin de ronde sont accessibles par un escalier à vis. La salle du 1er étage possède des voûtes sur croisées d'ogives reposant sur quatre chapiteaux sculptés, elle est ornée des écus des quatre gouverneurs du château qui se sont succédé entre le 14e et le 17e s.
Par les fenêtres du dernier étage, on découvre les anciens remparts ; du chemin de ronde, vue sur la ville et ses environs.

Site du Pont (BX). – Vue sur Vernon, les îles boisées qui encombrent le lit de la Seine et les piles ruinées de l'ancien pont du 12e s. Dans la verdure, sur la rive droite, pointent les tours du château des Tourelles qui faisait partie des défenses du vieux pont.

★ **Côte St-Michel** (BX). – *1 h à pied AR.* Vue sur Vernon et la vallée de la Seine.

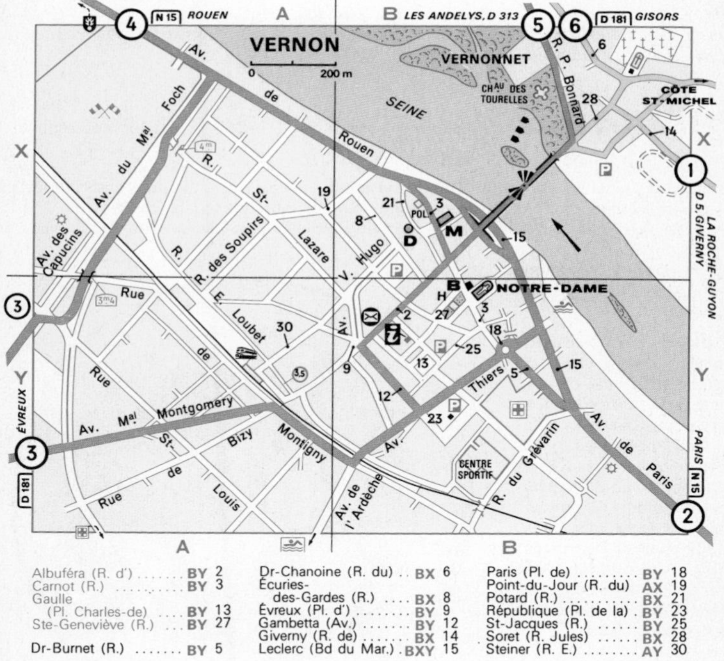

Albuféra (R. d')	BY 2	Dr-Chanoine (R. du)	BX 6	Paris (Pl. de)	BY 18
Carnot (R.)	BY 3	Écuries-des-Gardes (R.)	BX 8	Point-du-Jour (R. du)	AX 19
Gaulle (Pl. Charles-de)	BY 13	Évreux (Pl. d')	BY 9	Potard (R.)	BX 21
Ste-Geneviève (R.)	BY 27	Gambetta (Av.)	BY 12	République (Pl. de la)	BY 23
Dr-Burnet (R.)	BY 5	Giverny (R. de)	BX 14	St-Jacques (R.)	BY 25
		Leclerc (Bd du Mar.)	BXY 15	Soret (R. Jules)	BX 28
				Steiner (R. E.)	AY 30

EXCURSIONS

★ **Giverny.** – *2 km. Quitter Vernon par ①, D 5.* *Description p. 80.*

★ **Château de Bizy.** – *2 km. Quitter Vernon par ③, D 181.* *Description p. 46.*

Signal des Coutumes. – *Quitter Vernon par ②, N 15. Après 5 km, à l'entrée de Port-Villez, tourner à droite, dans la D 89.*

N.-D.-de-la Mer. – Du belvédère aménagé sur le terre-plein de la chapelle se révèle une très amusante **vue aérienne★** sur la rive droite de la Seine, entre Bonnières et Villez.

Suivre la D 89. A la mairie de Jeufosse, tourner à angle aigu à gauche et laisser une route goudronnée à droite. A la sortie du hameau des Coutumes, prendre à droite un chemin goudronné menant au terre-plein, aménagé près du bois.

Signal des Coutumes. – Des premières pentes de l'abrupt, en bordure du terre-plein, on jouit d'une **vue★** étendue et harmonieuse sur la boucle de Bonnières.

★ VILLEQUIER
769 h. (les Villequiérais)

Carte Michelin n° 54 pli 9 ou 231 pli 21 – Schéma p. 131.

Dans un **site★** admirable, sur les bords de la Seine, Villequier s'étale au pied de l'abrupt boisé que couronne un château.

Le drame de Villequier. – La fille de Victor Hugo, Léopoldine, et son mari Charles Vacquerie se noyèrent en Seine six mois après leur mariage en 1843, d'où les vers des « Contemplations » qui ont fait entrer le nom de Villequier dans la littérature.
Cet épisode est évoqué par la tombe de Charles Vacquerie et de Léopoldine, par la statue de Victor Hugo élevée sur la route de Caudebec, non loin du lieu du drame, et surtout par le musée Victor-Hugo.

CURIOSITÉS

★ **Musée Victor-Hugo.** – *Accès par la rue Ernest-Binet.* Installé dans l'ancienne maison des Vacquerie, riche famille d'armateurs havrais, ce musée évoque la vie et l'entourage de Léopoldine Hugo.
Des lettres échangées entre Léopoldine et les siens, des portraits et du mobilier de famille, des vues de la Normandie d'alors y font revivre les temps paisibles qui précédèrent le jour funeste du 4 septembre 1843.
Sont exposés aussi les poèmes des Contemplations dans lesquels Victor Hugo exhala sa douleur, des autographes et de nombreux dessins du poète.

Église. – Dès les 15e et 16e s., elle a subi maints remaniements. Elle est pourvue d'une charpente apparente et a conservé de beaux vitraux du 16e s. dont une « bataille navale ».
A droite de l'église dans le petit cimetière, parmi les tombes de la famille Hugo, on voit celle où sont réunis Charles Vacquerie et Léopoldine, dans un même cercueil, et celle d'Adèle Hugo, femme du poète.

Quais de la Seine. – En s'y promenant à pied, on assiste aux mouvements des bateaux remontant et descendant le fleuve. Autrefois, la relève du pilote chargé du parcours proprement fluvial et son collègue, responsable de la navigation à travers les passes de l'estuaire, s'effectuait à Villequier.

Maison blanche. – A la sortie de la ville sur la route de Caudebec se dresse ce manoir en pierre de la fin du 15e s. Une tourelle contenant l'escalier est accolée à la façade qui donne sur la cour.
Les caves et les salles de l'étage, joliment restaurées, abritent des expositions temporaires d'œuvres d'artistes locaux.

VIMOUTIERS
5 063 h. (les Vimonastériens)

Carte Michelin n° 55 pli 13 ou 231 pli 32.

Blottie dans la vallée où coule la Vie, cette petite ville est enserrée entre des collines sur lesquelles s'étagent les pommiers qui alimentent les cidreries locales.
Vimoutiers reste liée à Marie Harel, à qui l'on doit le célèbre camembert. Sur la place de l'Hôtel de Ville, une statue offerte par une fromagerie américaine, rappelle son souvenir.

Musée du camembert. – *10 avenue du Général de Gaulle, dans les locaux de l'office de tourisme.* L'histoire et les différentes étapes de la fabrication du fromage *(p. 29)*, de l'arrivée du lait à l'expédition y sont représentés : documents divers, panneaux explicatifs, ustensiles. A remarquer une impressionnante collection d'étiquettes de boîtes de camembert.

EXCURSION

Camembert. – 177 h. D'après la légende, **Marie Harel** (1761-1812), fermière au village, aurait caché un prêtre réfractaire pendant la Révolution. Pour la remercier de son aide, il lui confia le secret du fromage de sa composition. Le camembert était né. D'abord recouvert d'une croûte bleutée devenue grise par l'affinage, il prit l'apparence que nous lui connaissons aujourd'hui grâce à l'incorporation d'une moisissure blanche prélevée sur les « bondons » (fromages cylindriques) du Pays de Bray.
On peut visiter quelques fermes où se fabrique le fromage à l'ancienne.

Gourmets...
Chaque année, le guide Michelin France vous propose un choix révisé de bonnes tables.

YVETOT

10 895 h. (les Yvetotais)

Carte Michelin n° 52 pli 13 ou 231 pli 22 – Schéma p. 55.
Plan dans le guide Michelin France.

Capitale légendaire d'un royaume de fantaisie qu'une chanson célèbre de Béranger a popularisée, Yvetot est une grosse ville-marché du plateau de Caux.

Église St-Pierre. – Cet intéressant édifice en rotonde moderne (1956) est surtout remarquable par les immenses **verrières**★★ de Max Ingrand qui en constituent les parois et qui sont un éblouissement. Les couleurs, très douces à l'entrée, deviennent éclatantes au centre où, près du Christ en croix, se tiennent la Vierge et les apôtres ; dans les autres panneaux sont figurés les saints de France, les fondateurs d'ordres religieux et les grands saints du diocèse de Rouen.
Derrière l'autel, la chapelle de la Vierge s'éclaire de vitraux narrant les épisodes de sa vie.

EXCURSION

★ **Le plateau cauchois.** – *Circuit de 24 km – environ 1 h. Quitter Yvetot au Sud par la route de Caudebec, puis prendre à droite la voie de contournement et la D 34 à gauche.*

Allouville-Bellefosse. – 903 h. Ce village est bien connu pour son **chêne** qui se dresse devant l'église, l'un des plus vieux arbres de France, âgé de 13 siècles. Deux chapelles superposées, accessibles par des escaliers et des galeries de circulation, sont logées dans le tronc évidé, qu'on a gainé en partie pour le protéger des atteintes du temps.
Ⓥ A environ 1,5 km du village *(signalisation)*, se trouve le **musée de la nature** aménagé dans une ferme cauchoise. On y voit la salle des petits dioramas montrant les principaux passereaux de la région et la salle des grands dioramas où les milieux naturels normands ont été reconstitués avec leur faune et leur flore (marais, plaine, forêt, cour de ferme, littoral marin). A remarquer le littoral marin avant et après la pollution.

Revenir à Allouville et prendre à droite la D 33. Après le croisement de la D 131, tourner à gauche dans la D 37 qui ramène à Yvetot.

De beaux spécimens de fermes cauchoises, entourées de leur rideau d'arbres, se rencontrent au-delà de Touffreville-la-Corbeline.

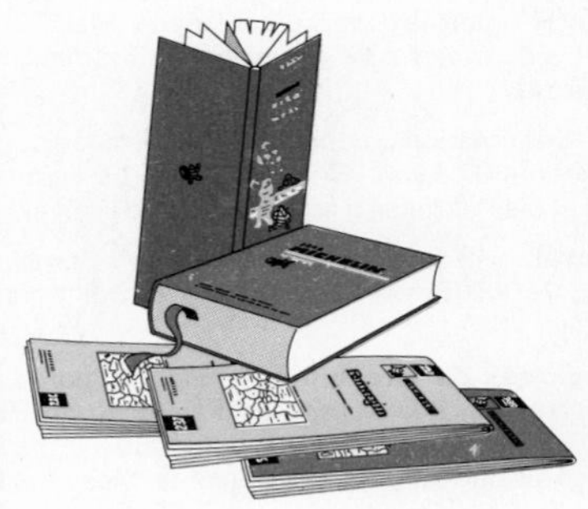

Renseignements pratiques

LOISIRS

Voile. – Renseignements à la Fédération française de Voile, 55 avenue Kléber, 75084 Paris Cedex 16, ☎ 45 53 68 00.

Planche à voile. – La pratique de ce sport est réglementée sur les plages : s'adresser aux clubs de voile. Elle est autorisée dans les bases de plein air et sur les plans d'eau et lacs aménagés. Sur toutes les grandes plages, planches à voile en location.

Char à voile. – Renseignements auprès des offices départementaux du tourisme : 2 bis, rue du Petit Salut, 76008 Rouen, ☎ 35 88 61 32 ; place du Canada, 14000 Caen, ☎ 31 68 53 30 ; 35, rue du Docteur Oursel, 27000 Evreux, ☎ 32 38 21 61.

Pêche en eau douce. – Quel que soit l'endroit choisi il convient d'observer la réglementation en vigueur et de prendre contact avec les associations de pêche et de pisciculture, les syndicats d'initiative, les offices de tourisme ou les représentants des Eaux et Forêts. Documentation courante : la carte-dépliant commentée « Pêche en France » publiée et diffusée par le conseil supérieur de la pêche, 10 rue Péclet, 75015 Paris, ☎ 48 42 10 00. On peut également se la procurer auprès des Associations départementales de Pêche et de Pisciculture (sièges à Caen, Évreux, Rouen).

Chasse. – Pour tout renseignement, s'adresser au « Saint-Hubert Club de France », 10 rue de Lisbonne, 75008 Paris, ☎ 45 22 38 90, ou aux Secrétariats des fédérations départementales des chasseurs.

Randonnées équestres. – Renseignements auprès de la Fédération des Randonneurs Équestres, 16 rue des Apennins, 75017 Paris, ☎ 42 26 23 23 ; de la Fédération Équestre Française Ligue de Normandie, 235 rue Caponière, 14063 Caen Cedex, ☎ 31 73 31 35.

Randonnées pédestres. – Les topo-guides des sentiers de Grande Randonnée (GR), GR de Pays et de Petite Randonnée (PR) sont édités par la Fédération Française de la Randonnée pédestre/Comité national des Sentiers de Grande Randonnée.
Pour se les procurer, s'adresser au 64 rue de Gergovie, 75014 Paris, ☎ 45 45 31 02.

Cyclotourisme. – La Fédération française de Cyclotourisme, 8 rue Jean-Marie Jégo, 75013 Paris, ☎ 45 80 30 21, peut fournir des fiches-itinéraires couvrant une grande partie de la France, avec kilométrage, difficultés et curiosités touristiques. On peut également s'adresser à la Ligue Haute-Normandie de la FFCT représentée par M. Andrieu Julien, 21 rue de l'Enseigne Renaud, 76000 Rouen, ☎ 35 89 45 06 ; au Comité Départemental de Cyclotourisme, 50 rue de la Libération, 27380 Fleury-sur-Andelle, ☎ 32 49 00 87.
Pour la location de bicyclettes, trois types sont proposés dans les gares SNCF : des vélos de type randonneur, de type traditionnel ou « tous chemins » ; ils peuvent être loués pour la journée (ou la demi-journée) ou pour plusieurs jours. En fonction de la durée de location, des tarifs dégressifs sont proposés. S'adresser notamment dans les gares suivantes : l'Aigle, Dieppe, Dives-sur-Mer, Dreux, Fécamp, Forges-les-Eaux, Gisors, Neufchâtel-en-Bray, Nogent-le-Rotrou, Le Tréport-Mers, Trouville-Deauville, Vernon.
Les listes des loueurs de cycles sont généralement fournies par les syndicats d'initiative et les offices de tourisme.

Canoë-kayak. – Informations auprès de la Fédération Française de Canoë-kayak, 17 route de Vienne, 69007 Lyon, ☎ 78 61 32 74. La Fédération édite chaque année un guide des centres-écoles et lieux d'animation canoë-kayak.

Hébergement rural. – S'adresser à la Fédération Française des gîtes ruraux, 35 rue Godot-de-Mauroy, 75009 Paris, ☎ 47 42 25 43, qui donne les adresses des comités locaux.

Parc naturel régional de Brotonne. – Sur les possibilités de randonnées ou les activités offertes, s'adresser à la Maison du Parc, 2 Rond-Point Marbec, 76580 Le Trait, ☎ 35 37 23 16.
La base de plein air et de loisirs de Jumièges-le-Mesnil est ouverte de mars à octobre, ☎ 35 37 93 84.

Artisanat. – Stages : s'adresser à la Maison des Métiers, 27500 Bourneville, ☎ 32 57 40 41.

Tourisme et handicapés. – Un certain nombre de curiosités décrites dans ce guide sont accessibles aux personnes handicapées. Pour les connaître, consulter l'ouvrage « Touristes quand même ! Promenades en France pour les voyageurs handicapés », édité par le Comité National Français de Liaison pour la Réadaptation des Handicapés (38 bd Raspail, 75007 Paris). Ce recueil fournit par ailleurs, pour près de 90 villes en France, de très nombreux renseignements d'ordre pratique, facilitant le séjour aux personnes à mobilité réduite, déficients visuels et mal-entendants.
Les **guides Michelin France** et **Camping Caravaning France** indiquent respectivement les chambres accessibles aux handicapés physiques et les installations sanitaires aménagées.

PRINCIPALES MANIFESTATIONS *(1)*

25 mars

Chapelle de Janville .... Pèlerinage.

30 avril au 1er mai

Rouen .... 24 heures motonautiques : course internationale groupant une centaine de bateaux autour de l'Ile Lacroix.

Dimanche et lundi de Pentecôte

Honfleur .... Fête des Marins – Dimanche : bénédiction de la mer. Lundi matin : pèlerinage des marins.

Lundi de Pentecôte

Bernay .... Pèlerinage à N.-D.-de-la-Couture.

Dimanche le plus proche du 30 mai, sauf dimanche de Pentecôte

Rouen .... Fêtes de Jeanne d'Arc.

Fin mai/début juin

Houlgate .... Festival européen de danses folkloriques.

Début juin/fin septembre

Lisieux .... Son et lumière à la Basilique Ste-Thérèse, tous les soirs à 21 h 30. Entrée : de 13 à 30 F. S'adresser au syndicat d'initiative, ☎ 31 62 08 41.

Dernier dimanche de juin

Villedieu 59 pli 8 .... Fête de la saint Jean-Baptiste à la commanderie de l'ordre de Malte.

Juillet

Le Havre .... Régates internationales.

Dimanche le plus proche du 15 juillet

Lisieux .... Dédicace de la Basilique.

16 juillet

La Haye-de-Routot ..... Feu de saint Clair.

Dernier week-end de juillet

Chapelle de la Heuze 52 pli 15 .... Pèlerinage à St-Christophe – Samedi soir, kermesse. Dimanche matin, messe et bénédiction des voitures.

Début août

Ste-Marguerite-sur-Mer **Concours de pêche en mer.**

15 août

Lisieux .... Procession de la fête de la Vierge du sourire.

Dernier week-end d'août

Cabourg .... Défilé historique « Guillaume le Conquérant ».

Dernier dimanche d'août

Deauville .... Grand Prix : courses hippiques. Coupe d'or du championnat de polo.

Début septembre

Deauville .... Festival du film américain.

Dernier dimanche de septembre

Lisieux .... Fêtes de sainte Thérèse : la veille au soir et le jour même, procession et ostension des reliques.

Dernier dimanche de septembre *(manifestation en 1988)*

Caudebec-en-Caux ..... Fête du Cidre *(tous les 2 ans).*

---

(1) Pour les localités non décrites dans le guide, nous indiquons le numéro de la carte Michelin au 200000e et le numéro du pli.

QUELQUES LIVRES

Normandie, par B. HUCHER *(Paris, Sien, Collection « Voir en France »).*

Normandie, encyclopédie régionale *(Christine Bonneton Éditeur).*

Le Mur de l'Atlantique en Normandie, par A. CHAZETTE et A. DESTOUCHES *(Bayeux, Éditions Heimdal).*

Normandie romane, la Haute-Normandie, par L. MUSSET *(Zodiaque, la nuit des Temps).*

Promenades en Normandie avec un guide nommé Guy de Maupassant, par Gérard POUCHAIN *(Éditions Charles Corlet).*

Promenades en Normandie avec un guide nommé Victor Hugo, par Gérard POUCHAIN *(Éditions Charles Corlet).*

Promenades en Normandie avec un guide nommé Marcel Proust, par Bernard COULON *(Éditions Charles Corlet).*

Grands et petis manoirs du Pays d'Auge, par Philippe DÉTERVILLE *(Éditions C. Corlet).*

La Normandie aujourd'hui, par Jean Hureau *(les éditions J.A.).*

Pays et gens de Normandie *(Larousse, Sélection du Reader's Digest)*

Conditions de visite

En raison des variations du coût de la vie et de l'évolution incessante des horaires d'ouverture de la plupart des curiosités, nous ne pouvons donner les informations ci-dessous qu'à titre indicatif.

Ces renseignements s'appliquent à des touristes voyageant isolément et ne bénéficiant pas de réduction. Pour les groupes constitués, il est généralement possible d'obtenir des conditions particulières concernant les horaires ou les tarifs, avec un accord préalable.

Les églises ne se visitent pas pendant les offices ; elles sont ordinairement fermées de 12 h à 14 h. Les conditions de visite en sont données si l'intérieur présente un intérêt particulier. La visite de la plupart des chapelles ne peut se faire qu'accompagnée par la personne qui détient la clé. Une rétribution ou une offrande est toujours à prévoir.

Des visites-conférences sont organisées de façon régulière, en saison touristique, à Bernay, Conches-en-Ouche, Dieppe, Eu, Évreux, Honfleur, Louviers, Rouen, Verneuil-sur-Avre, Vernon. S'adresser à l'office de tourisme ou au syndicat d'initiative.

Dans la partie descriptive du guide, p. 33 à 141, les curiosités soumises à des conditions de visite sont signalées au visiteur par le signe ⊙.

L'AIGLE

Musée Marcel-Angot. – Visite accompagnée (1/2 h) le matin et l'après-midi. Fermé les samedis, dimanches et jours fériés. ☎ 33 24 44 99.

Musée « Juin 44 : bataille de Normandie ». – Visite accompagnée (1/2 h) de Pâques à la Toussaint le matin et l'après-midi. Fermé les lundis. 10 F. ☎ 33 24 19 44.

AILLY

Phare. – Visite accompagnée (1/4 h) l'après-midi.

ALLOUVILLE-BELLEFOSSE

Musée de la nature. – Visite le matin et l'après-midi. Fermé le mardi de début octobre à fin mars. Fermé également les 1er janvier et 25 décembre. 10 F. ☎ 35 96 06 54.

Les ANDELYS

Château Gaillard. – Visite de mi-mars à mi-novembre le matin (sauf le mercredi) et l'après-midi. Fermé les mardis. 10 F. ☎ 32 54 41 93.

Église St-Sauveur. – Visite l'après-midi seulement.

ANET

Château. – Visite accompagnée (3/4 h) de début avril à fin octobre l'après-midi et en outre le matin des dimanches et jours fériés. Le reste de l'année visite le matin des dimanches et jours fériés et l'après-midi des samedis, dimanches et jours fériés. Fermé le mardi. 20 F. ☎ 37 41 90 07.

Chapelle funéraire de Diane de Poitiers. – Mêmes conditions de visite que pour le château sauf : visite libre et fermeture en novembre ; 7 F.

AUBE

Musée Ségur-Rostopchine. – Visite de mi-juin à fin septembre, l'après-midi. Fermé les mardis, mercredis et jeudis. 6 F. ☎ 33 24 01 68.

Les AUTHIEUX

Église. – S'adresser à M. Debarre, 158 rue du Dr-Gallouen.

BAILLEUL

Château. – Visite accompagnée (3/4 h) de mi-juin à mi-septembre, le matin et l'après-midi ; fermé le lundi. De Pâques à mi-juin et de mi-septembre à la Toussaint, ouvert les samedis, dimanches et jours fériés uniquement. 20 F. ☎ 35 27 77 87.

BARENTIN

Église. – Fermée les dimanches après les offices et les jours fériés.

Musée d'histoire locale. – Visite le matin et l'après-midi. Fermé les samedis, dimanches et jours fériés. ☎ 35 91 03 03.

BEAUFICEL-EN-LYONS

Église. – Pour visiter ☎ 32 49 66 66 ou 32 49 62 51.

BEAUMESNIL

Château. – Visite de début mai à fin septembre, l'après-midi des vendredis, samedis, dimanches et lundis. 15 F. ☎ 32 44 40 09.

BEC

Château. – On ne visite pas.

Le BEC-HELLOUIN

Abbaye. – Visite accompagnée (3/4 h) le matin et l'après-midi ; les dimanches et jours fériés à partir de midi seulement. Fermé les mardis. 16 F. ☎ 32 44 86 09. Des concerts ont lieu cinq ou six fois par an. Se renseigner à l'abbaye.

Musée automobile. – Visite le matin et l'après-midi. Fermé les mercredis et jeudis en hiver. 20 F. ☎ 32 44 86 06.

BERNAY

Ancienne église abbatiale. – Visite de fin juin à début septembre le matin et l'après-midi. Le reste de l'année l'après-midi seulement (sauf les mercredis : matin et après-midi). Fermé les mardis, le 1er janvier et le 25 décembre. 6,50 F (gratuit le mercredi). ☎ 32 43 49 11.

Musée municipal. – Visite accompagnée (1 h 1/2). Mêmes conditions de visite que pour l'ancienne église abbatiale.

Musée normand. – Visite de début avril à fin septembre le matin et l'après-midi, le reste de l'année sur rendez-vous uniquement. Fermé le lundi. 5 F. ☎ 32 43 05 48.

Église Ste-Croix. – Fermée le dimanche après-midi.

BEUVREUIL

Église. – S'adresser au presbytère. ☎ 35 90 04 58.

BIZY

Château. – Visite accompagnée (1/2 h) de début avril à fin octobre, le matin et l'après-midi (sans interruption à midi les dimanches en juillet et août). Fermé les vendredis. 16 F. ☎ 32 51 00 82.

BLAINVILLE

Château. – Visite en juillet et août.

BOCASSE

Parc. – Visite de mi-mai à début septembre tous les jours, sans interruption à midi. Ouvert en outre pendant les vacances scolaires au printemps et en automne. 19 F (23 F les dimanches et jours fériés).

BONNEVILLE-SUR-TOUQUES

Château (Enceinte fortifiée et douves). – Visite accompagnée (3/4 h) de mi-mars à mi-octobre l'après-midi des samedis, dimanches et jours fériés. 8 F. ☎ 31 88 00 10.

BOUQUETOT

Église. – S'adresser au presbytère de Routot. ☎ 32 57 30 46.

BOURNEVILLE

Maison des métiers. – Visite de début avril à fin décembre l'après-midi. Fermée le mardi (sauf en juillet et août). 12 F. ☎ 32 57 40 41.

BOURY-EN-VEXIN

Château. – Visite accompagnée (1/2 h) de mi-avril à mi-octobre, l'après-midi des samedis et dimanches ; en juillet et août visite tous les jours l'après-midi sauf les mardis. 18 F.

BRIONNE

Maison de Normandie (Expositions). – Visite le matin et l'après-midi. Fermé les mercredis, sauf de début juin à fin septembre. ☎ 32 44 81 09.

BROGLIE

Château. – On ne visite pas.

BULLY

Église. – S'adresser au presbytère. ☎ 35 93 06 24.

BURES-EN-BRAY

Église. – S'adresser à M. et Mme Decaux, ☎ 35 93 25 00.

C

CANAPVILLE

Manoir des Évêques de Lisieux. – Visite accompagnée (1/2 h) après demande préalable au Manoir des Évêques, Canapville, 14800 Deauville.

CANY

Château. – Visite accompagnée (3/4 h) de début juillet à fin septembre, le matin et l'après-midi. Fermé les vendredis et le 4e dimanche de juillet. 18 F. ☎ 35 97 70 32.

CANY-BARVILLE

Église. – Ouverte pendant les messes uniquement.

CAUDEBEC-EN-CAUX

Maison des Templiers. – Visite de début juin à fin septembre, le matin et l'après-midi. De début avril à fin mai visite l'après-midi des samedis et dimanches seulement. 10 F. ☎ 35 96 00 21.

Musée de la Marine de Seine. – Visite en juillet et août tous les jours le matin et l'après-midi. En mai, juin et septembre visite l'après-midi et en outre le matin des samedis et dimanches. De mi-mars à fin avril et en octobre visite l'après-midi. En novembre et décembre visite l'après-midi des samedis et dimanches seulement. Fermé le mardi (sauf en juillet et août). 16 F. ☎ 35 96 27 30.

CHAMP DE BATAILLE

Château. – Visite de mi-mars à mi-novembre le matin et l'après-midi (sans interruption à midi de début juillet à fin septembre). Fermé les mardis. 20 F. ☎ 32 35 03 72.

CLÈRES

Parc zoologique. – Visite de mi-mars à fin novembre le matin et l'après-midi (sans interruption à midi de début avril à fin septembre). 15 F. ☎ 35 33 23 08.

Musée de l'automobile et militaire. – Visite toute l'année, tous les jours sans interruption à midi. 14 F. ☎ 35 33 23 02.

CLERMONT-EN-AUGE

Église. – Ouverte du dimanche des Rameaux à la Toussaint. ☎ 31 79 23 50.

COQUAINVILLIERS

Distillerie du Moulin de la Foulonnerie. – Visite tous les jours de début avril à mi-septembre. Le reste de l'année visite du lundi au vendredi seulement. ☎ 31 62 29 26.

CORNEVILLE-SUR-RISLE

Carillon. – Visite accompagnée (1/4 h) et audition de mi-mars à mi-novembre l'après-midi. Fermé le mercredi. 10 F. ☎ 32 57 01 04.

COUPESARTE

Manoir. – Visite de l'extérieur seulement. Rétribution souhaitée.

COURGEON

Église. – On ne visite pas.

La COUTURE-BOUSSEY

Musée artisanal et industriel d'instruments à vent. – Visite l'après-midi. Fermé le mardi. 5 F. ☎ 32 36 28 80.

CRÈVECŒUR-EN-AUGE

Manoir de Crèvecœur. – Visite en juillet et août tous les jours de midi jusqu'en début de soirée. En avril, mai, juin et septembre, visite l'après-midi ; fermé le mercredi. En mars, octobre et novembre, visite l'après-midi des samedis et dimanches seulement. 15 F. ☎ 31 63 02 45.

CRICQUEVILLE-EN-AUGE

Château. – On ne visite pas.

CROISSET

Pavillon Flaubert. – Visite accompagnée (1/2 h) le matin et l'après-midi. Fermé les mardis et le matin des mercredis. Fermé également les 1er janvier, 1er, 8 et 16 mai, 14 juillet, 15 août, 1er et 11 novembre, 25 décembre. 2 F. ☎ 35 36 43 91.

La CROIX-ST-LEUFROY

Église. – Fermée le dimanche après-midi.

d

DANGU

Église. – S'adresser au presbytère.

DEAUVILLE

Promenades aériennes. – Toute l'année sur rendez-vous, ☎ 31 88 00 52.

DIEPPE

Musée. – Visite le matin et l'après-midi. Fermé les mardis de fin septembre à début juin. Fermé également les 1er janvier, 1er mai, 1er novembre, 31 décembre. 5,60 F. ☎ 35 84 14 76.

Musée de la Guerre et du Raid du 19 août 1942. – Visite de début avril à fin septembre le matin et l'après-midi. 15 F.

DREUX

Beffroi. – Visite accompagnée (20 mn) le matin et l'après-midi des mercredis, samedis et dimanches ; en juillet et août en outre les lundis et vendredis. 2 F.

Chapelle royale St-Louis. – Visite accompagnée de fin janvier à fin décembre le matin (sauf les dimanches) et l'après-midi. Fermée le 25 décembre et lors des cérémonies familiales. 18 F. ☎ 37 46 07 06.

Musée d'Art et d'Histoire Marcel-Dessal. – Visite de début juillet à fin août, l'après-midi ; fermé les mardis. Le reste de l'année visite le matin et l'après-midi des mercredis et dimanches et l'après-midi des samedis. 2 F (gratuit les mercredis). ☎ 37 50 18 61.

ECAQUELON

Église. – S'adresser à la mairie.

ELBEUF

Église St-Étienne. – Fermée pour travaux de restauration.

Église St-Jean. – Fermée le mercredi.

Musée d'Histoire naturelle. – Visite l'après-midi des mercredis et samedis, ou après demande préalable à M. Hazet, ☎ 35 81 00 89, poste 425. Fermé les jours fériés.

ÉTELAN

Château. – Visite accompagnée de mi-juillet à fin août l'après-midi. Fermé le mardi. 10 F. ☎ 35 39 91 27.

ÉTRETAT

Musée Nungesser et Coli. – Visite de mi-juin à mi-septembre tous les jours et en outre les samedis et dimanches de l'Ascension à mi-juin, l'après-midi jusqu'en début de soirée. 3,70 F. ☎ 35 27 07 47.

Phare du cap d'Antifer. – Visite accompagnée (1/2 h) de début avril à fin septembre tous les jours le matin et l'après-midi ; le reste de l'année l'après-midi des dimanches et jours fériés seulement. ☎ 35 27 01 77.

EU

Crypte de l'église Notre-Dame et St-Laurent. – Visite accompagnée (1/4 h) de Pâques à fin août le matin (sauf le dimanche) et l'après-midi. Fermée les jours fériés. 5 F. S'adresser au sacristain dans l'église.

Musée Louis-Philippe. – Visite de la veille des Rameaux au dimanche après la Toussaint le matin et l'après-midi. Fermé les mardis. 8 F. ☎ 35 86 44 00, poste 57.

Chapelle du Collège. – Visite de début juin à mi-octobre tous les jours le matin et l'après-midi. ☎ 35 86 04 68.

ÉVREUX

Musée. – Visite le matin (sauf le dimanche) et l'après-midi. Fermé les lundis, les 1er janvier, 1er mai, 1er et 11 novembre, 25 décembre. ☎ 32 39 34 35.

Ancien cloître des Capucins. – Visite en juillet et août tous les jours sans interruption à midi et jusqu'en début de soirée. Ouvert en outre pendant l'année scolaire les mercredis, dimanches et jours fériés.

FÉCAMP

Musée de la Bénédictine. – Visite accompagnée (1 h) de fin mars à mi-novembre tous les jours le matin et l'après-midi. 22 F (gratuit le dimanche des Rameaux). ☎ 05 28 00 06.

Musée municipal. – Visite le matin et l'après-midi. Fermé les mardis et les 1er janvier, 1er mai et 25 décembre. 5 F. ☎ 35 28 31 99.

La FERRIÈRE-SUR-RISLE

Risle Valley Park. – Visite de début juin à fin août tous les jours de la fin de la matinée jusqu'en début de soirée. En avril visite les mercredis, dimanches et jours fériés seulement ; en mai visite les mercredis, samedis, dimanches et jours fériés seulement ; en septembre visite les mercredis, samedis et dimanches seulement. 20 F. ☎ 32 30 71 80.

FERVAQUES

Château. – Visite après demande préalable à l'A.M.A.R.C.H - Le Kinnor, ☎ (1) 46 27 75 93.

FEUGERETS

Château. – Visite de l'extérieur seulement, de début mars à fin octobre. 5 F.

FILIÈRES

Château. – Visite accompagnée (1/2 h) l'après-midi des mercredis, samedis et dimanches. 15 F.

FLEURY-LA-FORÊT

Château. – Visite accompagnée (3/4 h) de Pâques à mi-septembre tous les jours, l'après-midi. Le reste de l'année ouvert l'après-midi des dimanches seulement. 20 F. ☎ 32 49 54 36.

FONTAINE-GUÉRARD

Abbaye. – Visite de début avril à fin octobre, l'après-midi. Fermé les lundis. 5 F. ☎ 32 49 03 82.

FONTAINE-L'ABBÉ

Église. – Ouverte pendant les offices seulement.

FOUCARMONT

Église. – Fermée les lundis et dimanches.

FRANCHEVILLE

Musée de la Ferronnerie. – Visite accompagnée (3/4 h) de début juin à fin septembre l'après-midi des samedis et le matin et l'après-midi des dimanches et jours fériés. De début mars à fin mai et de début octobre à mi-novembre visite l'après-midi des dimanches et jours fériés seulement. ☎ 39 76 61 97.

GISORS

Château fort. – Visite de début avril à fin septembre le matin et l'après-midi ; fermé le 1er mai et le dernier week-end d'août. Le reste de l'année visite le matin et l'après-midi sur rendez-vous seulement ; fermé les mardis, samedis et dimanches en décembre et janvier. 10 F. ☎ 32 55 20 28, poste 328.

GIVERNY

Maison de Claude Monet. – Visite de début avril à fin octobre le matin et l'après-midi. Fermé les lundis, à Pâques et le lundi de Pentecôte. 10 F. Le jardin est ouvert pendant la même période, sans interruption à midi. 15 F. ☎ 32 51 28 21.

GRANDCHAMP

Château. – On ne visite pas.

h

HARCOURT

Château. – Visite de début mars à mi-novembre l'après-midi. Fermé le mardi. 15 F.

Église. – S'adresser au presbytère ou à Mme Lievens, à côté de la pharmacie. ☎ 32 45 02 32.

HARFLEUR

Église St-Martin. – Fermée les lundis et l'après-midi des dimanches.

HAUVILLE

Moulin. – S'adresser à Mlle Delaune, ☎ 32 56 84 93, de mi-avril à fin octobre.

Le HAVRE

Église St-Joseph. – Fermée le dimanche après-midi en hiver.

Musée des Beaux-Arts André Malraux. – Visite le matin et l'après-midi. Fermé les mardis et les 1er janvier, 1er et 8 mai, 14 juillet, 11 novembre et 25 décembre. ☎ 35 42 33 97.

Muséum d'histoire naturelle. – Visite le matin et l'après-midi des mercredis, samedis, dimanches et jours fériés. Les lundis, jeudis et vendredis, visite l'après-midi seulement. Fermé les 1er janvier, 1er et 8 mai, 14 juillet, 11 novembre et 25 décembre. ☎ 35 41 37 28.

Musée de l'Ancien Havre. – Visite le matin et l'après-midi. Fermé les lundis, mardis et les 1er janvier, 1er et 8 mai, 14 juillet, 11 novembre et 25 décembre. ☎ 35 42 33 97.

Musée du Prieuré de Graville. – Mêmes conditions de visite que pour le musée de l'Ancien Havre.

Promenades en bateau. – S'adresser à l'office de tourisme, place de l'Hôtel de Ville, ☎ 35 21 22 88.

La HAYE-DE-ROUTOT

Four à pain. – Visite en juillet et août, l'après-midi ; fermé le mardi. En juin et septembre visite les après-midi des samedis et dimanches. En avril, mai et octobre visite les après-midi des dimanches seulement. 5 F. ☎ 32 57 34 77.

Maison du sabotier. – Mêmes conditions de visite que pour le four à pain. Billet visite combinée : 8 F.

HONFLEUR

Musée de la Marine. – Visite de mi-juin à mi-septembre tous les jours le matin et l'après-midi.

Musée d'art populaire. – Visite accompagnée (1 h) de mi-juin à mi-septembre tous les jours le matin et l'après-midi.

Expositions aux Greniers à sel. – Plusieurs manifestations annuelles ont lieu entre fin février et fin septembre, dont le Salon des Artistes Honfleurais : de mi-juillet à fin août, le matin et l'après-midi.

Clocher de Ste-Catherine. – Visite des Rameaux à fin septembre le matin et l'après-midi. Fermé les mardis et les 1er mai et 14 juillet. Le billet d'entrée du musée Eugène Boudin est valable pour le clocher de Ste-Catherine.

Musée Eugène Boudin. – Visite le matin (sauf en semaine de début octobre à mi-mars) et l'après-midi. Fermé le mardi et de début janvier à fin février. Fermé également les 1er mai, 14 juillet et 25 décembre. 10 F. ☎ 31 89 16 47, poste 27.

Chapelle N.-D.-de-Grâce. – S'adresser à Monsieur le Chapelain de N.-D.-de-Grâce, Equemauville, 14600 Honfleur, ☎ 31 89 19 63.

j - l

JUMIÈGES

Abbaye. – Visite le matin et l'après-midi, sans interruption à midi de mi-juin à mi-septembre. Fermée les 1er janvier, 1er mai, 1er et 11 novembre, 25 décembre. 16 F, 10 F hors saison. ☎ 35 37 24 02.

Église paroissiale. – S'adresser à la Paroisse, 76480 Duclair, ☎ 35 37 94 50.

LAUNAY

Château. – On ne visite pas. Visite libre pour le parc.

LILLEBONNE

Musée municipal. – Visite de début mai à fin août l'après-midi ; fermé le mardi. Le reste de l'année visite l'après-midi des dimanches et jours fériés seulement. Fermé les 1er janvier et 25 décembre. 3,80F. ☎ 35 38 53 73.

Château. – Visite le matin et l'après-midi, sans interruption à midi. Fermé les dimanches et jours fériés. 3 F.

Église Notre-Dame. – Fermée le dimanche après-midi.

LISIEUX

Les Buissonnets. – Visite de début février à fin décembre tous les jours le matin et l'après-midi.

Salle des Reliques. – Visite tous les jours le matin et l'après-midi. ☎ 31 31 49 71.

Exposition « Le Carmel de Ste-Thérèse ». – Visite du samedi des Rameaux au 1er dimanche d'octobre tous les jours le matin et l'après-midi (sans interruption à midi en juillet et août).

Diorama de Ste-Thérèse. – Visite de début mai à fin septembre, tous les jours le matin et l'après-midi, sans interruption à midi. Le reste de l'année visite le matin et l'après-midi ; fermé les dimanches et jours fériés. 6,50 F. ☎ 31 62 06 55.

Palais de Justice : salle Dorée. – Visite accompagnée (20 mn) le matin et l'après-midi. Fermé les dimanches et jours fériés et l'après-midi des samedis.

Musée du Vieux Lisieux. – Visite l'après-midi. Fermé les mardis et les jours fériés. 5 F. ☎ 31 62 07 70.

LISORES

Ferme-musée Fernand Léger. – Visite le matin et l'après-midi. De début novembre à fin mars visite les samedis, dimanches et jours fériés seulement. Fermé le mercredi. 7 F. ☎ 31 63 53 13.

LISORS

Église. – Visite le matin et l'après-midi des samedis, dimanches et jours fériés.

LIVAROT

Conservatoire des traditions fromagères. – Visite accompagnée (3/4 h) de début avril à fin octobre toute la journée sans interruption. Le reste de l'année visite le matin et l'après-midi, du mercredi au dimanche seulement. 15 F. ☎ 31 63 45 96.

LONGNY-AU-PERCHE

Église St-Martin. – Visite en juillet, août et septembre, tous les jours sans interruption à midi. ☎ 73 33 66 09.

LOUVIERS

Musée municipal. – Visite le matin et l'après-midi. Fermé le mardi.

LYONS-LA-FORÊT

Église St-Denis. – S'adresser au syndicat d'initiative. ☎ 32 49 60 87.

m

MAINNEVILLE

Église. – S'adresser à M. Hemmer au Plays ou à M. le Curé.

MAMERS

Église Notre-Dame. – S'adresser au presbytère, 70 bis rue du 115e R.I., ☎ 43 97 62 14.

MANNEVILLES

Réserve naturelle. – Visite accompagnée (4 h) de début juillet à mi-août les mercredis et samedis ; en juin les samedis seulement. Rendez-vous à 14 h 30 au Centre de Découverte de la Nature, Place de l'Église, Ste-Opportune-la-Mare. Pour visiter en dehors des dates indiquées ci-dessus, ☎ 32 56 94 87 (du lundi au vendredi). 30 F.

MARTAINVILLE

Château. – Visite le matin et l'après-midi. Fermé les mardis et mercredis. Fermé également les 1er janvier, 1er mai, 1er et 11 novembre, 25 décembre. 12 F, 7 F hors saison. ☎ 35 23 44 70.

MENESQUEVILLE

Église. – Visite l'après-midi des samedis et dimanches, après demande préalable à Mlle Mutel, rue Moulin de la Nation, ☎ 32 49 13 28.

MERVILLE-FRANCEVILLE PLAGE

Musée. – Visite accompagnée (20 mn) de début mai à mi-septembre le matin et l'après-midi. Fermé le mardi. 8 F.

MESNIÈRES-EN-BRAY

Château. – Visite du dimanche de Pâques à fin septembre l'après-midi des samedis et les dimanches et jours fériés. 6 F. ☎ 35 93 10 04.

MIROMESNIL

Château. – Visite accompagnée (1 h) de début mai à mi-octobre, l'après-midi. Fermé les mardis. 12 F. ☎ 35 04 40 30.

MONT DE LA VIGNE

Manoir (Extérieur et chapelle). – Visite de début avril à fin septembre l'après-midi des dimanches uniquement. Le reste de l'année visite l'après-midi des lundis uniquement.

MONTIVILLIERS

Église St-Sauveur. – Visite en semaine seulement.

MORTAGNE-AU-PERCHE

Église Notre-Dame. – Visite en juillet et août l'après-midi des mardis et vendredis. ☎ 33 25 25 87.

Musée percheron. – Visite accompagnée (1/2 h) de début août à mi-octobre l'après-midi des lundis, samedis et dimanches. 10 F. ☎ 33 25 25 87.

Musée Alain. – Visite l'après-midi. Fermé les lundis et les dimanches et jours fériés. Fermé également de mi-décembre à mi-janvier. 5 F. ☎ 33 25 25 87.

MORTEMER

Abbaye. – Visite accompagnée (1 h 1/2) de Pâques à mi-septembre l'après-midi. Le reste de l'année visite le dimanche après-midi seulement. 20 F (10 F visite du parc seulement). ☎ 32 49 54 36.

MOULINEAUX

Église. – Ouverte pendant les offices seulement. ☎ 35 23 82 94.

NEUFCHÂTEL-EN-BRAY

Musée J.-B. Mathon - A. Durand. – Visite accompagnée (1 h 1/2) l'après-midi des samedis et dimanches. 3 F. ☎ 35 93 06 55.

NOGENT-LE-ROTROU

Musée du Perche. – Visite le matin et l'après-midi. Fermé les mardis, le 1er janvier et le 25 décembre. 7,50 F. ☎ 37 52 18 02.

Église St-Laurent. – S'adresser au presbytère, 6 rue du Pressoir.

NONANCOURT

Église St-Martin. – S'adresser au curé, à côté de la poste. ☎ 32 58 00 24.

Participez à notre effort permanent de mise à jour.

Adressez-nous vos remarques et vos suggestions.

Cartes et Guides Michelin
46 avenue de Breteuil
75341 Paris Cedex 07.

ORBEC

Musée municipal. – Visite l'après-midi en juillet et août et pendant les vacances de Pâques ; fermé le mardi. De la fin des vacances de Pâques à fin juin et en septembre et octobre visite l'après-midi des samedis et dimanches seulement. 6 F. ☎ 31 32 82 02.

ORCHER

Château. – Visite accompagnée (1/2 h) de début juillet à fin septembre l'après-midi. Fermé les mardis, jeudis et samedis. 15 F.

OUILLY-LE-VICOMTE

Église. – Visite accompagnée le matin et l'après-midi en semaine seulement.

PALUEL

Centrale nucléaire. – Visite du Centre de documentation et d'information, tous les jours sans interruption à midi. Visite accompagnée des installations (2 h 1/2) sur rendez-vous : ☎ 35 97 36 16, poste 4845.

PETIT-COURONNE

Manoir Pierre-Corneille. – Visite accompagnée (1 h) de début décembre à fin octobre le matin et l'après-midi. Fermé le jeudi et les 1er janvier, 1er mai et 25 décembre. 4 F. ☎ 35 68 13 89.

PIERREFITTE-EN-AUGE

Église. – S'adresser à l'auberge des « Deux Tonneaux ».

PONT-AUDEMER

Église St-Germain. – S'adresser au presbytère, 9 route de Corneilles.

PONT-DE-L'ARCHE

Église N.-D.-des-Arts. – Visite en semaine seulement.

ROBERT LE DIABLE (Château de)

Musée des Vikings. – Visite de début mars à fin novembre tous les jours sans interruption. 8 F. ☎ 35 23 81 10.

ROUEN

Crypte, déambulatoire et tombeaux de la cathédrale Notre-Dame. – Visite accompagnée (40 mn) le matin et l'après-midi pendant les vacances d'été. Pendant les vacances de Pâques et les samedis, dimanches et jours fériés visite accompagnée l'après-midi seulement. Fermés les 1er janvier, 1er mai et 11 novembre.

Archevêché. – On ne visite pas.

Musée de l'Éducation. – Visite l'après-midi. Fermé les lundis, dimanches et jours fériés. 5 F.

Église St-Ouen. – Fermée le matin de début octobre à fin mars.

Église St-Godard. – Fermée le dimanche après-midi.

Cour d'Honneur du Palais de Justice. – S'adresser au syndicat d'initiative, Place de la Cathédrale, ☎ 35 71 41 77.

Salle des Procureurs (Palais de Justice). – Visite l'après-midi et en outre le matin en période d'assises. Fermée les samedis et dimanches.

Église Ste-Jeanne-d'Arc. – Fermée le matin des vendredis et dimanches.

Beffroi. – Visite du dimanche des Rameaux au 1er dimanche d'octobre le matin et l'après-midi. Fermé les mardis et le matin des mercredis. Fermé également les 1er et 8 mai, le jour de l'Ascension, 14 juillet et 15 août. 10 F (billet valable pour les musées des Beaux-Arts, de la céramique et Le Secq des Tournelles). ☎ 35 71 28 40.

Musée des Beaux-Arts. – Visite le matin et l'après-midi. Fermé les mardis et le matin des mercredis. Fermé également les 1er janvier, 1er et 8 mai, le jour de l'Ascension, 14 juillet, 15 août, 1er et 11 novembre, 25 décembre. Même billet que pour le beffroi et les musées de la céramique et Le Secq des Tournelles. ☎ 35 71 28 40.

Musée de la céramique. – Mêmes conditions de visite que pour le musée des Beaux-Arts. ☎ 35 07 31 74.

Musée Le Secq des Tournelles. – Mêmes conditions de visite que pour le musée des Beaux-Arts. ☎ 31 71 28 40.

Hôtel de Bourgtheroulde. – Visite pendant les heures d'ouverture de la banque qui occupe le bâtiment et en outre l'après-midi des samedis, dimanches et jours fériés.

Musée Jeanne-d'Arc. – Visite le matin et l'après-midi, sans interruption à midi de début mai à mi-septembre. Fermé le lundi de mi-septembre à fin avril. Fermé également les 1er janvier et 25 décembre. 15 F. ☎ 35 88 02 70.

Musée Corneille. – Visite accompagnée (1/2 h) le matin et l'après-midi. Fermé le mardi et le matin des mercredis. Fermé également les 1er janvier, 1er, 8 et 16 mai, 14 juillet, 15 août, 1er et 11 novembre, 25 décembre. 2 F. ☎ 35 71 63 92.

Musée Flaubert. – Visite accompagnée (1 h) le matin et l'après-midi. Fermé les lundis, dimanches et jours fériés.

Église St-Patrice. – Fermée le dimanche après-midi.

Tour Jeanne-d'Arc. – Visite le matin et l'après-midi. Fermée les jeudis et les 1er janvier, 1er et 8 mai, 14 juillet, 15 août, 1er et 11 novembre, 25 décembre. ☎ 35 98 55 10.

Musée des Antiquités de la Seine-Maritime. – Visite le matin et l'après-midi. Fermé le jeudi et les 1er janvier, 1er et 8 mai, 14 juillet, 15 août, 1er et 11 novembre, 25 décembre, 4 F. ☎ 35 98 55 10.

Musée d'Histoire naturelle, d'Ethnographie et de Préhistoire. – Visite le matin et l'après-midi. Fermé les lundis et mardis et le matin des dimanches et jours fériés. Fermé également les 1er janvier, 1er et 8 mai, le jour de l'Ascension, 14 juillet, 15 août, 1er et 11 novembre et le 25 décembre. 5 F.

Serres dans le Jardin des Plantes. – Visite toute l'année tous les jours, le matin et l'après-midi.

RY

Musée d'automates. – Visite de Pâques à fin octobre le matin et l'après-midi des lundis, samedis, dimanches et jours fériés. 15 F. ☎ 35 23 61 44.

S

ST-ADRIEN

Chapelle. – Visite momentanément suspendue.

ST-ANDRÉ-D'HÉBERTOT

Château. – On ne visite pas.

ST-ÉVROULT-N.-D.-DU-BOIS

Musée de l'abbaye. – Visite momentanément suspendue.

ST-GERMAIN-DE-LIVET

Château. – Visite accompagnée (1/2 h) de début février à début octobre et de mi-octobre à mi-décembre, le matin et l'après-midi. Fermé le mardi et le 1er mai. 10 F. ☎ 31 31 00 03.

ST-HYMER

Église. – Ouverte de juin à septembre. S'adresser au presbytère.

ST-JEAN

Chapelle. – On ne visite pas.

ST-MARTIN-DE-BOSCHERVILLE

Ancienne abbatiale St-Georges. – Visite de début avril à début octobre le matin et l'après-midi. Fermée les mardis. 7 F. ☎ 35 32 10 82.

ST-SULPICE-SUR-RISLE

Église. – Visite le dimanche matin et en outre sur demande en semaine. S'adresser au presbytère, ☎ 33 24 25 12.

ST-WANDRILLE

Cloître de l'abbaye. – Visite accompagnée (1 h) l'après-midi et en outre le matin des dimanches et jours fériés. 10 F. ☎ 35 96 23 11.

Église. – Messes en chant grégorien à 9 h 25 en semaine, 10 h les dimanches et jours fériés. Vêpres à 17 h 30 en semaine (18 h 45 le jeudi). 17 h les dimanches et jours fériés.

Chapelle St-Saturnin. – On ne visite pas.

STE-ADRESSE

Chapelle N.-D.-des-Flots. – Fermée le mercredi.

STE-GAUBURGE

Musée des Arts et Traditions populaires du Perche. – Visite de début mai à fin octobre, tous les jours l'après-midi. Le reste de l'année visite l'après-midi des dimanches seulement. Fermé le 1er janvier. 10 F. ☎ 33 73 48 06.

STE-OPPORTUNE-LA-MARE

Maison de la pomme. – Visite de mi-juillet à fin août tous les jours, l'après-midi. De début juin à mi-juillet en en septembre visite l'après-midi des samedis et dimanches seulement. En avril, mai et octobre visite l'après-midi des dimanches seulement. Ouverte en outre le 2e dimanche de novembre et le 1er dimanche de décembre, janvier, février et mars. 5 F.

Forge. – Visite en juillet et août l'après-midi des samedis et dimanches. En mai, juin, septembre et octobre visite l'après-midi des dimanches seulement. Ouverte en outre l'après-midi du 1er et du 2e dimanche d'avril, les 1er dimanches de décembre, janvier, février et mars et le 2e dimanche de novembre. 4 F.

TOUQUES

Expositions dans l'église St-Pierre. – Visite accompagnée de début avril à fin septembre, le matin et l'après-midi. Fermé le mercredi. ☎ 31 88 00 07.

TOUROUVRE

Église. – Fermée le lundi.

Le TRAIT

Église paroissiale. – S'adresser au magasin Les Violettes, en face de l'église.

La TRAPPE

Spectacle audio-visuel dans l'abbaye. – S'adresser à la porterie.

TROUVILLE

Aquarium. – Visite le matin (sauf de début novembre à Pâques) et l'après-midi, sans interruption à midi en juillet et août. 17 F.

Musée Montebello. – Visite de début avril à fin septembre, l'après-midi. Fermé le mardi. 8 F. (billet également valable pour la galerie d'exposition). ☎ 31 88 16 26.

Galerie d'exposition. – Visite en juillet et août l'après-midi jusqu'en début de soirée. De début avril à fin juin et en septembre visite le matin et l'après-midi. En février et mars visite l'après-midi des mercredis et vendredis et le matin et l'après-midi des samedis ; pendant les vacances scolaires de février et mars visite en semaine l'après-midi. Fermée du 10 janvier au 10 février, les 1er janvier et 25 décembre. 8 F (billet également valable pour le musée Montebello). ☎ 31 88 16 26.

VALASSE

Abbaye. – Visite accompagnée (3/4 h) de début avril à fin octobre, les 2e et 4e dimanches du mois seulement. 10 F. ☎ 35 31 04 11.

VALMONT

Abbaye. – Visite accompagnée (1/2 h) le matin et l'après-midi. Fermée le mercredi. Fermée également les dimanches de début octobre à début mai. 10 F. ☎ 35 29 83 03.

Château. – Visite en juillet et août l'après-midi. De début avril à fin juin et de début septembre à fin octobre visite l'après-midi des samedis, dimanches et jours fériés seulement. 10 F. ☎ 35 29 84 36.

VAL RICHER

Ancienne Abbaye. – On ne visite pas.

VARENGEVILLE-SUR-MER

Parc des Moustiers. – Visite de mi-mars à mi-novembre le matin (sauf le dimanche) et l'après-midi. 28 F. ☎ 35 85 10 02.

Grande maison. – Visite accompagnée (1/2 h) de début juillet à fin août le matin (sauf les mardis, mercredis, dimanches et jours fériés) et l'après-midi (sauf les mardis), 15 F. ☎ 35 85 10 02.

Chapelle St-Dominique. – Ouverte de Pentecôte à fin septembre tous les jours sans interruption à midi. Le reste de l'année s'adresser à Mme Renault Gilbert, ☎ 35 85 13 19.

Manoir d'Ango. – Visite de l'extérieur de fin mars à début novembre tous les jours sans interruption à midi. Le reste de l'année visite les samedis, dimanches et jours fériés et pendant les vacances scolaires. 25 F. ☎ 35 85 12 08.

VASCŒUIL

Château. – Visite de Pâques à la Toussaint l'après-midi. 25 F. ☎ 35 23 62 35.

VERNEUIL-SUR-AVRE

Tour de l'église de la Madeleine. – Visite accompagnée de début avril à fin novembre le 1er dimanche du mois. S'adresser au syndicat d'initiative.

Église Notre-Dame. – Ouverte les samedis et dimanches seulement.

VERNON

Musée A.-G. Poulain. – Visite l'après-midi. Fermé les lundis et certains jours fériés. 5 F (gratuit le mercredi). ☎ 32 21 28 09.

VILLEQUIER

Musée Victor-Hugo. – Visite le matin et l'après-midi. Fermé les mardis, certains jours fériés, et en outre les lundis de début octobre à début avril. 4 F. ☎ 35 56 78 31.

Maison blanche. – Visite de début juillet à mi-août l'après-midi. Fermée les lundis, les dimanches et jours fériés. 5 F.

VILLERS-SUR-MER

Musée paléontologique. – Visite en juillet et août, tous les jours sans interruption à midi. En février, à Pâques, de début avril à fin juin, en septembre, les samedis et dimanches d'octobre, pendant les vacances de la Toussaint et à Noël ouvert le matin et l'après-midi. ☎ 31 87 01 18.

VIMOUTIERS

Musée du camembert. – Visite le matin (sauf le lundi) et l'après-midi. De fin septembre à début mai fermé les dimanches et l'après-midi des samedis. 10 F. ☎ 33 39 30 29.

La VOVE

Manoir. – Visite de l'extérieur seulement.

Index

Dieppe Seine-Mar. .... Villes, curiosités, régions touristiques.
Ango (Jean) .... Noms historiques et termes faisant l'objet d'une explication.

Les curiosités isolées (châteaux, abbayes, barrages, sources, falaises...) sont répertoriées à leur nom propre.

A

B

C

D

P

Q

R

S

T

V

W - Y

Notes